Wolfgang Hamberger

Faszination Amerika

*Meinen
Eltern*

Wolfgang Hamberger

Faszination Amerika

Biografie einer Freundschaft
von der NS-Zeit bis heute

Verlag Parzeller

ISBN 3 7900 0367 0
© 2005 by Verlag Parzeller GmbH & Co. KG, Fulda
Umschlaggestaltung: Peter Link
Gesamtherstellung: Parzeller, Fulda
Alle Rechte vorbehalten · Printed in Germany

Inhalt

Statt eines Prologs, 7

*

Jahrgang 1930, 13

Wetterleuchten, 31

Es ist Krieg, 46

Feuersturm, 86

Kriegsende, 105

Umerziehung, 146

Zwischenzeit, 208

Überfahrt, 224

Neue Welt, 236

Leitbilder, 264

Im Blickfeld, 283

Ab sofort, 301

Letzter Appell, 317

9.02 Ortszeit, 329

Umkehr, 347

*

Epilog, 356

*„Doch immer behalten die Quellen das Wort,
es singen die Wasser im Schlafe noch fort
vom Tage, vom heute gewesenen Tage"*
Eduard Mörike

Statt eines Prologs

„Damit das klar ist, Leute, wenn es demnächst mit der Invasion losgeht, und das kann jetzt jeden Tag passieren, kämpfen wir einen großen Kampf. Aber erst wenn wir durch Frankreich hindurch gestoßen sind darf uns das stolze Gefühl erfassen, nun endlich unseren Job als Soldaten dort zu erledigen, wo dieser ganze Schlammassel begonnen hat, in Deutschland. Erst auf dem Boden des Feindes, da, wo die Nazis zu Hause sind, dürfen wir triumphieren, denn dort wird die letzte Schlacht zu unserem großen Sieg geschlagen!"

Leutnant Williams hat sich vor seiner Schwadron, die auf dem nur notdürftig ausgebauten Behelfsflugplatz in Südengland angetreten ist, in Position gebracht, er ist von seiner Mission überzeugt, und er doziert genau so, wie er es daheim vor seiner Schulklasse getan hat.

„Bei der Eroberung von Deutschland dabei zu sein, gibt Euch allen die Chance, einen ganz persönlichen Beitrag dazu zu leisten, dass sich diese kriegslüsternen *Germans* nicht noch einmal gegen eine nichts ahnende, friedliebende Welt erheben können. Wir werden ihren blutbefleckten Erfindergeist, ihre über Leichen gehende Ordnungsbesessenheit und ihren menschenverachtenden Rassenwahn ausrotten und ihnen für alle Zeit klar machen, dass sie sich nicht länger im Irrlicht nationalsozialistischer Selbstverliebtheit sonnen können. Jetzt geht die Sonne Amerikas über Europa und Deutschland auf! Wir werden es nicht mehr lange zulassen, dass sie mit ihrer verlogenen Propaganda alles erschlagen, sondern werden selbst hart und entschlossen das Heft des Handelns in die Hand nehmen. Und Ihr Männer, ihr werdet die tapferen Kämpfer sein, die diese Umerziehung überhaupt erst möglich machen. Ihr seid die Helden der Freiheit!"

Williams prüft die Wirkung seiner Worte; offensichtlich hören alle gespannt zu, der Leutnant ist zufrieden, und er geht einen Schritt weiter.

„Doch dann wird Frieden sein, und diese Herausforderung ist noch größer als der Kampf. Denn wir Amerikaner müssen nach unserem Sieg schnellstmöglich sicherstellen, dass das deutsche Volk wieder seinen Platz als gesetzestreue, dem Bösen widersagende und nützliche Bürger in der Weltfamilie einnimmt. Denkt immer daran, ihr habt eine Aufgabe, ihr seid nicht nur Soldaten, sondern auch die Botschafter eines großen Landes mit großartigen Idealen. Wir führen zwar einen Krieg, aber unsere Ziele sind höher gesteckt als der Sieg, denn wir wollen eine Revolution des Friedens in Freiheit entfachen. Die Vision unseres Präsidenten ist eure Mission! Ihr müsst an sie glauben, sie Tag für Tag verwirklichen."

Der Leutnant fuchtelt mit einem kleinen Buch in der Luft herum; es ist das von der Army Information Branch, Army Service Forces USA 1944 herausgegebene Handbuch „Deutschland" für die amerikanischen Invasions-Streitkräfte. Ein Sergeant und mehrere GI's neben dem Leutnant halten prallvolle Kartons mit diesem „Pocket Guide to Germany" bereit. Gerade will Leutnant Williams die Bücher verteilen lassen, da meldet sich ein blutjunger Soldat aus dem zweiten Glied zu Wort:

„Sir, was meinen Sie mit ‚Botschafter'? Das heißt doch nicht etwa, dass wir zimperlich vorgehen sollen. Wir sollten vielmehr schonungslos attackieren, keinen Pardon kennen, mit niemandem! Dieser Hitler hat alle Deutschen zu seinen Komplizen gemacht, und allen diesen großen und kleinen Hitlers, diesen verdammten Hurensöhnen und ihren willfährigen Naziweibern muss richtig eins drauf gegeben werden!"

„Nein, so gerade nicht! Was ich gesagt habe, heißt für euch, dass wir unsere Pflicht tun. Wir kommen in Feindesland, und die Leute dort sind nicht unsere Freunde. Sie sind verdorben durch das Gift der Nazis, die sie selbst vor elf Jahren jubelnd gewählt und damit überhaupt erst an die Macht gebracht haben. Aber wir sind Amerikaner, also Bürger einer stolzen Nation, in der Recht,

Freiheit und Menschenwürde über allem stehen. Wir stellen uns nicht auf eine Stufe mit diesen elenden Nazis! Verstanden, GI Miller?"

„Verstanden, Sir, aber nicht begriffen. Wir sind doch im Krieg!"

„Ja, wir sind im Krieg, und ihr dürft keinen Augenblick vergessen, wie viele unserer guten Soldaten bei der Air-Force und in Italien schon ihr Leben gelassen haben, um diesen deutschen Kriegsverbrechern, denen an der Spitze und denen im Volk, ein für alle Mal das Handwerk zu legen. Das ist auch der Grund, weshalb es keine Verbrüderung geben darf. Aber von euch wird erwartet, dass ihr die örtlichen Gesetze, soweit sie nicht durch neue Bestimmungen der Militärregierung außer Kraft gesetzt sind, beachtet und insbesondere die religiösen Sitten und Gebräuche respektiert. Ist das jetzt klar genug?"

„Ja, Sir! Wir haben also überhaupt keine ... sagen wir: speziellen Kriegsrechte, kein Recht auf Beute, nichts, gar nichts?"

„Beute?! Unsere Beute ist der Nationalsozialismus. Jedes Hakenkreuz, jedes Hitlerbild, jedes Nazi-Abzeichen, das ihr auftreibt, gehört euch, ist eure Kriegs-Trophäe. Aber sonst ist das Eigentumsrecht strikt zu achten. Vandalismus ist unentschuldbar, und die nicht autorisierte Beschlagnahmung von Lebensmitteln – über die Plünderung von Läden will ich erst gar nicht sprechen – wäre ein geradezu nichtswürdiges Handeln. Denn ihr müsst wissen, dass in Deutschland, wie auch in den anderen von uns eroberten und besetzten Ländern, schon heute die Lebensmittelversorgung äußerst kritisch ist. Alle solche Vergehen werden vom Kriegsgericht hart bestraft. Außerdem machen euch Schikanen gegenüber der Bevölkerung die Aufgabe der Demokratisierung des Landes nur schwerer. Wir kommen als zivilisierte Befreier, nicht als mittelalterliche Eroberer! Kämpfen und siegen wie stolze Amerikaner! Verstanden? OK, Sergeant, teilen Sie jetzt den Männern die Pocket Guides aus und weisen Sie sie darauf hin, welche Kapitel besonders wichtig sind."

Leutnant Williams tippt zum Gruß an seine Mütze und tritt ein paar Schritte zurück. Das Kommando hat von diesem Augenblick an der Sergeant, und während er seine Hinweise gibt, gehen die

Soldaten, die bis dahin um ihn herum standen, durch die Reihen der Einheit und verteilen die Handbücher.

„Männer, es ist ein kleines Buch, nur 48 Seiten. Lest es, und ihr wisst Bescheid. Die wichtigste Botschaft heißt: wachsam sein! Seid besonders auf der Hut gegenüber den deutschen Jugendlichen so ab etwa 14 Jahren. Für uns ist fair play im Sport wie im Leben selbstverständlich, aber seit 1933 bringen die Nazis der deutschen Jugend das genaue Gegenteil bei, und heute wird in Deutschland tagtäglich in der Erziehung, durch Propaganda und wegen der Präzision der amerikanischen Bombenangriffe, der Hass auf Amerika geschürt. Diese Stimmung wird sich nicht über Nacht ändern lassen. Deshalb: Augen offen halten, immer auf der Hut sein, höllisch aufpassen!"

Erneut meldet sich GI Miller. Der Sergeant kennt seine Pappenheimer, und er weiß, dass GI Miller einer ist, der immer und zu allem etwas, meist gar nicht so Verkehrtes, zu sagen hat. Dennoch versucht er ihn zu bremsen.

„Miller, was gibt es denn noch? Wir wollen hier nicht lange debattieren, ihr sollt das Handbuch lesen und befolgen!"

„Ich lese ja schon, Sergeant, aber was ich da lese, finde ich ziemlich komisch. Soll man so etwas tatsächlich für möglich halten? Die Deutschen glauben, in Amerika wimmele es nur so von Cowboys und Indianern, und dann gäbe es noch diesen raffgierigen Uncle Sam, den grusseligen Geizhals, der Geld teuer verleiht. Womöglich glauben die sogar, mich würde das nicht wundern, dass der seinen fetten Profit jetzt auch noch davon hat, dass wir armen Kerle über den großen Teich geschippert sind, um im alten Europa, Gott verdamme es, zu kämpfen und hier vielleicht auch noch zu krepieren. Das ist doch verrückt! Nun, wir werden es denen schon zeigen!"

„Das ist wirklich verrückt, Miller. Mag sein, dass es tatsächlich noch so ein paar Naive gibt, aber die deutsche Regierung und die meisten Deutschen haben längst begriffen, welche Macht Amerika ist, sie haben Freunde, viele sogar Verwandte bei uns, sie bewundern die Wolkenkratzer, die rasanten Autos, die Automaten und unsere perfekte Massenproduktion. Viele reden schon von einer Amerikanisierung Deutschlands, selbst Hitler, dieser verrückte Kerl. Für ihn ist „Amerikanismus" mal das geheime Kennwort für modernste Wirtschaftsformen, ein anderes Mal ein polemisches Schlagwort zur Diffamierung der Amerikaner, wie er es gerade braucht. Aber daran sieht man, sie haben gewaltigen Respekt vor Amerika, und der wird noch größer werden, wenn sie erst uns, die US-Army, kennen lernen. Vergiss diese Geschichte mit den Cowboys und Indianern, auch die Uncle Sam Spinnereien. Das war einmal, und so steht es auch in diesem Handbuch. Amerika ist heute die größte Industrienation der Welt, wir haben die modernste Armee und die meisten Olympiasieger. Doch Vorsicht! Die Deutschen wissen das nicht nur, sie haben auch entsprechend gehandelt. Das heißt, sie haben mächtig aufgeholt und aufgerüstet, sie setzen alles daran, uns noch in letzter Minute Paroli zu bieten. Vor uns liegt kein Spaziergang."

*

Bevor alles so weit kam, welches Bild von Amerika hatten wir als Kinder der dreißiger Jahre, als Jugendliche im Zweiten Weltkrieg? Die Cartoons über Uncle Sam kannten wir noch nicht, aber wir waren fasziniert von einem weiten, offenen Land, das wir uns zwar nicht wirklich vorstellen konnten, von dem wir aber wussten, dass es dort die geheimnisumwitterte Prärie und das Tal der Appalachen gibt. Das Leben der Cowboys und Indianer fanden wir ungemein faszinierend, und so regte Amerika unsere Phantasie, die sich dann ihre eigenen Bilder schuf, mächtig an. Unsere Helden waren der Häuptling Winnetou und sein weißer Freund Old Shatterhand. Wir hielten zu ihnen und waren zornig über die weißen Siedler, die in die Jagdgründe der Indianer eindrangen. Für uns war Amerika so, wie es in den Büchern von Karl May beschrieben wird. Erst mit der Zeit erfuhren wir auch etwas von den großen Städten mit ihren riesigen Hochhäusern, vom technischen Fortschritt und den schier unglaublichen Aufstiegs-Chancen: Vom kleinen Tellerwäscher zum großen Hotelier, vom armen Schuhputzer zum angesehenen Fabrikbesitzer! Staunen, nichts als staunen. Aber wir hatten keine Ahnung von einer amerikanischen Ideologie, erst recht nicht vom amerikanischen Traum. Wir fragten uns auch nicht, was dieses gewaltige Land zusammenhält, weil wir gar nicht in der Lage waren, die unermessliche Weite und das bunte Völkergemisch Amerikas in allen seinen Dimensionen zu erfassen, nicht einmal zu erahnen. Land der schier unbegrenzten – für uns auch völlig unbekannten – Möglichkeiten, das war so eine Redensart! Wir plapperten sie gedankenlos nach. Amerika, das war aufregend, auch irgendwie spannend aber einfach viel zu weit weg.

‚Mein' erster Amerikaner war Jesse Owens, der vierfache Olympiasieger von Berlin. Sein Bild und seine Leistungen prägten sich mir nachhaltig ein, und ich glaubte fast ganz selbstverständlich, Jesse Owens sei der typische Amerikaner. Als unsere jüdischen Nachbarn 1937/38 fast heimlich und doch einen Konflikt offenbarend Deutschland verließen und vom Reiseziel Amerika die Rede war, konnten wir Kinder in den Minen der Erwachsenen zwar lesen, dass etwas nicht in Ordnung war, aber wir waren uns überhaupt nicht sicher, ob wir diejenigen, die nach Amerika ausreisten, bedauern müssten oder vielleicht doch eher beneiden sollten. Amerika, das war für uns etwas Außergewöhnliches, Unerreichbares, ein Land irgendwo hinter dem Ozean, eine fremde, eine andere Welt.

Jahrgang 1930

Bensheim, Sommer 1936. Ich bin sechs Jahre alt und stolz auf meinen Vater in Uniform. Er ist Beamter beim Telegraphenbauamt in Darmstadt und Rottenführer in der SA. Wenn er an den Wochenenden vom SA-Dienst nach Hause kommt, will er sich gleich umziehen, und es kann passieren, dass er gutgelaunt fragt: „Wollen wir noch einen Spaziergang machen?"

Ich dränge ihn dann jedes Mal, die Uniform anzulassen. So neben dem Vater herzulaufen, gefällt mir, aber was es mit diesem SA-Dienst auf sich hat, weiß ich nicht so recht. Manchmal ist die Rede von der SA als einer großen Bewegung; das muss etwas mit Sport und Turnen zu tun haben. Sport liebt der Vater sehr, und er will, dass auch ich Sport treibe.

„Still gestanden, im Gleichschritt marsch", dieses Kommando habe ich wiederholt beim Appell der SA-Männer auf dem Marktplatz gehört, und wenn sie dann das Horst-Wessel-Lied, ihre Kampfhymne singen ‚Die Fahne hoch, die Reihen dicht geschlossen ... die Straße frei, dem Sturm-Abteilungsmann ...', dann wäre ich gern schon groß und auch ein SA-Mann. Heimlich habe ich mal Vaters Mütze aufgesetzt und versucht, den Kinnriemen so wie er zu legen, doch das passt gar nicht und sieht eigentlich doof aus. Der Vater erzählt gern davon, dass er früher in der Leichtathletik aktiv war und auch Handball gespielt hat. Seine letzten Spikes werden später meine ersten. Auch vom Ersten Weltkrieg erzählt er oft. In der Abwehrschlacht von Flandern ist er durch Granatsplitter verwundet worden und ins Lazarett gekommen. 1917 kehrte er nach Hause zurück, ausgezeichnet mit der Hessischen Tapferkeitsmedaille, dem Abzeichen für Verwundete in Schwarz und dem Ehrenkreuz der Frontkämpfer. In dem Album *Der Weltkrieg*, für das der Vater die Bilder des Cigaretten-Bilderdienstes Dresden gesammelt hat, erläutert er Gerhard, meinem gut ein Jahr älteren Bruder, und mir das Kriegsgeschehen.

Mich interessiert das mehr als Gerhard, der lieber Blockflöte, Akkordeon und später Klavier spielt, bevor er mit zehn Jahren die Orgel entdeckt. Er ist der musisch Veranlagte, allerdings mit einem ausgeprägten Interesse für Autos und Technik, ich eher der praktisch Denkende mit viel Spaß an Büchern, Sport und Spiel. Die Eltern respektieren unsere unterschiedlichen Begabungen und Neigungen, sie fordern und fördern uns. Für mich hat das jedoch zunehmend den Nachteil, dass ich viel öfter als Gerhard zu solchen Arbeiten herangezogen werde, die wir beide übereinstimmend die „niederen Dienste" nennen. Was soll ich machen? Das Klavierspiel steht höher im Kurs als Turnen!

Die Weltkriegs-Ursachen, wie sie in diesem Album beschrieben sind, habe ich so oft vom Vater gehört und dann auch selbst gelesen, dass ich sie ziemlich genau aufsagen kann:
„Der Weltkrieg 1914 – 1918 ist aus dem Revanchebedürfnis Frankreichs entstanden, das seine Niederlage von 1870/71 nicht verschmerzen konnte, aus der Sorge Englands um den Verlust seiner führenden Stellung im Welthandel und seiner Vorherrschaft zur See, aus dem Panslavismus, der für Rußland die Herrschaft über alle slawischen Völker beansprucht, und dem immer mehr anwachsenden Hass der russischen Gesellschaft gegen alles Deutsche."
Erzähl' nicht so viel vom Krieg, sagt bei solcher Gelegenheit manchmal die Mutter. Krieg sei nichts für Kinder; der Vater solle sich mehr darum kümmern, dass wir die Schularbeiten ernst nehmen.
Unsere Erziehung, ganz besonders auch in religiösen Fragen, ist der Mutter wichtiger als alles andere. Sonntags gehen wir morgens zur Messe und mittags müssen wir noch in die Andacht. Dieses Sonntagsprogramm bedeutet, dass wir in unserem Tatendrang erheblich gebremst sind, zumal die Mutter den Standpunkt vertritt, einiges von dem, was wir gerne täten, passe gar nicht zum Sonntag, weil wir da doch in der ganz besonderen Gnade seien. Das mit der Gnade kann einem wirklich zu viel werden. In späteren Jahren haben sie öfter erzählt, ich hätte einmal mit dem Hinweis auf die besondere Sonntagsgnade trotzig gesagt:
„Ihr werdet schon sehen, ich bekomme noch Gnadenvergiftung!"

In den Jahren 1937 und 1938 haben wir seltsame, für uns Buben aber höchst interessante Gäste im Haus; man nennt sie Hitler-

Urlauber. Das Programm ‚Hitler-Urlauber' haben die Nationalsozialisten aus der Idee geboren, verdienten SA-Leuten aus dem Altreich, später dann auch aus dem Sudetenland und der Ostmark, die Chance zu geben, die große Volksgemeinschaft auf günstige und erholsame Weise in anderen Gauen zu erleben. Eigentlich passen die gar nicht zu uns, doch der Großvater meint, wer Platz habe, müsse da helfen, und er wird in dieser Meinung, was alle verwundert, nachhaltig von der Mutter bestärkt. Ich glaube aber, dass das weniger Überzeugung als vielmehr kluge Überlegung der Mutter ist, denn ich habe mitbekommen, wie sie zum Vater erregt sagte:

„Du musst aus der SA raus!"

Vielleicht dachte sie gerade deshalb, es mache sich ganz gut, wenigstens dieses Programm ‚Hitler-Urlauber' zu unterstützen.

Einer dieser Hitler-Urlauber hat es uns besonders angetan. Die Mutter nennt ihn wegen seiner Diskutierfreudigkeit mit einer ihrer eigenwilligen Wortschöpfung nur „Dischgerierer Franz". Franz kommt aus Bayreuth, ein strammer SA-Mann, aber auch eine richtige Frohnatur. Als ich ihm auf Großvaters Geheiß die Weltkriegs-Ursachen herunterrasseln muss, lacht er und meint:

„Tüchtig, das würde den Führer erfreuen. Du wirst einmal ein guter SA-Mann!"

Nachher hat uns die Mutter auf die Seite genommen und gesagt:

„Hört mal, das alles versteht ihr ja noch gar nicht. Franz ist ein ganz netter Kerl, aber hinter diesen Parolen steckt etwas, was ihr nicht früh genug als falsch erkennen müsst. Wir alle, hört ihr, alle Menschen sind als Geschöpfe Gottes gleich! Wenn anderer Länder glauben, wir Deutschen würden uns für die Besten halten, wir wollten vielleicht sogar die ganze Welt erobern, dann stimmt etwas nicht mit uns."

„Aber der Franz hat doch gesagt, in der SA seien die besten Männer und wir Deutschen seien überhaupt die Herren der Welt", wirft Gerhard ein, und ich füge hinzu:

„Wir sind sogar den Amerikanern überlegen, die die ganze Welt verbessern, in Wirklichkeit aber beherrschen wollen; Yankees hat Franz sie genannt; was meint er damit?"

Die Mutter ist offensichtlich erstaunt, wie gut wir bei den Gesprächen der Erwachsenen zuhören.

„Hört mal, der Franz ist ein sympathischer Mann, zu euch Buben ist er wirklich lieb, und auch ich mag ihn, aber wenn er vom großen Führer und der deutschen Herrenrasse redet, dann hört nicht hin. Wir sind nicht besser als andere, und schließlich ist es ein christliches Gebot, alle Menschen zu achten. Merkt euch das für euer Leben und handelt so. Aber redet nicht darüber, denn die von der SA und der Partei wollen, dass wir alle so denken wie unser Hitler-Urlauber Franz."

Kurz vor Weihnachten 1936 ist Vaters SA-Uniform eines Tages verschwunden. Auf Antrag des Sturmarztes Dr. Unger, der für die üblichen Wehwehchen auch unser Hausarzt ist, hat der Vater aus „gesundheitlichen Gründen und ehrenvoll", wie es im Entlass-Bescheid heißt, die SA verlassen. So wird es auch uns Buben gesagt, aber ich weiß eigentlich gar nicht, wieso der Vater krank sein soll. Die Eltern haben einige Male erregt über die SA diskutiert, und immer wieder habe ich die Mutter zum Vater sagen hören:

„Willy, Du kannst da nicht länger mitmachen!"

Sie hat vor irgendetwas Angst. Doch was sollte ihm passieren?

Im Haus leben noch Großmutter Pauline und Großvater Philipp, Vaters Eltern. Wir Kinder nennen sie Oma und Opa. Der Großvater sagt von sich, er sei ein Deutschnationaler; seine Sympathien für die Nationalsozialisten bekomme ich erst mit, als die Hitler-Urlauber ins Haus kommen. Er ist vorzeitig bei der Post in den Ruhestand gegangen, arbeitet seitdem halbtags als Buchhalter in einer kleinen Lorscher Zigarrenfabrik und widmet seine freie Zeit dem großen Garten gegenüber dem Haus, der Bienenzucht und zwei Stammtischen. Zu seinen Stammtischbrüdern in den Gastwirtschaften *Hannewald* und *Germania* geht der Großvater sehr gerne. Dort werde über alles, nur nicht über Politik geredet, sagt er zu Hause. Stammtisch-Zeit ist von 17.00 Uhr bis 19.00 Uhr, aber manchmal dauert es länger. Wenn der kritische Zeitpunkt erreicht ist, das ist so etwa 20.00 Uhr, wird Oma unruhig. Meistens werde ich dann mit dem immer wieder gleichen Auftrag losgeschickt:

„Geh', schau mal nach dem Opa".

Das mache ich ungern; irgendwie tut mir der Großvater leid, denn nach den Stammtischen ist er besonders lustig. Deshalb blei-

be ich erst eine Weile auf der Treppe zur Gastwirtschaft sitzen, hoffend, er werde schon von alleine heraus kommen. Nur wenn es mir gar zu lange dauert, gehe ich hinein. Drinnen werde ich jedes Mal mit einem ‚Hallo' der ganzen Stammtischrunde begrüßt:
„Paulines Abgesandter",
sagen sie fast im Chor, und dann:
„Philipp, da wirst Du jetzt wohl gehen müssen!"

Einmal hat einer vom Stammtisch gesagt, nun käme ich sicher bald ins Jungvolk, das sei eine tolle Sache, und ich bekäme dann auch eine richtige Uniform. Zu dem einen Stammtisch gehört Studienrat Knobeloch; er ist ab 1940 mein Lehrer in Englisch. Wenn der sich einer Klasse vorstellt, sagt er immer:
„Ich heiße weder Knopfloch noch Knobloch, sondern Knobeloch mit einem ‚e' vorm Loch".
Die ganze Schule kennt das schon.
Auf dem Heimweg vom Stammtisch singt der Großvater manchmal, zumindest summt er irgendwelche Melodien. ‚Argonner Wald, um Mitternacht...', so fängt eines seiner Lieblingslieder an, die ich inzwischen alle kenne. Ich glaube, beim Stammtisch reden sie doch auch vom Krieg, aber ich weiß nicht, von welchem. Den Opa habe ich richtig gern. Ihm ist es am liebsten, ständig viele Menschen um sich herum zu haben. So vergeht fast kein Wochenende, an dem nicht jemand bei ihm, genauer gesagt bei uns allen, zu Gast ist. Die Eltern stöhnen oft wegen der häufigen Einladungen, denn sie müssen immer mitmachen, aber es ändert sich nichts. Die Großen sitzen dann im Wohnzimmer, im Sommer auf der Veranda, und es gibt Apfelwein aus dem Faß. Im Herbst wird regelmäßig in Auerbach bei Bäcker Wilch, der auch eine Gastwirtschaft und eine kleine Landwirtschaft betreibt, gekeltert. Das ist für uns Buben ein großes Fest. Erst werden bei Frau Sieben, deren Anwesen fast schon in Zwingenberg liegt, die Äpfel eingekauft und in Waschkörben, Eimern und Bütten mit dem Leiterwagen in die Scheune von Wilch's gebracht, und dann geht es mit dem Keltern los. Wir dürfen so viel Most trinken wie wir wollen. Manchmal trinken wir zu viel.
Oma Pauline stammt aus Schlesien, sie pflegt mit viel Liebe und besonderem Geschick die Blumen im kleinen Garten ums

Haus und das riesige Dahlienbeet im großen Garten auf der anderen Straßenseite. Nur selten erzählt sie von ihrer Heimat Striegelmühle bei Zobten am Berg, der auch Zobten heißt. Sie ist still, und wenn sie sich freut, merkt man es kaum. Vom Naturell her ist sie das ganze Gegenteil vom Großvater. Sonntags geht sie allein in die Frühmesse, weil sie den Vormittag braucht, um ‚groß' zu kochen. Großes Essen, das ist mit Vor-, Haupt- und Nachspeise, gibt es jeden Sonntag, an den Feiertagen, und immer dann, wenn etwas Besonderes los ist. Es ist oft etwas los bei uns! Ich weiß nicht, ob die Oma traurig ist, dass sie fast immer alleine zur Kirche gehen muss, aber auch ich begleite sie nur dann, wenn ich als Messdiener eingeteilt bin. Dass just sonntags besondere Hektik in der Küche herrscht, gefällt mir nicht. Für Oma beginnt der Sonntag frühestens nach dem Nachmittagskaffee, sofern nicht Gäste erwartet werden. Unter der Woche geht sie manchmal in den Krimskrams-Laden von Fräulein Hilchers am Ritterplatz; die zwei Frauen mögen sich. Dorthin begleite ich sie gerne; meist bekomme ich da eine Kleinigkeit, geschenkt oder gekauft, und der Laden ist so märchenhaft bunt und schön; er ähnelt dem von Tante Anna, Großvaters in Lorsch lebender Schwester. Auch ihr Laden kommt mir wie eine große, geheimnisvolle Wunderkiste vor. Ich könnte da stundenlang drin herumkramen, wenn ich bloß dürfte, und ich wundere mich jedes Mal wieder, wie schnell Fräulein Hilchers und Tante Anna in ihrem mich so faszinierenden Chaos alles finden, wonach gefragt wird.

Bei einer der feucht-fröhlichen Runden auf der Veranda soll ich einmal für einige Heiterkeit gesorgt haben. Wohl weil der Großvater sich stets erhebt, wenn er zur Begrüßung seiner Gäste eine kleine Tischrede hält, und das tut er wirklich gern und alle erheiternd, soll ich mich auf einen Stuhl gestellt und erklärt haben, jetzt wolle ich eine Rede halten.
„Damit Ihr alle wisst, ich habe zwei Väter. Das hier",
dabei hätte ich auf meinen Vater gedeutet,
„ist der kleine Vater, und dies hier",
jetzt hätte ich mich dem Großvater zugewandt,
„ist der große Vater. Einer von beiden ist immer daheim. Ja, so ist das bei uns!"

Damit sei die Rede auch schon zu Ende gewesen. Was dann folgte, ist mir noch recht gut in Erinnerung, denn die Mutter erteilte mir eine Lehre:

„Du hast völlig recht, Wolfgang. Dein Großvater ist vor allem dafür da, Dir im Haus, im Garten und in der Flur Deine kleinen Wünsche zu erfüllen, er verwöhnt Dich, und Dein Vater hat die Aufgabe, Dich zu erziehen und Dir für Deine großen Lausbübereien gelegentlich auch mal den Hosenboden stramm zu ziehen. Deshalb braucht so ein schlimmer, vorlauter, wie gerade eben wieder, Bengel wie Du einen großen und einen kleinen Vater".

Na ja, mir war das sowieso schon ungefähr klar.

Unser Großvater mütterlicherseits, er war Zahnarzt in Mainz, ist schon lange tot; wir Kinder haben ihn nie kennen gelernt. Seine Frau, wir nennen sie Omi, lebt noch in Mainz, sie kommt ein oder zwei Mal im Jahr zu Besuch, und sie schickt an Ostern, Weihnachten und zu den Geburtstagen wunderbare Päckchen. Ein immer wieder neues, aufregendes Erlebnis sind für uns die jährlichen Fahrten mit der Bahn zur Mainzer Omi. Dieser unserer größten Reise in jenen Jahren fiebern wir schon Tage vorher entgegen. Mainz, das ist für uns Großstadt, Domstadt, Stadt am Rhein und Muttis heiß geliebte Heimatstadt, in der sie 31 Jahre gelebt hat und von der sie so wunderbar schwärmen kann. Zu Hause wird viel von den Mainzer Zeiten erzählt, denn auch unser Vater ist in Mainz geboren. So kennen Gerhard und ich Mainz recht gut, den Dom, die Kaufhäuser an der Großen Bleiche, die Kirche St. Bonifaz und Mutters Maria-Ward-Schule am Ballplatz. Die Art, wie die Mainzer sprechen, hat es uns angetan; wir lieben diesen besonderen Mainzer Tonfall. Manchmal machen wir uns den Jux, auf der Straße in Mainz Leute anzusprechen und nach irgend einer Adresse zu fragen – die wir eigentlich gar nicht wissen wollten –, nur um uns köstlich über das ‚Meenzerische' und die liebevollgestenreichen Erklärungskünste der Mainzer zu amüsieren: „Ei Bubche, horche emol....", das ist Musik in unseren Ohren.

In der Bergsträßer Idylle und einem Elternhaus, das am nördlichen Stadtrand von Bensheim liegt und von Wiesen, Feldern und herrlich bewaldeten Hängen umgeben ist, leben wir wie in einem kleinen Paradies, ohne uns dessen überhaupt bewusst zu sein. Wir haben eine glückliche Kindheit, wachsen in einer schönen und für uns Kinder friedvollen Zeit auf und meinen, das sei überall so und ganz normal. Weder hungert der Leib noch dürstet die Seele. In einen Kindergarten gehen wir nicht. Wenn die Mutter gelegentlich einmal darauf angesprochen wird, sagt sie:

„Es gibt viel Auslauf zu Hause und genug Kinder in der Nachbarschaft".

Das stimmt, aber es ist ihr auch ganz lieb so. Sie lernt mit uns Gedichte, singt Lieder und erzählt gerne Märchen. Der Großvater erklärt uns vieles in den beiden Gärten. Das kann auch schon mal mit kleinen Arbeitseinsätzen verbunden sein, aber abends pafft er dann gemütlich seine Zigarre, liest uns vor oder setzt den alten Grammophonapparat in Bewegung, und die Oma steckt uns etwas zu. Unseren ruhigen und bescheidenen Vater, dem alle großen Auftritte zuwider sind, fürchten wir nur dann, wenn er sich zu intensiv für unsere schulischen Leistungen interessiert. Gelegentlich bringt er uns ohne besonderen Anlass eine Kleinigkeit aus dem Spielwarengeschäft Faix in Darmstadt mit, und an den Wochenenden lehrt er uns, wie am Reck eine Bauch- oder Sitzwelle gemacht wird, wie beim Weitsprung die Schrittfolge abzumessen ist und wie man einen Drachen bastelt. Ruhender Pol und bewegende Mitte, dies alles zugleich, ist die Mutter. Sie ist die dominierende Person im Haus, sie trifft alle wesentlichen Entscheidungen und achtet sehr darauf, dass negative Einflüsse von uns Buben fern gehalten werden. Den Kirchberg, der gleich hinter unserem Haus von zwei Seiten zu erreichen ist, haben wir uns längst erobert. Aber auch Brunnenweg, Vetzersberg und Mühlbächel gehören zu dem Gebiet, in dem wir uns zu Hause fühlen. Gelegentlich werden mit den Eltern auch größere Spaziergänge gemacht, etwa auf das Auerbacher Schloss oder zum Felsenmeer bei Reichenbach, jener Ansammlung von großen und riesigen Felsbrocken, die in grauer Vorzeit bei der Kollision zweier Urkontinente, wie uns der Vater beim ersten Besuch dort erzählte, entstanden sein sollen. Am Felsenmeer ist einstmals Siegfried erschlagen worden, und Wolfram von Eschenbach hat hier seinen „Parzival" geschrieben. Spaziergänge sind immer auch ein wenig Lehrstunde. Bei einer unserer Touren dorthin rief einmal eine Spaziergängerin, eine wirklich feine Dame, angesichts meiner Kletterkünste, von denen die Mutter aber gar nicht so sehr angetan war, ganz begeistert aus:

„Was der Kleine so gut klettern kann!"

Ich war natürlich stolz, aber damit war auch wieder eines jener geflügelten Worte geboren, die dann später zu Hause immer wieder einmal sehr betont und meist zu meinem Leidwesen gebraucht werden.

„Ja, ja, was der Kleine so gut klettern kann",

heißt es stets dann, wenn ich meine, etwas besonders gut und clever gemacht zu haben, die Begeisterung meiner Umgebung sich aber, tatsächlich oder aus erzieherischen Gründen, in Grenzen hält.

So lernen wir die heimatlichen Gefilde im weiten Umkreis kennen und entdecken ganz nebenbei das Terrain, das bald unser großer und manchmal auch höchst gefährlicher Abenteuerspielplatz werden sollte. Die Eltern lassen uns viele Freiheiten, die Großeltern eröffnen uns manchen zusätzlichen Freiraum, und wir erobern uns auch eigene Spielräume. Leistungsfähigkeit wird weniger gefordert als gefördert. Wir können unsere geistigen, körperlichen und seelischen Kräfte frei entfalten, und so bekommen wir schon früh die Mitgift einer recht stabilen Gemütsverfassung. Nichts kann uns erschüttern, das Leben macht Spaß, und die Zukunft sieht rosig aus.

Statt mit knapp sechs komme ich erst mit fast sieben Jahren in die Schule, weil die Mutter meint, ich solle zusammen mit zwei Buben aus der Nachbarschaft in eine Klasse gehen. Zur Wilhelmschule ist der Weg nicht sehr weit. Dennoch zieht sich unser Heimweg oft lange hin. Die Menschen, die Häuser, die Straßen, die Autos, kurz: das Leben unterwegs, alles ist interessant, alles hat oder bekommt seine Geschichte, und manchmal gibt es auch ein paar Geschichten, na ja.

Herr Gustav Schwamb, mein erster Lehrer, klein von Statur aber sehr groß ob seiner menschlichen und pädagogischen Qualitäten, ist ein Glücksfall für uns, und ich glaube, ich habe das tatsächlich auch schon damals gemerkt. In späteren Jahren sollte ich nicht immer solches Glück haben. Das obligatorische Foto des ersten Schultages zeigt mich im Lodenjanker mit Seppelhose, zerschundenen Knien, Falten werfenden Strümpfen, einer doofen und zudem noch schepp sitzenden Mütze und gerade so viel lachend, dass man die Zahnlücke nicht sieht. Wie alle anderen Erstklässler werde auch ich an diesem Tag von der Mutter zur Schule gebracht. Aber so sehr ich auch an der Mutter hänge, ihre Begleitung geniert mich. Deshalb bitte ich sie, sich in Sichtweite der Schule zu verabschieden. Sie ist einverstanden, und somit endet mein Begleitschutz unweit des Schultores.

In der kleinen, uns dennoch so riesig vorkommenden Wilhelmschule fühlen wir uns pudelwohl, und auf dem engen, tief gelegenen Schulhof kommen wir uns wie in einem Burggraben vor. Der Umzug ab der zweiten oder dritten Klasse in die Rodenstein-Schule bedeutet eine Zäsur, denn diese Schule ist viel größer, und unser Schulweg zieht sich nun schrecklich lange hin, vom einen zum anderen Ende der Stadt. Mit meinen Freunden aus der nahen Nachbarschaft, „Noib" und „Pucke", mache ich fast alles zusammen, wir stellen manches an und sind für einige Jahre unzertrennlich. In der Rodenstein-Schule ist Fräulein Dams unsere Lehrerin. Wir mögen sie, obwohl sie sehr streng sein kann. Ihre Schneckennudel-Haartracht auf den Ohren finden wir altmodisch, aber sie imponiert uns. Denn wir spüren, dass sie uns ernst nimmt. Sie scheint alles zu wissen und besitzt das, was die Eltern „natürliche Autorität" nennen. Der Unterricht findet regelmäßig statt, Stunden-Ausfälle gibt es zu unserem Leidwesen so gut wie nie, und wenn doch einmal, dann wird alles nachgeholt.

In der Zeit der Vorbereitung auf die Erste Heilige Kommunion begegnen wir auch guten Priestern. Die Kapläne Johannes Gremm und Georg Riebel werden uns zu echten Freunden, so dass wir zwar nicht immer gut vorbereitetet aber gern in den Kommunionunterricht gehen; er findet in einem kleinen Raum über der Sakristei der St. Georgs-Kirche statt. ‚Alles muss wachsen' ist eine der Wegweisungen, die wir dort bekommen, und das sagen wir dann auch selbst, wenn es bei uns in der Schule mal nicht so läuft. Ende der vierten Klasse lässt Fräulein Dams alle, die auf die höhere

Schule gehen sollen, wochenlang zwei Mal am Nachmittag extra kommen. Sie verweist auf eine neue Schulordnung, mit der die Schulzeit bis zum Abitur auf 12 Jahre verkürzt wird und erklärt den Eltern:

„Niemand soll sagen können, ‚meine' Kinder seien auf diesen Schulwechsel nicht bestens vorbereitet gewesen."

Uns macht diese ungewöhnliche Maßnahme überhaupt keinen Spaß, und wir halten sie übrigens auch für unnötig.

Besondere Höhepunkte im Alltag unserer Kleinstadt sind selten, und so wird das Einrücken der Kavallerie in Bensheim als herausragendes Ereignis registriert. Für uns Jungen ist das deshalb so aufregend und spannend, weil sich uns damit eine ganz neue Welt erschließt, die des Militärs. Bald nach Ankunft der Soldaten wird der Sportplatz ‚Im Sand', der fast vor unserer Haustüre liegt, Exerzierplatz. Wir sind dabei, als dort die Reichskriegsflagge an einem schnell errichteten Mast zum ersten Mal aufgezogen wird, und wir bewundern, wie zackig alles klappt. Auch zur Kaserne, dem ehemaligen Lehrerseminar, ist der Weg für uns nicht weit. Der Erbauer dieses Komplexes, Karl Köster, den der Opa gut kennt und von dem er sagt, er habe mit dem Seminargebäude eine wunderbare Einheit von Architektur und Natur geschaffen, hat 1907 wohl nicht im Traum daran gedacht, dass 30 Jahre später Soldaten statt Seminaristen in sein prächtiges Bauwerk einziehen würden. Ab sofort ist Bensheim stolze Garnisonsstadt, die Soldaten sind unsere Nachbarn, und wir verbringen von nun an viel Zeit am Rande des Exerzierplatzes, um dann zu Hause manches nachzuexerzieren. Wir sagen dazu „Soldatsches spielen". Zum nächsten Geburtstag bekommen Gerhard und ich Kinderstahlhelme geschenkt. Das Bataillon, das mit einer Fahrradabteilung und leichten Kanonen nach Bensheim einrückt, gehört zum Kavallerieregiment 6, das von Schwedt an der Oder nach Darmstadt verlegt worden ist.

„Schwedt, das ist das Potsdam der Uckermark",

verkündet der Opa, und es erfreut ihn sichtlich, dass er dort schon gewesen ist.

In einem uns imponierenden Zug, einer Parade, wie die Erwachsenen sagen, zieht die Einheit im September 1937, von Auerbach kommend, in Bensheim ein. Wir verfolgen das zunächst unten an der Roonstraße, wohin viele Leute aus unserem Viertel gegangen sind, um den Soldaten zu winken und ihnen Blumen zuzuwerfen. Vorneweg fährt in einem offenen Kübelwagen der Kommandeur, Major von Hülsen, der einen schneidigen Eindruck macht. Mit dem letzten Trupp laufen wir Kinder bis zum Marktplatz begeistert neben her und versuchen uns im Gleichschritt. Auf dem Marktplatz erleben wir dann, wie das Bataillon von den Offiziellen mit Kreisdirektor Meisel an der Spitze, begrüßt wird. Es werden Reden gehalten, laut und irgendwie in einem uns fremden Ton. Aber wir verstehen ganz gut, worum es geht:

„Wehrdienst, das ist Ehrendienst am Volk! Die Kavalleristen sind die besten Repräsentanten der neuen Wehrmacht! Wir danken unserem Führer, dass er Deutschland seine Würde und seinen Stolz zurückgebracht hat. Sein großes Versprechen, ‚Gebt mir vier Jahre Zeit, um ein neues Deutschland zu schaffen',

hat er eingelöst. Die Bensheimer Volksgemeinschaft wird jetzt durch die Soldaten in großartiger Weise bereichert, und das gesellschaftliche Leben unserer Stadt wird von nun an noch mehr den Geist der neuen Zeit atmen!"

So etwa schallt es über den Markplatz, und immer wieder werden die Redner von ‚Heil', ‚Heil' Rufen unterbrochen. Für uns Buben sind die Soldaten tolle Kerle, die wir bewundern, und deren Fahrzeuge, Waffen und Geräte wir bestaunen. Einige Male werde ich auch von einem Unteroffizier mit auf den Kasernenhof genommen; ich glaube aber, es geht ihm weniger um mich als um Marianne, die bei uns ihr Haushalts-Pflichtjahr macht. Laut und schrill werden die militärischen Befehle gegeben, alles funktioniert. Die Kommandos der Offiziere hören sich wie ein reden in abgehackten, schnarrenden Wortfetzen an; ich glaube, beim Militär haben sie eine eigene Sprache. Soldat zu sein, das erscheint mir als etwas ganz Großes, und ich frage mich, ob man, wenn man erst einmal stolz die Uniform trägt, jemals wieder etwas anderes sein möchte. Die Kavalleristen sind jetzt unsere großen Freunde.

Als die Olympischen Spiele 1936 stattfanden, interessierte mich das noch nicht sonderlich, und ich hörte auch kaum zu, wenn zu Hause am Volksempfänger gespannt die Übertragungen verfolgt wurden. Aber ich bekam mit, dass eine Olympiade eine große Sache ist. Denn manchmal sprang der Vater begeistert auf und rief: ‚Sieg', ‚Sieg!', oder er sank mit einem ‚Schade, so knapp, wie schade' enttäuscht in den Sessel zurück. Weil der Opa schlecht hört, wurde das Gerät immer sehr laut gestellt, so dass man schon im Flur die aufgeregten Stimmen der Reporter hören konnte. Erst wenn die Mutter mit ihrem Kommentar: ‚Dieser blöde Sport!' dazwischen fuhr, wurde der Apparat für ein paar Momente etwas leiser gestellt. Die Mutter hat nicht viel für Sport übrig.

Zwei Jahre später, im Mai 1938, nimmt mich der Vater zum ersten mal mit ins Kino, um den Olympiafilm zu sehen. Jetzt findet Olympia mein Interesse, und der Film hinterlässt bei mir einen tiefen Eindruck. Vater spricht begeistert von einem monumentalen Sport-Ereignis, und für mich werden die beiden Teile, *Fest der Völker* und *Fest der Schönheit*, zu einem überwältigenden Fest der Gefühle. Trompetenstöße, Trommelwirbel und Fanfaren schaffen eine feierliche Stimmung:
‚Zur Ehre und zum Ruhm der Jugend der Welt', so wird verkündet, ‚sind 51 Nationen zum edlen Wettstreit angetreten'. Beim Aufmarsch zur Eröffnung der Spiele grüßen auch die Franzosen, die Italiener und die Österreicher Adolf Hitler mit erhobenem rechtem Arm, während die Amerikaner nur ihre Hüte abnehmen und sie vor die Brust halten.
„Sie legen die Hand aufs Herz",
raunt mir der Vater zu, aber ich weiß nichts damit anzufangen, sehe nur die Bilder. Ich erlebe Triumph und Enttäuschung, Sieg und Niederlage, erbitterten Kampf und sportliche Fairness – die ganze Faszination des Sports so eindringlich und nachhaltig, als sei ich selbst hautnah mit dabei. Natürlich sind auch Musik und Sprache eindrucksvoll, aber das nehme ich nur unterbewusst wahr. Den bis heute gebliebenen Eindruck erzeugen die Bilder. Sie zeigen mir Menschen in Augenblicken höchster Anspannung und Konzentration, bei ganz großartigen Leistungen und im bitteren Versagen, in grenzenlosem Jubel und bei maßloser Enttäuschung. Mit der ganzen Spannbreite menschlicher Emotionen sehe ich Bilder von einmaliger Schönheit. Die vielen Uniformen, die

so gar nicht ins Bild passen, nehme ich wahr und sehe sie eigentlich doch genau so wenig wie die Hakenkreuzfahnen, die überall im Wind flattern. Ich vergesse, dass ich im Kino bin, die Illusion wird zur Wirklichkeit, ich erlebe ein wunderbares Fest des Sports. Jesse Owens, der überragende amerikanische Athlet, wird mein Idol, und nach diesem Film steht für mich fest: Von nun an wird der Sport zu meinem Leben gehören, auch wenn mir die Mutter vorhält, Klavier zu lernen sei viel gescheiter als Sport zu treiben. Gott sei Dank hat sie in dieser Hinsicht bei meinem Bruder keinerlei Anstrengungen zu machen, denn Gerhard übt freiwillig den ganzen Tag mit verschiedenen Instrumenten. Eigentlich gibt es überhaupt keinen Grund, mich wegen des Sports zu kritisieren; es ist ja gar kein Platz am Klavier!

Auf dem Heimweg vom Kino frage ich den Vater, warum die Amerikaner nicht wie die meisten anderen gegrüßt, sondern mit dem Hut ihre Hand aufs Herz gelegt haben.

„Das ist ein Symbol der Hingabe, der Liebe, der Verpflichtung der Amerikaner, die mit ihrem Gruß an das fremde Land auch ihrem eigenen Land, ihrer Flagge die Ehre erweisen. Sie sind stolz auf Amerika, nichts übertrifft ihren Patriotismus. Immer noch fühlen sie sich denen verbunden, die einst für die Freiheit und Unabhängigkeit Amerikas ihr Leben geopfert und damit erst den heutigen Amerikanern ein Leben in Freiheit und Gerechtigkeit ermöglicht haben. Aber vielleicht ....",

der Vater zögert, verlangsamt seinen Schritt.

„Was, vielleicht?"

will ich wissen und bleibe stehen. Der Vater hält ebenfalls inne.

„Vielleicht wollten sie auch zum Ausdruck bringen, dass ihnen in Deutschland einiges missfällt. Es war sogar längere Zeit unsicher, ob sie überhaupt zur Olympiade nach Berlin kommen würden. Denn der Frieden, die Voraussetzung für jede Olympiade, ist brüchig geworden. Doch darüber reden wir später einmal; heute kannst Du das noch nicht verstehen."

Was die Amerikaner im Sinn haben, wenn sie ihre Hand auf die Brust legen, das verstehe ich eigentlich schon. Ich bin froh, dass sie in Berlin dabei waren, wie sonst hätte ich Jesse Owens kennen lernen sollen?

Mit der Geburt unserer Schwester Helga im Jahre 1938 erhält die Familie einen neuen Mittelpunkt, und ich verliere eine Rolle, die mir nicht immer Freude gemacht hat. Ab sofort heißt es nicht mehr ständig ‚der Kleine', sondern fast nur noch ‚das Kleinchen'. Ich kann fortan meine Bahnen weniger beachtet und beobachtet am unauffälligeren Rand des familiären Hauptgeschehens ziemlich ungestört ziehen. Der große Bruder vor und ein Nachkömmling hinter mir, diese Sandwich-Position sagt mir sehr zu. Lange haben Gerhard und ich uns auf den Nachwuchs in der Familie gefreut, aber als es dann nach aufregenden Wochen ganz und gar unspektakulär passiert, sind wir doch enttäuscht. Zwar bestaunen auch wir das Baby wie alle Großen, aber wir wissen mit dem Schwesterchen wenig anzufangen und sind uns einig: Sie hätte früher kommen müssen.

+++

Die Jahrgänge ab 1930 haben Glück, doch für diejenigen, die in den 20'er Jahren geboren sind, wird der Umstand, nur zwei oder drei Jahre älter als ich zu sein, später von lebensentscheidender Bedeutung. Zunächst zieht aber noch ein gnädiges Geschick den Vorhang der Ahnungslosigkeit auch vor die Zukunft dieser Jahrgänge.

Wilhelm Wannemacher gehört zu denjenigen, die es mit ihrem Jahrgang – er wurde 1927 geboren – schlecht getroffen haben. Als ich 1937 in Bensheim in die Schule komme, geht er schon in die zweite Klasse der Oberrealschule. Mit seiner Schwester erlebt er nahe Darmstadt in der überschaubaren Idylle des Dorfes Arheilgen, in dem reich oder arm noch keinen großen Unterschied macht, eine schöne Kindheit. Die reichlich vorhandenen Äcker und Wiesen, der Speckgarten, den wirklich nur die Ur-Arheilger kennen, und das Mühlchen sind für Wilhelm genau so wie der nahe gelegene Schlosspark Kranichstein mit dem Jagdschloss der Landgrafen ein weites, die Phantasie anregendes Spielgelände. Früh entdeckt er seine Liebe zu Natur und Kreatur, zur Geschichte, speziell der der engeren Heimat.

Geschichte, das, was tatsächlich ist und das, was später davon in den Büchern steht, wird in diesen Jahren mehr und mehr überdeckt von der Sicht der Nationalsozialisten. Ein Beispiel ist der Bau der Autobahnen. Die Idee für den Bau von Reichsautobahnen war schon in der Weimarer Republik entstanden, und so fielen Hitler nicht nur nahezu baureife Pläne mit bereits vermessenen Trassen in den Schoß, sondern er konnte auch das politisch-wirtschaftliche Konzept der Demokraten, nämlich das Heer der Arbeitslosen zu beschäftigen, voll übernehmen und ideal in sein politisches Programm integrieren. So entstand ein Mythos, und die Autobahnen hießen von da an in der Propaganda wie auch im Volksmund nur noch die ‚Straßen des Führers'. Deutsche Arbeiter, auf, ans Werk! Mit diesem Appell Hitlers feierte das Regime 1933 stolz den Baubeginn, und schamlos wurde ein Großteil der Kosten aus Beiträgen finanziert, die von den Arbeitern zuvor in die Arbeitslosenversicherung eingezahlt worden waren. Zynische Begründung: Bei Hitler gibt es Beschäftigung, also braucht man nicht derartige Rücklagen. Die Bauarbeiter bezahlten sich somit teilweise selbst.

Von alledem weiß Wilhelm nichts, als am 19. Mai 1935 ein etwas älterer Junge aus seiner Nachbarschaft mit dem Fahrrad in den Hof fährt und aufgeregt von einem unmittelbar bevorstehenden Besuch Hitlers berichtet.

„Hitler kommt! Das ganze Dorf spricht davon. Er kommt an die Autobahn! Los, lass uns hinfahren!"

Wilhelm lässt sich nicht lange bitten, er schwingt sich auf die Querstange des Fahrrades seines älteren Freundes, und ab geht es Richtung Weiterstadt. Den Weg an die Autobahn kennen die beiden gut, denn weite Teile der Gemarkung, die zwischen dem Dorf und der Neubautrasse liegt, gehören den Arheilger Bauern. Sie radeln über die Bahnbrücke, durch ein größeres Waldstück, Täubcheshöhle genannt, und dann stehen sie an der Autobahn, besser gesagt, an einer Großbaustelle. Hunderte von Arbeitern sind im Einsatz, überall lagern riesige Berge von Sand und Kies, Spaten und Schaufeln sind zu kleinen Pyramiden zusammengestellt. Es herrscht eine erwartungsfrohe Stimmung. Viele Menschen haben sich bis dicht an die Fahrbahn durchgeschlängelt, so auch Wilhelm und sein Freund, und alle bestaunen die breiten Beton-Bahnen, die in beiden Richtungen nahezu fertig sind. Auf einmal wird es unruhig.

„*Er kommt, er kommt!*"

Arbeiter und andere rufen es, aus nördlicher Richtung nähert sich eine große Autokolonne, ziemlich an der Spitze fährt ein offener Wagen, und sofort bricht Jubel aus.

„*Der Führer! Der Führer! Heil unserem Führer!*"

Die Menschen sind begeistert, sie winken, und nur Wilhelm und sein Freund sind enttäuscht.

„*Hast Du den Hitler gesehen?*"

Wilhelm schaut seinen Freund fragend an, der zögert, meint dann aber:

„*Ja, ja, ich habe ihn gesehen; vorne, in dem offenen Auto hat er gestanden. Aber so ganz sicher bin ich mir auch nicht; ich weiß ja gar nicht, wie er aussieht.*"

Wieder zu Hause angekommen lenkt gerade der Großvater sein Pferdefuhrwerk in den Hof.

„*Na, wo kommt ihr beiden denn her?*",

will er wissen.

Wilhelm erzählt von dem, was sich nahe Weiterstadt an der Autobahn-Baustelle ereignet hat, und die beiden Buben wundern sich, dass der Großvater zu diesem Ereignis nicht mehr als das zu sagen hat:

„*So, so, der Hitler und die Autobahn. Mir reicht die Elektrische, um nach Darmstadt zu kommen.*"

Ein anderes Ereignis prägt sich Wilhelm noch tiefer ein. Am 12. Oktober 1937 steht er in der oberen Rheinstraße, als sich der große Trauerzug mit den sterblichen Überresten von Großherzog Ernst Ludwig vom Neuen Palais zum Mausoleum auf der Rosenhöhe bewegt. Er bestaunt die von Soldaten flankierte Sechsspänner-Lafette mit dem Sarg, wundert sich, dass nur die drei jeweils links gehenden Pferde beritten sind, und macht es wie die vielen Menschen, die am Straßenrand dicht gedrängt stehen: er entbietet dem toten Großherzog den Hitlergruß. Von diesem Tag an interessiert er sich für die Geschichte der Großherzöge von Hessen und bei Rhein. Als gut vier Wochen später, am Abend des 16. No-

vember 1937, das Darmstädter Tagblatt die Meldung verbreitet, Großherzogin Eleonore und – bis auf Prinzessin Johanna – alle Mitglieder der Familie des Erbgroßherzogs Georg Donatus seien bei einem Flugzeugabsturz in der Nähe von Ostende ums Leben gekommen, bewegt das die Stadt und das ganze Land, und es beschäftigt auch Wilhelms Phantasie mit der Frage, wie das Leben einer großherzoglichen Familie verläuft. Die Erinnerungstexte, die der Verlag L.C. Wittich zu den tragischen Ereignissen des Jahres 1937 herausbringt, studiert er genau, und nach und nach besucht er Darmstadts Geschichtsorte. Dabei erkennt er schnell, dass Darmstadt mit der Kunst eine sehr besondere, eine besonders innige Verbindung eingegangen ist. Die Mathildenhöhe hat es ihm angetan. Er bewundert die Russische Kapelle und bestaunt die Jugendstil-Häuser, die so ganz anders sind als das, was ihm vom dörflichen Arheilgen vertraut ist. Vom über 20 Meter hohen Ludwigsmonument, das die Darmstädter „Langer Ludwig" nennen, träumt er sich nicht nur in den Odenwald und in die Rheinebene, sondern in alle Fernen. Die Schule macht ihm Spaß, er begreift, dass die Freiheit dieser ersten Schuljahre etwas Einmaliges ist und von kurzer Dauer sein wird, und er spürt, dass er die große Chance dieser frühen Jahre nutzen muss.

+++

Wetterleuchten

In unserer unmittelbaren Nachbarschaft leben auch einige jüdische Familien. Wir Kinder wüssten das aber kaum zu unterscheiden, wenn es uns nicht gelegentlich gesagt worden wäre. Die jüdischen Familien haben Geschäfte in der Stadt oder Fabriken in Mannheim und Worms, sie sind wohlhabend, und sie fahren als einzige in unserem Viertel große Autos, was uns Buben sehr imponiert. Nicht selten werden wir Kinder zu einer Ausfahrt eingeladen. Es ist eine gute, eine ganz normale Nachbarschaft. Unsere jüdischen Nachbarn feiern auch mit, wenn wir etwas zu feiern haben. Samstag ist für sie wie für uns der Sonntag, aber auch den halten sie so wie wir. Sie sagen zum Samstag Sabbat und zu Weihnachten „Weihnukka". Dass sie gewissermaßen zwei Sonntage haben, finden wir seltsam, doch weitere Gedanken machen wir uns nicht, niemand erklärt es uns, und Auswirkungen hat es auch nicht. Die Straße müssen wir aus Rücksicht auf die jüdischen Nachbarn allerdings schon freitags zeitig fegen, und Wäsche wird an Samstagen keine im Garten aufgehängt. Die jüdischen Nachbarskinder sind nicht nur sonntags, sondern fast immer sehr gut angezogen. Ich finde das ziemlich unpraktisch, denn es schränkt unser gemeinsames Spielen doch sehr ein. Die Kindergeburtstage sind stets ein großes Fest. Uns Kinder verbindet die natürliche Unbekümmertheit unserer jungen Jahre, die nahe Nachbarschaft und das völlige Unwissen über eine Fremdheit, die uns als solche verborgen bleibt, den Erwachsenen aber offensichtlich sehr bewusst ist. Doch dann kommt der Tag, an dem wir jäh erwachen und uns aufgeschreckt bewusst werden, dass da doch etwas Fremdes sein muss.

Irgendwann im Sommer 1938 passiert es. Die Villa des jüdischen Textil-Kaufmannes Salomon Marx, ganz in unserer Nähe am Anfang der Straße, fällt durch ihre elegant geschwungenen Schildgiebel auf. Sie ist mit einer Natursteinmauer, auf der ein weißer Holzzaun steht, nobel eingefriedet. Das Haus liegt genau so, dass es auf der Nord-Ostseite einen kleinen Platz begrenzt, der vor der Anlage mit dem Metzendorf-Brunnen liegt, und an dem unsere Straße, sowie die Moltke- und Ernst-Ludwig-Straße Straße beginnen oder enden. Von dort aus führt auch ein steiler Weg hinauf zum Kirchberg. In diesem Areal gibt es kaum einen Baum, auf den ich noch nicht geklettert bin, in den Brunnen bin ich mehrmals gefallen, und manchmal erschrecken wir auch, versteckt hinter Büschen, Liebespaare auf den Bänken der Anlage. Am Morgen dieses denkwürdigen Tages ist der Zaun beim Haus Marx herunter gerissen, die Latten liegen im Umkreis über den ganzen Platz verstreut, und auf dem Dach des Hauses steht groß und weithin sichtbar geschrieben: „Juden raus". Wir sehen das auf dem Weg zur Schule und sind erschrocken, verwirrt, und irgendwie auch verängstigt. Am und im Haus regt sich nichts. Sollten wir bei Familie Marx läuten, sie aufmerksam machen? Müssten wir helfen, vielleicht die Latten einsammeln? Nichts von alledem tun wir. Irritiert gehen wir weiter, aber nicht so, als sei nichts gewesen. Wir haben die gute Ausrede, dass wir ja in die Schule müssen, klar, aber wir haben auch ein schlechtes Gewissen. Ziemlich hilf- und ratlos kommen wir in der Schule an. Fräulein Dams, der wir aufgeregt erzählen, was geschehen ist, und von der wir wissen wollen, was das alles zu bedeuten hat, wer und warum jemand so etwas tut, und ob wir nicht die Polizei rufen müssten, wirkt bei unserem Bericht nervös. Anders als sonst antwortet sie barsch, macht aber zugleich den Eindruck, als sei auch sie höchst befremdet über alles, was wir erzählen. Kurz angebunden sagt sie:

„Wir können das hier nicht besprechen, fragt zu Hause Eure Eltern"

Da der Vater jeden Tag schon um 5.45 Uhr zum Bahnhof eilt, um in den Dienst nach Darmstadt zu fahren, muss auch er die Verwüstungen beim Haus Marx gesehen haben; ich bin überzeugt, er wird mir das heute Abend alles erklären.

Als der Vater, später als sonst, endlich heim kommt und ich ihn gleich mit meinen Fragen überfalle, weicht er aus. Er sagt, er sei ziemlich abgespannt und müsse sich zunächst einmal umhören, was da überhaupt passiert sei. Ganz anders die Mutter. Sie hat zwar den Tag über nur so viel zu diesem Vorfall gesagt, dass sie darüber erst mit dem Vater reden wolle, aber jetzt bricht es jäh und fast zornig aus ihr heraus:

„Sprich mit den Buben, sie sind alt genug und sollen Bescheid wissen. Jeder anständige Mensch muss sich für diese Erniedrigung der Juden schämen. Wenn das mit diesem Hitler und seiner allmächtigen Partei so weitergeht, ereilt uns Katholiken eines Tages das gleiche Schicksal wie heute die Juden! Wohin soll das führen? Das nimmt kein gutes Ende!"

Doch der Vater erklärt uns den Vorfall nicht, noch nicht. Wenige Wochen später werden vor dem Haus Marx riesige Kisten verladen, auf denen in schwarzen Großbuchstaben MONTEVIDEO steht. Am nächsten Tag ist Familie Marx weg, einfach weg. Fluchtartig, wie in Panik, offensichtlich für immer, ohne Gruß, ohne Erklärung und ohne ein letztes Wort sind sie gegangen. Mich beschäftigt das tagelang, es ist unfassbar, mir unbegreiflich. MONTEVIDEO – der Vater zeigt mir im Atlas, wo das ist, und er meint, es sei so besser für die Familie Marx. Aber warum? Sie waren doch hier zu Hause, und Südamerika, das ist so unvorstellbar weit weg, eine ganz andere Welt! Was ist mit ihrem Geschäft?

Von Hitler weiß ich nur, dass er immer eine SA-Uniform trägt, und dass ihn die Erwachsenen, außer der Mutter, ‚Führer' nennen. Im Frühjahr 1935 ist er einmal in Bensheim gewesen. Wie ein Lauffeuer hatte sich damals die Nachricht verbreitet, der ‚Führer' werde auf der Fahrt von Stuttgart nach Wiesbaden auch durch Bensheim kommen. Die ganze Stadt war in heller Aufregung, alle wollten den ‚Führer' sehen. Die Mutter war unschlüssig, ob sie das wirklich will und meinte, jetzt würden sich die lokalen Partei-Oberen sicher die Köpfe heiß reden, ob besser stramme SA-Männer oder doch lieber süße BDM-Blumen-Mädchen als Begrüßungskomitee zum Einsatz kommen sollten. Sie scheint das zu amüsieren. Zwischen den wild umherschwirrenden Meldungen zum angeblich jeweils ganz aktuellen Reise-Zeitplan des Führers, füllte oder leerte sich die Straße mehrmals; Schließlich war es ein Nachmittag mitten in der Woche, und die meisten waren an ihrem Arbeitsplatz oder hatten zu Hause zu tun. Stundenlang trieben wir Kinder uns an der Straße herum, und es war uns gar nicht richtig klar, auf wen oder was und warum wir da warten sollten. Als am Nachmittag Motorradfahrer meldeten, der ‚Führer' habe gerade das benachbarte Heppenheim erreicht, verbreitete sich die Nachricht wie ein Lauffeuer. Alle waren in erwartungsvoller, froher Stimmung. Es herrschte ein richtiges Geschiebe und Gedränge um die besten Plätze. Immer wieder war zu hören:

„Wir wollen unseren Führer sehen!"

Als der ‚Führer' endlich kam, habe ich nicht einmal das Auto richtig gesehen, in dem er winkend gestanden haben soll, weil die großen Leute plötzlich alle von ihren Hockern und anderen mitgebrachten Sitzgelegenheiten aufsprangen, jubelnd ‚Sieg-Heil, Heil unserem Führer, Heil, Heil!' riefen, Fahnen schwenkten und überhaupt nicht mehr zu halten waren. Gottlob hatte mich die Mutter fest an der Hand, leider nicht auf dem Arm. Dann war alles schon vorbei. Ich habe den ‚Führer' weder an diesem noch an irgendeinem anderen Tag später gesehen.

Am nächsten Tag liest die Mutter, ganz gegen ihre Gewohnheit, laut aus der Lokalzeitung vor:

„Kurz nach 6 Uhr ging brausender Jubel durch die Masse. Der Führer, im Wagen stehend, fuhr langsam die Rodensteinstraße hindurch, umjubelt von der begeisterten Bensheimer Bevölkerung. Da stand der Retter Deutschlands, den so viele Bensheimer noch nicht gesehen hatten – Adolf Hitler – unser Führer. Ihm galten nicht enden wollende Heilrufe. An der Post überreichte ein kleines BDM-Mädel dem Führer einen Nelkenstrauß mit den Worten: ‚Heil, mein Führer', und der Führer beugte sich und sagte: ‚Heil, mein Kind'."

Die Mutter lachte über diesen Bericht und meinte:

„Seht Ihr, ich habe es doch gleich gewusst. Seid froh dass Ihr noch so klein seid; das ist Euch und mir erspart geblieben."

Ich weiß nicht genau, was sie meint, aber ich glaube, dass auch große Jungen einem Führer keinen Blumenstrauß überreichen möchten.

Über die Partei wird daheim nur gelegentlich gesprochen. Das ist dann immer eine eigenartige Situation, so als sei da etwas vor uns Kindern zu verheimlichen.

‚Die Partei wird das schon richten', ist eine Redensart, die der Opa oft gebraucht, und die Mutter leitet manchmal einen ihrer Sätze mit ‚dieser Hitler' ein. Was dann folgt, hört sich kritisch an.

Es kann auch passieren, dass im Gespräch, wenn von bestimmten Personen die Rede ist – aber immer nur bei Männern – hinzugefügt wird: ‚der ist in der Partei', was dann so viel bedeutet, dass man auf der Hut sein muss. Womöglich deshalb habe ich eines Tages daheim gefragt:

„Sind wir auch in der Partei?"

Die Eltern sehen sich verdutzt an. Dem Vater ist meine Frage unangenehm, aber die Mutter lacht:

„Nein, wir sind nicht in der Partei!"

Damit ist das Thema dann auch schon erledigt, vorerst jedenfalls.

In diesem Jahr ist die Stimmung zu Hause wochenlang gedrückt. Die Frauen tuscheln mehr als sonst miteinander, und die Männer stecken auffallend oft die Köpfe zusammen. Fast täglich sitzen jetzt Vater und Großvater abends zusammen, und dabei kommt es manchmal zu hitzigen Diskussionen. Uns Kinder wollen sie da nicht dabei haben, aber das macht die Sache gerade erst interessant, und weil sie zeitweise sehr laut reden, bekommen wir doch einiges mit. Während der Vater meint, Hitler bereite einen Krieg vor, behauptet der Opa, dass der ‚Führer' das Beste für das Volk und überhaupt nur Frieden wolle, sich aber der vielen Feinde und insbesondere der Gefahr des internationalen Judentums erwehren müsse. Uns Buben ist überhaupt nicht klar, worum es geht, aber immer häufiger fällt das Wort ‚Krieg'. Krieg stellen wir uns so aufregend und spannend vor wie unsere Geländespiele. Wir gehen jetzt noch lieber und auch öfter zum Exerzierplatz.

Ende September 1938 ist dann plötzlich die Rede von einer ganz großartigen Vereinbarung, die der Führer im Interesse des Friedens getroffen hat. Alle scheinen erleichtert, Krieg soll es jetzt nicht und wahrscheinlich überhaupt nie mehr geben. Der Opa feiert das als großen Sieg der guten Sache, ein Verdienst des ‚Führers', wie er meint. Am Abend des 1. Oktober 1938, ein Samstag, und alle sind daheim, trommelt der Opa die ganze Familie zusammen, sogar wir Buben dürfen länger auf bleiben, und er hält mit einem Glas Apfelwein in der Hand eine seiner kurzen aber markigen Reden:

„Wir haben Grund, stolz zu feiern! Die zivilisierte Menschheit schwebte in diesem Jahr in einer großen Gefahr, doch unser Führer hat mit seiner genialen Politik und kleinen Zugeständnissen an die Franzosen und Engländern den schwierigen deutsch-tschechischen Ausgleich möglich gemacht! Die Sudetendeutschen hat er heim ins Reich geholt, und er hat damit den Frieden für alle Zeit gesichert! Selbst das Ausland zollt dem Führer höchste Anerkennung, und es wird daraus lernen: Krieg droht immer dann, wenn Ungerechtigkeiten, die anderen Völkern angetan wurden, verleugnet werden, zu lange dahin schwelen, und dadurch eine Lösung mit friedlichen Mitteln unmöglich wird. Ein großer Tag, ein Hoch auf unseren Führer Adolf Hitler!"

Der Opa erhebt sein Glas, alle prosten ihm zu, die Stimmung ist gut, und es wird ein schöner Abend. Als wir später in unsere Wohnung in den ersten Stock hoch gehen, höre ich, wie die Mutter den Vater fragt:

„Glaubst Du wirklich, dass es keinen Krieg gibt? Der Hitler will mehr, ich traue ihm nicht",

und ohne eine Antwort abzuwarten, fügt sie an:

„Ein Glück, dass unsere Buben noch so klein sind. Wenn es doch Krieg geben sollte, dann bleiben wenigstens unsere beiden verschont."

Samstags und manchmal auch am Mittwoch, geht die Mutter nachmittags in die Stadt zum Einkaufen, aber nicht nur deswegen. Sie braucht diesen Gang ins Städtchen; ich glaube, das ist für sie ein kleiner Ersatz für den Verlust des Mainzer Stadtlebens. Sie hat es gern, wenn ich mitkomme, und auch mir machen diese unter keinem Zwang oder Zeitdruck stehenden Stadtbummel Spaß, zumal ich in fast allen Geschäften und Kaufhäusern, in die die Mutter regelmäßig geht, eigene Interessen habe. Ganz besonders beliebt ist bei uns Kindern das für Bensheim große Kaufhaus Heinrich Müller. Mit seinen verschiedenen Etagen, zu denen man über breite und elegant geschwungene Treppen gelangt, kommt es uns geradezu riesig vor. Dort gibt es auch die bunten Bilder- und Geschichten-Heftchen, die man beim kleinsten Einkauf an der Kasse geschenkt bekommt; wir lieben und sammeln sie. Dann, im mittleren Teil der Hauptstraße, das Geschäft Walter mit seiner großen Spielwarenabteilung im ersten Stock, in der wir ein ganzes Jahr davon träumen, was wir auf den nächsten Weihnachts-Wunschzettel schreiben werden.

An diesem Mittwoch, es ist der 9. November 1938, ist wieder Einkaufstag, ich komme mit, und vor dem Haus treffen wir unsere Nachbarin, Frau Helene Desaga, die auch gerade in die Stadt will. So gehen wir gemeinsam. Lehrer Georg Desaga hat vor zwei Jahren das Grundstück neben uns bebaut. Mit den Desagas Buben, Günther und Erich, die vier und zwei Jahre älter sind als ich, gewinnen wir neue Spielgefährten, mit denen wir viel unternehmen. Von Günther Desaga habe ich gelernt, wie man mit der selbst gebastelten Schleuder eine Murmel, wir sagen ‚Klicker', im ballistischen Flug zielsicher über ein Haus hinweg schießen kann. Mein Verhängnis war, dass ich das auf Anhieb schaffte, allerdings genau ins Fenster des Hauses Bartholmes traf. Es klirrte prächtig. Als die Nachbarn mit ihren Ermittlungen Erfolg hatten, lenkte Günther mit einem seiner ganz typischen Lachanfälle allen Verdacht von sich ab, und mir half auch die brav aufgesetzte Unschuldsmine nichts mehr. Die Schleuder wurde zunächst einmal konfisziert, und ich bekam acht Tage Hausarrest. Eigentlich sind Günther und vor allem Erich Desaga mit Gerhard befreundet. Mich schieben die drei meistens ‚als noch zu klein' ab. Dabei kann ich bei allem wirklich gut mithalten.

Lehrer Desaga ist ein richtiger Schaffer im Garten. Manchmal reicht ihm dann seine Frau aus dem Küchenfenster und über die Kellertreppe hinweg etwas zum Essen und Trinken hinaus. So ist es zuletzt an einem Samstag geschehen, als Frau Desaga gerade Streuselkuchen gebacken hatte, dessen köstlicher Duft besonderen Appetit machte. Auf seine Bitte, noch ein Stück zu bekommen, antwortete Frau Desaga ihrem Mann aus der Küche so laut, dass auch wir es hören konnten:

„Georg, Du bist jetzt satt!"

Das wurde fortan für ähnliche Situationen zu einem geflügelten Wort bei uns zu Hause, leider.

Auf dem Weg in die Stadt unterhalten sich die Frauen über ein Ereignis, das zwei Tage zurückliegt. In der deutschen Botschaft in Paris ist auf einen Beamten geschossen worden; gerade soll die Nachricht gekommen sein, dass das Opfer gestorben ist.
„Dass ihn ein Jude ermordet hat, ist schlimm, aber die Folgen werden noch viel schlimmer sein",
sagt Frau Desaga, und sie ist sehr erregt. Mutter schaut sich um, schickt mich ein paar Schritte voraus und versucht, die Nachbarin zu beruhigen. Ich höre, dass sie sich über Hitler unterhalten, und mehrfach mahnt die Mutter:
„Nicht so laut, nicht so laut!"
Auch Frau Desaga mag Hitler nicht. Da die beiden Frauen einander vertrauen, reden sie offen über alles, was sie bedrückt.
„Jetzt haben wir gerade erst diese schrecklichen Wochen der Kriegsgefahr überstanden, und schon bricht ein alter Konflikt neu auf. Für Hitler wird dieser Vorfall ein willkommener Anlaß sein, erneut gegen die Juden vorzugehen",
meint die Mutter, und Frau Desaga teilt diese Befürchtungen:
„Das kommt so! Der *Völkische Beobachter* hat gestern schon darauf vorbereitet. Es sei ein unmöglicher Zustand, dass Hunderttausende von Juden noch immer ganze Ladenstraßen in unseren Städten beherrschen, während sie draußen zum Krieg gegen unser Land hetzen würden und auf deutsche Beamte geschossen werde. Das hört sich verräterisch an, wir gehen unruhigen Zeiten entgegen. Jetzt sollen die jüdischen Geschäfte nicht mehr nur boykottiert, sondern gleich geschlossen, vielleicht sogar geplündert werden."
Dass mit jüdischen Geschäften etwas nicht stimmt, haben wir Kinder genau so mitbekommen wie die Tatsache, dass in anderen Geschäften seit geraumer Zeit Schilder mit der Aufschrift hängen: ‚Juden sind hier nicht erwünscht'. In der Zeitung hat sogar eine Druckerei angeboten, solche Schilder ‚sofort und billigst' zu liefern. Am Ritterplatz trennt sich Frau Desaga von uns, ich habe die Mutter wieder ganz für mich alleine, aber sie ist nicht so wie sonst.

Als der Vater von Darmstadt nach Hause kommt, berichtet er von Pöbeleien gegen Juden und eingeschlagenen Schaufenstern an jüdischen Geschäften.

„Das wird auch hier losgehen",
meint er und will wissen, ob es den Tag über in Bensheim ruhig gewesen sei.

Jeder weiß etwas, niemand tut etwas, oder doch? Stillschweigend verabschiedet sich die Mutter, um unsere noch verbliebenen jüdischen Nachbarn zu besuchen. Als sie zurückkommt, berichtet sie niedergeschlagen:

„Sie wollen schnellstmöglich alles verkaufen und auswandern. Auch mir haben sie Geschirr und Möbel angeboten. Sollen wir das tun? Hilft es ihnen? Ich habe kein gutes Gefühl dabei."

Sie beratschlagt mit dem Vater, was man machen, wie man helfen könnte. Kurz nach dem Abendessen kommen die Großeltern hoch und berichten, Frau Desaga habe geklopft und berichtet, dass auf der Adolf-Hitler-Straße etwas los sei. Wir eilen ins Esszimmer, das nach Westen liegt, und öffnen die Fenster. Es ist dunkel, aber auch bei Tag hätten wir kaum etwas sehen können; die Entfernung ist zwar nicht allzu weit, aber die Sicht ist durch die Bäume und Häuser auf der Ostseite der Adolf-Hitler-Straße behindert. Umso besser hören wir – Geräusche, die man nie vergisst. Nicht die Stimmen, Rufe und schrillen Kommandos, die herüber tönen, sind es; es ist das Klirren und Zerbersten von Glas und Porzellan, das offensichtlich aus den Häusern in die Gärten und aufs Pflaster der Straße geworfen wird. Was tun? Uns schaudert, es herrscht Ratlosigkeit. Ganz schnell werden die Fenster wieder geschlossen. Die Erwachsenen gehen schweigend auseinander, und Gerhard und ich spüren, dass es jetzt besser ist, nichts zu fragen.

Am 10. November machen wir einen Umweg zur Schule. Um 6.30 Uhr hatten wir die Sirenen der Feuerwehr gehört, und es heißt, in den frühen Morgenstunden habe es einen Großbrand in der Synagoge gegeben; das wollen wir sehen. Aber wir kommen nicht heran, es ist abgesperrt; vielleicht stellen wir uns auch zu dumm an. In der Lokalzeitung heißt es, der Brand der Synagoge müsse ‚als ein Ausbruch der Stimme des Volkes erscheinen', und es folgt der Hinweis, dass die deutsche Regierung sofort Vorschriften erlassen habe, die unbedingt zu befolgen seien und die dann auch Einfluss auf die Erregung der Volksmassen ausüben würden. Unsere Hausgemeinschaft ist schockiert. .

„Das ist doch heuchlerisch. Von welcher Erregung sprechen die?",
sagt die Mutter, und sie schimpft auf die schlimmen Zeiten.
„Sei bloß vorsichtig, Hedwig. Rede nur ja nicht so irgendwo sonst."
Die Ermahnung kommt vom Opa, der noch immer an den ‚Führer' glaubt, aber zur Familie hält. Er versucht, zu beschwichtigen:
„Das war bestimmt der Mob. Niemals hat der Führer so etwas befohlen. Der Führer will Frieden mit allen!"
„Vielleicht nicht befohlen, aber gewollt und geduldet",
sagt die Mutter und spitzt das noch in ungewohnter Schärfe zu:
„Jawohl, gewollt! Wahrscheinlich will er noch viel mehr, aber er lässt andere sich die Hände schmutzig machen. Raffiniert! Dafür werden wir eines Tages alle noch schwer büßen müssen!"

Die Mutter ist sehr erregt, und ihre Empörung steigert sich am nächsten Tag, als weitere Einzelheiten bekannt werden. Es ist von der „Reichskristallnacht" die Rede. Erst viel später wird mir bewusst, was für ein brutaler Akt hinter diesem verharmlosenden Wort steht. Der Schock sitzt von Anfang an tief, er bleibt wie ein böser Traum, doch bis zum Begreifen dauert es noch eine lange Weile.

+++

Die Meute der Schüler, darunter auch Wilhelm, strömt an diesem 10. November 1938 wie an jedem Tag vom Darmstädter Bahnhof Richtung Schule. Wie an jedem Tag? Nein, heute ist plötzlich alles ganz anders. Nicht weit von der Friedrich- und Bleichstraße entfernt riechen und sehen sie es: Knisterndes, prasselndes Feuer, grauschwarzer Qualm.
„Es brennt, die Synagoge brennt!"
Einer hat es gerufen und alle rennen hin, um zu erfahren, was passiert ist, wollen sehen, wie die Feuerwehr zu Werke geht. Das Feuer muss schon in der Nacht ausgebrochen sein, denn die Flammen schlagen nicht mehr allzu hoch, und die Männer der Feuerwehr tun kaum etwas. Die Schüler, die über eine Absper-

rung nicht hinaus kommen, reagieren erschrocken, ängstlich, irgendwie verstört. Es sind mehr SA-Leute als Feuerwehrmänner da. Plötzlich stolpert Wilhelm über ein Bündel verkohlter Blätter. Die Schrift kann er nicht lesen, aber es ist eine schöne Schrift auf besonderem Papier. Den noch am besten lesbaren Blattfetzen nimmt er an sich, um es in der Schule dem ‚vdA', seinem Latein- und Religionslehrer Dr. Hans von der Au, zu zeigen. Der wirft einen entsetzen Blick auf Wilhelms halbverkohlten Fund, nimmt das Blatt behutsam in die Hand, hält es hoch und sagt an die ganze Klasse gewandt:

„Das ist ein heiliges Papier, das Stück einer Thorarolle. Dieses Unrecht wird sich einmal bitter rächen."

Lehrer von der Au hat viel riskiert, die Quintaner verstehen nicht so recht was er meint, aber sie spüren, er meint es ernst. Als Wilhelm zu Hause erzählt, was er gesehen und gehört hat, sagt sein Vater:

„Was, das hat der Dr. von der Au gesagt? Komisch, ganz komisch, der ist doch selbst in der SA. Wem kann man noch trauen?"

Es gibt so viel in dieser Zeit, was zu normalen Zeiten niemand verstehen könnte. Wem trauen ... vertrauen...?

+++

Wenige Wochen nach der „Kristallnacht" glaubt sich unser Opa bestätigt. Am 30. Januar 1939 sitzen alle vor dem Radio und hören Hitlers Rede:

„Die Völker werden in kurzer Zeit erkennen, dass das nationalsozialistische Deutschland keine Feindschaft mit anderen Völkern will, dass alle Behauptungen über Angriffsabsichten unseres Volkes auf fremde Völker entweder aus krankhafter Hysterie geborene oder aus der persönlichen Selbsterhaltungssucht entstandene Lügen sind....Noch niemals haben deutsche Soldaten auf amerikanischem Boden gekämpft, außer im Dienste der amerikanischen Selbständigkeit und Freiheitsbestrebungen. Wohl aber hat man amerikanische Soldaten nach Europa geholt, um eine große, um ihre Freiheit ringende Nation mit abwürgen zu helfen. Nicht Deutschland hat Amerika angegriffen, sondern Amerika Deutschland...!"

Ich höre nur die Stimme, merke mir, dass von Amerika die Rede ist, und bekomme mit, wie die Erwachsenen über diese Rede diskutieren.
„Sind die Amerikaner anders als wir?",
frage ich in eine Gesprächspause hinein. Niemand geht auf meine Frage ein. Sie reden und reden über die Rede – von internationalen Finanzen, von einem verlorenen Kolonialbesitz und von der Gefahr einer Bolschewisierung Europas. Ich bin mir nicht sicher, ob sie es gut oder schlecht finden, was der Hitler gesagt hat. Als die Mutter spät am Abend kontrolliert ob bei uns in der Mansarde das Licht aus ist, sagt sie
„Gute Nacht",
und flüstert mir ins Ohr:
„Amerika ist ein großes, starkes und sicher auch ein ganz wunderbares Land, und die Menschen dort werden genau so sein wie wir."
Ist das die Antwort auf meine Frage? Jemand müsste es mir doch erklären. Morgen werde ich wieder fragen.

Am 19. März 1939, einem sonnigen Sonntag, wird in der Kaserne zum zweiten Mal der Tag der Wehrmacht gefeiert. Um die Mittagszeit geht die ganze Familie zum Eintopf aus der Feldküche hin; es gibt Erbsen mit Speck. Zu Hause würde ich da sagen: igittigitt, aber aus der ‚Gulaschkanone', wie alle die Feldküche nennen, ist das etwas ganz anderes. Es sind sehr viele Menschen da, und es ist überhaupt viel los. Das dreiflügelige Hauptgebäude der Kaserne ist vom Eingang an der Kaiser-Wilhelm-Straße, wo immer Wachtposten stehen, ziemlich weit zurückgeschoben, weil Architekt Karl Köster, Opas Bekannter, einen gegen den häufigen Westwind gut geschützten Spielhof für die Seminaristen schaffen wollte. Das kommt jetzt den Soldaten, die hier täglich zum Appell antreten, zu Gute. Auf dem Hof stehen heute Kanonen, Panzerspähwagen, Motorräder und anderes Gerät zur Besichtigung, und mitten drin hat auch die Feldküche ihren Platz. Oberstleutnant von Broich, der Kommandeur, begrüßt die Besucher und sagt:
„Es ist ein wunderbarer Gedanke, durch diese Veranstaltung die Verbundenheit zwischen Wehrmacht und Bevölkerung zum Nutzen des Winterhilfswerkes augenfällig werden zu lassen."

Hinter der Kaserne ist ein Schießplatz für jedermann. Das Hinweisschild, das sie dort aufgehängt haben, finde ich ziemlich albern:
„Nicht rucken, nicht zucken, immer ruhig durch die Kimme gucken".
In der Kaserne sind alle Mannschaftsräume zur Besichtigung geöffnet. Mich zieht es aber zum Reit- und auf den Exerzierplatz. Es heißt, man dürfe reiten, und mit etwas Glück könne man sogar in einem Panzerspäh- oder Kübelwagen ein Stück mitfahren. Die Eltern lassen mich gehen; sie wollen später nachkommen.

Auch auf dem Exerzierplatz ist viel Betrieb. Die Soldaten haben einen breiten Wassergraben, dahinter einen Erdwall angelegt, und die Kavallerie muss da mit voller Ausrüstung durch und drüber. Ich habe Glück, denn nachdem ich mich durch die in dichten Reihen stehenden Jugendlichen und Erwachsenen
vorgeschlängelt habe, packt mich ein Soldat an beiden Schultern, hebt mich hoch und setzt mich auf einen Panzerspähwagen mit der Bemerkung:
„Nur keine Angst, Kleiner, halte Dich am Maschinengewehr fest, geschossen wird heute nicht".
Mir ist etwas mulmig zu Mute, aber gleichzeitig komme ich mir auch wie der Kommandant des Panzerspähwagens vor. Danach darf ich dann noch in einem Kübelwagen mit über den Erdwall fahren. Zu meinem Pech tauchen just in diesem Moment die Eltern auf, und da die Sonntagshose beim Reitplatz und am Wassergraben ein paar Spritzer abbekommen hat, ist die Mutter böse:
„Warum musst denn ausgerechnet Du immer allen Unfug mitmachen? Sieh Dir die Hose an; ab nach Hause!"
Trotzig antworte ich:
„Das ist kein Unfug, und damit Du es gleich weißt, wenn ich groß bin, werde ich auch Soldat!"
Das Abzeichen zum Tag der Wehrmacht, eine nachgebildete Schulterklappe mit der Regimentsnummer, hebe ich mir schon mal auf.

Die Eltern sind beeindruckt von dem, was wir gesehen haben, aber nicht so wie ich. Sie finden es unglaublich, wie sich die

Wehrmacht in wenigen Jahren entwickelt hat, doch das scheint sie mehr zu bedrücken als zu erfreuen.

„Es ist zum Jammern",
sagt der Vater auf dem Heimweg.

„Was hätte aus der Weimarer Republik werden können, wenn sich die demokratischen Parteien nicht so zerstritten hätten, und wenn die Westmächte die Fesseln des Versailler Diktats etwas gelockert und der Republik nur einen einzigen der Erfolge gewährt hätten, die sie allein während der letzten Monate dem Hitler in den Rachen geschoben haben. Die Saat des Nationalismus ist in Versailles gelegt worden, die Republik konnte sie nicht ausrotten, und mit Hitler ist sie aufgegangen, eine wahre Tragödie!"

„Und Du wirst sehen, der Kerl hat nicht nur die Macht, er wird sie auch ausüben, und er wird sich von niemand mit der Elle des Rechts messen lassen. Was wird uns dieses Jahr noch bringen?"

Die Skepsis der Mutter scheint groß, und auch der Vater ist in Sorge.

„Nichts Gutes! Ich fürchte, wir stehen unmittelbar an der Schwelle vom letzten Friedens- zum ersten Kriegsjahr. Wozu sonst dieser ständig größer werdende Rummel mit der Wehrmacht? Die Jugend soll begeistert und ihr Wehrwille gestärkt werden. Sieh doch nur, wie das Ganze auf die Buben gewirkt hat! Spätestens seit Mitte März, als die Wehrmacht in Prag einmarschierte, müssten überall in Europa die Alarmglocken schrillen, aber nichts passiert."

Nach einer Pause meint die Mutter:

„Wenn Hitler im nächsten Monat 50 Jahre alt wird, dann wird Berlin sicher die größte Militärschau aller Zeiten erleben. Damit verglichen ist dieser Tag der Wehrmacht hier ein Kinderspiel".

„Genau so wird es kommen, und dann sitzen wieder die ausländischen Botschafter und Militärattaches auf der Tribüne, und sie werden bestaunen, vielleicht sogar noch ehrfürchtig beklatschen, wie Hitler allen seine geballte Faust zeigt".

Die Eltern haben sich richtig in Rage geredet, und ich versuche vergeblich, das alles auf die Reihe zu bekommen.

„Ist Wehrwille etwas, was man in der Schule lernt"?

Meine Frage löst Heiterkeit aus.

„Ja", aber das steht nicht auf dem Stundenplan. Es geht darum, dass Du den Willen hast, Dich erfolgreich gegen Faulheit, mangelnde Aufmerksamkeit und unordentlich gemachte Hausaufgaben zu wehren,"

sagt der Vater und gibt mir einen Klaps auf den Rücken. Doch was hat das mit meiner Begeisterung für die Kavallerie zu tun?

Wir sind wieder zu Hause. Im Vorgarten blühen die ersten Krokusse. Die Worte des Vaters klingen traurig:

„Bis jetzt verlief ja gottlob alles unblutig, noch haben wir Frieden, aber ..."

Er vollendet seinen Satz nicht. Die Eltern stehen an der Treppe zur Haustür. Für einen kurzen Moment blicken sie sich schweigend an. Dann sagt die Mutter leise und fast so, als habe sie Angst, mit lauten Worten ihre stille Hoffnung im Keim zu ersticken:

„Wie schön, dass es auch in diesem Jahr wieder Frühling wird".

Es ist Krieg

Samstag, 2. September 1939. Seit gestern ist Krieg! Für die Erwachsenen gibt es nur noch dieses eine Thema, und auch uns Jungen beschäftigt das sehr. Den ganzen Samstag laufen wir so oft es geht mit unseren Kinder-Stahlhelmen herum, und der Hof hinterm Haus wird zum Kriegsgelände erklärt. Das bringt die größeren Jungen unserer Straße auf die Idee, als Spähtrupp den Melibokus zu erstürmen. Weil ich aber zu den jüngeren zähle und gerade erst wochenlang mit Scharlach im Bett gelegen habe, behaupten sie, für mich sei diese Tour zu anstrengend. Sie befürchten, dass ich schlapp mache, und sie tun auch noch so, als sei das besonders rücksichtsvoll. Mich kränkt es. Sie wollen über das Auerbacher Schloss auf den Melibokus, um dann auf dem Aussichtsturm als ‚Kriegs-Beobachter' zu agieren. Ich wüsste gar zu gerne, was man dort oben vom Krieg sehen kann, aber nicht nur deshalb will ich mit. Ich höre gut zu, was sie planen, und ich nehme mir insgeheim vor, mich einfach dazu zu gesellen.

Nach der Frühmesse am Sonntag, es ist der 3. September 1939, starten sie, und sie bleiben bei ihrer Meinung, dass ich besser nicht mit komme. Darin werden sie sogar noch von der Mutter unterstützt. Auf dem Auerbacher Schloss, einer großen Burgruine, war ich schon oft, aber auf dem mit über 500 m höchsten Berg am Westhang der Bergstraße, dem Melibokus, auch ‚Malchen' genannt, war ich erst ein einziges Mal. Von uns aus sind es etwa zweieinhalb Stunden Anmarschweg und Aufstieg, aber ich traue mir das zu.

„Ich will mit!"

Trotzig stampfe ich mit dem Fuß auf. Die Mutter reagiert erstaunlich milde und meint, wir, also die Eltern und ich, könnten doch vielleicht einen Spaziergang ins nahe gelegene Fürstenlager machen, die Großeltern erinnern mich an die sechs Wochen Isolierstation im Hospital, so, als dürfte ich diese langweilige, blöde Zeit, nach der ich alle meine dort gelesenen Bücher wegen Infektionsgefahr zurück lassen musste, nie mehr vergessen, und nur der Vater hat Verständnis für meine Enttäuschung. Inzwischen ist die Gruppe weg.

„Ich verspreche Dir, wenn Du Dich noch ein wenig mehr erholt hast, machen wir zwei eine Tour auf den Melibokus, noch in diesem Herbst".

Ich glaube dem Vater, aber mich reizt es zu sehr, es den anderen zu beweisen, und so lasse ich nicht locker.

„Warum machen wir es nicht heute? Ich fühle mich gut. Wir können es doch mal versuchen, und wenn ich nicht mehr kann, sage ich es. Ehrenwort, ich sage es, und dann kehren wir um."

Es gelingt mir, den Vater zu erweichen. Sofort konzentriert sich alle mütterliche Fürsorge auf einen reich gefüllten Rucksack, es geht alles ganz flott, und eine gute halbe Stunde nach den anderen brechen auch wir auf.

„Wir nehmen nicht den Weg übers das Auerbacher Schloss, wir kürzen ab",
erklärt mir der Vater,
„und wenn wir Glück haben, sind wir gleichzeitig mit den anderen auf dem Melibokus".
„Sind da jetzt schon Soldaten oben?",
will ich wissen.
„Nein, das glaube ich nicht. Der Turm auf dem Melibokus ist ein Ausflugsziel für Spaziergänger, man kann von dort weit nach Westen, bei gutem Wetter sogar bis in die Rheinebene sehen, aber der Krieg ist im Osten, an der deutschen Grenze zu Polen. Das ist weit weg."
„Bei uns ist also kein Krieg?"
„Hier bei uns ist kein Krieg, doch auch wir sind im Krieg. Denn wenn ein Land Krieg führt, sind immer alle seine Menschen mit im Krieg, egal ob sie wollen oder nicht, egal wo sie wohnen, und völlig egal auch wo gerade die Kanonen und Panzer schießen."
„Wie geht so ein Krieg überhaupt los? Bist Du froh, dass wir jetzt Krieg haben?"
Der Vater stoppt und schaut mich groß an:
„Krieg ist immer eine Katastrophe. Man muss zwar stets bereit sein, die Freiheit, den Frieden und das eigene Land zu verteidigen, aber bevor geschossen wird, muss alles versucht werden, einen Konflikt durch Verhandlungen, man sagt: diplomatisch zu lösen. Deshalb kann über einen Krieg niemand froh sein. Angefangen

hat dieser Krieg damit, dass vorgestern deutsche Soldaten, so jedenfalls heißt es, den aktiven Schutz des Reiches übernommen haben und in das an uns angrenzende Polen einmarschiert sind. Zur gleichen Zeit hat ein großes deutsches Schulschiff vom Danziger Hafen aus, der liegt an der Ostsee, polnische Befestigungen beschossen. Damit sind internationale Vereinbarungen verletzt worden. Es würde mich nicht wundern, wenn wir bei Rückkehr heute Abend oder morgen die Nachricht bekämen, dass auch England und Frankreich Deutschland den Krieg erklärt haben. Das wäre schlimm."

„Warum schlimm, weil dann alle gegen uns sind?"

„So weit ist es noch nicht, aber es wäre absehbar, dass früher oder später auch Amerika in den Krieg eintritt, und die Amerikaner sind uns in jeder Hinsicht haushoch überlegen."

„Was haben wir Amerika getan, dass sie auch Krieg gegen uns wollen?"

„Du musst das so sehen: Wenn einer Deiner guten Freunde von fremden Jungen verprügelt wird, was machst Du dann? Du kommst ihm zu Hilfe. Genau so werden auch die Amerikaner ihre Freunde, die Engländer und Franzosen, nicht im Stich lassen; es bleibt ihnen gar keine andere Wahl. Obwohl Amerikas Präsident schon vor Jahren erklärt hat, er wolle eine friedliche Neuordnung Europas erreichen. Schade, dass das ist nun vorbei ist. Schuld sind allein wir. Der ‚Führer' will einen politischen Handel lieber mit den Russen als mit Amerika machen. Doch darüber darf man eigentlich gar nicht sprechen, hörst Du! Nur zu Hause, unter uns, auch nicht mit Deinen Freunden. Um das alles zu verstehen, bist Du noch zu jung."

Zu jung, dieses Gerede mag ich nicht. Einmal bin ich noch zu klein, das andere Mal zu jung, und immer bedeutet es, dass ich etwas nicht darf oder man mir etwas nicht erklären will. Dabei interessiert mich alles, gerade die Sache mit dem Krieg. Ich glaube aber, es ist besser, jetzt nicht weiter zu fragen.

Wir kommen gut voran, sind auf Höhe des Auerbacher Schlosses, nun queren wir den Kammrücken, und irgendwann muss die Kuppe des Melibokus in Sicht kommen. Jedenfalls meint das der Vater, der mir erzählt, dass Landgraf Ludwig IX vor mehr als 150

Jahren den Turm auf dem Melibokus erbauen ließ, eigentlich sogar zwei Mal, weil der erste Turmbau eingestürzt sei. Bei einem fürstlichen Hoflager im nahe gelegenen Bickenbach soll der Pfarrer zu Ehren des Landgrafen ein Gedicht verfasst haben, in dem überschwänglich und mit hehren patriotischen Gedanken die irdische Glückseligkeit der Bergstraße als wahres Paradies gepriesen werde. Das habe den Landgrafen gerührt und auf die Idee gebracht, auf dem höchsten Berg einen Aussichtsturm zu bauen. Vielleicht, so der Vater schmunzelnd, um das Paradies besser überblicken zu können. Dabei sei der Landgraf alles andere als eine poetische Natur gewesen; am liebsten habe er mit seinen Soldaten exerziert. Das macht ihn mir sympathisch. Auch beim einfachen Volk soll er beliebt gewesen sein, aber weniger wegen des Turmbaus, als vielmehr deshalb, weil er die Galgen habe abschaffen lassen. Der Landgraf habe in Pirmasens gelebt, die Landgräfin, von Goethe nur die ‚große Landgräfin' genannt, habe allein in Darmstadt residiert. Dort habe sie ein geistiges Zentrum für neue Musik und Dichtung geschaffen.

Der Vater, durch seinen täglichen Eilschritt zum Bahnhof bestens trainiert, marschiert schnell.
„Geht es noch?",
will er wissen, denn ich bin etwas zurückgefallen. Sofort schließe ich wieder auf und versichere ihm, keineswegs müde zu sein. Wir haben jetzt einen Weg erreicht, der sich in einer Schlangenlinie um den Melibokus herum zum Gipfel hinauf windet. Plötzlich reißt mich der Vater zurück. Keine 150 m vor uns biegen die ‚Großen' aus der Bismarckstraße gerade um die nächste Kehre. Wir warten, bis sie nicht mehr zu sehen sind, und dann sagt der Vater:
„Jetzt gilt es; wir nehmen den direkten Weg, steigen also quer durch den Wald zwischen den Passagen der einzelnen Serpentinen hoch. Dabei müssen wir nur beim Überqueren des Weges aufpassen, dass wir ihnen nicht gerade in den Blickwinkel laufen."
Unser Plan geht auf, wir sind vor den anderen oben, und ich bin mächtig stolz. Dass ich ziemlich geschafft bin, verrate ich nur dem Vater. Es gibt ein großes Hallo, und dann ist eine Rast erst einmal allen wichtiger als die weite Aussicht vom Turm. Ich glaube, dass

ich die anderen doch ganz schön beeindruckt habe. Etwas scheinheilig fragen sie, welchen Weg wir denn genommen hätten, aber ich lasse sie zunächst einmal etwas zappeln. Vielleicht darf ich in Zukunft jetzt immer mitkommen. Auf dem Turm erklärt mir der Vater, was man in den verschiedenen Himmelsrichtungen sieht, und auch die anderen hören gespannt zu:

„Dort im Westen ist die Rheinebene, noch weiter weg ist Frankreich, nördlich von uns liegen Darmstadt und Frankfurt, und da, er dreht sich um die halbe Achse, liegt weit im Osten Polen, wo nun Krieg ist."

Das Thema Krieg beschäftigt uns von Tag zu Tag mehr, und bald spüren wir auch, was Krieg bedeutet. Bei der Versorgung muss geplant und eingeteilt werden, und nicht immer ist alles zu haben. Wenn die Großmutter oder die Mutter einmal schimpfen, sich vielleicht sogar beklagen, dann kommt der Großvater immer mit demselben Spruch:

„Ich weiß nicht was Ihr wollt; wir haben, was wir brauchen, und wir haben den Krieg nicht im eigenen Land."

Wie wird es denen ergehen, die den Krieg im eigenen Land haben? Wir Buben stellen uns das eher interessant als gefährlich, mehr aufregend und spannend als risikoreich vor. Manchmal denke ich, mehr davon mitzubekommen, wäre toll. Was passiert eigentlich in einem Krieg, ich meine, so ganz konkret? Gerhard interessieren solche Fragen nicht unbedingt, aber alles, was mit Technik zu tun hat, beschäftigt ihn. Die Kriegsheftchen mit Berichten vom Einmarsch der Wehrmacht in Polen oder der Verteidigungslinie ‚Westwall', die in der Schule von Hand zu Hand gehen, findet er langweilig, doch die Fahrzeugtypen, die zum Einsatz kommen, studiert er ganz genau.

Sommer 1940. Meine Freunde und ich sind seit kurzer Zeit im Deutschen Jungvolk, der Vorstufe zur eigentlichen Hitlerjugend, HJ genannt. Zum ersten Mal erleben wir groß inszenierte Aufmärsche, stolze Flaggenparaden und von einem geheimnisvollen Zauber umgebene, feierliche Fackelzüge. Wenn bei solcher Gelegenheit die HJ'ler, die uns mit ihren 14 oder 15 Jahren schon richtig groß vorkommen, ihre Hymne schmetterten ‚Unsre Fahne flattert uns voran, unsre Fahne ist die neue Zeit...', dann sind wir jungen Pimpfe, wie man uns nennt, aufgewühlt, begeistert und mitgerissen. Andächtig hören wir zu, fast wie im Gottesdienst. Uns wird gesagt, was für ein großes Glück wir hätten, in der Zeit des Nationalsozialismus aufzuwachsen und in diesem Geist erzogen zu werden. Wir glauben das und hören, dass aus uns neue Menschen werden sollen. Weder tumbe Demokraten noch verirrte Pazifisten, noch spießige Bürger, sondern ganze Deutsche sollen wir werden. Schon in seinem großen Werk *Mein Kampf* habe der Führer als neues Ideal aller Erziehung die Züchtung kerngesunder Körper gefordert. Erziehung, so heißt es, sei nicht mehr länger vorrangig Sache der Eltern. Deshalb gäbe es auch neue Schulen, die geprägt seien von der Idee der großen Gemeinschaft deutscher Rasse, dem uralten Erbe der germanischen Vorfahren. Der Jungbannführer sagt, germanisch, das sei die uns angestammte Wesensart. Körperliche Tüchtigkeit, mutiges Handeln, treue Kameradschaft und kämpferische Gesinnung sollen von nun an als die Erziehungsideale gelten. Sport und Lagerleben spielen eine große Rolle. Bei der „Pimpfen-Probe", einer Mischung aus eingepaukten Lehrsätzen und Sport, bin ich im Weitsprung und 60 m Lauf Bester, beim Ball-Weitwurf nicht so gut, und all das andere Zeug kann ich auch. In einem alten Steinbruch an der Schönberger Straße legen wir das Treueversprechen ab, und wie alle anderen sage auch ich brav:

„Jungvolkjungen sind hart, tapfer und treu."

Von nun an gilt, so wird uns eingehämmert:

„Wer auf die Fahne des Führers schwört, hat nichts mehr, was ihm selbst gehört".

Keiner muckt auf! In diesem Steinbruch erleben wir auch zum ersten Mal ein Biwakfeuer, schlagen Zelte auf, lernen es, Karten zu lesen und erfahren beim Geländespiel, wie man mit List und Tücke andere besiegt. Aber die Begeisterung dauert nicht sehr lange. Schon nach wenigen Wochen ödet uns das Jungvolk an. Wir finden es stumpfsinnig, dieses ständige „stillgestanden", „rührt Euch", „links rum", „rechts rum", „ganze Abteilung kehrt", „im Gleichschritt marsch" und wieder „stillgestanden" ..., das Ganze von vorne. Das meiste von dem, was in den oft gebrüllten Ansprachen gesagt oder pathetisch vorgetragen wird, verstehen wir nicht, und die Parolen, die ausgegeben, besser gesagt: mit theatralischen Gesten hinaus geballert werden, hören sich irgendwie stark und doch auch hohl an, aber wir können nichts damit anfangen. Jahrzehnte später, als ich den Begriff ‚Goebbels-Rethorik' kennen lernte und diese Form des Redens, die unabhängig vom Anlass mit der immer gleichen Theatralik und einer lächerlich wirkenden Betonung des Banalen daher kommt, leider auch oft ertragen musste, habe ich mich immer wieder dieser aufgeblasenen Ansprachen beim Jungvolk erinnert. Da wird getönt vom ‚Versailler Schanddiktat', das völlig liquidiert werden muss, sie reden von den einst verlorenen Gebieten, die unser großer Führer wieder heimgeholt hat, und immer wieder wird uns gesagt, dass wir selbstbewusst, tapfer und entschlossen werden müssen, um die ‚Schmach von 1918' nach dem verlorenen Ersten Weltkrieg zu tilgen. Allein der Sport bietet etwas Abwechslung. Sehr bald empfinden wir den Dienst im Jungvolk als Drill, und den lehnen wir ab. Wir trauern der schönen, ungetrübten und völlig ungestörten freien Zeit nach, die wir in all den Jahren zuvor Tag für Tag in unserem Paradies im Brunnenweg und am Kirchberg hatten, und wir versuchen deshalb immer öfter, dem Jungvolk-Dienst mit allen möglichen Ausreden zu entfliehen. Dann passiert Außergewöhnliches.

In der Anlage vor der alten Turnhalle sind wir, wie schon so oft, mit unserem Jungbann angetreten. Die Jungenschaften, formiert zu Jungzügen und Fähnlein, bilden zusammen den Jungbann. In einem weiten, geschlossenen Rechteck, in dessen Mitte der Jungbann- und die Fähnleinführer Position beziehen, nehmen wir Aufstellung. Die Jungzugführer bleiben vor ihren jeweiligen Zügen stehen. Es folgt wieder eine dieser flammenden Reden, wie wir sie schon mehrfach gehört haben. Diesmal geht es um die Erziehung, die uns zu einem ‚heiligen Glauben' an die nationalsozialistische Idee befähigen soll. ‚Schon wieder', stöhnt einer neben mir. Der Jungbannführer kommt zur Sache:
„Für das Leben kommt es zu allererst darauf an, dass ihr körperlich stark werdet, weil ihr überhaupt nur als kerngesunde, gestählte Jungen in der Lage seid, eure geistigen Fähigkeiten zu entfalten. Ihr braucht einen starken Charakter und festen Willen, und

ihr müsst Verantwortungsfreudigkeit und Entschlusskraft entwickeln. Als Deutsches Jungvolk seid ihr allen überlegen! Ihr seid die Zukunft Deutschlands! Merkt euch das: nicht der eingetrichterte Stoff, sondern eure körperliche Ertüchtigung, eure Opferbereitschaft und ein bedingungsloser Gehorsam sind wichtig. In den Schulen, wie ihr sie kennt, sieht das noch anders aus. Jetzt muss aber jeder Erziehungsanspruch an unserer nationalsozialistischen Überzeugung gemessen werden. Denn nur so werdet ihr fähig, echte Mut- und harte Bewährungsproben zu bestehen, euch bis aufs Äußerste mit allen euren geistigen und körperlichen Fähigkeiten fordern zu lassen. Deshalb gibt es seit einigen Jahren nationalsozialistische Eliteschulen. Eine der ältesten, in ihrer Art absolut einzigartig, ist die Reichsschule in Feldafing am Starnberger See. Diese Schule ist schon vielen eurer Altersgenossen zur zweiten Heimat geworden. Das soll sie nun auch für drei von euch werden, denn diese drei sind auserwählt, dort aufgenommen zu werden. Achtung! Achtung! Jungbann still gestanden! Vortreten...!"

Dann folgen drei Namen, darunter meiner.

Ich bin überrascht, aber irgendwie imponiert mir die Sache, und ich komme mir im weiten Rund der etwa 400 Pimpfe ziemlich wichtig vor. Man sagt uns auch, dass wir stolz sein könnten. Ich bin es, freilich ohne so ganz genau zu wissen, worauf. Der Jungbannführer gibt einige Hinweise, wie es nun mit uns dreien weiter geht, und jeder bekommt ein Informationsblatt und einen Personal-Fragebogen für die Eltern. Keiner von uns denkt in diesem Augenblick daran, dass wir alle drei schon zur Aufnahmeprüfung für die Oberschule angemeldet sind. Plötzlich ist das Jungvolk wieder interessant. Es muss sich ziemlich komisch angehört haben, als ich zu Hause verkünde:

„Ich gehe gar nicht auf die Oberschule, ich komme auf die Reichsschule in Feldafing am Starnberger See!"

Die Nachricht löst erst Sprachlosigkeit, dann Verwirrung und schließlich eine besorgte Debatte aus. Als erste fängt sich die Mutter:

„Niemals", sagt sie,

„das ist sicher so eine Nazi-Schule. Das kommt nie und nimmer in Frage! Willi, das müssen wir verhindern, es muss sofort etwas unternommen werden!"

Mein Vater, wahrlich kein zu übereilten Entschlüssen oder gar unkalkulierbaren Risiken neigender, eher bedächtiger Mann, liest, äußerlich ruhig und gefasst, die Papiere, die ich mitgebracht habe. Dann sagt er zu mir mit einer Festigkeit, die zugleich Sicherheit ausstrahlt und alle verblüfft:
„Noch immer bin ich für Deine Erziehung verantwortlich. Das hier",
er legt die Papiere mit einer abschätzigen Handbewegung zu Seite,
„wird nicht passieren. Wieso und von wem wurdest Du für diese Schule ausgewählt? Niemals gehst Du auf diese Reichsschule",
und zur Mutter gewandt sagt er ruhig und mit erstaunlicher Entschlossenheit:
„Nein, wir liefern ihn nicht einfach an die Partei ab."
Diese Reaktion der Eltern überrascht mich, sie ist mir rätselhaft, und ich komme mir vor, als sei ich bei etwas Verbotenem ertappt worden. Warum sind die Eltern so radikal gegen diese Schule am Starnberger See, von der ich nicht einmal weiß, wo genau Feldafing liegt.

Einige Tage später geht mein Vater mit mir ins Büro von Kreisleiter Georg Brückmann, das sich gleich neben dem Rodensteinerhof befindet. Ob aufs Geradewohl oder angemeldet, weiß ich nicht. Die verheiratete Schwester des Kreisleiters, Frau Puder, die zwei Häuser neben uns in einem vormals jüdischen Haus wohnt, kennen wir gut, den Kreisleiter selbst nur flüchtig. Auf unserem Weg zur Stadt oder nach Hause kommen wir täglich an seiner Villa in der Ernst Ludwig Straße 7 vorbei, und dort haben wir ihn auch einige Male gesehen, wenn sein Dienstwagen vorfuhr und er gerade ein- oder ausstieg. Mein Vater grüßt bei solcher Gelegenheit stets mit ‚Heil Hitler', während er z.B. dem Professor Franz Goehle, einem betagten Priester, der ein paar Häuser weiter an der Ecke der Kirchbergstraße wohnt, immer ein freundliches ‚Grüß Gott' zuruft. Das muss wohl so sein. Vom Kreisleiter sagen die Leute, er sei ein Idealist und begeisterter Nazi, aber kein scharfer Hund. Wir müssen nicht lange warten. Im Dienstzimmer des Kreisleiters erschallt fast zeitgleich zwei Mal das ‚Heil Hitler', vom Kreisleiter betont zackig, vom Vater eher reserviert schüchtern. Ein Platz wird uns nicht angeboten. Wir stehen, der Kreisleiter, der auf mich einen Respekt gebietenden aber nicht furcht erregenden Eindruck macht, sitzt hinter einem großen Schreibtisch. Während der Vater sein Anliegen vorbringt, schweift der Blick des Kreisleiters, der ständig in irgendwelchen Papieren blättert, wiederholt zu mir, so als wolle er mich taxieren und herausfinden, was den Wunsch des Vaters, ich müsse in Bensheim bleiben, begründen könnte. Nachdem der Vater erklärt hat, er wolle meine Erziehung nicht aus der Hand geben, stellt der Kreisleiter betont sachlich, nicht unfreundlich aber doch sehr entschieden fest:

„Welche Schule Ihr Sohn besucht, ist nicht mehr Ihre Entscheidung, das regelt jetzt die Partei. Bei seinen sportlichen und sonstigen Leistungen gibt es überhaupt keinen Grund, ihn vom Besuch der Reichsschule freizustellen. Wahrscheinlich haben Sie falsche Vorstellungen von dieser Schule. Dort wird natürlich viel Wert auf körperliche Ertüchtigung gelegt, aber ebenso auch auf gute Leistungen in den schulischen Fächern. Denn die Reichsschule ist zwar eine Schule der NSDAP, aber in ihr werden nicht einfach nur überzeugte Nationalsozialisten gezüchtet, wie Sie wohl vermuten, sondern es geht vor allem darum, begabte Jungen zu fördern. Das alles überragende Bildungsziel dieser Schule ist es, die Lebensformen des gehobenen Bürgertums mit Überzeugungen unserer nationalsozialistischen Bewegung in Einklang zu bringen. Auch in religiösen Fragen ist man dort großzügig. Aber genau das ist wahrscheinlich der springende Punkt für Ihre Ablehnung. Bei der Gründung der Schule in Feldafing hat übrigens die SA, der Sie doch auch einmal angehört haben, entscheidend mitgewirkt. Selbst wenn ich wollte, ich kann Ihnen nicht helfen. Allenfalls könnte noch ein ärztliches Attest die Sachlage verändern, doch ..."

an dieser Stelle hellt sich sein Gesicht durch ein mitleidig-verlegenes, vielleicht auch höhnisches Lächeln etwas auf,

„welches Gebrechen könnte Ihrem Sohn denn bescheinigt werden? Er ist gesund, seine sportlichen und schulischen Leistungen sind gut, und er ist jung genug, um sich für unsere nationalsozialistische Idee zu begeistern. An der Reichsschule hat er die besten Chancen für seine Entwicklung. Nein, da kann ich nichts machen".

Die Gegenrede des Vaters wehrt der Kreisleiter mit einer Handbewegung ab, er steht auf, kommt um den Schreibtisch herum und hebt die Hand zum Hitlergruß. Wir werden höflich aber bestimmt verabschiedet.

Auf dem Nachhauseweg ist der Vater wortkarg; die Sache bedrückt ihn. Meine Frage, ob ich nun doch auf diese Schule am Starnberger See kommen würde, kommt daher völlig ungelegen. Fast schroff werde ich abgeblitzt:
„Warte es ab, das wirst Du alles schon zur rechten Zeit erfahren."
Als der Vater daheim die Mutter informiert, bin ich nicht dabei. Aber nachher ist zu spüren, dass die Mutter stocksauer ist; sie kann ihre Enttäuschung, ihre Sorge und ihren Zorn kaum verbergen. Zu mir sagt sie lediglich:
„Über diese Sache reden wir mit niemand, mit niemand, hast Du das gut verstanden?"
„Ja, ja!"
Längst weiß ich aus Erfahrung, dass es ratsam ist, immer gleich gut zu verstehen, wenn sich die Mutter betont deutlich ausgedrückt hat.

Neben unserem großen Garten auf der anderen Straßenseite liegt das noch viel größere Gartengrundstück von Frau Melcher, deren Tochter Ernaliese mit dem, wie wir Kinder sagen, Nase-Ohren-Doktor verheiratet ist. Vor Dr. Bernard Tebrügge, der viel kann und uns schon öfter kuriert hat, wenn es einmal etwas mehr als nur Schnupfen war, haben wir großen Respekt, wohl auch ein wenig Angst. Er ist manchmal recht kauzig, sieht in uns Kinder-Patienten immer nur den medizinischen Fall, über den, wenn überhaupt, allein mit den Erwachsenen zu sprechen ist, und er ist in seinen Methoden alles andere als zimperlich. Die Eltern wissen ganz genau, dass er politisch so denkt wie sie, und gelegentlich haben sogar wir Kinder etwas verdutzt hingehört, wenn er eine Bemerkung fallen ließ, die so gar nicht zu dem gepasst hat, was üblicherweise geredet wird. So sagte er einmal zur Mutter, grinsend auf die aus dem Fenster unserer Mansarde herausgehängte Hakenkreuzfahne deutend:

„Hängen Sie zu den besonderen Anlässen nur immer schön die Fahne heraus, sonst ist das verdächtig; der Spuk wird wohl doch etwas länger dauern!"

Wenige Wochen später steht fest, dass ich nicht auf die Reichsschule komme. „Du bleibst hier in Bensheim und wirst auf die Oberschule gehen, die Sache ist geklärt",
sagt mir der Vater ohne jeden weiteren Kommentar. Noch am gleichen Tag, als ich mit der Mutter allein bin, verrät sie mir, dass der Vater ein ärztliches Attest von Dr. Tebrügge für mich bekommen hat und ein zweites Mal beim Kreisleiter gewesen ist.
„Ein medizinisches Wunder"
soll Kreisleiter Brückmann spöttisch gesagt, dann aber ohne lange Umschweife erklärt haben:
„Vergessen wir die Sache. Ich habe das mit dem Attest leider selbst erwähnt. Wenn ich auch weiß, dass die Wirklichkeit anders aussieht, will ich doch nicht die ärztliche Diagnose von Dr. Tebrügge in Frage stellen. Ich werde veranlassen, dass Ihr Sohn von der Liste für die Reichschule gestrichen wird".
Na gut, denke ich, dann bleibe ich bei meiner Clique. Ein wenig trauere ich aber doch der Chance nach, die, weil sich alles so toll anhörte, weil die Lust auf etwas Neues geweckt war, längst meine Phantasie beschäftigt hat. Die Mutter ist nicht so froh, wie sie nach allem eigentlich sein müsste; ich glaube, sie hat Angst, dass die Sache für den Vater Konsequenzen haben könnte.

Gottlob wird die ganze Angelegenheit erst nach dem Krieg noch einmal zum Thema für uns. Als sich Kreisleiter Brückmann, der kurz vor Einmarsch der Amerikaner geflüchtet war und am 23. August 1945 in Heidelberg verhaftet worden ist, vor der Spruchkammer Darmstadt-Lager zu verantworten hat, wendet er sich an meinen Vater. Er erinnert an den Fall „Reichsschule" und bittet darum, ihm zu bescheinigen, dass er damals im Interesse der Eltern und gegen die Partei-Anweisungen, die er eigentlich pflichtgemäß hätte einhalten müssen, menschlich gehandelt habe.
Ohne auch nur einen Augenblick zu zögern, sagt der Vater:
„Das war so, ich werde es ihm bescheinigen".

+++

In Darmstadt steht auch Wilhelm Wannemacher vor einem Schulwechsel, denn früher als erwartet muss er in der achten Klasse, der Untertertia, seine Berufswahl treffen und somit eine Lebensentscheidung fällen. Das kündigt sich plötzlich und recht ungewöhnlich an, als der Hausmeister das Klassenzimmer betritt und mit wichtigtuerischem Gehabe verkündet:

„Im Auftrag des Herrn Direktors teile ich mit, dass sich jeder, der Lehrer werden will, umgehend bei der Direktion zu melden hat."

Es ist Frühjahr 1941 und Wilhelm ist gerade 14 Jahre alt. Mann Gottes, denkt er, Lehrer, das war schon immer mein Wunsch, die Chance wird genutzt, ich melde mich sofort.

Da Wilhelms Entscheidung einen Schulwechsel bedeutet, sind die Eltern gleichermaßen erstaunt wie verunsichert. Sie freuen sich zwar, dass ihr Sohn einen so schönen und soliden Beruf anstrebt, doch sie befürchten auch, dass hinter dem neuen Ausbildungssystem die Absicht stecken könnte, die Jungen frühzeitig nationalsozialistisch zu beeinflussen. Aber Wilhelm will Lehrer werden, und das geht nur, wenn er geht. Damit ist der Schulwechsel am Ende des Schuljahres perfekt. Die Bedenken der Eltern sollten sich schnell bewahrheiten. Ungeschminkt wird den Jungen gesagt, dass es in diesen auf Betreiben Hitlers eingerichteten NS-Lehrerbildungsanstalten darum geht, junge Menschen im Geist der neuen Zeit für den Lehrerberuf zu rekrutieren, um dem akuten Mangel an linientreuen Lehrkräften im Reich, verschärft durch riesigen Bedarf in den von deutschen Truppen besetzten Gebieten, begegnen zu können. Ungeniert wird im täglichen Schulbetrieb demonstriert, dass diese Lehrerbildungsanstalten eine völlig neue Ausbildungsform darstellen, denn es werden schulische Lehrpläne mit Strukturen der Hitlerjugend verschmolzen und außerdem Aufgaben der Hochschule für Lehrerbildung integriert. Die zukunftsorientierte Lehrerbildung im Geiste des Nationalsozialismus überlässt nichts dem Zufall.

Zunächst werden die angehenden Lehrer in einem dafür frei gemachten Schulgebäude, ganz in der Nähe von Wilhelms alter

Schule, unterrichtet. Noch ist die Stundentafel weitgehend identisch mit der in der Oberrealschule, aber Sport, Erb- und Rassenlehre bekommen einen höheren Stellenwert. Jeder muss den Arier-Nachweis erbringen, also nachweisen, dass, wie es im Nazijargon heißt, kein jüdisches Blut in seinen Adern fließt. Das ab sofort verwendete Lehrbuch in Geschichte trägt den bezeichnenden Titel Volk und Führer. *Da die tägliche Rückkehr ins Elternhaus von der NS-Führung als ausbildungsstörend eingeschätzt wird, werden Zug um Zug Internate eingerichtet. Am 7. November 1942 verlässt Wilhelm Darmstadt und bezieht mit seinen Klassenkameraden das Internat in der Gauschule des Nationalsozialistischen Lehrerbundes in Bensheim.*

"Donnerwetter, das ist ja eine Luxusvilla!",
sagt Wilhelm zu seinem Freund Ernst Hieronymus, der genau so staunt.
Vor ihnen, idyllisch in der Mitte eines großzügig gestalteten Parks gelegen, taucht das herrschaftliche Haus auf, das künftig ihr Internat sein soll. Die beiden wissen nur, dass das Haus früher einem Papierfabrikanten namens Euler gehört haben soll. Der Eindruck, den das Gebäude schon von außen vermittelt, wird von der prächtigen Innenausstattung noch übertroffen.
"Ein toller Kasten",
meint Ernst Hieronymus, aber Wilhelm ist eher skeptisch:
"Mal sehen, ob uns auch der Internatsbetrieb toll Spaß macht!"

Die Gemeinschaft ist oberstes Prinzip im Internat der Lehrerbildungsanstalt. In den Zimmern, die mit Doppelstockbetten ausgestattet sind, wohnen sechs bis acht Schüler, die jetzt Jungmannen heißen und als Schulkleidung die HJ-Uniform zu tragen haben. Dass alles tiptop sauber und in Ordnung gehalten wird, darauf achtet der Heimleiter peinlich genau, ein Musternazi, der die Jungen gern seine Macht spüren lässt. Sein paramilitärischer Drill nervt zwar die Jungmannen, aber sie müssen parieren. Mit Fanfarenstößen wird geweckt, und ab diesem Zeitpunkt tanzt alles nach der Trillerpfeife des Heimleiters, dem es ein wahres Vergnügen macht, lauthals zu kommandieren. Im Speisesaal hat jeder so lange stramm hinter seinem Stuhl zu stehen, bis der Heimleiter die markige Tageslosung wie etwa: „Flink wie ein Windhund, zäh wie Leder und hart wie Kruppstahl, so soll der deutsche Junge sein", ausgegeben hat und die Jungmannen es wiederholt haben. Nach dem Frühstück wird vor dem Haus feierlich die Hakenkreuzfahne gehisst, und dann geht es singend und in Dreierreihe zum Unterricht in der alten Schule am Kirchplatz.

Bei den meisten Lehrern ist wegen ihrer aufreizend zur Schau getragenen NS-Gesinnung offenkundig, warum sie an einer solchen Lehrerbildungsanstalt unterrichten, bei wenigen anderen ist das unklar. Was z. B. den Darmstädter Kirchenmusiker Professor Wilhelm Borngässer in diese Anstalt verschlagen hat, fragen sich viele immer wieder. Borngässer, ein genialer Musiker und väterlicher Freund seiner Schüler, ist klein, wuselig und immer gut gelaunt. Wenn einer der Jungmannen ein Problem hat, sei es mit einem schulischen Fach, dem Elternhaus oder der geheimen Freundin, dann baut ihn Borngässer wieder einfühlend und behutsam auf.

„So, Jungs, jetzt singen wir erst einmal, um Körper, Geist und Seele zu lockern, danach spiele ich euch etwas auf dem Klavier vor, und am Schluss muss ich dann noch mit einem von euch ein paar Worte reden",
so beginnt oft eine solche Therapie. Sein Unterricht hellt den öden Internatsalltag warmherzig auf. Sein Instrument beherrscht er perfekt. Für Wilhelm ist die von Borngässer am Schluss der Stunde oft gespielte Zugabe, „Alla turca, türkischer Marsch aus Mozarts a-moll Klaviersonate", die schönste Musik. Borngässer hat Freude an seinem Beruf, und er lässt das seine Schüler auch spüren. Welch ein Segen!

Zum Schulalltag gehören vier Trainingseinheiten Hand- oder Fußball, streng geregelte Arbeitsstunden, die der freundliche Gärtnermeister Bender aus Auerbach in einem riesigen Nutzgarten hinter dem Haus überwacht, und drei Trainingseinheiten für den leichtathletischen Fünfkampf.

Die Verpflegung ist eine einzige Katastrophe: Schlechte Kartoffeln, eine graue Mehlpampe als Soße, und zweimal in der Wo-

che ein Drittel von einem kleinen Brot, dazu ein Achtel Margarine und ein kleines Stück widerlichen Kunsthonig. Wenn da nicht die Bensheimer Freundinnen wären, die ihrem jeweiligen Jungmann in der hintersten Ecke des Areals über die Mauer hinweg heimlich einiges zustecken, ginge es den Jungen im Gauschul-Internat ziemlich elend. Immer dann, wenn wieder einmal solche Liebesgaben angekommen sind, ist im Internat teilen angesagt, eine gute Gelegenheit, die Qualität wahrer Freundschaft zu prüfen. Wilhelms Freundin, Uska Swart, Tochter des von den Nazis aus dem Amt beförderten Heidelberger Oberbürgermeisters, lebt ganz in unserer Nähe in der Ernst-Ludwig-Straße, und Wilhelms Freund, Reinhold Staudt, eine lustige Haut und ein phantastischer Bänkelsänger, ist einige Zeit mein Zugführer beim Jungvolk.

Durch die Luftangriffe zeigt der Krieg jetzt auch in der Heimat seine widerliche Fratze, und das hat auch Auswirkungen für die Jungmannen der Bensheimer Gauschule. Jeder muss für drei Wochen in ein Sonderlager zur Wehrertüchtigung. Wilhelm wird in Lauenburg an der Elbe im Flugzeug-Erkennungsdienst ausgebildet und absolviert dort auch sämtliche Übungen, die für das Wehr- und Schießabzeichen erforderlich sind. Von ihrer Gauschule in Bensheim aus werden die Jungmannen außerdem regelmäßig nach Luftangriffen zu Einsätzen in Mannheim und Frankfurt beordert. Es geht um die Rettung von Menschen und deren Hab und Gut. Kaum sechzehn Jahre alt, sind die Jungmannen längst zur beliebig einsetzbaren menschlichen Verfügungsmasse des Regimes geworden, und sie beginnen zu ahnen, dass vor dem so sehr ersehnten Lehrerberuf einige ideologische und womöglich sogar auch noch militärische Hürden liegen, von denen keiner weiß, ob er sie nehmen wird.

+++

Alles, was sich in der Kriegszeit ereignet, ist für uns Jungen von größtem Interesse, ständig sind wir dem Krieg auf der Spur, und was passiert, erleben wir als ein ungemein spannendes Abenteuer. Spezieller Gefahren sind wir uns kaum bewusst. Als der Erzfeind Frankreich besiegt ist, blasen wir wie alle ohne jede

Nachdenklichkeit mit in die Trompete des allgemeinen Siegestaumels. Wir kommen überhaupt nicht auf den Gedanken, dass der Krieg auch ganz anders verlaufen und uns noch sehr unmittelbar erreichen könnte.

Zu normalen Zeiten wären diese Eisenbahnwagen längst ausrangiert worden. So aber leisten sie noch ihr Tagespensum, getreu der protzigen Parole auf der Lokomotive: ‚Räder müssen rollen für den Sieg'. Es ist der 11. April 1942, früher Nachmittag. Die Bremsen des Bummelzuges ziehen quietschend an, die Wagen stauchen sich hart aufeinander, der Zug hält.

„Riedrode",

ruft der Schaffner. Außer meinem Vater, meinem Bruder und mir steigt niemand aus; es steigt auch kein Mensch ein. Den Zug entlang gehend erreichen wir die Ortsstraße, die von der parallel zur Bahnlinie verlaufenden Landstraße nach Worms über die Gleise in die kleine Riedgemeinde führt. Wir aber wollen in die entgegengesetzte Richtung. Deshalb überqueren wir Bahnlinie und Landstraße. Unser Ziel sind die ausgedehnten Wälder jenseits von Bahn und Straße.

Als die Motorengeräusche der spärlich befahrenen Landstraße kaum noch zu hören sind, und uns auch die leiser werdenden Klingelzeichen der Bahnstation deutlich machen, dass wir schon ein großes Stück auf dem fast zugewachsenen Waldweg voran gekommen sind, gibt uns der Vater die von früheren Exkursionen dieser Art bekannten Ermahnungen:

„Wenn Ihr etwas entdeckt, was nach einem Flugblatt aussieht, dann stürzt nicht gleich darauf los, sondern vergewissert Euch zunächst, dass wir nicht beobachtet werden. Erst wenn Ihr Euch absolut sicher seid, nehmt Ihr das Flugblatt an Euch und verstaut es so, dass nichts zu sehen ist. Wir gehen jetzt quer durch den Wald ostwärts Richtung Lorsch. Treffpunkt ist in jedem Falle der Eingang des Lorscher Waldsportplatzes. Und Vorsicht! Gelesen wird erst zu Hause."

Im Abstand von etwa 80 – 100 m machen wir uns auf den Weg quer durch den Wald, um nach neuer alliierter ‚Luftpost' zu suchen.

Angefangen hat das alles aber schon im Jahr zuvor. Im August 1941 ist nach Vaters Meinung bereits abzusehen, dass die Überlegenheit der britischen Royal Air Force nur noch eine Frage der Zeit ist. Das Versprechen Hitlers von Silvester 1940, für jede Bombe auf deutschen Boden werde er 10, notfalls 100 zurück werfen, hatte der Vater schon zu Jahresbeginn als plumpe Prahlerei abgetan. Jetzt bestätigten ihn die Fakten: In der Zeit vom 16. Juni bis 10. Juli 1941 fallen die ersten Bomben auf Köln und Bremen, und im August fliegt die deutsche Luftwaffe die schwächsten Angriffe auf England innerhalb eines Jahres. Wir Buben basteln nach Vorlage von Ausschneidebögen nicht nur das deutsche Jagdflugzeug *ME 109*, das uns sehr imponiert, sondern auch das englische Gegenstück, die *Spitfire*, hängen sie an die Decke in unserer Mansarde auf und stellen uns spannende Luftkämpfe vor. Da fällt uns ein englisches Flugblatt in die Hand, dessen Inhalt bei den Großen blankes Entsetzen auslöst.

Fast jede Nacht kommen jetzt englische Flugzeuge, die in großer Höhe fliegen und von den im Raum Mannheim/Ludwigshafen stationierten Flakbatterien unter Beschuss genommen werden. Für meine Freunde und mich ist es jedes Mal wieder ein faszinierendes Schauspiel, wenn die Geisterfinger der Scheinwerfer lautlos über den nächtlichen Himmel huschen und nur dann sich kreuzend auf der Stelle verharren, wenn sie ein Flugzeug entdeckt haben. Wiederholt beobachten wir, wie die gebündelten Scheinwerfer ein Flugzeug wie die Spinne im Netz erscheinen lassen. Denn obwohl wir bei Fliegeralarm immer, wenn auch mürrisch, der Aufforderung folgen, aufzustehen, so gehen wir doch nie in den alles andere als fachgerecht abgestützten und mit ein paar Sandsäcken vorm Fenster nur notdürftig gesicherten Luftschutzkeller. Unsere Waschküche ist überhaupt nur deshalb in den Rang eines ‚Luftschutzraumes' gekommen, weil sie einen Ausgang ins Freie hat; ansonsten ist sie völlig ungeeignet. Ich empfinde die Situation im Keller beklemmend, und außerdem sind die Nächte draußen ja auch so wahnsinnig interessant. Ist ein Flugzeug erfasst und leuchtet als winziger, silbrig-glänzender Punkt im Strahlenbündel der Scheinwerferbatterien auf, dann überkommt mich immer ein ganz eigenartiges Gefühl. Wer wird das Rennen um Leben oder Tod gewinnen, was ist dabei mehr entscheidend, die Zielsicherheit der Richtkanoniere der Flak oder das fliegerische Können der Piloten? In einem solchen Augenblick denke ich nicht mehr in den Kategorien von Freund und Feind, eher vielleicht in denen des Sports, und ich wüsste gerne, wie die auf der Erde und die in der Luft empfinden, ob die oben oder die unter mehr Angst haben. Ich finde es toll, am dunklen Nachthimmel überhaupt ein Flugzeug aufzuspüren, und bewundere die Soldaten an den Scheinwerfern, aber ich finde es gleichzeitig grausam, am weiten Himmel so des Schutzes der dunklen Nacht beraubt der Flak ausgeliefert zu sein. Ich versuche mir vorzustellen, wie es im Augenblick, da die Maschine ins gleißende Licht der Scheinwerfer gehüllt ist, in deren Cockpit oder der Kabine zugeht. Aus der Lektüre der Kriegsheftchen, die als spannende Berichte über die Heldentaten von Wehrmacht, Luftwaffe und Marine bei uns immer noch hoch im Kurs stehen, wissen wir, wie es in einem Kampfflugzeug aussieht, wie eng alles ist, und wie hilflos man sich folglich als angestrahlte Zielscheibe fühlen muss. Irgendwie bange ich mit oder um die mir chancenlos erscheinenden Flieger. Dabei weiß ich, dass sie Bomben geladen haben, die auch mich treffen könnten. Was denken die, wenn sie ihre Bomben ins Dunkel der Nacht und auf ein Ziel abwerfen, das sie nicht sehen können? Kann, darf man da überhaupt noch denken?

In dieser Augustnacht 1941 sind wieder englische Flugzeuge im Luftraum über der Bergstraße. Gerade am Tag zuvor hat man uns in der Schule darüber aufgeklärt, dass der Feind nachts Propagandamaterial abwirft, so genannte Flugblätter. Darin, so wurde uns gesagt, stünden gefährliche Unwahrheiten, weshalb dieses Material sofort vernichtet werden müsse. Man hat uns dringend aufgefordert, Flugblätter nicht etwa unseren Eltern zu geben, sondern sie in der Schule abzuliefern. Angeblich sollen im Ried und im Odenwald schon solche Flugblätter gefunden worden sein. Diese Ermahnung verlockt uns geradezu; wir wollen unbedingt ein solches Flugblatt haben. Deshalb warten wir in dieser Nacht darauf, dass es Flugblätter vom Himmel regnet, und wir sind maßlos enttäuscht, dass nichts passiert. Erst am nächsten Tag erfahren wir in der Schule, dass doch Flugblätter abgeworfen worden sind, die aber Polizei, SA und Hilfswilligen bereits in den frühen Morgenstunden eingesammelt haben. Wie lange braucht wohl ein Flugblatt, bis es aus 8.000 m Höhe herunter geflattert ist?

Als der Vater am Abend nach Hause kommt, bringt er die mich elektrisierende Nachricht mit, Lehrer Desaga habe in seinem Garten ein Flugblatt gefunden, und er denke nicht daran, es abzuliefern. Ganz offensichtlich haben die beiden Männer auch über den Inhalt dieses Flugblattes gesprochen, denn der Vater bemerkt nachdenklich:

„Wir werden nach Strich und Faden belogen."

Belogen? Von wem? Ich denke nicht lange darüber nach, sondern eile in unseren großen Garten gegenüber dem Haus, in dem heute noch niemand war. Ich muss mein ganzes Körpergewicht einsetzen, um das schon ziemlich klapprige, große Tor einen Spalt weit zu öffnen, aber dann kann ich mein Glück kaum fassen: gleich zwischen den Spargelfeldern finde ich ein kleines Faltblatt, auf dem oben in Großbuchstaben steht: LUFTPOST. Das kann nur ein Flugblatt sein. Schnell eile ich ins Haus zurück, zeige meinen Fund stolz dem Vater, und der klatscht erfreut in die Hände:

„Das gleiche hat auch Herr Desaga gefunden."

Natürlich will jetzt jeder zuerst das Flugblatt haben, aber der Vater fängt schon an, laut vorzulesen:

„Könnt Ihr ermessen, was es bedeutet, dass Eure Kriegsmaschine die Luftherrschaft zu verlieren im Begriff ist? Nur ihre Überlegenheit war es, die Euch bisher die entscheidenden Erfolge gebracht hat. Jetzt ändert sich das. Nun gewinnt die Royal Air Force, die Eurer Luftwaffe technisch und qualitativ schon immer überlegen war, auch die quantitative Überlegenheit. Für jedes Flugzeug, das Ihr in Russland verliert, bauen England und Amerika ein neues. Das ist eines weniger für Euch, zwei mehr für uns! Das gleiche gilt für Tanks. Macht Ihr Euch eigentlich klar, was die englische Luftüberlegenheit bedeutet? Sie bedeutet u. a., dass Deutschland in nicht ferner Zukunft Angriffe bevorstehen, die weit schwerer sein werden als das Schlimmste, was die Engländer im vorigen Sommer und Herbst auszuhalten hatten. Und woher kommt es, dass die Engländer sie aushalten konnten? Weil sie wussten, dass England mit amerikanischer Hilfe die entscheidende

Überlegenheit in der Luft erringen wird. Für Deutschland dagegen besteht, wenn es erst einmal seine Lufthoheit verloren hat, nicht die geringste Aussicht, sie jemals wieder zu gewinnen. Der Tod, Deutschlands so bewährter Exportartikel, kommt jetzt zu Euch zurück!"

„Hör auf, hör auf",

sagt die Mutter entsetzt,

„das ist ja schrecklich. Wenn davon nur ein Bruchteil stimmt, gehen wir schweren Zeiten entgegen. Und das alles verdanken wir diesem Hitler."

„Das wird so kommen",

erwidert der Vater sachlich und ruhig, und wie zum Trost fügt er hinzu:

„Wir können froh sein, dass wir auf dem flachen Land, gewissermaßen zwischen den städtischen Zentren des Rhein-Main- und des Rhein-Neckar-Raumes leben. Ziel werden die Großstädte sein."

Jetzt meldet sich der Opa zu Wort:

„Das ist doch ein Verbrechen, wie wollen sie so etwas moralisch rechtfertigen?"

„Erstens haben wir damit angefangen, Städte zu bombardieren",

erwidert der Vater, und er nennt die Namen Warschau, Rotterdam und Coventry, „und zweitens wollen sie erreichen, dass das deutsche Volk in Opposition zu Hitler geht. Auch das steht hier drin."

Der Vater sucht die Stelle, sagt, es handele sich um ein Zitat des englischen Premierministers Churchill, und liest erneut vor:

„Wir werden von nun an Deutschland in immer größerem Maßstab mit Bomben belegen, Monat auf Monat, Jahr für Jahr, bis das Naziregime entweder von uns ausgerottet ist, oder – besser noch – bis ihm das deutsche Volk den Garaus gemacht hat."

Die ganze Familie ist betroffen. Mutters Haltung ist eindeutig.

„Ich sage noch einmal: Das alles verdanken wir dem Hitler; er hat doch gedroht, ihre Städte auszuradieren, und nun machen das die anderen mit uns. Es sind Hitlers Bomben, die auf uns fallen!"

Später studiere ich das Flugblatt von vorne bis hinten. Es ist die Nr. 10 der LUFTPOST der Royal Air Force vom 22. Juli 1941.

Alles ist unwahrscheinlich interessant, aber der Hinweis auf Kapitel 5,5 des Buches Daniel aus dem Alten Testament berührt mich besonders:

„Eben zur selben Stunde gingen hervor Finger, wie von einer Menschenhand, die schrieben... und der König ward gewahr der Hand, die da schrieb. Da entfärbte sich der König, und seine Gedanken erschreckten ihn ... Das ist aber die Schrift, allda verzeichnet: Mene, mene, tekel, upharsin. Mene, das ist: Gezählt hat Gott die Tage deiner Herrschaft und macht ihr ein Ende. Tekel, das ist: Man hat Dich auf einer Waage gewogen und zu leicht befunden."

Der Vater erklärt mir, dass mit dem König Hitler und mit dem Reich das deutsche Volk und damit gemeint ist, dass Deutschland den Krieg verlieren wird. Diese Stelle aus dem Kapitel 5 des Buches Daniel soll die Erklärung für das V = Victory -Symbol sein, also die gespreizt hoch gestreckten Zeige- und Mittelfinger. Mit diesem Symbol wollen die von Deutschland besetzten Länder ihre Zuversicht auf Befreiung ausdrücken: Victoire, Vrijheid, Vitezi! Auch die Royal Air Force hat es nun zu ihrem Siegessymbol gemacht. Es wird ein langer Abend.

Das Flugblatt, das wir im August 1941 gefunden haben, ist der Anfang unserer systematischen Sammelaktivitäten, die ich mit Gerhard fortsetze, als der Vater im September 1941 für anderthalb Jahre zu einem Sondertelegraphenbauamt nach Rowno in der Ukraine dienstverpflichtet wird. Oft sind wir zu zweit oder einer allein auf der Suche in den Schwanheimer Wiesen, im Niederwald, in den ausgedehnten Wäldern zwischen Eberstadt und Bickenbach, am Felsenmeer und natürlich immer wieder im Lorscher Wald. Am 11. April 1944 finden wir ein einfaches Blatt mit der Darstellung einer Uhr, der Zeitangabe fünf Minuten vor Zwölf und dem Text:

„In Amerika, alle fünf Minuten ein Flugzeug."

Einige Flugzeugtypen sind abgebildet, auch die *Flying Fortress*, die wir im Sommer 1944 fast täglich am Himmel sehen. Das Flugblatt kündigt an, dass ab Herbst einige Städte massiv bombardiert werden sollen, darunter Frankfurt, Worms, Ludwigshafen und Mannheim. Wir sind gewarnt. Aber was ist mit denen, die keine Flugblätter haben oder sie aus Angst nicht lesen?

Längst ist der Himmel zu unserem großen, bis kurz vor Kriegsende einzigen und auch einzigartigen Kriegsschauplatz geworden – im wahrsten Sinne des Wortes. Wir lesen vom Krieg in der Zeitung, aber wir erleben den Krieg dort, wo er ein Gesicht für uns hat: am Himmel! Nur kurze Zeit haben tagsüber die Amerikaner und nachts die Engländer ihre eigenen Flugblätter abgeworfen. Dann stellen wir fest, dass die alliierte Flugblatt-Kooperation bestens funktioniert, eine Auswirkung des vom amerikanischen Präsidenten gegründeten *Office of War Information*. Die Sorge, wir könnten ein Flugblatt der einen oder anderen Seite verpassen, ist dadurch nicht mehr begründet; sowohl in der Nacht als auch tagsüber kommt dieselbe ‚Luftpost'.

Als wir wieder einmal statt Unterricht gleich am frühen Morgen klassenweise ausschwärmen müssen, um die ‚Feindpropaganda' einzusammeln, finde ich in der Nähe des Schönberger Sportplatzes ein Flugblatt, bei dem schon das Format auffällt, und von dem ich genau weiß, dass wir es noch nicht in unserer Sammlung haben. Es ist ein schmaler, etwa 25 cm langer Streifen mit sechs Portraits von Hermann Göring, dem großmäuligen Reichsluftmarschall der immer kleiner werdenden deutschen Luftwaffe. Drei mal lacht er übers ganze Gesicht, und darunter stehen die Namen Warschau, Rotterdam und Belgrad, drei mal ist das Gesicht wütend verzerrt, und darunter stehen die Namen Lübeck, Rostock und Köln. Auf der Rückseite ist einer der protzigen Aussprüche Görings zu lesen:
„Vor allem werde ich dafür sorgen, dass der Feind keine Bomben werfen kann."
Statt dieses Flugblatt in den Sammelsack zu stecken, lasse ich es in meiner Hosentasche verschwinden. Das muss ein Schüler beobachtet haben, der mich dann in der Schule verpfiffen hat. Denn kaum sind wir in der Klasse, kommt Hausmeister Brückmann, den wir offiziell ‚Pedell' und heimlich wegen seiner kurzen, schnellen Beine ‚Dackel' nennen, spricht mit dem Lehrer, der deutet auf mich und sagt:
„Zum Direktor."
Wie Direktor Breidenbach politisch wirklich denkt, weiß ich nicht, doch dass er in der Partei ist, wissen alle. Vom Hausmeister

weiß ich das nicht. Der Pedell gibt sich streng, aber ich habe oft beobachtet, dass er Schülern gegenüber offen und hilfsbereit ist. Draußen im Gang baut er sich mit seiner kleinen, drahtigen Figur wie ein Bollwerk vor mir auf, blickt mich mit hochgezogenen Augenbrauen scharf an und sagt streng:

„Hast Du etwas, was Du nicht haben darfst? Wenn ja, her damit!"

Ich zögere, bin mir nicht sicher, ob das die rettende Entsorgung des Flugblattes in meiner Hosentasche sein könnte oder bereits die Beweissicherung sträflichen Tuns ist, und so fasse ich einen gewagten Entschluss. Als wolle ich etwas herausholen, greife ich in die Hosentasche, zerknülle das gottlob ja recht kleine Flugblatt, stecke es schnell in den Mund, kaue einige Male darauf herum und schlucke es runter. Der Pedell ist perplex und gibt sich wütend, aber ich glaube, er tut nur so. Dann sagt er, mir scheint, erleichtert:

„Wenn Du den Mund leer hast, kannst du jetzt zum Herrn Direktor rein gehen", und er liefert mich bei der Sekretärin im Vorzimmer ab.

Kaum bin ich im Direktorzimmer, wird der Pedell zurück gerufen. Leibesvisitation. Brückmann muss sie bei mir vornehmen, es ist ihm so unangenehm wie mir, aber keiner von uns muss dabei vor Angst Blut schwitzen. Auf die spitze Frage des Direktors, ob ich alle Feindpropaganda abgeliefert hätte, lüge ich dreist und ohne jede Hemmung. Mit ein paar Ermahnungen, von denen ich gleich weiß, dass ich sie nie befolgen werde, schickt mich der Direktor in den Unterricht zurück. Alle starren mich fragend an. Ich wüsste gerne, wer mich verpetzt hat. Lange Zeit bedrückt es mich sehr, dass tagtäglich jemand ganz in meiner Nähe ist, der mir schaden wollte. Wem kann man noch vertrauen? Mein Ärger über den Verlust dieses interessanten Flugblattes dauert nicht lange. Kurze Zeit später bringt mir Eugen Vogt, eine Junge, der von der Saar evakuiert worden ist und in unserer Nachbarschaft wohnt, das gleiche Flugblatt aus seiner Heimat mit.

In unserer Straße gibt es sieben Häuser. Wenn man das Anwesen der Familie Melcher hinzunimmt – das Haus steht zwar an der Adolf-Hitler-Straße, aber sein Garten reicht bis zur Bismarckstraße – , dann zählen acht Familien zur Straße. Der erste Gefallene ist Egon Melcher: Afrika, 2. Februar 1942. Als die Nachricht, dass ihr einziger Sohn gefallen ist, der Mutter überbracht wird, ist Frau Lily Melcher gerade in ihrem Garten mit Frühjahrsarbeiten beschäftigt. Ihre Totenklage hören viele, auch wir. Diesen erschütternd herausgeschrieenen Schmerz, diese Stimme voller Leid und Verzweiflung, diese schier untröstliche mütterliche Wehklage werde ich nie vergessen. Zum ersten Mal bekommen wir eine Vorahnung von dem, was Krieg wirklich ist; es sollte nicht das letzte Mal bleiben. Die Eltern von Rainer Framm und dessen Schwester Eta winken mit weißen Bettlaken, wenn Rainer mit seinem Jagdflugzeug, das vorne mit Haifischzähnen dekoriert ist, tollkühn über dem Elternhaus Kreise zieht, und der Hund Ursus jault dazu, als würde er das in der Luft herumkurvende Herrchen schnuppern. Wir schauen diesem Spektakel bewundernd und in der stillen Hoffnung zu, irgendwann auch einmal Jagdflieger zu werden. Schon bald darauf wird Rainer bei einem Luftkampf abgeschossen.

Ende August 1942 fallen an der Bergstraße die ersten Bomben. Es passiert noch nicht viel, aber wenige Monate später wird es brenzlig. Anfang Dezember brennt, von mehreren Brandbomben getroffen, die Scheune der *Zeller Mühle* nieder, wohin wir sonntags so gern zum Käsekuchen-Kaffee gewandert sind, und in der Nacht vom 10. auf den 11. April 1943 wird die Flur zwischen Lorsch und Heppenheim mit einem regelrechten Bombenteppich belegt. Am 11. April, einem Sonntag, fahren wir gleich am Vormittag mit unseren Rädern hinaus, um zu sehen, was die Bomben angerichtet haben, mehr noch, um nach den als Briefbeschwerer sehr begehrten roten Eisenkernen der Stabbrandbomben, sowie nach Bombensplittern zu suchen. Wir finden das überhaupt nicht verrückt.

Die Lage spitzt sich zu. Fast täglich beobachten wir jetzt die in großer Höhe fliegenden *Flying Fortress*- Kampfgeschwader, die in der Regel in vier Bombergruppen und diese wiederum in vier Pulks mit je 36 Maschinen gestaffelt, insgesamt also etwa 570 Flugzeuge, ungehindert ihre von Kondensstreifen markierte Bahn ziehen. Die Kampfgeschwader werden umschwärmt von vielen Begleitschutzjägern, die in taktischen Kleingruppen zu je vier Maschinen fliegen. Deshalb ist es für die in Biblis stationierten deutschen Jagdstaffeln nahezu unmöglich, überhaupt an die Bomber heran zu kommen, denn sie werden von den amerikanischen Jägern, den schnellen und wendigen *Mustangs*, schon im weiten Abstand zu den Bomber-Pulks abgefangen und in erbitterte Luftkämpfe verwickelt. Die *Mustangs* sollen eine Reichweite von 2.000 km haben; ich glaube, diese Jäger spielen mehr und mehr die entscheidende Rolle im Luftkrieg. Von den Bibliser Jagdfliegern wissen wir, dass Luftkämpfe, bei denen sich die Jäger ständig umkurven, im Fliegerjargon Kurbelei heißen. Das sieht geradezu atemberaubend und halsbrecherisch aus. Bei einem dieser Luftkämpfe, bei denen die schnittigen Jagdflugzeuge in kleinen und größeren Schleifen aufeinander zurasen, steil hochgezogen oder nach rasantem Sturzflug mit jaulenden Motoren und wildem Geknatter der Bordwaffen wieder abgefangen werden, ist eine *ME 109* abgeschossen worden. Fast senkrecht und ohne Rauchfahne schießt die Maschine zur Erde. Wir wundern uns, dass der Pilot nicht aussteigt, um sich mit dem Fallschirm zu retten, und radeln trotz fortdauerndem Luftkampf sofort los. Die Absturzstelle vermuten wir nahe der Basinusquelle, aber wir finden das Flugzeug viel weiter draußen, fast am schon am Niederwald. Bis zur Kanzel steckt der Rumpf in der Erde, der Pilot sitzt zusammengesackt tot in der Maschine, und im weiten Umkreis liegen Flugzeugteile. Wir nehmen einige kleinere Metallstücke mit, ziehen es dann aber vor, schleunigst zu verschwinden, weil aus Richtung Fehlheim quer über die Felder Uniformierte kommen.

Damit sie ihre elektronischen Zielortungsgeräte noch präziser einsetzen können, verwenden die Engländer jetzt bei ihren Nachtangriffen Zielmarkierungsbomben, die in etwa 1.000 m Höhe zerbersten und viele hellfarbene Leuchtkerzen ausstreuen, die sich im Fallen entzünden und auf dem Boden meist noch mehrere Minuten nachglühen. Noch effektiver und interessanter für uns sind aber die Leuchtbomben, von der Bevölkerung verharmlosend ‚Christbäume' genannt, die als Ziel-Markierungen von den Leitflugzeugen, die den Bomber Pulks voraus fliegen, gesetzt werden.

Diese Leuchtbomben stehen scheinbar bewegungslos längere Zeit am Himmel, weil ihr Brandsatz an einem Fallschirm hängt, der nur ganz langsam zur Erde schwebt. Solch einen Fallschirm zu ergattern, das ist unser Traum.

In dieser Sommernacht 1943, dauert der Fliegeralarm extrem lang. Wir nehmen an, dass der Angriff diesmal Mannheim/Ludwigshafen gilt, und wie üblich sind wir auf der Straße, um alles genau mitzubekommen. Der Wind kommt aus Südwest, wir hören die Abschüsse der Flak deutlicher als sonst. Manchmal kommt es uns auch so vor, als würden die Bomber Pulks in einer Schleife über uns hinweg ziehen; vermutlich sind das diejenigen, die bereits ihre Bombenlast abgeworfen haben, dann über den Rhein-Neckar-Raum hinweg geflogen und nun über unserem Gebiet auf dem Rückflug sind. Dass diese Situation nicht ganz ungefährlich ist, wissen wir. Gelegentlich haben wir schon von verirrten Bomben gehört, das sind solche, die über dem eigentlichen Ziel, aus welchem Grund auch immer, im Schacht hängen geblieben sind und dann irgendwo abgeworfen werden, um sie nicht mehr mit zurück nehmen zu müssen. Wegen dieser Gefahr kommt ständig mal jemand aus dem Keller hoch in der Absicht, uns herunter zu holen.

„Hört ihr nicht das Gebrumm, die sind direkt über uns, ihr solltet sofort in den Keller gehen."

Es ist die Mutter, die sich hoch gewagt, mit ihrem Appell jedoch nicht die geringste Chance hat. Bei uns draußen ist Onkel Otto, Vaters jüngerer Bruder, dessen Familie wegen der Luftangriffe auf Berlin von dort zu uns gekommen ist. Er gehört zum Jagdgeschwader Mölders und hat Heimaturlaub.

Werner Mölders war schon bei der Legion Condor in Spanien ein großes Jagdflieger-As, jetzt ist er es noch viel mehr. Es muss im Frühjahr 1941 gewesen sein, als Onkel Otto einmal mit ihm und einigen anderen Offizieren bei uns kurz zu Gast war. Wenig später ist das Geschwader an die östliche Reichsgrenze verlegt worden – warum, das wurde uns allerdings erst klar, als am 22. Juni 1941 ohne Kriegserklärung der Feldzug gegen die Sowjetunion begann. Als Mölders bei uns war, hatte er bereits 60 Luftsiege und war mit dem Eichenlaub zum Ritterkreuz ausgezeichnet. Er begegnete uns Buben wie ein väterlicher Freund, und wir bewunderten ihn. Fortan verfolgten wir den Weg ‚unseres' Kriegshelden ganz genau. Als er am 22. November 1941 beim Absturz einer *He 111* in der Nähe von Breslau ums Leben kommt, sind wir todunglücklich, denn er war für uns das Vorbild eines sympathischen, tapferen Soldaten. Nach dem Krieg erfuhren wir von Onkel Otto, wie stark Mölders aus dem Glauben gelebt und wie sehr er dafür auch Zeugnis abgelegt hat. Eine Zeit lang war wahrscheinlich auch er ein Anhänger Hitlers, doch als Mölders das Verbrecherische des Regimes erkannte, wandte er sich ab. Zu wenige folgten diesem Beispiel! Es wurde gemunkelt, die Nazis hätten ihn wegen seiner religiösen Einstellung und seiner kritischen Haltung gegenüber dem Regime loswerden wollen, also den Flugzeugabsturz inszeniert. Aber diese Kausalität könnte auch von einem alliierten Geheimdienst erfunden worden sein, um den Tod des populären Jagdfliegers propagandistisch auszunutzen. Tatsache ist, dass er ein Regime-Gegner war. Nach seiner Ernennung zum Inspekteur der Jagdflieger, so erzählte uns Onkel Otto, soll er mit einem Schreiben an Hitler gegen die Unterdrückung der Kirche und die Auflösung von Klöstern protestiert haben. Öfter habe er davon gesprochen, dass die Menschen wieder mehr beten müssten. Werner Mölders war für uns zunächst nur ein Flieger-As, ein Held, ein bewunderter Soldat. Doch als wir nach und nach etwas mehr über das Leben von Werner Mölders erfuhren, empfanden wir Respekt vor dem Menschen Werner Mölders und sahen in ihm ein Vorbild.

Onkel Otto beschwichtigt die Mutter:

„Mach Dir keine Sorgen, Hedwig. Die Bomber, die über uns hinweg fliegen, haben nur noch ein Ziel; sie wollen so schnell wie möglich ihre Flughäfen in Südengland erreichen."

„Aber man hat doch schon gehört, dass die auch noch auf dem Rückflug ..."

Die Mutter kommt nicht mehr dazu, ihren Satz zu vollenden, denn Erich Desaga ruft erregt:

„Da, da! Ein Fallschirm!"

Das verändert die Lage schlagartig.

„Zurück hinter die Mauer!"

Die Anweisung des Onkels, der jetzt das Kommando führt, befolgen wir auf der Stelle, während er ins Haus stürzt, um seine Pistole zu holen. Wir können den Fallschirm, der direkt auf uns zuschwebt, nur schemenhaft erkennen, aber wir sind uns ziemlich sicher, dass es ein Leuchtbomben-Fallschirm ist.

„Er hat noch zu viel Höhe, aber in den Bäumen hinter der Ernst-Ludwig-Straße wird er hängen bleiben."

Das geschulte Auge von Onkel Otto schätzt die Situation richtig ein. Wir folgen und beobachten! Geduckt, immer wieder mal nach oben schauend, rennen wir in die Dunkelheit, passieren die Anlage, und erreichen die Ernst-Ludwig-Straße. Keiner von uns merkt, dass wir beobachtet werden. Schon nach kurzer Zeit sind wir an der Landestelle. Während sich der Schirm in Baumkronen verfangen hat, hängt die Leuchtbombe an mehreren Seilen keine zwei Meter über dem Boden. Es fällt uns nicht schwer, behutsam an einzelnen Seilen ziehend den Schirm aus den Wipfeln der Bäume zu lösen. Da die Leuchtbombe völlig ausgebrannt ist, legen wir den Fallschirm, der viel größer ist, als wir uns das je vorgestellt haben, säuberlich zusammen, tragen unsere Kriegstrophäe stolz nach Hause und bilden uns ein, etwas ganz Tolles erlebt und für unsere Kriegssammlung ein wertvolles Objekt gesichert zu haben. Die Familie treffen wir zu Hause in größter Unruhe und Sorge an, weil niemand genau wusste, wohin wir gelaufen waren. Die Aufregung steigert sich noch als sie sehen, was wir mitbringen. Die Frauen sind zwar von der wunderbaren Seide fasziniert, was uns besorgt aufhorchen lässt, aber der Großvater ist unerbittlich:

„Den dürft Ihr auf keinen Fall behalten. Otto, wie kannst Du die Buben in so ein Abenteuer stürzen; Kriegsmaterial muss sofort der Polizei übergeben werden."

Mutter ist dagegen. Sie hat die Idee, daraus später mal ein Kommunionkleid für unsere Schwester schneidern zu lassen. Besorgt gehen wir in dieser Nacht für die wenigen letzten Stunden ins Bett. Uns ist klar: unserem Fallschirm droht von ganz verschiedenen Seiten ernste Gefahr.

Früh am nächsten Morgen erscheinen bei uns ein Polizist, ein ziemlich hohes Tier vom Luftschutz und Frau Tilly Tritsch, die ein paar Häuser weiter wohnt und unsere Luftschutzwartin ist. Sie hat uns in der Nacht mit dem Fallschirm gesehen und den Vorfall gemeldet. Alles Verhandeln hilft nichts. Der Polizist redet von ‚zwingend notwendiger Sicherstellung', und der Luftschutzmensch behauptet, man benötige den Fallschirm für eine große Ausstellung. Erst auf Onkel Ottos energischen Einspruch sagen die beiden zu, dass wir den Fallschirm nach der Ausstellung wieder zurückbekommen. Wir bezweifeln das, sind aber dieser geballten Obrigkeit ausgeliefert, zumal der Opa für die Amtspersonen, wie er die ungebetenen Gäste nennt, Partei ergreift. Etwas verlegen stottert Frau Tritsch so etwas wie eine Entschuldigung:

„Ich habe befürchtet, der Brandsatz könne sich noch einmal entzünden. Das und die Sache überhaupt hätte für mich wegen meiner Aufgabe als Luftschutzwartin, aber auch für Euch Buben, sehr gefährlich werden können."

Blöde Ausrede, denken wir. Sie sollte sich darum kümmern, dass ausreichend Eimer mit Wasser und Feuerpatschen auf den Speichern ihres Bezirks sind, uns aber in Ruhe lassen. Wieder einmal hat jemand seine Pflicht getan!

Nur noch ein einziges Mal sehen wir unseren Fallschirm. Aufgehängt an einem Seil, das man vom Polizeigebäude zum Geschäft Walter gespannt hat, ist er über dem Bürgerwehrbrunnen zwischen Markplatz und Mittelbrücke der Lockvogel für die Luftschutzausstellung. Maßlos enttäuscht schimpfen wir auf die verlogene Polizei, die Mutter versucht, uns mit der unrealistischen Hoffnung zu trösten, wir würden vielleicht noch einmal einen zweiten Fallschirm finden, und der Opa rechtfertigt erneut die Amtshandlung:

„Die haben so handeln müssen, die konnten gar nicht anders, das ist ihre Pflicht."

‚Pflicht', das ist auch so ein Wort, mit dem in letzter Zeit viele Maßnahmen begründet werden, die ich nicht verstehe. Ich glaube, die gleichen Pflichten ändern sich, je nachdem wer sie hat. Ein paar Tage nach Beendigung der Ausstellung stellt der Vater nüchtern fest:

„Wahrscheinlich sind aus der Seide schon längst Blusen für die Geliebten irgendwelcher Nazi-Bonzen geschneidert worden".

Das glaube ich auch.

Im Oktober 1943 finden wir im Lorscher Wald ein Flugblatt mit der Schlagzeile: „Das war Hamburg". Gezeigt wird eine Luftaufnahme, die das ganze Ausmaß der Zerstörung erahnen lässt. Nur noch Mauern, durch deren Fensterhöhlen das Licht weiße Punkte in die Schatten der Fassaden zeichnet, ragen gespenstisch in den Himmel, ein grauenhaftes Bild. Im weiteren Text folgt die brutale Wahrheit:

„Die Fronten rücken näher! Die Nächte werden länger! Die deutschen Städte sind wehrlos! Jeder Industriestadt droht das Schicksal Hamburgs! Der Krieg ist verloren! Hitler kann ihn nur noch verlängern; er kämpft um Zeit zu gewinnen! Zeit zur Vernichtung Deutschlands!"

Zu Hause entbrennt eine heftige Diskussion. Es geht um die Frage, ob die feindlichen Flieger wirklich nur kriegswichtige Ziele angreifen, und ob sie die hohen Verluste der Zivilbevölkerung als unvermeidlich einfach hinnehmen, oder ob sie sie vielleicht doch mit einkalkulieren, sie womöglich sogar ganz gezielt herbeiführen wollen. Die NS-Propaganda prangert Tag für Tag mit markigen Sprüchen, den immer gleichen Parolen und giftigen Attacken dieses Verbrechen der Alliierten an. Wir kennen zwei Versionen, die der Fugblätter und die aus dem Radio. Was ist die Wahrheit?

„Vielleicht sollten wir einmal darüber nachdenken, wie es jetzt der russischen Bevölkerung ergeht, über die unsere deutsche Kriegswalze zweimal, erst mit dem Angriff und dann beim Rückzug, hinweg gerollt ist. Im Krieg sind die daheim, vor allem wir Frauen, die Kinder und die Alten immer die Schwächsten. Einmal sind es Granaten, Raketen und Flammenwerfer, das andere Mal Bomben, Luftminen und Brandstäbe. Der Hitler hat den Krieg angezettelt, und wir alle müssen ihn nun erleiden."

Immer wieder ist es die Mutter, die abwägt, zur Besonnenheit mahnt und keinen Hass aufkommen lässt, aber in uns brodelt es.

Um den Aktionsraum der amerikanischen Jagdflugzeuge zu erweitern, tragen die *Mustangs* neuerdings Reservetanks unter beiden Tragflächen. Lange Zeit halten wir diese Tanks für Bomben oder Raketen, bis wir eines Tages beobachten, wie ein Reservetank abgeklinkt wird und zur Erde trudelt. Von diesem Augenblick an sind wir scharf darauf, einen solchen Tank zu ergattern.

Wir haben gehört, dass diese Tanks groß genug sind, um daraus ein Paddelboot zu bauen.

Erich, Gerhard und ich sind auf den nahen Vetzersberg gegangen, von dessen Kuppe wir im Winter gern herunter rodeln, um die Tagangriffe der US-Luftflotte und mögliche Luftkämpfe besser beobachten zu können. Wieder fliegen die Bomber gut gestaffelt über uns hinweg. Wir vermuten, dass Nürnberg oder Schweinfurt die Ziele sind. Die letzten beiden Pulks des Verbandes werden von deutschen Jägern angegriffen, und es kommt zu einem wilden Feuergefecht zwischen einem Dutzend *ME 109* und etwa doppelt so vielen Mustangs. Alles spielt sich direkt über uns ab. Als die leeren Patronenhülsen wie Hagelkörner auf uns herunter prasseln, verkriechen wir uns Schutz suchend unter den von der Bürgerwehr aufgestellten steinernen Tisch. Mehrere Flugzeuge werden abgeschossen. Wir beobachten, wie sich eine *ME 109*, aus großer Höhe und aus der Sonne kommend, auf eine *Flying Fortress* des letzten Pulks stürzt, so dass die amerikanischen Piloten wahrscheinlich genau so geblendet sind wie wir. Die getroffene Maschine bleibt zunächst etwas zurück, dann entwickelt sich eine schwarze Rauchfahne, und plötzlich hängen in Richtung Schönberg mehrere Fallschirme am Himmel. Am liebsten würden wir sofort dorthin eilen, doch wir haben unsere Fahrräder nicht dabei.

Was geht in einem Piloten vor, der am Fallschirm hängend zwischen Himmel und Erde und damit zugleich auch zwischen Freiheit und ungewissem Schicksal dem feindlichen Terrain entgegen schwebt? Was hofft, was befürchtet er? Wie sieht die Uniform der amerikanischen Flieger aus? Was tun sie, was passiert mit ihnen, wenn sie unten sind? Wie reagiert die verängstigte und durch den härter werdenden Bombenkrieg genervte Bevölkerung? Ob sich Erich und Gerhard auch über so etwas Gedanken machen? Im Grunde sind wir doch ständig hin und her gerissen zwischen dem, was die deutschen Nachrichten tagtäglich an Greueltaten über den Feind verbreiten, wie die Eltern diese Geschehnisse beurteilen, was Lehrer und Jungvolkführer dazu sagen und wie wir selbst empfinden. Unsere christliche Erziehung und das uns von früh an eingeimpfte Gerechtigkeitsbewusstsein bewahren uns vor oberflächlichen, allzu schnellen Reaktionen, lassen uns, wenn vielleicht auch manchmal recht einfältig, eher urteilen als verurteilen.

Am nächsten Tag erfahren wir, dass das Flugzeug und die Fallschirme der Besatzung etwa 15 km von uns entfernt in der Nähe von Reichenbach herunter gekommen sind. In diesem Fall haben wir uns über die Entfernung getäuscht, in einem anderen nicht. Wir beobachten vom Vetzersbergs aus, wie ein amerikanischer Jäger seine Reservetanks abwirft. Einer davon torkelt für uns greifbar nahe zur Erde. Sofort stürzen wir hinunter ins Mühlbächel-Tal und eilen die Gärten und Wingerte des Gegenhangs hinauf, wo uns ein kleines, rot gedecktes Weinberghäuschen Orientierung bietet. Wir haben Glück, für den Augenblick jedenfalls. In dem nur leicht verbeulten 75 Gallon-Tank sind noch ein paar der 285 Liter Sprit drin. Da wir nicht wissen, wohin damit, lassen wir sie einfach auslaufen. Dann schleppen wir unseren Fund ebenso ängstlich wie stolz nach Hause. Die Sache mit dem Fallschirm steckt uns doch noch sehr in den Knochen, aber es kommt wieder, wie befürchtet.

Weder bei uns noch im Haus Desaga werden wir freundlich aufgenommen. Es wird nichts mit dem Paddelboot. Der Reservetank folgt dem Fallschirm zur Polizei, und langsam bekommen wir einen ganz anderen Krieg daheim.

„Schleppt nicht dauernd dieses Kriegszeug an",

schimpft der Opa und droht, auch alles andere, was wir in einer Ecke des Kellers schon gesammelt haben, abholen zu lassen. Wir sind traurig, dass unser guter, väterlicher Freund, Walter Geiger, bei dem wir in ähnlicher Notlage vor Jahren schon einmal unseren Kinder-Fuhrpark, also Holländer, Ruderrenner, Roller und Dreirad in Sicherheit gebracht haben, nicht zu Hause, sondern im Kriegseinsatz ist, denn der würde unsere Kriegs-Utensilien verwahren.

Im Flugblatt *Sternenbanner* vom 25. Januar 1944, wir haben es am 8. Februar in Darmstadt gefunden, ist zu lesen, dass General Dwight D. Eisenhower das Oberkommando der Invasionstruppen übernommen hat, dass Generalleutnant Omar Bradley mit dem

Kommando der amerikanischen Feldstreitkräfte unter Eisenhower betraut worden ist, und dass große Geleitzüge jeden Tag ungeheuere Mengen von Kriegsmaterial nach England bringen, vor allem Panzer und Geschütze. Es wird berichtet, dass es am 11. Januar die größte Luftschlacht bei Tage über Deutschland gegeben hat, und es heißt, dabei seien mehrere große deutsche Flugzeugfabriken, so in Oschersleben, Braunschweig und Halberstadt, zerstört worden. 700 amerikanische Bomber, gesichert von 500 Jägern, seien im Einsatz gewesen, und 152 deutsche Flugzeuge seien abgeschossen worden. Selbst habe man 60 Bomber und fünf Mustangs verloren. Am 6. Juni 1944 landen die Alliierten in der Normandie. Das überrascht niemand mehr.

Je länger der Krieg dauert, umso intensiver werden die Luftangriffe, und umso kritischer wird die Haltung der Bevölkerung. Die meisten sind sich zwar nach wie vor im Klaren darüber, wem sie das alles zu verdanken haben, doch immer öfter wird auch das Tag-und-Nacht-Bombardement kritisiert. Der weitgehend schutzlosen Zivilbevölkerung fällt es schwer, dies als gerechte Strafe zu akzeptieren. Die Stimmung schwankt zwischen schicksalhafter Hinnahme und wütender Verurteilung. Die Lage eskaliert stets dann, wenn sich dem Volkszorn nach der einen oder anderen Seite ein Ventil öffnet. Als im September 1944 Hitlers Erlaß ergeht, wonach alle 16- bis 60-jährigen, die nicht der Wehrmacht angehören, zur Landesverteidigung eingezogen werden können, sind viele empört, und sie sind es auch dann, wenn sie einen abgeschossenen Piloten zu Gesicht bekommen, der in Gefangenschaft abgeführt wird. Eine solche Szene habe ich am 25. September 1944 erlebt. Eine amerikanische Maschine ist im Luftkampf abgeschossen worden, ich beobachte den Fallschirmabsprung des Piloten, und weiß genau, dass der Flieger-Beobachtungsposten auf dem Kirchberg, der das noch viel besser sieht als ich, sofort die Polizei informieren wird. Ich schwinge mich aufs Fahrrad und fahre los Richtung Wormser Straße, komme aber zu spät, um zu erleben, was passiert. Der Landestelle schon ziemlich nahe kommen mir Leute entgegen, die erzählen, dass der Flieger bereits im Auto abtransportiert worden ist.

„Totschlagen hätte man ihn sollen",

sagen einige wütend, und einer bekräftigt das mit dem Hinweis: „Das Trummler-Verfahren müsste jedes Mal auf der Stelle praktiziert werden".

Andere halten dagegen und sagen, „Lynchjustiz verbietet sich nach dem militärischen Ehrenkodex."

Eine Frau verweist darauf, dass wir doch auch in einer solchen Situation als Christen zu handeln hätten und wird verspottet. Die allermeisten verharren still oder verdrücken sich kommentarlos.

„Was meinen Sie mit dem Trummler-Verfahren?", frage ich den Mann, der davon gesprochen hat. Der Mann lacht. „Wie alt bist Du? Was lernt ihr eigentlich im Jungvolk oder der HJ? Trummler, das ist der Chef der Sicherheitspolizei in Wiesbaden; er hat das richtige Rezept vorgegeben: Alles, was vom Himmel kommt, ist sofort wieder hinauf zu schicken! Kapierst Du das?"

Nicht gleich, aber gleich danach dämmert mir, was er mit seiner bissigen Zweideutigkeit meint. Ich frage mich, ob diese Leute es tatsächlich fertig gebracht hätten, den amerikanischen Flieger umzubringen. Einige Zeit später erfahren wir den Namen des Piloten: Jonay Evans. Jonay? Da haben die sich wohl verhört. Ich denke, er wird Jonah oder Jonny heißen. Wir hören auch, dass er von einem Unteroffizier zum Fliegerhorsts Mannheim-Sonthofen gebracht worden ist. Das finde ich beruhigend – Soldaten unter Soldaten. US Flieger Evans, ich habe ihn nicht gesehen, aber ich kenne seinen Namen und weiß, was ihm an diesem Tag passiert ist. Es sind immer wieder die individuellen Schicksale, verknüpft mit außergewöhnlichen Situationen, die mich in Gedanken auf die Reise schicken, mich gelegentlich auch phantasieren lassen. Wo und wie hat Evans in Amerika gelebt? Was weiß er von Deutschland? Hätte mein Englisch gereicht, mich mit ihm zu unterhalten? Hat er Frau und Kinder? Was ist sein Zivilberuf, oder ist er Berufssoldat? Was bedeutete es für ihn, Bomben auf Städte abzuwerfen? War das für ihn ein rein mechanischer Vorgang, unbelastet von Gedanken an die Opfer? Wie hat er den Absprung mit dem Fallschirm erlebt, was hat das Schicksal nun mit ihm vor?

Zu Hause ist der Teufel los. Der Hitler-Erlass mit dem Befehl zur Bildung eines Volkssturms, erregt die Gemüter.

„Noch sind es nur die 16-jährigen, wie lange wird es dauern, bis sie auch Gerhard holen? Welch ein Wahnsinn! Unsere Buben, das letzte Aufgebot, Kanonenfutter für Hitler!"

Die Mutter ist schier außer sich, die beiden Nachbarinnen, Frau Desaga und Frau Bartholmes sind es auch, und alle drei verfluchen Hitler. Frau Bartholmes hat bereits zwei Söhne im Krieg verloren, einer ist in Afrika in Gefangenschaft geraten, und der jüngste, Josef, der oft mit uns zusammen spielte, ist mit seinen 17 Jahren gerade eingezogen worden. Ich sehe ihn noch in seiner um die Beine schlabbernden, viel zu großen Uniform, wie er sich von uns verabschiedet. In den Ardennen hat sich kurze Zeit später sein Schicksal besiegelt, niemand weiß wo und wie, einer von Tausenden – vermisst!

Schule findet im Herbst 1944 kaum noch statt. Spätestens um 7.30 Uhr ist Voralarm, und wer da noch zu Hause ist, braucht erst gar nicht mehr zu kommen. Da wir nur einen Fünf-Minuten-Schulweg haben, sind wir fast nur noch zu Hause. Die deutsche Propaganda kündigt täglich eine neue Vergeltungswaffe an, viele glauben daran, und Goebbels, der apokalyptische Regisseur, wie ihn die Mutter nennt, predigt den totalen Krieg. Wer stoppt den Wahnsinn? Die Truppen der Alliierten nähern sich der Reichgrenze, im Reich wird das letzte Aufgebot an Alten, Verwundeten und Kindern rekrutiert. Am Felsberg finden wir erstmals „Lebensmittel-Reisemarken", die als Flugblätter abgeworfen wurden und gleichermaßen den Menschen helfen als auch die Versorgung in Unordnung bringen sollen. In einem der letzten Flugblätter, einem Heftchen mit 32 Seiten, die wir Seite für Seite mühsam gesucht haben und mit Briefmarkenfalz zusammenflicken müssen, staunen wir über die Bilderfolge: Das Antlitz des Führers. Es sind zwölf Originalaufnahmen von Leni Riefenstahl. Die Bildunterschriften sind sämtlich Hitler-Zitate, so wie dieses:

„Wir werden dafür sorgen, dass nicht nur der Anständige an der Front stirbt, sondern dass auch die Unanständigen zu Hause unter keinen Umständen diese Zeit überleben werden."

Gehören wir zu den Unanständigen? Die amerikanischen Jagdbomber, tief fliegende Doppelrumpf-*Lightnings* oder *Mustangs*, die wir nur „Jabos" nennen, schießen auf alles was sich bewegt. In einem Krieg gibt es, je nachdem auf welcher Seite man steht, ganz verschiedene Anständigkeiten; diese Lektion haben wir längst gelernt.

Im Spätsommer 1944 ist es so weit, nun müssen auch die Fünfzehn- und Sechzehnjährigen ran. Günther Desaga, der Älteste aus unserem Kreis, ist schon vor ein paar Wochen zum Kriegshilfseinsatz, wir sagen: als Flakhelfer, in Mannheim-Feudenheim eingezogen worden. Bei seinem ersten Besuch daheim, wir bestaunen seine grau-blaue Uniform, erzählt er, dass sie von den kampferprobten und erfahrenen Männern an den Geschützen und Scheinwerfern mit einer Flasche Milch begrüßt und als „Baby-Soldaten" belächelt worden seien. Doch nachdem sie sich mit schneller Auffassungsgabe als tüchtig erwiesen und die Feuertaufe bestanden hätten, habe man sie respektiert. Auf unsere Frage, ob er denn nun ein richtiger Soldat sei, und was er bei diesen Einsätzen zu machen haben, antwortet er, für ihn ganz typisch, sarkastisch:

„Das ist doch völlig klar! Wir sind keine Soldaten, aber die Geheimwaffe der Reichsverteidigung. Was wir tun, ist Männerarbeit, doch wir werden als grüne Jünglinge behandelt und müssen nach Dienstvorschrift Schnaps und Tabak an die Alten und Drops und Plätzchen unter uns verteilen. Geht der Zauber los, dann schieben wir die 32 Pfund schweren Granaten in die glühendheißen Rohre unserer 8,8-cm-Flak, und wenn gerade mal nicht geballert wird, dann verprassen wir unsere 50 Reichspfennige Sold, die wir pro Tag bekommen, oder büffeln fürs Abitur. Es ist zum...".

Günther vollendet den Satz nicht, fügt dann aber noch hinzu:

„...und ganz schön gefährlich ist es auch."

Keiner von uns verspürt Lust, diesen Dienst aus eigener Anschauung kennen zu lernen, und schon passiert es: Erich und Gerhard werden zum Schanzen an die Saar verpflichtet. Sie sollen dort Panzergräben ausheben, Schutzwälle bauen und Ein-Mann-Löcher buddeln für die Kanoniere der Panzerfaust. Sammelpunkt ist die Anlage in der Stadt, Arbeitskleidung ein Trainingsanzug. Die Reise in Güterwaggons Richtung Westen muss mehrfach unterbrochen werden, weil der Zug von Tieffliegern beschossen wird. In der Kaserne *Ellerhof* in Merzig werden die Bensheimer

Reichsverteidiger mehr schlecht als recht einquartiert. Gerhards erster und einziger Bericht schildert ein Szenario gefährlicher und chaotischer Zustände:

„Die Kaserne, auf einem Hügel gelegen, ist nur teilweise fertig, geschlafen wird auf Stroh. Die Verpflegung ist miserabel; ein Laib Kommissbrot pro Tag für fünf Jungen, dazu nur unreife Äpfel. Als Zusatzration klauen wir uns in unbeobachteten Augenblicken auf den Feldern Dickrüben. Als Erich und ich neulich nachts aus dem Schlaf geholt wurden, um gekochte Kartoffeln aus der Feldküche für die Portionen am nächsten Tag in Bottiche zu verteilen, haben wir uns die Hosenbeine unserer Trainingsanzüge voll gestopft; so wurden wir endlich mal wieder satt. Ein Oberfeldwebel ist unser Ausbilder. Ganz in unserer Nähe ist eine Stellung, aus der die viel gepriesene V 1 Wunderwaffe abgefeuert wird, eine sich selbst steuernde dickleibige Flügelbombe. Wenn das mit ohrenbetäubendem Lärm losgeht und die Bomben über uns hinweg donnern, nehmen wir jedes Mal volle Deckung. Denn manchmal, kaum gestartet, sind die Dinger schon wieder als Fehlschuss unten. Die Jabos der Amerikaner greifen an, wo immer sie uns im Einsatz sehen. Ganz klar, für die sind wir Soldaten. Ihr seht, wir sind im Krieg! Wehmütig denke ich an meine Orgel. Gott sei Dank haben wir zuerst die Panzerfaust-Löcher gegraben, denn nur sie bieten uns etwas Schutz gegen die Jabos. Der große Panzergraben, den wir ausheben und teilweise aus dem Fels heraussprengen müssen, soll 10 m breit, 6 m tief und unten zugespitzt sein. Ich kann mir nicht vorstellen, dass das auch nur einen einzigen Panzer stoppt. Oft stehen wir im Grundwasser, und oben am Grabenrand stehen die SA-Aufpasser mit ihren Gewehren; die sollten lieber mit zupacken! Als Jabos die Kaserne angriffen, die ja wie auf einem Präsentierteller liegt, ist ein Kasernenflügel schwer getroffen worden, und es hat Tote und Verletzte gegeben. Auch ich musste ins Lazarett. Als der Arzt meinen Namen hörte, stellte sich heraus, dass er mit unserem Cousin Paul zusammen studiert hat. Immer wieder hört man das Gerücht, wir würden von der Infanterie übernommen. Vier Wochen sind nun rum. Demnächst soll Ablösung kommen, doch wer weiß ob und wann. Ich glaube denen gar nichts mehr; habe schon überlegt, einfach abzuhauen. Was kann schlimmeres passieren als hier?"

Daheim löst dieser Brief Betroffenheit, nein Angst und Sorge aus.

„Um Gottes Willen, so darf er nicht schreiben. Wenn seine Post kontrolliert wird, ist er dran. Wie können wir ihn das wissen lassen?"

Die Mutter ist außer sich, und, wohl mehr zu ihrer Beruhigung, sagt der Vater, er wolle prüfen, ob es möglich sei, nach Merzig zu fahren. Aber diese Aussicht bringt die Mutter völlig aus der Fassung.

„Unter keinen Umständen fährst Du! Die Gefahren sind viel zu groß; und glaubst Du denn, die würden ihn dir mit heim geben? Es reicht mir, dass die aus halben Kindern ganze Soldaten machen. Es ist eine Katastrophe!"

Gut sechs Wochen dauert der Einsatz von Erich und Gerhard. Bevor es zur Ablösung durch eine Gruppe aus Darmstadt kommt, müssen alle im Kasernenhof antreten, den Inhalt ihrer Koffer ausbreiten und alles, was nicht sauber ist, landet auf einem großen Haufen. Diejenigen, die dann dort ihr Zeug mühsam wieder heraus suchen müssen, sind zum Bleiben verurteilt, die anderen, Erich und Gerhard gehören zu dieser Gruppe, dürfen nach Hause. Es ist ebenso glückliche Fügung wie reine Willkür! Auf der Heimfahrt wird der Zug wieder mehrfach von Jabos beschossen. Dann kommt jedes Mal, meist zu spät, das Kommando: „Aussteigen! Volle Deckung!"

Doch wo ist auf freier Strecke an einem Bahngleis Schutz zu finden? Wieder gibt es Tote und Verletzte. Schließlich erreicht der Zug den Bahnhof Bensheim. Obwohl es mitten in der Nacht ist, sollen alle in der großen Anlage, dort, wo ihr Einsatz zur Reichsverteidigung begonnen hat und ich vor Jahren für die Reichsschule ausgewählt worden war, noch einmal antreten. Gerhard und Erich haben die Nase voll, sie wollen nur noch heim, schleichen sich am Bahnhof davon und schwören sich: uns kriegen die kein zweites Mal!

Eines der letzten Flugblätter, das wir finden, enthält genaue Anweisungen zum Selbstschutz der Bevölkerung angesichts des Heranrückens der amerikanischen Truppen.

„Die Amerikaner sorgen sich mehr um uns als die eigene Regierung",
stellt der Vater fest und meint dennoch besorgt:
„Hoffentlich passiert dann nichts mehr, wenn uns am Ende die Front überrollt."
Noch immer weiß er nicht, ob er überhaupt bleiben kann, denn die Partei erwägt, wichtige Dienststellen, das Telegraphenbauamt gehört dazu, anzuweisen, ihren Betrieb weiter nach Süden zu verlegen. Der auf den Tod kranke Großvater nimmt gottlob nicht mehr wahr, dass wir nun doch den Krieg im eigenen Land haben. Gnädiges Schicksal.

Feuersturm

Bis jetzt haben wir Buben uns nicht allzu viele Gedanken über die Amerikaner gemacht, doch ab Frühjahr 1944, als die Bomben-Angriffe der Amerikaner uns täglich eine höchst zwiespältige Berührung mit ihnen bringen, ändert sich das schlagartig. Amerika ist seit geraumer Zeit auch ein Thema im Jungvolk. Uns wird gesagt, Amerika sei zwar ein großes und reiches Land, aber es habe keine eigene Kultur. Alles, was es auf diesem Gebiet vorzuweisen habe, sei von der europäischen Kultur abgeleitet und dann schlimm verfälscht und verfremdet worden. Eigentlich müsse man die Amerikaner wegen absoluter Kulturlosigkeit als degeneriert bezeichnen, was sich zum Bespiel an ihrer Jazz-Musik und vielen ihrer Filme zeige. Außerdem lebten die Amerikaner in dem Wahn, alles besser zu wissen und zu können, weshalb sie einmal als Weltpolizist und ein anderes Mal als Heilsbringer überall auf dem Globus in Erscheinung treten würden. Bei jeder Gelegenheit hebt unser Jungvolkführer besonders hervor, dass Amerika absolut vom Judentum beherrscht werde.

„Merkt Euch das ein für allemal",

hat er uns neulich mit seiner schnarrenden Stimme und dramatischer Gestik zugerufen,

„Ihr habt dem Führer dankbar zu sein, dass er zum Segen der germanischen Rasse die Juden in Deutschland bekämpft und nahezu ausgerottet hat. Sonst wäre es uns eines Tages genau so ergangen wie den Amerikanern, die in ihrem Land einen eigenen jüdischen Staat haben, dessen einziges Ziel es ist, sich erst Amerika und dann die ganze Welt zu unterwerfen!"

Das verstehen wir nicht, und mich macht diese Judengeschichte stutzig, denn ich weiß es besser. Unsere jüdischen Nachbarn habe ich nicht nur als wohlhabende, sondern auch als sehr gebildete, eher zurückgezogen lebende, aber immer freundliche und hilfsbereite Menschen kennen gelernt. Es kommen bei mir erste Zweifel auf, ob dann nicht auch vieles andere, was sie im Jungvolk zu Amerika und überhaupt zu unseren Feinden sagen, falsch ist. Außerdem haben wir die amerikanischen Flugblätter gelesen. Meine Meinung über Amerika ist ein recht seltsames Gemisch aus respektvoller Bewunderung, Neugier, Skepsis und auch ein wenig Angst.

Im Herbst 1944 gerät meine grundsätzlich gute Meinung über die Amerikaner ins Wanken. Tag für Tag sind ihre Tiefflieger im Einsatz, und sie schießen wirklich auf alles, was sich bewegt, auch auf einzelne Fußgänger, sogar auf Kinder. Auf der Straße müssen wir jeden Augenblick höllisch auf der Hut sein! Ich bin jetzt 14 Jahre alt, und die Wertevorstellungen des Elternhauses, die fest verankert sind, haben bei mir auch die Haltung geprägt, dass man gegen andere keinen Hass empfinden darf. In diesem Punkt wird es nun kritisch. Denn was ist der kriegswichtige Grund, wenn mich direkt vor unserem Haus ein tief fliegender *Lightning* Jabo beschießt? Wenn der Pilot mich so gut sieht, dass ich ihm Zielscheibe bin, dann sieht er auch, dass ich keine Uniform trage. Ich verstehe es, dass die Bahnstrecke nach Darmstadt, die in etwa 500 m Luftlinie westlich unseres Elternhauses verläuft, bombardiert wird, dass dort Züge beschossen werden, aber der einzelne Zivilist Freiwild? Zu Hause wird nur so viel darüber gesprochen, dass wir jeden Tag neu gewarnt und angewiesen werden, auf der Straße höchst vorsichtig zu sein. So gehen wir nicht mehr mitten auf der Straße, sondern schleichen an den Hauswänden entlang, stets auf Flugzeuggeräusche achtend und den Nächsten Hauseingang im Blick. Die Sorge ums tägliche Brot, die Angst vor dem nahen Winter und die immer näher rückende Kriegsmaschine, das sind die beherrschenden Themen. Dieser Krieg hat sich so entwickelt, dass er längst auch uns alle in seinen Würgegriff nimmt. Das nahe Ende ist bedrohlich und hoffnungsvoll zugleich.

Montag, 11. September 1944, ein sonniger Herbsttag. Vom frühen Morgen an ziehen die Bomber-Pulks der Amerikaner über uns hinweg, und sie malen mit den Kondensstreifen fast geometrische Muster an den Himmel, die der Wind erst allmählich bizarr verwischt. Begleitet von einer ganzen Armada *Mustang*-Jäger sind die „Fliegenden Festungen" nahezu ungefährdet. Eine Demonstration der Lufthoheit.

„Der Krieg ist schon lange verloren! Die Alliierten haben jetzt nur noch ein Ziel, die Deutschen zu demoralisieren und Hitler zur bedingungslosen Kapitulation zu zwingen".

Diesen Ausspruch des Vaters, den er nach dem gescheiterten Attentat auf Hitler am 20. Juli gemacht hatte, habe ich mir gemerkt, aber auch die Antwort der Mutter habe ich nicht vergessen:

„Der kapituliert nie! Er wird uns alle mit in seinen Untergang reißen".

Auch die Engländer brauchen keine hohen Verluste mehr zu befürchten. Für ihre Nachtangriffe haben sie ein System entwickelt, mit dem sie die gesamte Radarortung der deutschen Luftverteidigung lahm legen. Erst wundern wir uns über die riesigen Mengen Stanniolstreifen, die vom Himmel flattern, aber schon bald sickert durch, dass das Stanniol die Strahlen der Radargeräte reflektiert und auf den Radarschirmen ein Gewimmel von Zeichen entstehen lässt, hinter denen sich die Bomber-Geschwader verbergen können. Der Luftkrieg über Deutschland hat die entscheidende Wende genommen.

In der Nacht vom 11. auf den 12. September gibt es wieder Fliegeralarm. Kurz vor 23.30 Uhr schrillen die Sirenen. Raus aus dem Bett, Trainingsanzug über den Schlafanzug, Rucksack mit dem vermeintlich Lebensnotwendigen über die Schulter, Gasmaske umhängen – wer weiß, ob sie überhaupt noch funktioniert – und ab in den Keller. Wie immer, bleibe ich dort nicht. Auf der Straße habe ich nicht das beklemmende Gefühl wie im Keller, außerdem sind da auch die Buben aus der Nachbarschaft, und es ist so viel Interessantes zu beobachten. Seit Wochen funktioniert diese Routine wort- und reibungslos Nacht für Nacht. Schon bald hören wir das monotone, gefährlich vertraute Dröhnen der Flugzeug-Motoren. Wir wissen, das sind *Lancaster* - Bomber. Es scheint, als würden die Flugzeuge von Südwesten kommend nordwärts fliegen. Das irritiert uns, denn diese Einflugschneise ist ungewöhnlich. Bisher sind sie immer genau von Westen über die Bergstraße hinweg nach Osten geflogen. Sind sie etwa schon auf dem Rückflug? Scheinwerfer zucken irrlichternd über den Himmel, die Flakbatterien im Ried ballern wild drauf los, und wir rätseln über das Ziel. Auch im Keller haben sie mitbekommen, dass wir überflogen werden. Der Vater kommt besorgt auf die Straße:

„Ihr solltet in den Keller gehen, zumindest so lange, bis sie über uns weg sind. Selbst wenn wir hier an der Bergstraße kaum einen gezielten Angriff befürchten müssen, wisst ihr doch, dass es in letzter Zeit öfter diese Notabwürfe gegeben hat; davor ist niemand sicher!"

Wir wissen das, aber keiner geht. Auch der Vater bleibt; er ist wohl nur auf Drängen der Mutter herauf gekommen. Kurz vor Mitternacht hören wir die ersten Detonationen. Nach dem Schall zu urteilen, ist die Munitionsfabrik im etwa 10 km entfernten Bickenbach getroffen worden. Schlag auf Schlag folgt, die Einschläge sind nicht mehr einzeln wahrzunehmen, es ist, als würde eine Bomben-Lawine niedergehen. Das kann nicht Bickenbach, es muss Darmstadt sein; einer sagt es, keiner widerspricht. Das anschwellende, dumpf grollende und etwa zwanzig Minuten dauernde Bombardement wird durch die Entfernung gedämpft und wirkt doch bedrohlich, weil man ständig das Gefühl hat, es komme näher. Schon bald sehen wir einen hellen Lichtschein hinter dem Melibokus, und dann ist auf einmal der ganze Himmel glutrot, so weit das Auge reicht. Erst waren wir nur Ohrenzeugen, jetzt sind wir auch Augenzeugen. Nach 20 Minuten ebbt das Bombardement ab. Jeder ahnt die Katastrophe, alle schweigen. Dann, wie geistesabwesend höre ich die verstörte Stimme des Vaters:

„Darmstadt, ich glaube, es war Darmstadt."

Mit Tränen in den Augen geht er ins Haus zurück. Nie zuvor und nie mehr später habe ich meinen Vater weinen sehen.

Am 12. September lauten die Schlagzeilen unserer Heimatzeitung:

„Schwere feindliche Angriffe zwischen Antwerpen und Metz, erfolgreicher Gegenangriff unserer Fallschirmjäger am Albertkanal, Abwehrkämpfe vor der burgundischen Pforte ...". Zu seinem 125. Todestag erinnert die Zeitung an Reitergeneral Blücher, berichtet von neuen Ritterkreuz- und Eichenlaubträgern, feiert die großartige Volksgemeinschaft und gibt den Verdunkelungsplan bekannt: 20.22 bis 05.59 Uhr. Mit keinem Wort geht die Zeitung auf das ein, was in der Nacht zuvor in Darmstadt passiert ist. Wir bekommen mit, dass Kräfte der Bensheimer Feuerwehr nach Darmstadt ausrücken.

Heute wird der Vater, der fast sein ganzes Berufsleben in Darmstadt verbracht hat, erst nach den Verwandten im Herdweg schauen, bevor er zu seiner Dienststelle geht. Wird er überhaupt nach Darmstadt kommen? Den ganzen Tag warten wir gespannt auf seine Rückkehr. Als er spät am Abend wieder da ist, berichtet er niedergeschlagen, erschöpft und schockiert von einer in Schutt und Asche gelegten, ausgebrannten, noch immer brennenden Stadt, einer schwelenden und rauchenden Trümmerwüste, einem gespenstigen Friedhof für Tausende.

„Darmstadt gibt es nicht mehr."

Als sei er sich seiner eigenen Worte nicht sicher, wiederholt er, was er gerade gesagt hat:

„Darmstadt gibt es nicht mehr, es ist untergegangen im Feuersturm dieser einen Nacht, ausgelöscht in den letzten und ersten Minuten des 11.und 12. September 1944. Es ist unvorstellbar schrecklich! Gottlob sind Onkel Philipp und seine Familie mit dem Schrecken und einigen Schäden am Haus davon gekommen."

Am 13. September bringt der Vater die *Darmstädter Zeitung* mit nach Hause. Auf der Titelseite steht fett gedruckt: „Die unbeugsame Volksgemeinschaft bewährt sich." Der Kreisleiter spricht von einer sadistischen Vernichtungswut des Feindes, die allem Völkerrecht Hohn spreche, und er beschwört die moralische Kraft und den Widerstandsgeist des Volkes. Ganz anders klingt das beim Vater. Er erzählt, dass viele Darmstädter geschockt, erschüttert, fassungs- und hoffnungslos seien, dass die Davongekommenen aber sehr überlegt und diszipliniert handeln würden. Seine Dienststelle, das Telegraphenbauamt, sei ebenfalls schwer getroffen. Er berichtet auch vom sturen Aktionismus einiger Luftschutzpolizisten, die ihm in der Innenstadt erst das Weitergehen hätten verwehren wollen, den Weg dann jedoch sofort frei gemacht hätten, als er sie, ganz gegen seine Art, erregt und wütend im Befehlston angeschrieen habe.

„Das waren Fanatiker, nur noch parteipolitisch funktionierende, verblendete Pflichterfüller."

Er sagt es voller Verachtung.

Wir und alle wissen, dass weitere Bombenangriffen folgen werden, und die Angst, dass jetzt auch die kleineren Städte an die Reihe kommen könnten, löst Beklommenheit aus. Die meisten hoffen, dass die Amerikaner bald da sein werden. Was für ein Wahnsinn: Der Sinn der sinnlosen Bombardierung ist die Beschleunigung des Endes eines sinnlosen Krieges!

Erst drei Tage nach dem Angriff berichtet unsere Zeitung, verlogen und im Ton der üblichen Propaganda davon, was am 11./12. September über Darmstadt hereingebrochen ist:

„Der Angriff britischer Bomber gegen die Stadt Darmstadt in der Nacht zum Dienstag hatte reinen Terrorcharakter. Die Briten warfen ihre Bomben wahllos über der Stadt ab und verursachten in den Wohngebieten, an Kulturstätten und Wohlfahrtseinrichtungen beträchtliche Schäden. Die Absicht der feindlichen Luftpiraten und Mordgangster, durch diese Methoden den Widerstand des deutschen Volkes zu brechen, wird jedoch nicht aufgehen."

In der Lokalzeitung wird die deutsche Moral mit Worten des Gegners gelobt. Die Zeitung bezieht sich auf die *Newsweek*, nach deren Bericht General Eisenhower dem Marineminister Forrestal mitgeteilt haben soll, es sei auf keinen Fall damit zu rechnen, dass die deutsche Heimatfront kapituliert. Als die Mutter das in unserer Zeitung liest, sagt sie:

„Wie kann dieser General Eisenhower so etwas sagen? Wer gar nicht kämpft, kann auch nicht kapitulieren. Die Zivilbevölkerung leidet, sie will, dass dieser Krieg endlich zu Ende geht. Die Amerikaner sollen uns befreien!"

Nach langem Bitten und Betteln nimmt mich der Vater am Samstag, es ist der 16. September, mit nach Darmstadt. Da ich schon oft in Darmstadt war, kenne ich das Zentrum der Stadt gut. Von Südwest, so erklärt er mir auf der Fahrt, seien die Bomber eingeflogen, und in Höhe des Exerzierplatzes zwischen Hauptbahnhof und Hopfen Garten hätten sie sich aufgeteilt und seien dann in gestaffelten Pulks in östlicher Richtung bombardierend über die Innenstadt geflogen. Hunderttausende von Spreng- und Brandbomben seien abgeworfen worden, nahezu die ganze Innenstadt sei zerstört. Offiziell werde von 4.000 Toten gesprochen, aber es seien bestimmt zwei- bis dreimal so viele. Behutsam versucht er, mich auf ein grauenhaftes Erlebnis vorzubereiten.

Dass alle diese Informationen nicht ausreichen, sich die Wirklichkeit auch nur annähernd vorzustellen, sehe ich nach unserer Ankunft. Was für eine Zerstörung, welche Verwüstung! Man braucht alle Sinne, um das ganze Ausmaß der Tragödie zu erfassen, man kann die Katastrophe sehen, hören, fühlen und riechen. Die Realität ist grausam hart, unbeschreiblich brutal, erschütternd, jenseits meiner Vorstellungskraft. Meterhohe Schutthalden versperren die Straßen, weit geht der Blick über das Trümmerfeld, ein dicker Staub-Teppich bedeckt alles, noch immer ist die Luft unerträglich verqualmt. Dass eine ganze Stadt so ihr Leben verlieren kann, macht mich krank. Wie in Trance gehe ich neben dem Vater her, und jeder Schritt führt weiter in ein schier unvorstellbares Chaos, in dem ich mir mehr und mehr verloren vorkomme. Ich kann nicht ahnen, dass mir noch viel Schlimmeres bevorsteht.

+++

Als seine Heimatstadt in Schutt und Asche versinkt, ist Wilhelm Wannemacher nicht zu Hause, und er kann auch nicht mehr von der Bensheimer Gauschule aus zum Rettungseinsatz nach Darmstadt beordert werden, denn er ist inzwischen Soldat. Nach kurzer Zeit beim Reichsarbeitsdienst wurde er im Sommer 1944 eingezogen und mit seiner Wehrmachtseinheit in der Eifel stationiert. Vom Angriff auf Darmstadt erfährt er aus den Nachrichten. Da er von seinen Einsätzen nach Bombenangriffen in Mannheim und Frankfurt weiß, was ein solcher Großangriff bedeutet, ist er in Sorge um seine Eltern, die Schwester und alle Angehörigen. Seine bisherigen Einsätze, nämlich die Bergung von Menschen, Hab und Gut, hat er mehr als sozialen Dienst denn als Kriegseinsatz empfunden. Es ging darum, anderen zu helfen, das gab mir ein gutes Gefühl, auch wenn es gefährlich war und wir manchmal Angst hatten, wird er später von diesen Einsätzen sagen. Da es nun um Darmstadt geht, setzt er alle Hebel in Bewegung, um für ein paar Tage nach Hause zu dürfen. Jetzt ist nicht irgendwo bei fremden Leuten ein sozialer Dienst gefragt, jetzt ist er persönlich betroffen und gefordert, jetzt geht es womöglich daheim um Leben und Überleben, um Haus und Hof. Am Tag nach dem Angriff wird er zum Hilfseinsatz in Darmstadt beurlaubt. Mit düsteren Ah-

nungen tritt er die Reise an, aber für das, was er in seiner Heimatstadt antrifft, sieht und in den nächsten 48 Stunden erlebt, fehlen ihm die Worte. Nur zwei sagt er ständig vor sich hin, so, als würde es ihm dadurch leichter:
„Entsetzlich, grauenhaft, ... entsetzlich, grauenhaft!"...
Er erlebt ein Szenario des Untergangs. Kollektives Sterben, umherirrende, seelisch verstörte und körperlich verwundete Menschen, meterhoher Schutt, und in der Luft ein beißender Geruch, der einem fast den Atem raubt. Jetzt, erst jetzt nach dem Angriff auf Darmstadt lernt Wilhelm den Krieg wirklich kennen – so meint er jedenfalls.

+++

Weil die Amerikaner bei gutem Wetter nun jeden Tag ihre ganze Luftstreitmacht einsetzen, und die Engländer auch verstärkt Nachtangriffe fliegen, meint die Mutter, wir müssten einmal nach den Mainzer Verwandten schauen, Solidarität bekunden und ihnen Obst und Gemüse aus dem Garten bringen. So reisen Vater und ich an einem herrlichen Herbsttag im August 1944 – bestes Jabo-Wetter, wie die Leute mit Galgenhumor sagen – nach Mainz. Es wundert uns nicht, dass der Zug mehrmals beschossen wird und immer wieder hält. Schließlich geht nichts mehr, wir müssen zu Fuß weiter. Auf der Landstraße laufen wir auf die Mainspitz zu. Die Jabos kommen beängstigend tief herunter und ballern wie verrückt drauf los.

„Das ist ja schlimmer als im Ersten Weltkrieg an der Front, dort hatten wir wenigstens Schützengräben",

schimpft der Vater. Ein Lastwagen, den ich eben noch stoppen wollte, um als Anhalter mitgenommen zu werden, fängt Feuer, und um uns herum prasselt es nur so von aufklatschenden Geschossen, die wie irre Derwische über die Straße hüpfen und als gefährliche Querschläger durch die Gegend zischen. Flach auf dem Boden liegend beobachten wir eine ganze Weile das Geschehen an und über der Main-Brücke bei Kostheim. Der Vater zögert so lange mit dem Wagnis, die Brücke zu überqueren, bis ihm die Jabos die Entscheidung abnehmen. Wir erleben das Brücken-Drama von der ersten bis zur letzten Minute. Ein Jabo überfliegt zwei Mal die Brücke in ihrer ganzen Spannweite, nimmt sein Ziel auf und bombt die Brücke dann beim dritten Anflug zusammen. Wir sehen die Bomben torkeln und treffen, und wir beobachten auch, wie der Pilot seine Maschine steil hoch zieht. Die Brücke bricht vor unseren Augen auseinander.

„Verdammt, das ist kein Kunststück",
sage ich und frage den Vater, wie es nun mit uns weitergeht. Zum ersten Mal habe ich Angst. Auf Umwegen erreichen wir schließlich doch noch unser Ziel, erfüllen unsere Mission, verweilen kurz und kommen spät am Abend wieder gut nach Bensheim zurück. Daheim erzählen wir nicht alles, was wir erlebt haben.

Zu Beginn des Jahres 1945 wird es immer wahrscheinlicher, dass der Vater wegen des schnellen Vormarsches der Amerikaner seine Dienststelle von Darmstadt nach Süddeutschland verlegen muss, und Gerhard muss sich ständig für einen zweiten Einsatz im Westen bereit halten. Deshalb werde ich ausersehen, noch einmal nach Mainz zu den Verwandten zu fahren. Jetzt stellt es sich als Fehler heraus, dass wir nicht alles über unsere Reise im August letzten Jahres erzählt haben. Mainz ist wiederholt Ziel von Luftangriffen gewesen. Am 1. Februar ging alles noch einmal glimpflich ab; die Bomben waren überwiegend in die Bezirke am Stadtrand gefallen. Aber die Angst wächst. Als am 13./14. Februar Amerikaner und Engländer mit einem Tag- und Nacht-Doppelschlag Dresden total auslöschen und Tausende zu Tode kommen, erlebe ich die Eltern erstmals sprachlos. Panische Angst und ohnmächtige Wut verschließen ihnen den Mund. Vor wenigen Tagen haben wir einen schweren Nachtangriff auf Worms beobachtet, bei dem auch mehrere Bomber abgeschossen wurden. Der Krieg kommt uns immer näher. Unser Haus ist zwar schon gut belegt, aber die vorübergehende Aufnahme der Mainzer Verwandten wird dennoch ernsthaft erwogen. Lange beratschlagen die Erwachsenen, ob ich fahren und alles mit Onkel Eugen und Tante Liesel besprechen soll. Der Vater bremst zwar etwas, aber, wie so oft, entscheidet am Ende die Mutter:

„Fahr' morgen hin, Wolfgang, Du schaffst das; sie sollen von jemand aus der Familie hören, dass wir bereit sind, auch sie noch aufzunehmen. Ich glaube, in Mainz ist die Gefahr viel größer als hier an der Bergstraße."

Am Dienstagfrüh, es ist der 27. Februar 1945, mache ich mich mit dem Vater auf den Weg, um mit ihm zunächst nach Darmstadt zu fahren und von dort aus dann, wie auch immer, die Weiterreise nach Mainz alleine anzutreten. Der Zug nach Mainz fährt in Darmstadt mit erheblicher Verspätung ab, es heißt wegen Voralarm, und er fährt extrem langsam. Die Wagen sind nur schwach besetzt. Kurz vor Groß Gerau hält der Zug auf freier Strecke; es sind Tiefflieger gemeldet, obwohl die Wetterlage eigentlich für sie ungünstig ist. Als wir endlich den Bahnhof Groß Gerau erreichen, gibt es eine lange Wartezeit. Eine kurze Durchsage gibt Aufklärung:
„Achtung! Achtung! Wir setzen in wenigen Minuten die Fahrt nach Mainz langsam fort, aber es besteht Luftgefahr. Deshalb sind auf der Lokomotive zwei Luftsicherungsposten. Bei akuter Gefahr hält der Zug, die Lokomotive wird dreimal kurz pfeifen. Bitte legen Sie sich dann sofort flach auf den Boden der Waggons oder verlassen Sie die Wagen, um neben dem Bahndamm Schutz zu suchen. Ich wiederhole: Achtung, Achtung..."
Wegen des diesigen Wetters und der tief hängenden Wolken bleiben einige Soldaten auf den Plattformen zwischen den einzelnen Wagen oder sogar auf den Trittbrettern stehen. Sie wollen sich von den Jabos nicht überraschen lassen. Ich gehe davon aus, dass die Soldaten am besten wissen, wie man sich in einer solchen Gefahrenlage zu verhalten hat, und deshalb mache ich alles genau so wie sie. Ich finde diese Fahrt ziemlich kühn, ein wenig auch mich selbst. Mehr als ein Mal erinnere ich mich beklommen an die Reise vom letzten Herbst. Aber so ist das halt in einem Krieg, denke ich noch immer in naiver Unbekümmertheit.

Kurz nach Verlassen des Bahnhofs Nauheim ziehen quietschend die Bremsen der Wagen an, von der Lok kommen schrille Pfeiftöne, und fast gleichzeitig hören wir das Jaulen der Jabo-Motoren und das Geknatter ihrer Bordwaffen. Mit den Soldaten springe ich ab, lasse mich wie sie die Bahnböschung runter rollen und bleibe zunächst einmal unten liegen. Nach dem Lärm der Motoren zu urteilen, fliegen die Jabos, die wir beim ersten Angriff überhaupt nicht gesehen haben, von der rechten Seite an, und dort haben sie, weil hier die Bahnlinie zum Teil durch Wald verläuft, zu unserem Glück keinen günstigen Einschusswinkel; die Geschoßgarben bleiben entweder in den Wipfeln der Bäume hängen oder durchsieben nur die Waggondächer. Niemand wird getroffen.

„Anfänger",

sagt einer der Soldaten neben mir, und fügt protzig hinzu:

„Wenn wir deren Flugzeuge hätten, niemals könnten die uns etwas anhaben. Wir würden den Krieg siegreich beenden."

Lange steht der Zug im Wald. Endlich geht die Fahrt weiter. Besorgt frage ich mich, wie das wohl am Abend mit der Rückfahrt werden wird. Vor Bischofsheim werden wir erneut beschossen. Wieder kauern wir neben der Bahnlinie und hoffen, dass sie nur schießen und nicht noch Bomben abwerfen. Da auch nach längerer Wartezeit niemand sagen kann, ob und wann der Zug weiter fährt, entscheiden sich die Soldaten, die Reise nach Mainz zu Fuß fortzusetzen; ich schließe mich ihnen an. Es ist inzwischen früher Nachmittag.

Keiner von uns ahnt, dass sich um diese Zeit eine auf verschiedenen Flugplätzen in Südengland gestartete Luftflotte von mehr als 400 *Lancaster*- und *Halifax*- Bombern, geschützt von 120 *Mosquito*-Begleitjägern, bereits dem Festland nähert, Angriffsziel: Mainz. Kurz nach 15.00 Uhr schließen sich alle Bomber Pulks über der französischen Küste zu einem großen Verband zusammen. Um 16.30 Uhr sollen die ersten *Combat Wings* über Mainz sein. Der Einsatzbefehl mit dem Code-Namen *Ramrod 1474* befiehlt die totale Auslöschung von Mainz. .

Die Soldaten, die sogar darauf achten, dass ich mitkomme, marschieren forsch drauf los. Immer wieder verlassen wir die Landstraße, um in Deckung zu gehen, wenn Flugzeuge zu hören sind. Wir haben Angst vor Bomben. In Höhe des Güterbahnhofes von Mainz-Bischofsheim sagen uns entgegen kommende Leute, dass die Kostheimer Mainbrücke nicht zu passieren sei. Das hätte ich wissen können. Die Soldaten ändern ihren Plan, sie wollen nun Gustavsburg erreichen und von dort über die Eisenbahnbrücke den Rhein überqueren. Langsam mache ich mich mit dem Gedanken vertraut, dass ich die kommende Nacht bei den Verwandten in Mainz verbringen werde. Ich verspüre eine mir fremde Unruhe. Die Eisenbahnbrücke ist beschädigt, aber noch passierbar. Als wir den Rhein schon fast überquert haben, hören wir die Sirenen. Entwarnung, nein es ist Vorentwarnung. Gott sei Dank, denke ich, für heute ist die Luftgefahr vorbei. Es ist kurz nach 16.00 Uhr. Trotz der Entwarnung versuchen alle, so schnell wie möglich von der Brücke herunter zu kommen. Doch wohin dann, wie weiter?

Wir haben es eilig. Ständig glauben wir, Flugzeugmotoren zu hören. Das kenne ich längst, es ist der Kriegsalltag, und seine Geräusche haben wir im Ohr, Tag und Nacht, immer und überall. Seit einem Jahr liegt dieses Brummen fast täglich in der Luft, es ist die Heimat-Geräuschkulisse des Krieges. Man hört es besorgt und nimmt es doch nur mehr oder weniger ernst. Längst haben wir uns darauf eingerichtet, damit zu leben, wir Kinder gelassener als die Erwachsenen. Kein Bewusstsein für die Gefahr, dumpfe Gewöhnung, fatalistische Hinnahme eines unabänderlichen Schicksals, abgestumpfte Routine? Wahrscheinlich alles dies, aber die täglich größer werdende Hoffnung, dass es nicht mehr lange dauern kann. Doch ich erfahre jetzt, dass sich der Krieg in einer fremden Stadt viel gefährlicher anhört als in der vertrauten Umgebung zu Hause. Möglichst nahe am Rhein wollen die Soldaten Richtung Innenstadt.

Mein Ziel ist die Emmerich-Josef-Straße, aber ich weiß nicht, wie ich von diesem Punkt aus am besten dorthin komme. So bleibe ich vorerst bei den Soldaten, überlege mir aber, irgendwo in Höhe des Domes in die Innenstadt abzubiegen. Vom Dom aus müsste ich den Weg finden. Plötzlich sehen wir einen roten und grünen Lichtschein am Himmel. Leuchtbomben. Von den nächtlichen Angriffen auf Mannheim, Worms und Ludwigshafen kenne ich das, und einer der Soldaten bestätigt, was alle befürchten:

„Das sind Zielmarkierungen! Wieso geben diese Hornochsen dann Entwarnung? Es wird noch einmal ernst für heute!"

Die Anspannung ist mit Händen zu greifen. Unsere kleine Gruppe teilt sich. Zwei Soldaten wollen direkt zum Bahnhof. Das ist gut für mich, weil ich auch von dort aus genau weiß, wie ich zu den Verwandten komme, und so schließe ich mich den beiden an. Zu dritt hasten wir weiter und laufen direkt ins Inferno hinein. Ich erkenne den Ballplatz und weiß, dass ich jetzt ganz in der Nähe von Onkel Eugen und Tante Liesel bin. Das sonore Brummen der Bomber Motoren wird lauter, drohender, kommt näher, direkt auf uns zu, ist jetzt genau über uns. Noch immer sind Leute auf der Straße, gehetzt, hektisch, doch offensichtlich zielstrebig. Wollen sie nach Hause, in einen Luftschutzbunker? Dann plötzlich ein eigenartiges Rauschen, wie ich es noch nie gehört habe, gefolgt von gewaltigen Detonationen.

„Luftminen! Volle Deckung!",
rufen die Soldaten;
„Die bombardieren Mainz!"

Zwischen den Einschlägen hören wir den uns so vertrauten wie verhassten Ton der auf- und abschwellenden Sirenen. Alarm! Viel zu spät, es ist wie eine Verhöhnung. Erst in diesem Augenblick wird Alarm gegeben, rette sich wer kann. Ich bin wie betäubt, reagiere nur noch reflexartig auf das, was die Soldaten tun. Gleich beim ersten Einschlag haben wir uns auf den Boden geworfen, liegen eng an eine Hauswand gedrückt auf dem Bauch. Es geht Schlag auf Schlag. Warum, oh Gott warum versuchen die Soldaten nicht, in einen Keller zu kommen? Ich hebe den Kopf, um mich zu orientieren, aber der hinter mir liegende Soldat schreit:

„Kopf runter! Flach legen, so flach wie möglich!"

Es kracht, blitzt und donnert, wir sind eingehüllt in ohrenbetäubenden, taub und stumm machenden Lärm, sind in einem von Blitzen und bizarren Lichteffekten ausgeleuchteten Kessel, in den eine ganze Luftflotte gerade ihre Tod bringende Bombenladung abkippt. Kesselschlachten kennt die Front, in einem Kesselgrab wird Mainz beerdigt – wir mit ihm? Für einen Moment ebbt das Getöse etwas ab; der Kampfverband scheint die Stadt überflogen zu haben. Werden weitere kommen?

„Ich will in einen Keller!"

Verzweifelt rufe ich es dem Soldaten hinter mir zu, der robbt sich vor, liegt jetzt direkt neben mir, packt mich im Nacken, drückt meinen Kopf auf den Bürgersteig und fragt:

„Vierzehn oder Fünfzehn, wie alt bist Du?"

„Vierzehn",
sage ich. Das unheimliche Dröhnen der Bomber wird wieder lauter, ein neuer Pulk ist im Anflug; sie fliegen dicht gestaffelt.
„Keller sind bei diesen Häusern wie Mausefallen. Wenn wir viel Glück haben, kommen wir hier draußen durch. In den Kellern werden wir verschüttet, dort ersticken wir. Ich habe genau so viel Angst wie Du. Doch ich bleibe im Freien. Diese verdammten Kerle, diese skrupellosen Luftgangster, der Teufel soll sie holen!"
Es kracht in unmittelbarer Nähe. Die Lektion, die mir jetzt knallhart erteilt wird, haben die Soldaten längst gelernt. Unerwartet und erst recht unvorbereitet werde ich in diesen Minuten mit unbeschreiblicher Gewalt, jäh, grausam und endgültig in einen brutalen Krieg geworfen, werde erwachsen, bin jetzt Soldat. Erneut ersticken die Einschläge jede Verständigung, aber fast noch beängstigender finde ich dieses orgelnde und pfeifende Fluggeräusch der Bomben und Minen. Eine Druckwelle hebt und preßt mich förmlich an die Hauswand. Der Soldat, der jetzt wieder hinter mir liegt, versucht mir klar zu machen, dass weiter vorne, schräg gegenüber womöglich ein geeigneter Luftschutzkeller sei, doch ich bleibe bei ihm. Irgendwie vermitteln mir die zwei Männer, kampferprobte Soldaten, ein Gefühl von Sicherheit. Sie sind für mich jetzt keine Fremden mehr, ich bin einer von ihnen, wir sind eine Überlebensgemeinschaft. Vielleicht ist das aber auch nur die instinktive Reaktion, bei aller Gefahr nicht auch noch dem Schicksal des Alleinseins in der Gefahr ausgeliefert zu sein.

Inzwischen brennt es rundum, überall Feuer, der Lichtschein und die Hitze werden von Minute zu Minute größer, höher und höher schlagen die Flammen, das Feuer findet reichlich Nahrung, und immer heller wird der rotgelb durchglühte Himmel. Es kracht und knistert, beißender Rauch verschlägt einem fast den Atem, man spürt förmlich, wie sich die Feuer in die Dachstühle und Wohnungen hineinfressen, man sieht, wie sich die Flammenzungen ineinander schlingen, wie sie zu einem immer mehr auflodernden Feuer, zum Großbrand, zum Stadtbrand werden. Wind kommt auf, wird in rasanter Geschwindigkeit zum Sturmwind. Das Feuer verschlingt allen Sauerstoff, orkanartig pfeifen und jaulen die Luftströme durch die Häuserzeilen, ihre Sogwirkung wird von Minute zu Minute stärker, und die schier unerträgliche Hitze nimmt einem die letzte Atemluft. Ohnmacht droht.

„Wir müssen raus aus dem Feuersturm, raus hier!",
schreit einer der Soldaten, und schon rennen sie davon, ich weiß nicht wohin. Verzweifelt versuche ich Anschluss zu halten. Warum lassen sie mich gerade jetzt im Stich? Endlich dreht sich einer um, so, als wolle er sehen, ob ich überhaupt noch lebe und brüllt:

„Auf, auf, mach schnell, schneller, die Straße brennt ja schon! Wir müssen hier weg, sonst sind wir im Feuerkessel gefangen!"

Die Soldaten sind schon ein ziemliches Stück vor mir. Noch immer dröhnen die Bombermotoren über uns, noch immer gibt es Einschläge und Explosionen, noch immer nimmt die Gewalt des Feuers zu, und immer höher hinauf züngeln die Flammen in den Himmel, werden zu wahren Stichflammen, zu riesigen Fackeln. Knistern und krachen, Chaos und Panik. Mainz verbrennt. Alles ist in ein grelles, gespenstisches Licht getaucht, Dachstühle und Hauswände stürzen ein, wir hören Schreie, Hilferufe und sehen menschliche Gespenster, gebrandmarkte Zeitzeugen, womöglich bereits Todeskandidaten. Nur Fetzen am Leib irren sie herum, suchen den rettenden Pfad aus dem Feuer. Das Leben erlischt langsam und verbrennt auf der Stelle. Wieso hat mich noch keine Explosion zerfetzt, keine Mauer erschlagen? Wann ist endlich die letzte Bombe gefallen? Es muss doch einmal zu Ende gehen! Mir scheint, als dauere das Bombardement schon eine halbe Ewigkeit, aber ich lebe noch immer. Warum, verflucht, warum haben sie mich ausgerechnet heute nach Mainz geschickt? Ich blute an beiden Händen und merke es erst, als ich mir über die schweißnasse Stirn fahre. Die Knie sind aufgeschlagen, ich bin verdreckt von oben bis unten. Alles um uns brennt, ein Flammenmeer, Hölle auf Erden, Inszenierung des Todes. Erlischt so ein Leben?

Ich will leben und spüre von Minute zu Minute mehr, dass dies mein Ende sein könnte. Sind diese brennenden Flächen, über die das Feuer lautlos als ätzend riechende, bedrohlich zähe, heimtückische Brandmasse heran kriecht, noch Straßen oder ist das schon der Feuerstrom, der uns alle mitreißt? Sind wir wo möglich nur noch für kurze Zeit der lebendige Teil bei der Feuerbestattung einer todgeweihten Stadt? Gibt es noch ein Entrinnen? Sind die Bombenwerfer in den Flugzeugen über uns und wir hier unten auf dem brennenden Asphalt der Mainzer Straßen überhaupt noch Menschen? Erbarmungslos öffnen sie oben ihre Bombenschächte, gnadenlos sind wir ihnen unten ausgeliefert, Bombenbedrohte und Feuergefangene. Auch Todgeweihte? Läuft man in Todesangst noch mit letzter Kraft um sein Leben, wartet man erschöpft auf Besinnungslosigkeit, auf Erlösung? Der Wind trägt das Feuer überall dorthin, wo es noch nicht ist.

„Weg, nur weg! Raus aus dem Feuer! Diese verdammten Gangster, das ist Phosphor!"

Wer warnt, wer ruft? Wieder spüre ich die Hand eines der Soldaten im Nacken. Beide stürzen wir hin, scheinen anzukleben, reißen uns los, rappeln uns auf, weiter, weiter, nur weg, aber wohin? Der Mantel des Soldaten brennt, meine Jacke fängt Feuer. Mit der Mütze und den bloßen Händen schlage ich auf die Flammen, einer der Soldaten reißt mir die Jacke vom Leib. Da, ein Keller- oder Hauseingang, ist das die Rettung? Wohin sollen wir uns verkriechen? Ich verliere die Orientierung, meine letzte Kraft, allen Mut, jede Hoffnung, am Schluss die Besinnung.

Von diesem Augenblick an habe ich keine klare Erinnerung mehr, nur noch wirre Bilder, nein: Bildfetzen, flüchtige Eindrücke, zufällige Wahrnehmungen ohne klare Linie, ohne jeden Zusammenhang. Ich liege in einem Gewölbe auf dem Boden. Es ist ziemlich dunkel. Das ist nicht unser Keller daheim. Um mich herum sind fast nur Frauen und Kinder, alles Fremde, keine Soldaten. Wo sind meine beiden Soldaten? Die Erinnerung an sie kommt zuerst zurück. Wo bin ich? Wie bin ich hier her gekommen? Aus weiter Ferne höre ich Stimmen, Wimmern, es ist wie ein brodelndes, dumpfes Gemurmel. Oder sind das Gebete? Jemand sagt:

„Es ist vorbei. Herr, rette uns und vergib uns unsere Schuld, wie auch wir vergeben unseren ..."

Was ist vorbei? Der Angriff, das Leben? Wer hat wem zu vergeben? Ist es Tag oder haben wir Nacht? Der Blick auf die Uhr geht ins Leere, sieht nur eine verkratzte, blutverschmierte, dreckverkrustete Hand. Mein Gott, wie sehe ich aus?

„Weiter vorne war vorhin ein Sanitäter",
sagt eine Frau, die sich zu mir herunter beugt und wissen will, ob ich noch andere Verletzungen habe.

„Vorne, weiter vorne? Wo ist das?"

Ich rappele mich auf, gehe los und merke, dass das kein normaler Keller ist, sondern ein langer, kurviger Gewölbe-Gang.

„Wo willst Du hin?"

Der Mann, der mich das fragt, hat ein Koppel um den Bauch und eine Binde am Arm. Er strahlt mir mit einer Taschenlampe vor die Füße und sagt, noch bevor ich zum überlegen komme, wohin ich eigentlich will:

„Hier kann niemand raus, die Stadt ist ein einziges Flammenmeer; vielleicht morgen früh. Geh zurück zu Deinen Leuten."

Ich kann diese Typen, die meinen, immer etwas zu sagen zu haben, nicht mehr ausstehen. Der Mann wendet sich von mir ab und stoppt eine Frau, die er auch nicht durchlässt. Was hat er gesagt? Zu Deinen Leuten? Oh Gott ja, ich bin doch nach Mainz gefahren, wollte zu Onkel Eugen und Tante Liesel. Dann passierte es. Allmählich kommt die Besinnung zurück. Ja, Bomben fielen, Feuer, nichts als Feuer war zu sehen. Bin ich in Mainz angekommen? Irgendwo zwischen zwei Leibern finde ich Platz zum hinlegen, sacke kraftlos, todmüde – todmüde, was bedeutet das? – und erschöpft zusammen, falle in einen tiefen Schlaf.

Wann und wie ich aus diesem Gewölbe heraus und auf den Weg zum Bahnhof Kastel gekommen bin, weiß ich nicht, es kann nur der 28. Februar gewesen sein. Unterwegs sehe ich Retter und Gerettete, Tote und Totengräber, Feuer und Feuerwehren, hohle Fassaden und leblose Fensterhöhlen, Trümmer, nichts als Trümmer. Aber mitten im Chaos der qualmenden, teilweise noch immer brennenden und von einem eigenartig ätzenden Brandgeruch überzogenen Stadt steht, schon aus weiter Ferne sichtbar, der fast unversehrte Dom, Zeichen des Glaubens und der Hoffnung. Ich bin verzweifelt und spüre doch bei diesem Anblick Trost in aller Trostlosigkeit. Und hinter einem ausgedehnten Trümmerfeld ragt die Spitze des Glockenturms von St. Bonifaz mahnend in den Himmel, so als solle uns allen gesagt werden: Was da von oben kam, war auch von oben so gefügt, fragt Euch: Warum?

In der Boppstraße, ganz in der Nähe von St. Bonifaz, hatte der Großvater seine Zahnarztpraxis. Immer wieder hat uns die Mutter von dem frommen Pfarrer Valentin Grode erzählt, den sie als Kind und junges Mädchen in St. Bonifaz erlebt und sehr verehrt hat. Dessen Nachfolger, Pfarrer Heinrich Schmitt, sind wir Buben nach einem Gottesdienst einmal vorgestellt worden. Ob er noch lebt? Wer hat in diesem Bombenhagel überlebt? Eine Rot-Kreuz-Schwester gibt mir einen Becher heißen Tee; ich habe Hunger. Auf der wie durch ein Wunder unzerstörten Straßenbrücke über den Rhein bewegt sich ein Zug erschöpfter, geschundener Gestalten, Ausgebombte mit ihrer letzten Habe, Menschen, die dem Inferno entkommen und doch für immer gebrandmarkt sind, Schatten ihrer selbst. Wohin gehen sie, wer wird sie aufnehmen? Erst in diesem Moment fällt mir wieder ein, warum ich überhaupt nach Mainz gekommen bin. Doch alles in mir sträubt sich dagegen, noch einmal umzukehren. Ich weiß nicht, wie es in der Emmerich-Josef-Straße aussieht, weiß nicht, ob sie leben oder tot, gerettet oder verschüttet sind, aber ich will es auch nicht mehr wissen. Ich will nur weg, weg aus dieser verqualmten Trümmerwüste, die einmal unser so sehr geliebtes Mainz war. Ist das feige, verantwortungslos? Würde ich vielleicht gerade jetzt als Helfer bei den Verwandten, als Retter gebraucht? Was werden sie zu Hause sagen, wenn ich nichts über ihr Schicksal weiß? Wo ist eigentlich mein Korb mit dem Obst, den Tomaten und all dem Kram? Es ist mir alles so egal, ich will raus, raus aus dieser Stadt, deren erschütternden Feuertod ich grausam miterlebt habe, und ich ahne, dass ich meine Todesängste in Mainz und die Brandmale von Mainz, unauslöschlich tief in die Seele eingebrannt, ein Leben lang mit mir herum tragen werde.

Im Bahnhof Kastel ist keine Bleibe. Der Elendstross derer, die einfach nur weg wollen, muss in einen nahe gelegenen Luftschutzraum, in den von Zeit zu Zeit Durchsagen gegeben werden, wann und wohin ein Zug abfährt. Spät am Abend des 28. Februar erreiche ich Bensheim. Mir ist, als sei ich nach unvorstellbar langer Zeit aus einer anderen Welt endlich wieder heimgekehrt, als sei ich erst jetzt allen Gefahren entronnen, als sei ich gerade eben aus einem bösen Traum aufgewacht. Der vertraute Ton der Haustürklingel gibt mir die Bestätigung: Du bist wieder daheim.

Banges Warten. Haben sie überhaupt noch mit mir gerechnet? Nach einer sicher qualvollen Nacht und einem quälend langen

Tag, an dem sie wahrscheinlich von Stunde zu Stunde besorgter und hektischer versucht haben, etwas über das ganze Ausmaß des Angriffs auf Mainz und mein Schicksal herauszufinden, hat sie wohl lähmendes Entsetzen gepackt. Sie werden sich schwere Vorwürfe gemacht haben. Ganz bestimmt haben sie immer und immer wieder versucht, Kontakt zu den Mainzer Verwandten zu bekommen, aber was geht da noch? Die Mainzer Katastrophe stündlich mehr zu erahnen, ohne etwas von mir zu wissen, muss für die Mutter die eigentliche Katastrophe gewesen sein, und nun stehe ich vor ihr an der Haustüre. Ihr entsetztes und sich erst ganz allmählich entspannendes Gesicht ist der Spiegel, in dem ich lesen kann, wie bewegt sie ist und wie elend ich aussehe, in welchen Schockzustand sie die letzten 36 Stunden versetzt haben und was diese kleine Ewigkeit aus mir gemacht hat. Keiner sagt, niemand fragt etwas. Wie eine stille Vereinbarung kümmern sich alle stumm um mich, lassen mich spüren, wie erlöst sie über meine Rückkehr sind. Mit Tränen in den Augen, liebevoll, sprachlos und am ganzen Körper bebend schließt mich die Mutter mit meinen angesengten, verdreckten und verrissenen Klamotten in ihre Arme und hält mich fest, so, als wolle sie mich nie mehr loslassen. Es ist, als wolle sie mir die Gewissheit geben, wie gut sie weiß, dass ich ihr soeben ein zweites Mal geboren worden bin, dass aus dem Buben, den sie vor gut 36 Stunden nach Mainz geschickt hat, über Nacht ein junger Mann geworden ist, der jäh und endgültig aus seinem Bensheimer Abenteuerspielplatz ‚Krieg' vertrieben und mitten hinein geworfen worden ist in den höllischen Feuerofen des Kriegsschauplatzes Mainz. Wie gut, dass alle im Haus Zeit brauchen, um sich zu fassen, das blanke Entsetzen weichen und eine stille Freude aufkommen zu lassen. Sie schweigen beklommen, und ich will, ich kann nicht erzählen, ich kann nicht und ich möchte doch weinen.

„Weine ruhig die Tränen, die Du mir nicht zeigen willst, ich weiß, es sind Tränen des Schreckens und der Freude; weine sie, es macht alles leichter."

Die Mutter hat als erste die Sprache wieder gefunden. Mein Kopf liegt an ihrer Brust, und ich erfahre es wie vielleicht damals in meinen ersten Lebenstagen, dass es auch in dieser so heillos gewordenen Welt noch immer das rettende Heil gibt.

Kriegsende

Wie in allen Jahren zuvor wird Weihnachten auch 1944 wieder mit den Parolen der NS-Propaganda gleichermaßen gefeiert und missbraucht:

‚Unser Glaube an das Licht der Weihnacht ist unerschütterlich', wir feiern ‚das Fest der starken Herzen', ‚Weihnachten, das Großkraftwerk der deutschen Seele', und die Bevölkerung wird aufgefordert, ‚mit Mut die Dunkelheit zu durchkämpfen, um wieder Tage des Lichts zu sehen'. Auch in der letzten Ausgabe des Jahres 1944 setzt die Zeitung die immer sinnloser werdenden Durchhalteparolen fort:

„Die Opfer und Anstrengungen, die ein Krieg, zumal vom Ausmaß des ungeheuren Weltringens dieser Tage, von unserem Volk fordert, steigern sich von Kampfjahr zu Kampfjahr. Je näher die Entscheidung rückt, umso härter wird der Kampf. Das entspricht dem inneren Gesetz eines Weltanschauungskrieges, in dem oft in der letzten Viertelstunde die höchste Bewährung des von einer großen Idee erfüllten und deshalb an inneren und äußeren Kräften stärkeren Volkes über den Sieg entscheidet. 1944 war das Jahr der Erprobung der Macht unserer nationalsozialistischen Idee, aus der wir die tiefsten Kräfte zu unserem Kampf schöpfen."

Kein Wort über die näher rückenden Fronten oder dazu, wie sich die Bevölkerung dann verhalten soll, kein Wort zum Bombenkrieg. Aber im lokalen Teil ist eine angesichts der allgemeinen Notlage geradezu lächerliche Meldung zu lesen:

„Im Jahre 1944 ist das Heilkräuter-Sammelergebnis verdoppelt worden. Über 40.000 kg an getrockneten Kräutern und weitere 80.000 kg Frischlieferung. Damit steht die Bergstraße an der Spitze des Gaues."

„Was für ein fragwürdiger Erfolg, welch eine Verdummung der Menschen, alles hohle Phrasen. Uns hilft nur noch Beten."

Die Mutter hat recht, obwohl sie gar nicht weiß, dass diese Erfolgsmeldung nicht nur dumm, sondern auch falsch ist. Denn viele andere und wir haben bei den Heilkräutern oft geschummelt und die daheim getrockneten Kräuter mehrfach abgeliefert, sie also jedes Mal wieder mit nach Hause genommen. Gewissensbisse haben wir dabei nicht, denn wir haben beobachtet, dass Heilkräuter wochenlang auf dem Speicher der Schule lagen und verschimmelten. Die Gesinnung der Eltern ist eindeutig; so, wie sie die Dinge sehen, bestimmt das in diesen Wochen immer mehr unser Leben.

Am Silvesterabend 1944, einem Sonntag, ist die Stimmung zu Hause geprägt von Angst und Sorge, Freude und Hoffnung. Die deutsche Ardennenoffensive ist gescheitert, die Vormärsche der Amerikaner im Westen und der Russen im Osten verlaufen rasant. Das Ende steht bevor, doch was kann alles noch in letzter Minute passieren?

„Lange kann es nicht mehr weiter gehen, gebe Gott, dass die Kämpfe nicht noch viele, sinnlose Opfer fordern und wir zusammen bleiben. Hoffentlich bauen sie an der Bergstraße nicht noch eine letzte Verteidigungslinie auf."

Aus Vaters stillen Hoffnungen zieht die Mutter praktische Konsequenzen:

„Dafür wollen wir jetzt jeden Tag beten."

Niemand widerspricht, und so beginnt am Neujahrstag 1945 unser familiäres Beten für ein gutes Ende und für den Frieden der Welt. Wir wissen, das letzte Kriegsjahr hat begonnen. An diesem tristen Jahresbeginn werden erstmals bange Fragen gestellt: Was kommt danach? Was wird aus uns Jungen werden? Was planen die Alliierten? In der Zeitung vom 30. Dezember lesen die Bensheimer die 40. Folge des Romans ‚Und das Leben geht weiter' von Heinz G. Konsalik, aber es geht nur noch ums nackte Überleben. Brot und Butter sind knapp, mit wenig Fett geröstete Kartoffeln oder gedünstete Futterrüben gibt es schon zum Frühstück. Die Todesanzeigen Gefallener füllen seit Jahresbeginn ganze Zeitungsseiten, und der Glaube der Nazis an die deutsche Wunderwaffe, mit der Hitler das Kriegsglück noch einmal erzwingen will, wirkt genau so makaber wie die stolzen Meldungen der Propaganda über die bewährte Tapferkeit der Hunderttausende, die in Wahrheit die besten Jahre ihres Lebens einem System opferten, das Deutschland ins Elend gestürzt hat.

Januar und Februar 1945, ein einziges Bangen und Hoffen. Daheim kann der Großvater wegen seiner schweren Erkrankung den

Gang der Dinge nicht mehr verfolgen. Keiner nimmt seit Jahresbeginn mehr ein Blatt vor den Mund, aber die Eltern mahnen uns ständig zur Vorsicht. Gleich in den ersten Tagen des neuen Jahres macht uns die Mutter auf das in der Zeitung veröffentlichte Foto eines abgeschossenen US-Flugzeuges aufmerksam, doch ihr geht es hauptsächlich um die NS-Propaganda, die in der Bildunterschrift verpackt ist:

„Ein amerikanischer Bomber, der von einem deutschen Jäger abgeschossen am Boden aufschlug und nun ausbrennt. Zwei Mann seiner Besatzung fanden dabei den Tod. Die restlichen neun retteten sich durch Fallschirmabsprung und wurden gefangen genommen. Einer dieser Flieger, die noch kurz vorher Wohnviertel einer deutschen Stadt angegriffen hatten, der Pilot James E. Müller mit der Nummer 33711240 T, trug das Neue Testament bei sich. Eindringlicher kann die Schamlosigkeit dieser Luftmörder nicht charakterisiert werden."

Die Mutter gerät außer sich:

„Das müsst Ihr lesen! Sie machen diesem amerikanischen Flieger zum Vorwurf, dass er, obwohl offensichtlich gläubiger Christ, auch seine soldatische Pflicht getan hat, während sich dieser gottlose Hitler mit all seiner Kriegsschuld ständig ungeniert auf die göttliche Vorsehung beruft. Die Nazis sind Judenhasser, sie sind auch Christenfeinde!"

„Sind die Amerikaner Luftmörder?"

Diese Frage richte ich an niemand speziell, und wohl deshalb fühlt sich auch niemand angesprochen; so wiederhole ich sie:

„Sind die Amerikaner Luftmörder?"

Mutter wirft mir einen viel sagenden Blick zu, so, als wolle sie mir bedeuten: Du kennst doch die Zusammenhänge, warum fragst Du noch? Dann aber sagt sie doch etwas:

„Sie bombardieren am hellichten Tag, aber ihre Bomben treffen uns nicht wie aus heiterem Himmel, nein, sie sind die Folge einer mörderischen Politik".

Das Schicksal dieses James E. Müller beschäftigt mich. Ist er deutscher Abstammung? Konnte er überhaupt angesichts der weltpolitischen Lage einen Konflikt spüren zwischen seinem Tun und seinem Glauben? Wusste er, dass seine Bomben Wohnviertel treffen? Hat er sich darüber Gedanken gemacht? Was geschieht jetzt mit ihm in der Gefangenschaft? Ich würde mit ihm, dem das Neue Testament offensichtlich so wie mir etwas bedeutet, gerne über das sprechen, was ich in Mainz erlebt habe. Lässt sich das alles mit Hitler entschuldigen? Wie wirkt es auf Piloten, wenn sie aus ihren Flugzeugen gewahr werden, welches Inferno ihre Bombardements angerichtet haben? Oder sind solche Fragen den Deutschen ganz und gar verboten? Nein, nein, ich suche nicht nach einem Schuldigen, ich will das alles nur anders, menschlicher erörtert wissen, möchte am liebsten mit den Amerikanern und den Engländern selbst reden. Wann wird das sein, wird es überhaupt je möglich sein?

Am 8. Januar feiert die Heimatzeitung den Kreisleiter, der Geburtstag hat, als einen jener unerschütterlichen Soldaten des Ersten Weltkrieges die vom Tage der schmachvollen Kapitulation an einen unerbittlichen Kampf gegen das System der Feigheit und Unterdrückung geführt haben. Der Geburtstags-Lobgesang für den Parteimann ist natürlich gleichermaßen ein an die Bevölkerung gerichteter Durchhalte-Appell:
„Immer hat er vor der Gefahr gewarnt, dass das Weltjudentum unserem Volk seinen beispiellosen Aufbau nicht gönnt und es eines Tages wieder überfallen wird in der Absicht, es diesmal gänzlich zu vernichten. Deshalb hat uns der Kreisleiter stets gemahnt, einig, treu und unbeirrt im Glauben an den Führer zu bleiben, weil unser Volk dann auch diese letzte und schwerste Prüfung überstehen, weil es dann den Sieg über seine Feinde endgültig erringen werde, und weil ihm dann niemand mehr seine Freiheit nehmen könne."
Der Artikel schließt mit dem Gelöbnis des „ganzen Kreises Bergstraße", unter Führung des Kreisleiters in Treue und Glauben weiter zu arbeiten und zu kämpfen, „bis aus der großen Saat dieses Krieges eine herrliche Ernte für das ganze deutsche Volk geworden ist". Die Mutter schneidet den Artikel aus und heftet ihn gut sichtbar an den Küchenschrank. Ihr Kommentar ist entlarvend:
„Die Saat dieses Krieges ist doch längst aufgegangen. Schon unsere kleine Straße ist ein großer Heldenfriedhof: Egon Melcher,

Rainer Framm, Helmut Stolz, Hans und Valentin Bartholmes, sie alle sind gefallen, Josef Bartholmes vermisst, und Jakob Bartholmes ist in Gefangenschaft."

Die Mutter hat recht. Einst war sie so glücklich, dass Gerhard und ich zu klein sind für diesen Krieg, jetzt wird sie immer besorgter, es könnte nicht schnell genug das Ende kommen:

„Nein, ihr dürft da nicht mehr rein gezogen werden",

und wie zur Rechtfertigung ihrer Angst fügt sie an:

„Auch Frau Desaga hat große Sorgen um Günther, der als Flakhelfer bereits im gefährlichen Einsatz ist."

„Mich kriegen die nicht mehr; bevor die mich holen, haue ich ab!"

Gerhard sagt das nicht nur zur Beruhigung der Mutter, sondern auch, um uns schon mal auf den Ernstfall vorzubereiten. Mir ist klar, er meint es ernst. Schon einige Male hat er sich geweigert, bei der HJ anzutreten, und einmal ist er deshalb sogar von der Polizei zum Dienst abgeholt worden. Hätte er nicht einen menschlich anständigen HJ-Führer gehabt, der gelegentlich sogar die Eltern warnte, Gerhard wäre womöglich längst verhaftet worden. Er redet sich richtig in Rage:

„Sehen die nicht, was sich Tag für Tag abspielt? Ich bin neulich wieder einmal von Soldaten auf den Jagdflieger-Flugplatz nach Biblis mitgenommen worden. Diese armen Kerle sind doch den Amerikanern völlig unterlegen! Der totale Krieg, ein Witz, er ist längst total verloren. Ich mache da nicht mehr mit."

Die Eltern, die Gerhards impulsive Art schon manchmal bremsen mussten, ermahnen ihn, nur ja nicht außerhalb der Familie solche Reden zu führen. Sie wissen genau, dass die total organisierte und von den meisten so willfährig hingenommene Instrumentalisierung fast aller bewährten Strukturen – ein Phänomen, das den Erfolg der Nationalsozialisten überhaupt erst möglich machte – weitgehend noch intakt ist. Der Zeitungsausschnitt über ‚die große Saat und herrliche Ernte des Krieges' bleibt bis zum letzten Kriegstag in der Küche hängen.

Der Nachmittag des 2. Februar bringt den ersten richtigen Tieflieger-Angriff auf Bensheim. Wir sehen, wie acht Jabos von Westen her anfliegen, befürchten aber keine direkte Gefahr, weil sie die Bergstraße überfliegen. Doch plötzlich änderte sich alles.

„Die kommen im Tiefflug!", ruft Gerhard.

Und tatsächlich kommen die Jabos von Auerbach in ganz geringer Höhe auf Bensheim zugerast. Wir werfen uns neben der Treppe zum Hauseingang auf den Boden, hören das Hämmern der Bordwaffen und gleich danach auch die ersten Bombeneinschläge. Die Jabos fliegen mehrere Angriffe nacheinander, und sie fliegen so tief, dass wir sogar die Piloten in den Kanzeln erkennen können. Alles dauert nur wenige Minuten. Die Gefahr ist verdammt nahe herangerückt, aus dem Abenteuer Krieg ist bitterer Ernst geworden. Sofort nach dem Angriff laufen wir los, um zu sehen, was passiert ist. Andere Leute und die Sirenen der Feuerwehr weisen uns den Weg. Es heißt, beim Finanzamt habe es Tote gegeben. Wir rennen durch die Ernst-Ludwig- und Kirchbergstraße am Konvikt vorbei, sehen das unbeschädigte Finanzamt und werden gewahr, dass wenige Minuten Fußweg von unserem Haus entfernt in der Wilhelmstraße Bomben eingeschlagen sind. Ein Bild der Verwüstung; einige Häuser haben Volltreffer erhalten. Aus der Nachbarschaft laufen die Menschen verwirrt und verängstigt zusammen. Wir hören Hilfe-Rufe. Es verbreitet sich die Nachricht, dass im Keller des Hauses von Lehrer Neubauer, den ich von meinem letzten Schuljahr in der Rodenstein-Schule kenne, Menschen verschüttet sind. Hilfskräfte des Volkssturms rücken an. Aufmerksam und in gespannter Erwartung beobachten wir die Rettungsarbeiten, und wir atmen auf, als der Vorstoß in den Keller und die Bergung von zwei verletzten Frauen gelingt. Ziemlich niedergeschlagen machen wir uns auf den Heimweg durch jene Straße, die einmal mein erster Schulweg war, und in der wir so gerne beobachtet haben, wenn sich dort die einzelnen Gruppen und Wagen zum Winzerfestzug aufgestellt haben. Einige Tage später hören wir, dass die beiden Frauen aus dem Haus Neubauer ihren schweren Verletzungen erlegen sind.

„Anglo-amerikanische Luftgangster über Bensheim. Feiger Terrorangriff fordert Tote und Verletzte. Beträchtlicher Häuserschaden in Wohnvierteln", so lauten am 5. Februar die Schlagzeilen auf der ersten Seite der Heimatzeitung. Die nächsten Tage sind von großer Solidarität mit den Bomben-Geschädigten geprägt. Alle noch verfügbaren Handwerker der Stadt sind von früh bis spät im Einsatz, um zunächst die Dächer und Fenster der Häuser, die noch bewohnbar sind, wieder in Stand zu setzen. In Wohnungen, die sonst keine größeren Schäden haben, werden die Fenster, deren Scheiben zerborstenen sind, mangels Glas mit Pappe repariert, um die Leute wenigstens gegen Wind und Wetter zu schützen. Die Menschen reagieren besonnen. Offiziell heißt es in der Zeitung, die Bevölkerung verbuche diesen Angriff „mit Ingrimm und verbissenem Trotz", und wisse, „dass der Tag kommt, an dem die deutsche Führung zurückschlägt, und dann auch die in Bensheim verübte Schandtat der Demokraten und Plutokraten nicht vergessen werde".

In der Zeitung steht nicht, wer so denkt, erst recht nicht, wie viele ganz anders denken. Ja, es gibt tatsächlich Ingrimm und verbissenen Trotz, aber sie gelten nur zum geringsten Teil den Bomberpiloten; die größte Wut richtet sich gegen das eigene Regime, gegen Hitler und seine auch vor Ort immer gefährlicher werdenden Helfershelfer von Gestapo und Partei. Längst spotten die meisten über die durch das aktuelle Tagesgeschehen leicht zu entlarvenden, immer neuen Propagandalügen. Wenn der eiserne Wille, die schier unbändige Kraft und der große Erfindungsreichtum der Menschen zum Überwinden aller Drangsal, Gefahr und Not ganz erstaunlich wachsen, dann nicht aus Angst vor dem jüdisch-bolschewistischen Weltchaos, das Hitler, seine Partei, die Presse und der Rundfunk immer wieder als die tödliche Gefahr für Deutschland beschwören, sondern weil alle nur noch ein Ziel haben: sie wollen das Ende von Tyrannei und Krieg unversehrt erreichen!

Im März 1945 sind die Fronten längst zusammengebrochen, und Deutschland ist sturmreif gebombt. Vaters tägliche Bahnfahrt nach Darmstadt wird mehr und mehr zu einem lebensgefährlichen Abenteuer. Die Jabos beherrschen den Luftraum. Tag für Tag berichtet der Vater von neuen Angriffen und Zerstörungen an der Bahnstrecke und in Darmstadt. Den alliierten Piloten der uns längst vertrauten *Mustangs*, *Thunderbolts* und *Lightnings* scheint es ein wahres Vergnügen zu bereiten, so vollkommen unbehelligt ihre Ziel- und Schießübungen machen zu können. Ihr geradezu übermütiges Verhalten macht mehr als deutlich, dass sie die Herren der Lage sind. Dies alles lässt auch schon etwas von der kommenden Siegesfeier erahnen. Viele von uns Jugendlichen finden auch diese Phase des Krieges – trotz allem – noch immer faszinierend, aber ich kann es kaum noch ertragen; das bloße Heulen der Sirenen bereitet mir Angst und Schmerzen. Ich bin kriegskrank. Seit dem Feuersturm von Mainz hasse ich den Krieg, und alle seine Geräusche versetzen mich immer wieder neu in Panik. Wir schließen Wetten ab, wie viele Tage es noch dauern wird, bis die Amerikaner in Bensheim sein werden. Ich kann es kaum noch erwarten und fange an, mir Gedanken zu machen, wie das denn wohl passieren wird, wenn die Amerikaner kommen, wie so ein Einmarsch, eine Besetzung abläuft.

Nichts am Ablauf eines Tages ist in diesen Wochen noch normal, nichts ist wichtiger als die Nachrichten, nichts interessiert uns mehr als der Frontverlauf im Westen. Tagesgespräch ist das Überrollt werden von der Front. Aber keiner jammert, niemand macht dem anderen das Leben schwerer als es ohnehin ist, jeder fühlte sich auf seine Weise für die ganze Familie im Kriegseinsatz. Morgens um 7.30 Uhr gibt es, so dass man die Uhr danach stellen kann, Voralarm. In die Schule gehen wir schon lange nicht mehr. Fast überall wird damit begonnen, die Keller besser zu sichern, denn es ist davon die Rede, dass es vor dem Einrücken der Amerikaner schweren Artillerie-Beschuss geben wird. Aus Balken, Brettern und Bohlen werden Holzkästen vor die Schächte der Kellerfenster gebaut und mit Sand und Steinen verfüllt. Wer das Material dazu hat, sichert die Decken der Luftschutzkeller mit zusätzlichen Stützpfeilern ab. Wir bereiten uns ernsthaft und doch eigentlich nur mit lächerlichen Maßnahmen darauf vor, zumindest für kurze Zeit zur Front zu werden.

Bei dem Bombenangriff auf Darmstadt am 11.September letzten Jahres ist dort auch die hessische Zentrale der Geheimen Staatspolizei zerstört und schon wenige Tage später nach Bensheim in das Gebäude der ehemaligen Taubstummenanstalt, Ecke untere Kirchberg- und Adolf-Hitler-Straße verlegt worden. Jeder weiß das, und alle fürchten diese berüchtigte Polizei der Nazis und ihre so genannten V-Männer, die überall in den Gemeinden, größeren Betrieben und wichtigen Organisationen als Spitzel sitzen.

Geleitet wird diese Zentrale von zwei SS-Sturmbannführern, die wir vom Sehen, nicht aber mit Namen kennen. Gelegentlich hören wir von „Schutzhaft", und der Vater erklärt uns, dass in einem solchen Falle Leute wegen irgendwelcher systemfeindlicher Äußerungen oder Verhaltensweisen, aber ohne richterlichen Haftbefehl – wie es dann heißt: ‚zum eigenen Schutz' – verhaftet und ins Gefängnis gebracht werden. Es wird gemunkelt, im Keller der Taubstummenanstalt seien Kerkerzellen und eine Folterkammer eingerichtet worden. Darüber, wer die Gefangenen dort sind, gibt es nur Mutmaßungen. Eine davon ist die, dass auch Mitglieder der Hitlerjugend, die den Dienst verweigert hätten, darunter seien. Deshalb ermahnen uns die Eltern, jetzt noch vorsichtiger zu sein. In den beiden letzten Märzwochen beobachten wir vielfältige Bewegungen in der Gestapo-Zentrale, die ja nur drei Straßenecken von unserem Haus entfernt ist. Immer wieder werden Gefangene in kleinen Gruppen gebracht, während andere abtransportiert werden. Vieles deutet auf Veränderungen hin. Womöglich soll die Zentrale in ein vermeintlich sichereres Gebiet nach Süddeutschland verlegt werden. Hoffentlich passiert das bald, alle denken es, keiner wagt es zu sagen. Ein überstürzter Aufbruch der Gestapo wäre der beste Beweis für das schnelle Vorrücken der Amerikaner. Man spürt förmlich das nahe Ende. Zumindest vor Ort liegt das NS-System in seinen letzten Zügen, es zeigt Auflösungserscheinungen, begleitet von unkalkulierbaren Risiken und Gefahren. Mainz, Oppenheim und Worms haben die Amerikaner am 21. März erobert, und am 23. März haben sie bei Gernsheim, nur 20 km von uns entfernt, den Rhein überschritten. Wir wähnen uns schon kurz vor einem schnellen und kampflosen Kriegsende, doch da lernen wir noch einmal das NS-System in seiner menschenverachtenden Brutalität und Stunden später den Krieg in seiner ganzen Härte kennen.

An diesem 23. März, einem Freitag, ist Gerhard, der Tags zuvor genau so wie Erich Desaga einen neuen Einsatzbefehl erhalten hat, um mit seinem HJ-Zug Panzergräben auszuheben und Straßen-Sperren zu errichten, beim Amtsarzt in Heppenheim, um sich wegen Furunkel am Bein ein Attest ausstellen zu lassen. Der Vater kommt an diesem Tag früher als sonst mit der schlechten

Nachricht nach Hause, dass er seine Dienststelle beim Telegraphenbauamt sofort von Darmstadt nach Süden verlegen muss. Wohin genau sagt ihm niemand. Für uns kommt das einer Katastrophe gleich. Jetzt, kurz vor dem Ende sollen Vater und Gerhard noch weg? Wie fernes Donnergrollen, das wir trotz aller Angst vor dem Tag, an dem wir von der Front überrollt werden, schon als Botschaft der bevorstehenden Befreiung empfinden, hören wir die amerikanische Artillerie, und just in diesem Augenblick sollen uns der Vater und Gerhard verlassen? Die Stimmung ist mehr als niedergeschlagen.

Am Nachmittag sitze ich mit einem Freund auf dem Rand des Brunnens der Metzendorfanlage, als sich plötzlich von der Kirchbergstraße her ein seltsamer Zug nähert. Es sind überwiegend Soldaten, Gestapo-Leute und einige Zivilisten. Sie marschieren in einer ungewöhnlichen Formation, denn einige wenige, die ihre Gewehre schussbereit vor dem Körper tragen, scheinen eine größere Zahl anderer zu bewachen. In der Mitte sind ein paar ganz junge Soldaten. Sie machen auf uns einen verzweifelten Eindruck, einige weinen. Das kann nichts Gutes bedeuten. Uns berührt das sehr, denn diese Soldaten sind nicht viel älter als wir. Der Zug biegt ab in Richtung des Wasserreservoirs, das oberhalb der Bebauung am Hang des Kirchberges liegt. Wir verstecken uns hinter dem Brunnen und wollen von dort weiter beobachten, aber man hat uns bereits entdeckt. Einer von der Gestapo schert aus, kommt auf den Brunnen zu und herrscht uns an:

„Abhauen, los, los, verschwindet! Geht sofort nach Hause!"

Wir spüren, dass es diesem Kerl bitter ernst ist, und so verdrücken wir uns. Aber was geht da vor? Das interessiert uns brennend. Wir gehen zu uns heim, nicht jedoch ins Haus. Im Vorgarten warten wir erst einmal ab und beratschlagen, ob wir uns allen Ermahnungen zum Trotz wieder bis zur Anlage vorwagen sollen. Bald darauf hören wir Schusssalven. Mit einer solchen Realität sind wir noch nie konfrontiert gewesen, aber wir ahnen, dass es Erschießungen waren. Der Freund geht verstört nach Hause, ich schleiche mich, betroffen und doch neugierig, zurück in die Metzendorf-Anlage. Bald darauf sehe ich, wie der Trupp wieder vom Wasserreservoir herunter kommt, Soldaten, Zivilisten und Gestapomänner. Gott sei Dank, denke ich, nicht alle wurden erschossen. Dann ist der ganze Spuk vorbei. Nichts Verdächtiges ist mehr wahrzunehmen, nichts regt sich in den umliegenden Häusern. Es ist so, als sei überhaupt nichts gewesen, gar nichts passiert. Waren wir Buben die einzigen Zeugen dieses Geschehens? Ich warte noch eine Weile und schleiche mich dann zum Wasserreservoir hinauf um zu sehen, ob etwas auffälliges zu entdecken ist. Gleich hinter dem Wasserbehälter, ziemlich genau da, wo wir kürzlich einen Baum zum Abstützen unseres Luftschutzkellers gefällt haben, sehe ich an zwei Stellen frisch aufgeschüttete Erde; ich vermute Gräber. Aber ich kann nicht bleiben. Laute Stimmen kündigen an, dass Leute vom Kirchberg herunter kommen. Es ist besser, zu verschwinden, denn es könnten Gestapo-Leute sein, die beim Luftbeobachtungsposten am Kirchberghäuschen Dienst tun. Ich wähle nicht den schnellen aber auch gut und weit einsehbaren Weg, sondern klettere über den Zaun des Metzendorf'schen Gartens, der bis fast an das Wasserreservoir heranreicht und in dem wir so oft mit den Kindern der aus Krefeld dort einquartierten Familie Arenhoevel herumgetollt sind. Die Wildnis dieses Gartens, in dem man nicht so peinlich genau wie bei uns zu Hause auf Anpflanz-Rabatte und Blumenbeete acht geben muss, liebe ich sehr; es ist wie ein kleines Paradies. Schnell erreiche ich durch den Garten die Ernst-Ludwig-Straße, laufe durch die Anlage und bin daheim. Dort erzähle ich weder wo ich war, noch was ich gesehen habe. Denn der Vater hat wiederholt davon gesprochen, im Durcheinander der zusammenbrechenden Front sei mit großer Willkür der Gestapo zu rechnen, sowohl gegenüber der Truppe als auch der Bevölkerung, und er hat uns streng ermahnt, alles zu vermeiden, was Verdacht erregen könnte. Es soll sogar einen Hitler-Befehl geben, wonach jeder sofort zu erhängen ist, der sich seiner Pflicht zur Verteidigung des Vaterlandes entzieht. Blankes Entsetzen geht um. Du sollst nicht töten. Dieses Gebot, das ich im Religionsunterricht immer als unwirklich und fremd empfunden habe, wird an diesem 23. März 1945 für mich sehr real. Ich fange an, die grausame Wirklichkeit des Tötens zu begreifen und erahne die noch viel grausamere Fähigkeit des Menschen, zu morden. Mord vor unserer Haustür und die Erwachsenen haben nichts gesehen und nichts gehört.

Dieses Töten ist anders als am 27. Februar. Im Bombenhagel und Feuersturm von Mainz hatten weder die in der Luft noch wir in der Stadt füreinander ein Gesicht, in das man betroffen, das Gewissen alarmierend hätte schauen können. Aber hinter dem Wasserreservoir müssen sich die Mörder und die jungen Soldaten, die erschossen wurden, in die Augen geschaut haben, und mir wird im Nachhinein bewusst: Auch ich habe die Opfer und die Mörder gesehen, habe tatenlos zugesehen. Alle Fragen nachher sind nutzlos, aber sie stellen sich, sie belasten und quälen. Wäre ich, so ich denn die Situation gleich richtig eingeschätzt hätte, den Mördern mutig protestierend entgegen getreten, hätte ich ihnen vielleicht sogar die Anklage: ‚Feige Mörder' ins Gesicht geschrieen? Ich glaube: Nein. Die strengen Ermahnungen von zu Hause und die Angst vor der ungewissen Gefahr hätten mich wohl zurück gehalten. Ich will leben, überleben. Die Frage, was in Menschen vorgeht, die sich so als Täter und Opfer gegenüber stehen, lässt mich aber nicht mehr los; ich ahne nicht, dass ich meine Lektion ‚Töten' noch gar nicht zu Ende gelernt habe.

Als Gerhard am Spätnachmittag zurückkommt, ist der Vater schon dabei, seine Sachen zu packen. Am Abend sitzt die Familie lange in der kleinen Küche beisammen, durch deren Fenster man am Anwesen Arnold vorbei über einen noch unbebauten Acker ein Stück der Ernst-Ludwig-Straße und das vor dem leicht ansteigenden, bewaldeten Hang zum Kirchberg liegende Anwesen Reinhard sieht. Traurig-besorgte Abschiedsstimmung. Es gibt nur ein Thema: Allen ist klar, Gerhard droht ein Himmelfahrtskommando, dem Vater zumindest eine Reise ins Ungewisse. Vater muss gehen, aber Gerhard will um keinen Preis weg. Es wird beratschlagt, wie verhindert werden kann, dass Gerhard noch einmal wie im letzten Herbst in Gefahr gerät. Die Eltern sind deshalb sehr erleichtert, dass Gerhards Besuch bei Amtsarzt Dr. Burger in Heppenheim nicht vergeblich war. Doch reicht es zu Gerhards Schutz, dass er ein Attest mit dem Bescheid ‚nicht einsatzfähig' bekommen hat? Der wohl gesonnene Amtsarzt, dessen Sohn in Gerhards Klasse ist, hat ihm nicht nur „nach großer Untersuchung", wie zur Unterstreichung der Diagnose ausdrücklich vermerkt ist, das Attest ausgestellt, sondern ihm auch noch den guten

Rat gegeben, vorsichtig zu sein und wegen der Kontrollen der Gestapo nicht auf der Landstraße, sondern über die Weinberge nach Bensheim zurückzukehren. Das lässt die Eltern aufhorchen. Sie halten die Gefahr, dass Gerhard trotz Attest zum Einsatz abgeholt oder gar verhaftet werden könnte, nicht für gebannt. Der Gestapo, die um uns herum auch in einigen Privathäusern Quartier genommen hat, wird alles zugetraut. Mutter meint, Gerhard solle sich verstecken, doch wo und für wie lange? Wir wissen, bei Familie Desaga wird die gleiche Diskussion geführt. Sehr schnell ist allen klar, dass es kein sicheres Versteck gibt. Dennoch entscheiden sich Desaga's dafür, Erich im Kohlenkeller zu verstecken. Dann macht unser Vater einen genialen Vorschlag:

„Was haltet Ihr davon, wenn ich Gerhard in meinen Fernmelde-Bautrupp stecke und einfach mitnehme? Das Problem, wie ich das den anderen erkläre, werde ich schon lösen."

Stille. Vaters Vorschlag ist gut, doch niemand will ihn gutheißen. Alle befürchten, dass es Schwierigkeiten geben und Gerhard auch keine Lebensmittelmarken bekommen wird, weil er sich nicht als Mitarbeiter ausweisen kann. Aber niemand weiß einen besseren Rat. Wie zur Selbstermutigung spricht der Vater davon, dass ihm unterwegs die Bauern gewiss mit Brot, Milch und Kartoffeln weiter helfen werden. Gerhard selbst ist von der Idee, in den Bautrupp eingereiht zu werden, nicht gerade begeistert, aber er wehrt sich auch nicht. Mir tut er leid.

Für die Männer vom Telegraphenbauamt in Darmstadt ist Michelstadt im Odenwald als Treffpunkt vereinbart. Dorthin sollen die wenigen Mitarbeiter, die noch in Darmstadt wohnen, den gesamten Fahrzeugpark bringen, und alle anderen, die am 11. September ausgebombt wurden und nun im weiten Umland von Darmstadt leben, sollen sich mit dem Trupp aus Darmstadt in Michelstadt treffen. Vater legt fest, dass er mit Gerhard am Sonntag in aller Frühe aufbrechen wird. Öffentliche Verkehrsmittel, so es sie überhaupt noch gibt, wollen die beiden wegen der befürchteten Kontrollen auf keinen Fall nutzen.

„Gerhard komm', wir wollen sehen, was Du mitnimmst."

Die Worte der Mutter sind noch nicht verklungen, da fallen draußen Schüsse. Sofort wird das Licht ausgeschaltet. Wir bohren unsere Augen angestrengt in die Dunkelheit, hören Stimmen, Rufe, Kommandos von Leuten, die sich auf der Ernst-Ludwig-Straße befinden müssen. Es entsteht Unruhe, die Lage ist verworren, schwer einschätzbar. Mit Artilleriebeschuss haben wir jeden Augenblick gerechnet, mit Gewehr- oder Pistolenschüssen hinterm Haus nicht. Ist das die Front, sind das die ersten Kampfhandlungen? Plötzlich schrecken uns ganz eigenartige Geräusche auf; es hört sich so an, als klettere jemand von dem Acker hinter Desagas und unserem Haus über den Zaun in unseren oder Desagas Garten. Es ist stockdunkel, alles geht wahnsinnig schnell, wir können es nur erahnen. Keuschen, schnelle Schritte, Laufschritte. Ich eile ins Esszimmer, um von der Westseite der Wohnung die Bismarckstraße einsehen zu können, und kann gerade noch erkennen, wie eine männliche Gestalt in Richtung Roonstraße davon rennt. Dann tauchen zwei weitere Gestalten auf, die ebenfalls durch die Bismarckstraße hasten, so, als würden sie einen Flüchtigen verfolgen. Was geht da vor? Inzwischen sind auch die Eltern und Gerhard ins Esszimmer gekommen. Wir öffnen vorsichtig das Fenster. Draußen ist nichts mehr zu hören, erst recht nichts zu sehen. Schweigend verharren wir im dunklen Zimmer und warten noch eine Weile ab. Dann entsteht erneut Bewegung auf der Straße. Aus nördlicher Richtung kommen dunkle Gestalten, die immer wieder kurz eine Taschenlampe aufleuchten lassen. Dadurch erkennen wir zwei uniformierte Männer, die sich mit gedämpfter Stimme unterhalten. Wir verstehen wenig, nur Satzfetzen.

„Dieser verdammte Kerl ... durch die Lappen gegangen... Hunde holen.... bei Tagesanbruch alles genau durchkämmen...."

So schnell wie sie aufgetaucht sind, sind die beiden Männer auch wieder im Dunkel der Nacht verschwunden. Absolute Stille, es ist, als sei nichts geschehen. „Was war das?",

wollen wir von den Eltern wissen. Nach Augenblicken betretenen Schweigens, die beredter sind als viele Worte, sagt der Vater, sichtlich mitgenommen:

„Nach dem Krieg werden wir es erfahren; ich glaube, die Gestapo leert ihr Gefängnis, es ist schrecklich."

Am Sonntag in aller Frühe, es ist Palmsonntag, der 25. März 1945, starten Vater und Gerhard zu ihrem langen Fußmarsch. Über Lindenfels, das Gumpener Kreuz und Reichelsheim wollen sie Michelstadt erreichen. Die Mutter gibt ihnen noch das Geleit bis zum Eingang des Brunnenweges. Dann sind die beiden allein, und wir daheim leben für lange Zeit im Ungewissen über ihr Schicksal.

„Warum muss das noch sein?"

Die Mutter redet mit sich selbst und fragt zugleich alle im Haus.

„Sie wissen ja nicht einmal, wohin und was sie an einem anderen Ort überhaupt sollen. Außerdem ist doch absehbar, dass die Amerikaner in kurzer Zeit hier sein und weiter ins Land vorrücken werden! So ein Wahnsinn!"

Trotz Mutters skeptisch-kritischer Einstellung ist sich die Hausgemeinschaft einig, dass die beiden gehen mussten. Vaters Weigerung hätte mit absoluter Sicherheit zu seiner Verhaftung mit allen Risiken eines Schnellverfahrens geführt, ganz zu schweigen von der Gefahr, in der sich Gerhard befindet. Jetzt bin ich mit meinen 14 Jahren neben dem todkranken Großvater der einzige Mann im Haus, in dem wir mit neun Personen leben. Ich spüre die Verantwortung, weiß, dass ich der Mutter jetzt noch mehr zur Seite stehen muss, und ich bräuchte doch selbst jemand, der mir die Welt erklärt.

Die Zeit, da der Krieg für uns Kinder ein großes Abenteuer war, ist nun definitiv vorbei. Die vom Frankreich-Feldzug mit Blumen geschmückt heimkehrenden Soldaten hatten wir bejubelt, und als Jugendliche hatten wir fasziniert die Pulks der Bomber beobachtet, die uns gleichermaßen atemberaubend-eindrucksvoll wie schockierend und drohend eine Ahnung von der alliierten Kriegsmaschinerie gaben. Wir hatten bei manchem Luftkampf wie bei einem sportlichen Wettstreit mitgefiebert, Kriegstrophäen so wie andere Briefmarken gesammelt, verwundert, irritiert und manchmal mitleidig verängstigte Kriegsgefangene und scheue Zwangarbeiter gesehen, und wir schreckten allenfalls dann für einen Moment auf, wenn wieder die Nachricht kam, dass einer, den wir kannten, gefallen ist. Doch spätestens seit dem Feuersturm von Mainz, den Erschießungen hinter dem Wasserreservoir, dem fluchtartigen Aufbruch von Vater und Bruder und der Wahrnehmung, dass die Familie ihren Halt zu verlieren droht, hat sich für mich alles radikal geändert. Ich bin kein Junge mehr, ich muss jetzt meinen Mann stehen.

Am Nachmittag des Palmsonntags kommt das Artilleriefeuer immer näher. Die wildesten Gerüchte kursieren: Im Raum Bensheim, Heppenheim sollen Truppen zusammengezogen worden sein, um die Hügelkette der Bergstraße als Verteidigungslinie zu nutzen. Das letzte Aufgebot aus HJ, Volkssturm und Fremdarbeitern soll zum Einsatz kommen, um wichtige Verkehrswege zu sprengen und Barrikaden zu errichten. Wie ein Lauffeuer verbreitet sich die Nachricht, von der niemand weiß, woher sie stammt, dass Bensheim mit schwerem Artilleriebeschuss belegt wird. Immer wieder heißt es, es sei besser, die Häuser zu verlassen und in den Wäldern Zuflucht zu suchen. Um mich umzuhören, was von diesen Gerüchten stimmt, um zu sehen, ob und welche Vorbereitungen für eine Verteidigung getroffen werden, mache ich mich auf den Weg in die Stadt. Aber nichts, was auf sinnvoll geplante, und geordnet durchgeführte Maßnahmen schließen ließe, ist wahrzunehmen, im Gegenteil. Das Chaos könnte nicht größer sein. Es wimmelt von Soldaten und Militärfahrzeugen, und alles deutet darauf hin, dass die Reste der deutschen Wehrmacht nur noch das Bestreben haben, sich so schnell wie möglich ostwärts Richtung Odenwald abzusetzen. Wie mag es da in Michelstadt zugehen? Ich denke an Vater und Gerhard und eile wieder nach Hause, um die Mutter zu informieren und sofort am Fenster der Mansarde meinen Beobachtungsposten zu beziehen. Von hier aus kann ich gut westwärts bis nach Fehlheim, Schwanheim und den Niederwald sehen. Deutlich erkenne ich Sandfontänen von Einschlägen in den Feldern und Wiesen, durch die wir so oft gestreift sind. Um noch besser sehen zu können, steige ich auf den Speicher hoch, klettere unters Dach und dorthin, wo früher mal ein Taubenschlag war. Das nördliche Dachfenster ist mein neuer Beobachtungsstand. Zwar muss ich mich weit hinaus lehnen, um nach Westen schauen zu können, aber von hier aus kann ich auch die höchsten Bäume an der Adolf-Hitler-Straße gut überblicken. Ich bin noch nicht lange oben, da sehe ich das kleine Seilerhäuschen, das oberhalb des Exerzierplatzes keine 300 m Luftlinie von uns entfernt stand, durch die Luft fliegen, gefolgt von einer gewaltigen Detonation.

„Verdammt noch mal, die haben ihre Ziellinie weiter nach vorne geschoben!"

Ich sage es zu mir selbst und weiß, dass jetzt höchste Gefahr besteht. In Windeseile klettere ich vom Dachboden herunter, alarmiere das ganze Haus und schicke alle in den Keller. Mit der Oma, die beim Großvater Krankenwache hält, bleibe ich selbst im Erdgeschoß, um immer wieder einmal schnell vor die Haustüre zu gehen, mit den Nachbarn Kontakt zu suchen und die Lage draußen zu beobachten. Wir sind uns sicher, jetzt kann es sich nur noch um wenige Stunden handeln, bis die Amerikaner da sind. Wo und wie werde ich dem ersten amerikanischen Soldaten gegenüberstehen, wird mein Englisch ausreichen, mich mit ihm zu unterhalten, wird er das überhaupt wollen?

Die Nacht zum 26. März zieht sich schrecklich lange hin. Die Artillerieeinschläge, meist weiter entfernt aber einige Male auch verdammt nahe, kommen mir vor wie die Schlussakkorde eines Trauerspiels, in dem die Rollen im letzten Akt noch einmal neu besetzt werden. Die mit im Haus lebenden Berliner Verwandten, die dort schon einiges erlebt haben, meinen, wir seien in unserem Keller nicht mehr sicher, weshalb wir einen gut ausgebauten Luftschutzkeller aufsuchen oder uns irgendwo im Wald verschanzen sollten. Die Mutter lässt sich von der Nervosität der anderen anstecken. Immer wieder fragt sie mich, so, wie sie sich früher mit dem Vater besprochen hat, was ich denn meine, ob es nicht tatsächlich besser sei, einen richtigen Luftschutzbunker aufzusuchen; immerhin seien doch drei Kleinkinder im Haus. Mich zählt sie wie selbstverständlich zu den Großen. Ob es außer dem so genannten Befehlsbunker an der Bleiche, in den wir nicht hinein dürfen, und denen in der Kaserne und im Gebäude der Gestapo, in die wir nicht wollen, überhaupt noch einen ‚richtigen' Luftschutzbunker gibt, weiß ich nicht. Keiner schläft in dieser Nacht, alle sind froh, als endlich der Morgen graut, und jeder hofft, dass an diesem 26. März alles schnell vorüber und gut zu Ende geht. Doch dann versetzt uns eine neue Hiobsbotschaft in Panik. Am Hohberg, auf dem Kirchberg und im Bereich des Kapuzinerklosters soll Vierlingsflak in Stellung gegangen sein, um die Jabos zu beschießen, die auch an diesem Tag schon wieder seit dem frühen Vormittag ihre Einsätze fliegen. Es fallen da und dort auch Bomben, wir wissen nicht genau wo, und es heißt, es gäbe Brände. Immer stärker wird der Artilleriebeschuss. Es herrscht große Aufregung. Nicht nur wir befürchten, dass das mit den Flakstellungen stimmen könnte. Was für ein aberwitziges Tun! Die zurückströmenden, kriegserfahrenen Soldaten, die nur vom ‚Ami' reden, wenn sie die amerikanischen Soldaten meinen, warnen uns eindringlich:

„Sollten diese letzten Helden mit ihrer Flak wirklich auf Jabos oder Aufklärer losballern, dann könnt Ihr Euch auf ein schönes Feuerwerk gefasst machen. Denn wenn der Ami den Eindruck gewinnt, dass hier verteidigt wird, setzt er alles an Material ein, bevor er auch nur einen einzigen seiner Männer in Gefahr bringt. Das heißt, bei Widerstand kommen die Flieger und die Bomben!"

In der Nachbarschaft entsteht hektischer Betrieb. Der Keller im Haus Metzendorf soll der beste im Umkreis sein, und so bitten einige dort um Aufnahme. Irgendwer bringt die Information, der Stollen im Kalkbergwerk von Hochstädten stehe der Bevölkerung als Schutzraum zur Verfügung. Tatsächlich diskutieren die Frauen auch bei uns im Haus, ob sie dorthin gehen sollten. Ich finde das total verrückt, zumal wir doch den schwer kranken Großvater haben. Aber auch ich weiß, dass unsere Luftschutzkeller absolut keine sichere Bleibe ist. Was tun? Ich frage erst gar nicht, sondern schwinge mich aufs Fahrrad, um schnell in die Stadt zu fahren und zu sehen, ob sie dort wirklich mitten im Zentrum Flakgeschütze aufgestellt haben. Weit komme ich nicht, da stoppt mich das bekannte Geräusch von Flugzeugmotoren. Wieder fallen Bomben. An der hohen Granitmauer der Villa Dassel, direkt gegenüber der Wohnung des Kreisleiters, stoppe ich, stelle mich in den durch zwei Säulen etwas Schutz bietenden Garteneingang, und schon geht die Schießerei los. So viel Erfahrung habe ich inzwischen: das ist nicht nur Feuer von Jabos, es schießt auch die Flak, von welcher Stellung aus auch immer. Der Motorenlärm der Flugzeuge entfernt sich, wird schwächer. Offensichtlich haben die Aufklärer und Jabos sofort bei den ersten Flaksalven abgedreht. Schleunigst radle ich nach Hause, um zu berichten. Jetzt bin auch ich der Meinung, es sei besser, zu Metzendorfs in den Keller zu gehen, doch der ist inzwischen überfüllt. Wir tun uns schwer mit einer Entscheidung. Alle haben um die Mittagszeit, als ich mit dem Fahrrad unterwegs war, ein Flugzeug gesehen, das höher als die Jabos geflogen sei und womöglich Luftaufnahmen gemacht habe. Die Vermutung mit den Luftaufnahmen, so erzählt die Mutter, hätten Soldaten geäußert, die auf dem Rückzug hier vorbei gekommen seien, kurz Halt gemacht und um Tee für ihre Feldflaschen gebeten hätten. Danach seien sie in Richtung Brunnenweg weiter marschiert. Wieder kommt ein Trupp Soldaten vorbei. Ich laufe ein Stück neben her und befrage sie.

„Wenn das ein Aufklärer war, der da beschossen wurde",
sagt einer und lächelt mitleidig wissend,
„dann dauert es etwa drei bis vier Stunden, und die Bomber sind da. Geh' heim und sag Deinen Leuten, sie sollen sich in Sicherheit bringen. Der Ami haut alles kurz und klein ehe er seine eigenen Leute in Gefahr bringt und weiter vorstößt."
Aber es ist doch schon fast alles kaputt!

Am Spätnachmittag ist es soweit. Zwölf Jabos fliegen in vier Dreier-Staffeln über uns hinweg, und die Flak schießt wieder aus allen Rohren. Meine Befürchtung, die Jabos könnten die gleiche Taktik wie neulich anwenden, hinter dem Bergkamm drehen und von Norden im Tiefflug angreifen, erweist sich als richtig. Schneller als ich es erwartet habe, kommen sie herangebraust, die Bordwaffen peitschen ihre todbringenden Garben, zum Teil ist es Leuchtspurmunition, auf die Häuser und in die Straßen. Zum ersten Mal sehe ich Bomben fallen, die zuerst torkeln und dann in eine schräge Flugbahn kommen. Auch Kanister werden abgeworfen. Ich liege vor der Haustüre hinter der Vorplatzmauer; dort bin ich vor den Bordwaffen sicher und kann relativ gut beobachten. Drei mal fliegen die Jabos ihren Angriff. Flak, jaulende Motoren, Bomben, Salve um Salve der Maschinengewehre und Detonationen machen einen ohrenbetäubenden Lärm. Kein Zweifel, wenn die getroffen haben, dann ist der Schaden in der Stadt groß. Ein süßlicher Brandgeruch, den ich schon von Mainz her kenne, schreckt mich auf. Phosphor? Auch in unserer unmittelbaren Nähe muss etwas passiert sein. Von der Straße aus sehe ich, dass aus einem Fenster des Hauses Framm Flammen schlagen, und vor dem Haus Stolz ist eine starke Rauchentwicklung festzustellen.

„Es brennt, es brennt!",

rufe ich, sowohl zurück zu unserem Haus, als auch in die Straße hinein. Frau Stolz kommt heraus, eilt zu Framms, die noch gar nicht bemerkt haben, dass ihr Haus getroffen ist. Alle haben Glück, ich auch. Denn 50 m neben dem Platz, von dem aus ich diesen Angriff beobachtet habe, sind zwei Phosphorkanister aufgeschlagen. Beim Haus Framm ist der eine schräg gegen die Hauswand geflogen und hat ein Fenster, Vorhänge und Gardinen in Brand gesetzt, und der andere ist direkt vor den Eingang des Hauses Stolz gefallen und hat die gesamte Südwand mit Phosphorspritzern übersät, die sich auch Stunden nach dem ersten Löschen immer wieder neu entzünden. Die Aufregung in der Straße ist groß. Keiner weiß etwas Genaues, jeder hat eine andere Idee, wie man sich am besten in Sicherheit bringen könnte, und alle haben wahnsinnig Angst vor der kommenden Nacht. Erneut wird erwogen, bei Metzendorfs um Aufnahme zu bitten, denn deren Keller liegt halb im Berg, und die Mauern sind wesentlich dicker. Obwohl dort wirklich kaum noch ein Plätzchen zu finden ist, werden wir aufgenommen. Als das sicher ist, mache ich mich auf den Weg, um zu sehen, was der Angriff in der Stadt angerichtet hat, aber auch um zu erfahren, ob es aktuelle Nachrichten darüber gibt, wo die Amerikaner stehen.

Schon in der Ernst-Ludwig-Straße höre ich das Knistern und Rauschen von Feuer. Für einen Augenblick halte ich inne, schrecke zurück. Mainz! Nein, nicht noch einmal einen Feuersturm erleben. Ich überwinde meine innere Blockade, weil ich weiß, dass die daheim genauere Informationen von mir erwarten. Aber ich spüre auch, dass in diesen Stunden der Krieg für Bensheim zu Ende geht; das will ich hautnah erleben, es wahrnehmen, es als Befreiung erfahren, um es für alle Zeit bezeugen zu können. Wenn die Eltern recht haben, sind dann nicht nur sofort die schlimmen Bombennächte vorbei, sondern es beginnt zugleich auch eine neue Zeit, von der ich, ohne eine blasse Vorstellung zu haben, fest glaube, dass sie gut werden wird, auch wenn die NS-Propaganda die Amerikanisierung Europas als die größte Katastrophe ständig wie den Teufel an die Wand malt und das Ende unserer Kultur und Geschichte prophezeit.

Es ist ganz eigenartig. Obwohl ich regelmäßig bei den Artillerie-Einschlägen, die allerdings nicht in unmittelbarer Nähe liegen, zusammenzucke, obwohl ich befürchten muss, dass hinter jeder Häuserecke die ersten Amerikaner auftauchen könnten, die mich dann womöglich für einen noch im Einsatz aktiven Hitlerjungen halten, habe ich auf einmal keine Angst mehr. Die alleinige Verantwortung für die Restfamilie hat alle Angst vertrieben. Mich umfängt vielmehr ein eigenartiges Gefühl der Sicherheit. So, als würde es mir eine innere Stimme eingeben, sage ich mir:

„Nach allem, was du erlebt hast, kann dir nichts mehr passieren, du musst jetzt nur noch für ein paar Stunden stark sein, du bist in Gottes Hand."

Immer noch und immer ungeordneter ziehen Soldaten in lockeren Trupps durch die Stadt, der Fahrzeugtross ist kleiner, die Hektik größer geworden. Niemand scheint mehr zu laufen, alle rennen und hetzen. Wohin? Es ist, als sei die ganze Stadt von einer heillos-ziellosen Bewegung erfasst. An der Toreinfahrt zum Rodensteinerhof sind einige Zivilisten dabei, eine Löschkette zu organisieren, denn aus dem Dachstuhl steigt Rauch auf. Der schon recht gebrechliche Herr Trebeß, dessen Dreirad-Milchkarren Gerhard und ich einmal in der Moltkestraße in Gang gesetzt haben und dann ohne den waghalsigen Einsatz von Herrn Trebeß auf der abschüssigen Straße wahrscheinlich schwer verunglückt wären, fordert mich auf, zu helfen, und so packe ich mit an. Das Kommando führt Herr Benner, der vor geraumer Zeit den schräg gegenüber liegenden Milchladen von Herrn Trebeß übernommen hat, und er macht das so gekonnt, als sei er von der Berufsfeuerwehr. Milchmänner bewähren sich als Feuerwehrmänner! Wir drei kennen uns gut. Von den anderen, die helfen, kenne ich nur Herrn Fiebig, in dessen Leihbücherei wir uns oft die Lektüre ausgesucht haben, an die wir sonst nicht gekommen wären.

Als genug andere Leute zu Hilfe kommen, stehle ich mich davon und eile weiter in die Stadt. In der Hauptstraße brennen fast alle Geschäfte, in denen ich oft mit der Mutter gewesen bin: Gleich vorne am Brunnen die Papierwarenhandlung Obst, gegenüber das Sporthaus Klingler, weiter unten das Kaufhaus Müller, das Schuhgeschäft Stegmüller, der Juwelier Klein und viele andere. Das Brodeln und Knistern des Feuers ist schlimm, aber obwohl es kein Vergleich mit dem Inferno von Mainz ist, lässt es mich doch neu erschauern. Ich beobachte die verzweifelten Rettungsversuche derer, die hier gewohnt oder gearbeitet haben. Die Brände breiten sich von Minute zu Minute weiter aus. Wo bleibt die Feuerwehr? Auch das Rathaus ist getroffen, und das Kapuzinerkloster brennt lichterloh. Aus dem Turm der Stadtpfarrkirche züngeln Flammen. Die Innenstadt von Bensheim ist zerstört. Mein Gott, wie viele Stunden bis Kriegsende werden es noch sein?

Beim Lebensmittelgeschäft Völker, Ecke Bahnhof-/Promenadenstraße werden, so sieht es aus, die Lager geräumt und es wird Ware an die Bevölkerung verteilt. Trotz großem Gedränge und Geschiebe ergattere ich zwei Pfund Zucker und bin ganz stolz, etwas mit nach Hause bringen zu können. Auf dem Heimweg mache ich noch einmal Halt am Rodensteinerhof, wo jetzt ein anderes „Löschen" im Gange ist. Offensichtlich hat jemand die Spirituosenvorräte der daneben einquartierten aber längst geräumten NS-Kreisleitung entdeckt, und so wird eifrig getrunken und großzügig verteilt. Ich bekomme eine Flasche Eierlikör und weiß nicht, wie mir geschieht.

Um meinen Zucker- und Eierlikör-Schatz zu sichern, gehe ich zuerst in unsere Wohnung, deponiere dort alles, schaue nach den Großeltern, die im Haus bleiben müssen, weil der Großvater nicht mehr aufstehen kann, verabschiede mich und gehe hinüber zum Anwesen Metzendorf. Niemand öffnet mir dort, Totenstille. Es ist mittlerweile dunkel geworden, ich bin total verunsichert. Was ist los? Warum macht niemand auf? Da entdecke ich unten an der Tür einen kleinen Zettel, der mir Aufschluss gibt:
„Wir sind alle ins Kalkbergwerk nach Hochstädten gegangen."
Was für eine Kurzschlusshandlung, denke ich! Verärgert und enttäuscht gehe ich in die Bismarckstraße zurück. Es ist meine feste Absicht, dort zu bleiben. Aber die Großmutter duldet das nicht:
„Du kannst hier nicht bleiben, Wolfgang. Zum einen ist das zu gefährlich, und zum anderen musst Du Dir einmal vorstellen, was

für Sorgen die sich in Hochstädten machen, wenn Du nicht kommst! Die meinen dann doch, es sei dir etwas zugestoßen!"

Das zweite Argument leuchtet mir ein. Aber die Großeltern allein im Haus und nicht einmal jemand in der Nähe? Meinen Einwand lässt die Oma nicht gelten.

„Wir sind alte Leute, und Opas Leben geht zu Ende. Er soll daheim sterben können. Nein, das ist gut so, gehe Du nach Hochstädten, und wir beiden Alten bleiben hier beisammen. Vielleicht sehen wir uns ja alle noch einmal wieder in wenigen Tagen."

Mir schneidet es ins Herz, ich bin unsicher und traurig und weiß doch, dass ich zum Kalkbergwerk nach Hochstädten gehen muss. Der Abschied von der Großmutter ist herzlich, der Großvater bekommt es nicht mehr mit. Ich schnappe mir eine Decke, ein Stück Brot, Opas knorrigen Spazierstock für alle Fälle und mache mich auf den Weg nach Hochstädten. Wegen der Gefahrenlage wähle ich nicht die Landstraße über Auerbach, sondern einen Weg durch den Wald und querfeldein. Es ist schon ziemlich dunkel. Ich kenne diesen Weg gut; es ist unser Terrain, ein Teil des Paradieses unserer Jugend, die nun hart und unerbittlich zu Ende geht.

Im Brunnenweg kampieren im Steinbruch und in den kleinen Seitenschluchten viele Leute, die aus der Stadt geflüchtet sind, und in kleineren Gruppen ziehen immer wieder Soldaten durch die Schlucht. Man hört sie mehr als dass man sie sieht. An der Weggabelung, bei der es rechts nach Schönberg und links hinauf zum Vetzersberg geht, tauchen plötzlich einige Gestalten aus dem Dunkel der hereinbrechenden Nacht vor mir auf und rufen:

„Halt, wer da? Stehen bleiben!"

Mir fährt der Schreck in alle Glieder, als ich die Gewehrläufe auf mich gerichtet sehe. Gottlob sind es keine Gestapoleute, sondern Soldaten auf dem Rückzug, die weitgehend die Orientierung verloren haben und nicht mehr wissen, wo die Front verläuft.

„Bub, wo steht der Ami?",

wollen sie wissen, aber ich kann es ihnen nicht sagen. Nur so viel weiß ich, dass die Amerikaner am Spätnachmittag noch nicht in Bensheim waren. Ich eile weiter, vorbei am Schönberger Sportplatz und dem alten Schießstand, und ich genieße das hellere Licht außerhalb des Waldes und unterhalb des Hanges, heute der

‚Herrnwingert', hinter dem sich das idyllische Fürstenlager versteckt, vormals Besitz der Grafen von Erbach-Schönberg. Wie oft bin ich hier mit den Eltern spazieren gegangen, wie oft mit meinen Freunden zu allerlei Sport und Spiel gewesen? Für einen Moment durchzuckt mich der Gedanke, ich könnte das alles zum letzten Mal sehen.

Auf der Höhe des Cafe *Waldhaus* – viele Male sind wir hier durstig und frohgemut eingekehrt – sehe ich schockiert und traurig den von hellem Feuerschein rot glühenden Himmel über Bensheim. Mein Gott, warum? Es ist doch schon fast alles vorüber. Ich verweile kurz in der Erinnerung an das, was ich in vielen guten Jahren in Bensheim erlebt, an diesem Nachmittag gesehen und noch keineswegs verarbeitet habe. Waren das die letzten Bomben? Werde ich nie mehr von Jabos beschossen? Wird das der letzte Krieg sein? Immer noch treffe ich auf Soldaten, die abgekämpft, übermüdet und sichtlich verzweifelt unterwegs sind mit dem einzigen Ziel im Sinn und vor Augen, einen für sie noch offenen Ausweg aus diesem Chaos zu finden. Arme Kerle, junge Burschen und erfahrene Krieger, verängstigte Menschen, trostlose Gestalten. Oh ja, das habe ich weiß Gott gelernt: Nichts ist geblieben vom großen Abenteuer Krieg. ‚Mein' Krieg begann so euphorisch und endet nun jämmerlich elend. Ist das bei Kriegen immer so?

An der Blockhaus-Schutzhütte hole ich eine Gruppe Zivilisten ein, darunter meine Familie. Sie haben also auch den sichereren Weg durch den Wald und die Felder gewählt. Aber es ist ein groteskes Bild. Die Mutter und die Berliner Tante ziehen den mit allerlei Habseligkeiten voll gepackten Leiterwagen, die Großtante schiebt, obenauf sitzt unsere kleine Cousine, die anderen beiden Kinder, Helga und Michael tippeln neben her, und ein Emaille-Nachttopf klappert monoton im Takt der Schritte gegen die Seitenwand des Leiterwagens.
„Wie wollt Ihr denn mit dem Leiterwagen das letzte Stück Feldweg schaffen, das geht doch gar nicht!"
Ich sage das mehr aus Ärger, den ich wegen dieser Nacht- und Nebel-Aktion abreagieren muss, denn ich weiß, dass es einen

schmalen Weg hinunter gibt. Die Mutter reagiert gar nicht, will es wohl auch nicht hören; sie streicht mir übers Haar, lässt mich an die Deichsel und sagt:
„Gut, dass Du da bist; so bleiben wenigstens wir zusammen".

Im Kalkwerk sind schon viele Flüchtlinge, so dass wir erst tief drinnen im Stollen einen Platz finden. Es sind Strohlager vorbereitet. Die Menschen liegen rechts und links an den Wänden, in der Mitte wird ein schmaler Gang frei gehalten. Wir richten uns ein, so gut es geht, aber ich stelle gegen den Protest der Mutter klar, dass ich hier nicht bleiben, sondern die Nacht draußen verbringen werde. Als ich gerade gehen will, wird den Frauen bewusst, dass sie zwar alles Mögliche und manches Überflüssige mitgenommen, etwas zum Essen jedoch vergessen haben. In bester Absicht, jedoch ohne realistische Einschätzung der gespannten Lage, schlage ich vor, im Morgengrauen nach Auerbach zur Bäckerei Wilch zu gehen und zu versuchen, dort Brot zu bekommen. Ich gebe das Stück Brot, das ich dabei habe, den Kleineren, organisiere noch Trinkwasser für alle und verlasse dann den Stollen, dessen drückende Enge ich beklemmend finde.

Vor dem Stolleneingang halten einige ältere Männer Wache, die streng darauf achten, dass nur Frauen und Kinder, auf keinen Fall aber Soldaten in den Stollen gelassen werden. Es ist ein ständiges Kommen und Gehen, denn es treffen immer wieder neue Flüchtlinge ein, und immer wieder tauchen Soldaten auf, die meist nur Wasser und Informationen wollen, manchmal aber auch nach Zivilkleidung fragen. Mir tun diese Männer leid. Ich weiß nicht, ob sie sich einst als Angehörige einer stolzen Wehrmacht fühlten, aber ich sehe, dass sie jetzt in Not sind, sich in lebensbedrohlicher Gefahr befinden. Ohne Führung, ohne Ziel und ohne Hoffnung irren sie orientierungslos rückwärts. Sie laufen dem Krieg buchstäblich davon ohne zu wissen, wann, wo und wie er für sie enden wird.

Die Nacht verläuft relativ ruhig. Frauen, die noch nach Mitternacht von Auerbach zum Stollen kommen, erzählen, dass hinter dem Auerbacher Bahnhof bereits fremde Panzer stehen. In aller

Frühe melde ich mich im Stollen bei der Mutter ab und mache mich auf den etwa 3 km langen Weg zur Bäckerei Wilch in Auerbach. Jetzt muss ich die Landstraße nehmen. Auf halber Strecke heulen die Sirenen: Fliegeralarm. Auch der Artilleriebeschuss wird wieder stärker. Mich beschleicht ein etwas mulmiges Gefühl, denn ich laufe ja exakt nach Westen, also dorthin, wo die Front sein muss, genau in die Richtung, aus der wir die Amerikaner erwarten. Mehrfach werde ich von Anwohnern aufgefordert, die Straße zu verlassen und in einen Keller zu kommen, und mehr als ein Mal bin ich drauf und dran, die Tour abzubrechen und umzukehren. Denn diese Brot-Aktion wird unversehens zu einem höchst gefährlichen Abenteuer in schwer einzuschätzender Lage und in unübersichtlichem Terrain. Ein Glück, dass die im Stollen keine Ahnung davon haben. Ich springe von einer Haustür zur anderen, ducke mich in Hofeinfahrten und suche jedes Mal dann volle Deckung, wenn ich verdächtige Geräusche über mir höre. So erreiche ich das Ende der Bachgasse in Auerbach, überquere die Hauptstraße und biege dann im Schutz des Hotel *Krone* nach Süden ab zur jetzt nur noch wenige hundert Meter entfernten Bäckerei Wilch. Auf einem freien, unbebauten Stück höre ich plötzlich mehrmals ein mir bis dahin fremdes, pfeifend-zischendes Geräusch, und ganz in meiner Nähe klatschen an die gegenüber liegende Gartenmauer Einschläge. Ich werfe mich flach hin und bleibe unbeweglich auf dem Bürgersteig liegen, denn ich vermute, dass das Gewehrschüsse sind, womöglich gezielte Schüsse auf mich. Es ist ganz anders und doch genau so wie in Mainz: ich bin in akuter Gefahr, denn dieser Straßenabschnitt bietet absolut keinen Schutz. Langsam robbe ich auf dem Bauch liegend Stück für Stück nach vorne, bis ich endlich den Schutz der nächsten Häuserfront und dann die Bäckerei Wilch erreiche. Dort löst mein Eintreffen große Aufregung, nein, helles Entsetzen aus.

„Junge, wo kommst Du denn her? Es ist ja geradezu lebensgefährlich, jetzt über die Straße zu gehen. Die Amerikaner stehen schon an der Bahnlinie. Sie können jeden Moment hier in Auerbach sein. Ich kann es nicht verantworten, Dich nach Hause zurück zu lassen. Du bleibst jetzt hier bei uns, bis alles vorüber ist. Nein, Du gehst nicht mehr weg, Deine Eltern und Großeltern würden mir schwerste Vorwürfe machen!"

Abgehackt, aufgeregt und fast befehlend stößt Frau Wilch ihre Sätze heraus, und obwohl ich weiß, dass sie recht hat, erzähle ich ihr kurz, woher ich komme und wohin ich unbedingt wieder hin muss:

„Wenn ich nicht zurückkomme, glauben die in Hochstädten doch, mir sei etwas passiert; und überdies haben sie nichts zu essen. Wenn ich sofort aufbreche und jetzt das Stück Hauptstraße bis zur Bachgasse meide, müsste ich es schaffen."

Ich lasse mich nicht halten, und so gibt mir schließlich die gute Bäckersfrau zwei Laib Brot, die sie kunstvoll in einen Mehlsack einbindet, damit ich die Last über die Schulter gehängt gut tragen kann, und sie steckt mir noch ein Brötchen zu; nach Geld und Brotmarken fragt sie nicht.

„Geh' gleich rüber in den Hochzeitsweg und dann durchs Fürstenlager; das ist vielleicht noch am sichersten. Du wirst arg rennen müssen!"

Ich bekomme noch ein Glas Milch, bedanke und verabschiede mich schnell von der so besorgten Frau Wilch. Die Idee mit dem Hochzeitsweg war auch mein Plan, aber von da aus will ich über die Ludwigstraße wieder in die Bachgasse, weil ich glaube, dort am schnellsten voran zu kommen. Im Hochzeitsweg stoppt mich ein Mann, der mir das Brot abnehmen will. Es kommt zu einem Gerangel, und mir ist sofort klar, dass ich am Ende den Kürzeren ziehen werde. So gebe ich ihm einen Laib freiwillig und nutze den Moment seiner Verwirrung, um davon zu rennen. Zwar verfolgt er mich noch ein Stück, aber er kriegt weder mich noch den anderen Laib Brot; ich bin schneller.

Auf der Straße nach Hochstädten sind immer noch deutsche Soldaten auf der Flucht. Es herrscht Panik. Wieder werde ich gefragt:

„Wo steht der Ami?"

Einige der Soldaten erkundigen sich nach dem Ohly-Turm. Sie sind bei Gernsheim über den Rhein, haben sich nach einem Feuergefecht mit den Amerikanern in kleinen Trupps weiter nach Osten abgesetzt und haben verabredet, sich an diesem markanten Punkt, dem Ohly-Turm, mit ihrer versprengten Einheit wieder zu treffen. Nur ungefähr kann ich den Weg beschreiben; ich war nur ein einziges Mal dort. Im Stollen werde ich freudig begrüßt, nicht nur wegen des Brotes. Aber ich gehe gleich wieder ins Freie. Die Spannung steigt von Minute zu Minute; es kann nicht mehr lange dauern bis die Amerikaner da sind. Zur Mittagszeit ist es soweit. In einer dichten Kette kommen amerikanische Panzer die Landstraße herauf, links und rechts flankiert von Infanteristen, die ihre Gewehre unterm Arm im Anschlag tragen. Es fällt kein einziger Schuss. Die Soldaten sehen gut aus und sind hervorragend ausgerüstet. Zwar sieht man auch ihnen die Strapazen des Krieges an, aber irgendwie wirken sie entspannt, die meisten sind ernst, einige winken, wenige lachen.

Diese erste Begegnung mit der US-Armee ist eine imponierend eindrucksvolle Demonstration ihrer Überlegenheit. Vor dem Kalkbergwerk lösen sich aus der Kolonne ein paar Soldaten heraus, kommen in den Hof, treten an den Eingang des Stollens heran und wollen wissen, ob Militär auf dem Gelände ist. Darüber aufgeklärt, dass nur Frauen und Kinder im Stollen sind, sagt einer der Amerikaner in einem deutsch-amerikanischen Kauderwelsch:

„Hitler kaputt! Go home!"

Keine zwei Meter stehen diese amerikanischen Soldaten vor mir, Schwarze und Weiße. Der Wortführer, wohl ein Unteroffizier, beobachtet uns scharf. Was befürchtet er, was denkt er in diesem Augenblick über uns, über Deutschland, über den Krieg? Soll ich ihn anreden? Wie? Hat er Kinder, vielleicht sogar einen Jungen in meinem Alter? Ich weiß nicht, ob ich diese US-Soldaten nur bestaune oder auch bewundere; es ist eine eigenartige Situation sowohl des Fremdseins als auch des Versuchs, Vertrauen zu schöpfen. Erst ganz allmählich, dann aber umso schockartiger wird mir bewusst, dass genau dies der Moment ist, in dem für mich der Krieg zu Ende geht, fast lautlos, ganz und gar unspektakulär, einfach so. Es ist der 27. März 1945. Leider vergesse ich, auf die Uhr zu schauen. Mir kommen Vater und Gerhard in den Sinn. Wo mögen sie sein, wie wird es ihnen ergehen? Dann fällt mir ein, dass ich doch so darauf aus war, mein Englisch zu erproben, dass ich mir einiges überlegt hatte, was ich ‚meinem' ersten Amerikaner sagen, was ich ihn fragen wollte, und dann bin ich doch nur sprachlos. Die Amerikaner gehen auf die Straße zurück, gliedern sich wieder in ihre Kolonne ein, die unterdessen unbeirrt weiter talaufwärts marschiert ist. Jemand brüllt in den Stollen: „Die Amis sind da, der Krieg ist aus!"

Im Stollen gibt es viele Umarmungen und noch mehr Tränen. Eine ungeheuere Spannung fällt von den Menschen ab, niemand spricht von einer Niederlage, alle fühlen sich erlöst, befreit. Vergessen ist die vom Regime aller Realität zum Trotz bis zuletzt hinaus posaunte Phrase vom glorreichen Endsieg, vergessen sind die Flieger-Alarmnächte, die Ängste und Sorgen der letzten Monate, wenn uns Tag für Tag Hunderte von Bombern überflogen. Die Umklammerung durch das NS-Regime, die für das Land und jeden Deutschen täglich lebensbedrohlicher geworden war, ist wie eine gekappte Fessel abgefallen. Allein die Sorge um die Männer und Söhne, die noch irgendwo im Einsatz sind, dämpft die Stimmung.

Endet so ein Krieg, jeder Krieg? Endet so der Krieg für jeden? Ist der Krieg auch wirklich zu Ende? Erst jetzt merke ich, dass ich mir darüber noch nie Gedanken gemacht habe; zu sehr waren wir mit den Sorgen des Alltags und der Vorsorge für alle möglichen Gefahren beschäftigt. Der Wandel dieses 27. März 1945 vom letzten Kriegstag zum ersten Nicht-mehr-Kriegstag kann ich gar nicht so schnell wahrhaben, wie er sich vollzieht. Aber sehr schnell wird mir bewusst, so gefährlich es manchmal für mich auch gewesen sein mag, ich habe großes Glück gehabt. Das haben nicht alle.

+++

Schon fünf Tage vor ‚meinem' Kriegsende – am Donnerstag, dem 22. März 1945 – endete auch für Wilhelm Wannemacher der Krieg. Es ist Donnerstag, der 22. März 1945. Aber bei ihm ist alles ganz anders, viel dramatischer, geradezu schockierend und mit schlimmen Folgen. Wie gerne hätte er heute zu Hause mit der Mutter deren Geburtstag gefeiert. Stattdessen erlebt er grausam hart den Kampf um Leben oder Tod, alles oder nichts, Mann gegen Mann, und plötzlich ist sie da, die Schicksalsfrage jedes Soldaten: Er oder ich? Das harte Gesetz des Krieges, schießen oder erschossen werden, hat man ihnen im militärischen Schnellkurs gnadenlos eingetrichtert; das ist bei keiner Armee auf der Welt anders. Immer ringen Menschlichkeit und Barbarei um das Menschsein, aber zwischen solcher Erkenntnis und der realen Erfahrung liegen Welten. Leben, überleben auf einem Schlachtfeld, was für ein Thema!

Tags zuvor verzeichnet der Kalender Frühlingsanfang. Die jungen Soldaten, die ein wahnsinniges Regime als letztes Aufgebot in die längst verlorene Schlacht geworfen hat, ahnen, dass dieses letzte Gefecht in einem brutalen Häuserkampf enden könnte, aber es gibt kein Vor und kein Zurück. Ausgemergelt von den Strapazen eines verlustreichen Rückzugs von der luxemburgischen Grenze bis an den Rhein, demoralisiert ob der Übermacht der Amerikaner und verzweifelt in schier hoffnungsloser Lage sollen sie nun Mainz verteidigen. Sie fühlen sich alleingelassen, überfordert und chancenlos gefangen zwischen den Fronten amerikanischer Übermacht vor ihnen und der noch immer mächtigen Waffen-SS im Nacken. Verzweifelte Jugend Deutschlands, ausgeliefert einem aussichtslosen Kampf.

Die weitgehend kampfunerprobten Soldaten von Wilhelms Einheit haben sich im Mainzer Vorort Weisenau in den Trümmern verschanzt, die ihnen, Ironie des Schicksals, einer der schweren alliierten Bombenangriffe als nahezu ideale Stellung vorbereitet hat. Die Amerikaner greifen jetzt pausenlos mit Artillerie und Jabos an, und ihre Infanterie, die fast auf Sichtweite vorgerückt ist, liegt in Lauerstellung. Keiner der jungen Deutschen darf die Stellung verlassen, stündlich steigt die Zahl der Opfer. Die Eisenbahnbrücke über den Rhein, die den Bomben getrotzt hatte, ist schon vor Tagen von eigenen Sprengkommandos in die Luft gejagt worden. Der Tagesbefehl an die deutschen Soldaten spricht die mörderische Sprache verblendeter Fanatikern:

„Kampf bis zur letzten Patrone! Wer über die Trümmer der Brücke auf die andere Seite flüchtet, wird drüben sofort von der SS erschossen! Wir stehen in diesem Schicksalskampf heroisch zum Führer!"

Wilhelm weiß, was die Stunde geschlagen hat.

Ein amerikanischer Stoßtrupp nähert sich dem deutschen Widerstandsnest. Die Amerikaner, die Gewehre schussbereit, pirschen sich vorsichtig Mann für Mann sichernd von Haus zu Haus, von einer Ruine zum nächsten Trümmerberg vor. Einer von ihnen, kaum 20 m entfernt, läuft Wilhelm genau in die Schussbahn.
„Soll ich, muss ich jetzt schießen, ihn erschießen?"
Gewehr in den Anschlag, Druckpunkt aufnehmen; alles geschieht automatisch und verdammt schnell, Reflex aus Angst und Drill. Wilhelm erlebt einen jener Augenblicke, in denen der Verstand auf der Strecke bleibt und eine innere Stimme den Weg weisen muss. Es geht um Leben und Tod.
„Oh Gott, nein! Ich kann nicht! Ich kann doch nicht einfach auf einen Menschen schießen, der mir für den Wimpernschlag eines sicheren Zielschusses ahnungslos ausgeliefert ist."
Sein Gewissen blockiert die eingedrillte Routine und verweigert den Tagesbefehl. Er zieht den Finger am Abzugshahn seines Gewehres nicht durch, und er spürt Erleichterung. Dieses Mal ist dem Raubtier Krieg ein Leben gerade noch aus dem Rachen gerissen worden. Ist das auch für Wilhelm die Lebensrettung? In diesem mörderischen Kampf ist er nicht zum Mörder geworden, aber die Qual des Augenblicks hat ihn in einen Zustand physischer und psychischer Erschöpfung gestürzt, ihm die letzte Kraft geraubt. Er fühlt sich am Ende, und doch ist dies ein neuer Anfang. Aber es wird lange dauern, bis er das weiß. Wie wird es weiter gehen?

Knapp eine Stunde nach Wilhelms Schicksalserlebnis ergeben sich die fünf jungen deutschen Soldaten. Der Unteroffizier, der sich zwei Nächte und einen Tag mit ihnen in den Trümmern verschanzt hatte, ruft es den Amerikanern zu:
„We surrender!"
Aus, vorbei, Ende. Ist dies wirklich das Ende?
„Hände hoch, Waffen weg!"
Der Amerikaner, der Wilhelm misstrauisch und fluchend abtastet und entwaffnet, ist jener, dem Wilhelm vor einer Stunde das Leben geschenkt hat. Jetzt nimmt der Amerikaner seinem wehrlosen Opfer alles weg, was er irgendwie für interessant oder wertvoll hält, auch die vom Großvater ererbte alte Taschenuhr, und er

zeigt stolz, dass er schon drei Armbanduhren am Arm hat. Kriegsrecht, hier die Sieger, da die Verlierer.

Ab sofort ist Wilhelm ein POW, ein „Prisoner of War". Überlebt aber gefangen genommen, ausgeliefert einem ungewissen Schicksal, ahnungslos von der bevorstehenden Leidenszeit. Mit den Gewehrkolben zur Eile angetrieben, die Hände in den Nacken gelegt, geht es zu LKWs, die zum Abtransport bereitstehen. Die Fahrt führt durch Mainz. Verwirrt sehen die jugendlichen POW's, wie deutsche Frauen in den Armen von Amerikanern so ausgelassen feiern, als hätten sie gerade gemeinsam den Krieg gewonnen. Zusammengepfercht drängen sich die Gefangenen auf den Ladeflächen der Trucks. Die Fahrt geht in halsbrecherischem Tempo über die Hunsrückhöhenstraße nach Trier. Ein ums andere Mal bremst der Fahrer jäh ab, um sich jedes Mal am Gejaule der dadurch zusammengepressten und durcheinander gerüttelten Gefangenen zu erfreuen. Es ist eine Wahnsinnstour mit allen Schikanen. Seine Brille, die Wilhelm wie ein kostbares Kleinod in der Jackentasche versteckt hatte, ist nach Ankunft im POW-Lager nur noch ein Stück verbogenes Metall, die Gläser zu Staub zermahlen, weil er direkt hinter der Fahrerkabine steht, bei jedem Bremsvorgang gegen die Eisenstange gequetscht wird, die in Hüfthöhe um die Ladefläche läuft, und den Druck von etwa 50 Gefangenen aushalten muss.

Wilhelm denkt an seine Mutter. Arme Frau! Der Mann in Russland, die Tochter irgendwo dienstverpflichtet, und vom Sohn hat sie seit Wochen keine Nachricht.

„Mutter, ich lebe, ich denke an Dich! Ich komme zurück!"

Wilhelm schreit es in den nächtlichen Himmel, und er bildet sich fest ein, dass die Mutter seinen Ruf hören wird.

Im POW-Camp Trier werden die jungen Deutschen als Nazis beschimpft, gedemütigt und „schlagfertig" empfangen. Drei Tage und Nächte liegen sie auf der blanken Erde, es ist bitterkalt, zu essen haben sie nichts. Noch trösten sie sich damit, dass die Sonne tagsüber auch ihnen scheint, doch lange reicht das als Überlebens-Hoffnung nicht aus. Maßlos enttäuscht über ihre Behandlung durch die Amerikaner denken sie darüber nach, was überhaupt geschehen ist. Vor dem Krieg von der NS-Ideologie missbraucht, im Krieg von einer verbrecherischen Führung fast noch als Kanonenfutter verheizt, und jetzt von den Siegern entwürdigt und misshandelt. Woran soll diese Generation noch glauben?

„Sind wir das Strandgut einer schrecklichen Katastrophe, ein für allemal gebrandmarkt, abgeschrieben?"

Wilhelm fragt es verzweifelt sich selbst und andere. Nichts und niemand antwortet. Totenstille, erschöpftes, verzweifeltes Schweigen. Doch dann, es ist wie ein Traum, taucht erst schemenhaft und dann mit immer schärferen Konturen ein Bild aus unendlich weit zurückliegender Zeit auf, und eine Stimme sagt:

„Das ist heiliges Papier."

Wilhelm hört noch einmal seinen alten Latein- und Religionslehrer Dr. von der Au. Er sieht ihn vor sich wie er ein Blatt hochhält, abgerissen, angesengt und bedruckt mit einer fremden, geheimnisvoll-schönen Schrift, das Dokument einer Kulturschande. Wilhelm hört die bebende Stimme:

„Dieses Unrecht wird sich noch einmal bitter rächen."

Könnte es sein, dass er das, was ich jetzt durchmachen muss, damals gemeint hat, als ich ihm am 10. November 1938 nach dem Brand der Synagoge das halbverkohltes Blatt zeigte, das er als Fragment einer Thorarolle erkannte, und das ihn veranlasste, wie ein Menetekel die Folgen an die Wand zu malen? Ist nun die Stunde der Rache gekommen? Wer rächt sich an wem? Wirre Gedanken martern sein Hirn; er fühlt sich fühlt sich als unschuldiges Opfer. Wir wollten doch nur für unser Vaterland kämpfen! War das ein falscher Kampf? Warum hat es uns keiner gesagt, uns keiner gewarnt? Gibt es eine kollektive Schuld?

„Die Rache ist mein, ich will vergelten, spricht der Herr."

Wilhelm kennt das Wort aus dem 5. Buch Mose, doch in der feindseligen, rauhen und so brutalen Wirklichkeit des Gefangenenlagers fehlt ihm der Glaube. Es gibt hier so viele Herren! Wo bist Du, Herrgott?

Von den Amerikanern sind die jungen deutschen Gefangenen bitter enttäuscht, denn sie glaubten, die amerikanischen Soldaten würden das, was Amerika groß gemacht hat – Freiheit, Toleranz und Menschenrechte – auch leben. Viele dieser GI's lassen zwar gelegentlich erkennen, dass sie das Herz am rechten Fleck haben, doch noch ehe einer der POW's das richtig wahrgenommen hat, geben sie sich wieder hart und raubeinig. Sie kehren ihre Überlegenheit heraus und reden von der großen Mission, diese verdammten Deutschen, die sie alle für Nazis halten, umerziehen zu müssen. Im Lager steigt von Tag zu Tag die Todesrate. Es geht nur noch ums Überleben, aber das ist erst der Anfang.

+++

Durch das Hochstädter Tal marschieren die Amerikaner in nicht enden wollenden Reihen weiter Richtung Balkhausen, während wir unseren Leiterwagen packen und heimwärts ziehen, diesmal aber über die Landstraße, vorbei an einem nicht enden wollenden Wurm, der sich schwerfällig durch das Tal windet. Der Spitze der Kampfverbände folgend dicht auf die Nachschub-Kolonnen. Der Materialeinsatz der Amerikaner ist gewaltig. Zeitweise gerät unser Rückzug ins Stocken, weil wir die Straße frei machen müssen, und manchmal wird er auch zum Spießrutenlaufen. Denn während einige Soldaten uns Kindern Kekse und Schokolade zuwerfen, machen sich andere über uns lustig, zeigen ihren Spott oder gar feindselige Reaktionen und Drohgebärden. Dieser Zwiespalt irritiert, verunsichert mich. Hatte die NS-Propaganda vielleicht doch recht mit dem, was sie über die Amerikaner sagte. Oder sind alle Sieger so, mal gönnerisch, mal hämisch, mal bösartig? Ist dies das übliche unwürdige Spiel aller Sieger mit den Besiegten?

In der Bachgasse, durch die ich heute schon zum dritten Mal komme, hängen jetzt an vielen Häusern weiße Laken, und an manchen Hoftoren steht in krakeliger Kreideschrift, teils falsch, teils richtig geschrieben: „Here are your friends". Am frühen Nachmittag sind wir wieder zu Hause. Die Oma ist froh, dass wir alle wohlbehalten zurück sind, zumal sich der Zustand des Opas immer mehr verschlechtert. In unserer Straße stehen viele amerikanische Militärfahrzeuge, und auf dem zur Ernst-Ludwig-Straße hin gelegenen freien Grundstück hinter unserem Haus, über das vor drei Tagen noch die Gestapo-Flüchtlinge gehetzt sind, richten die Amerikaner gerade einen Stellplatz für größere Fahrzeuge und Geräte ein. Die Front ist gnädig über uns hinweg gegangen, wir leben vom 27. März 1945 an im militärischen Hinterland der US Truppen.

Endlich ist alles vorüber. Wir fühlen uns erlöst, befreit und können es kaum fassen. Aber die Sorge, weil der Vater, Gerhard und Onkel Otto noch irgendwo mitten drin stecken in den Wirren dieses Krieges, bedrückt uns. Das Leben muss weiter gehen, und so denkt die Mutter auch an das Nächstliegende; sie macht sich Sorgen, die Lebensmittel könnten knapp werden. Deshalb will sie in die Stadt, um zu sehen, ob es noch etwas zu ergattern gibt; ich soll sie begleiten. Wir sind beide sehr gespannt, was wir antreffen werden. Beim Lebensmittelgeschäft von Christian Höhn, den wir mögen, weil er auch zu Kindern immer freundlich ist und seine Kundschaft stets in einem sauberen weißen Kittel bedient, beobachten wir, wie einige Amerikaner, Gewehr im Anschlag den Turm der evangelischen Kirche im Visier haben. Sie stehen teils vorne an die Kirchenmauer gelehnt, teils in dem schmalen Gässchen, das zum hinteren Eingang der Gärtnerei Jordan und in die Weinberge hinaufführt. Die Mutter zögert. Wir sehen, wie drei US-Soldaten einen Deutschen, der wahrscheinlich vor dem Einmarsch der Amerikaner als Artilleriebeobachter im Kirchturm war, heraus führen. Einer der Amerikaner schlägt den Karabiner des deutschen Soldaten gegen die Kante der Kirchenmauer, so dass das Gewehr in der Mitte auseinander bricht. Von der Ziegelhütte kommen Soldaten, die einige Polizeibeamte abführen. Das Geschäft der Sieger floriert.

In der Hauptstraße, durch die in langen Reihen amerikanische Soldaten des 180. Infanterieregiments der vordersten Front folgen, sehen wir die ausgebrannten Ruinen. Bis auf wenige Häuser zum Markt hin ist alles zerstört. Die Mutter ist über das Ausmaß der Zerstörung entsetzt. Ich nicht, denn ich war ja schon gleich nach dem Angriff da, und ich habe Mainz gesehen. Beim Kaufhaus Müller werden wir Augenzeuge, wie die Amerikaner, harte, wild aussehende Burschen, die noch nicht geborstenen Schaufenster mit ihren Gewehrkolben einschlagen und sich eine Gaudi daraus machen, die Menschen in das Kaufhaus zu treiben und zur Plünderung aufzufordern. Sie selbst schauen dem makabren Treiben eine Zigarettenpause lang amüsiert zu, bevor sie weiter ziehen. In dieser Situation entsteht ein Foto, das um die Welt gehen sollte. Es zeigt Frau Anna Mix, geborene Hesch, die ihre Angst, alle Not, Ohnmacht und Verzweiflung des Augenblicks als erschütternde Wehklage in Mimik und Gestik zum Ausdruck bringt. Fassungslos irrt sie zwischen den amerikanischen Soldaten durch die Trümmer der Hauptstraße, und untröstlich beklagt sie das Leid, das über unsere Heimatstadt hereingebrochen ist. Das Foto dieser alten Frau, ist ein Dokument von großer Eindringlichkeit, die ins Bild gesetzte Anklage gegen Krieg und Unmenschlichkeit. Ein Junge, den ich aus der Volksschulzeit kenne, voll bepackt mit beim Plündern gestohlenen Anzügen, ruft mir zu:

„Komm' her, Wolfgang, nimm Dir was!"
„Unterstehe Dich",
sagt die Mutter drohend,
„Plündern, das ist das Letzte. Es ist furchtbar, wir sind tief gesunken!"

Den Weg der schamlosen Plünderer kennzeichnet verlorenes Beutegut. Wir gehen noch ein Stück weiter bis zum Marktplatz. Aber schon bald kehren wir um. Der Mutter ist nicht entgangen, dass auch Kloster, Kirche und Pfarrhaus zerstört sind; ihr kommen die Tränen:

„Mein Gott, und das alles in letzter Minute! Hoffentlich ist unserem guten Pfarrer Joseph Kallfelz nichts passiert."

Daheim sitzen wir dankbar und doch auch gedrückt noch eine Weile zusammen. Erst allmählich begreift unsere kleine Schicksalsgemeinschaft, dass wir das Schlimmste überstanden haben. Erleichterung und Entspannung prägen den Tag, Angst und Bangen legen sich wie ein grauer Schleier über die Zukunft. Das ungewisse Schicksal derer, die wir vermissen, bedrückt uns, die Ungewissheit über alles, was kommt, beschäftigt mich. Am liebsten würde ich gleich hinausgehen, um mit den Amerikanern, von denen es in unserem Viertel nur so wimmelt, Kontakt aufzunehmen, doch die Mutter will erst einmal abwarten und sehen, wie sich alles entwickelt. Schon am nächsten Tag gibt es Ausgangs- und Sperrzeiten, und in unserem Viertel werden die meisten Häuser von den Amerikanern beschlagnahmt. Das geht schnell, schonungs- und rücksichtslos. Binnen zwei Stunden müssen die Leute raus sein, mitnehmen dürfen sie nur, was sie für ihren täglichen Bedarf benötigen, und eine neue Unterkunft müssen sie sich selbst suchen. Wir sind vom NS-Regime befreit, aber wir sind keine freien Bürger, es gibt keine Entrechteten mehr, aber wir haben noch keineswegs alle Rechte.

Am 31. März, Karsamstag, klingelt es am Vormittag an der Haustür, nicht wie normal, sondern stürmisch. Ich gehe, um nachzusehen. Vor mir stehen zwei Amerikaner, hünenhafte Gestalten, grinsend übers ganze Gesicht. Sie haben ihre Helme auf, tragen Halfter mit Pistolen, die griffbereit am rechten Oberschenkel baumeln, und einer fragt:

„English?"

Ich gebe ihnen zu verstehen, dass ich etwas Schulenglisch kann, und schon bricht ein wahrer Wortschwall über mich herein. Sie sagen mir, was längst zu befürchten war. Wir hätten das Haus sofort zu räumen. Spätestens um die Mittagszeit müsse alles frei sein. Gerade am Vorabend hatten wir über diesen sehr wahrscheinlichen Fall gesprochen, nachdem schon fast alle Nachbarn ihre Häuser hatten verlassen müssen. Als Strategie haben wir verabredet, ich solle verhandeln und die Amerikaner darauf hinweisen, dass wir einen sterbenskranken und nicht transportfähigen Großvater im Haus haben. So erzähle ich jetzt den beiden Soldaten meine Geschichte, sie hören eine Weile aufmerksam zu, um mich dann barsch zu unterbrechen:

„You are a liar!"

Das wurmt mich. Ich versichere ihnen, dass ich die Wahrheit sage und fordere sie auf, sich selbst zu überzeugen. Einen Moment lang zögern und beratschlagen sie. Ich bekomme mit, dass sie darüber diskutieren, ob einer meine Angaben im Haus prüfen soll. Dann sagt der Wortführer:

„Okay, let's see!"

Ich führe denjenigen der beiden, der mitkommen will, ins Haus. Die Tanten, die im Erdgeschoß wohnen, erschrecken gewaltig und verschwinden sofort im hinteren Teil des Hauses. Am Zimmer des Großvaters lasse ich dem Amerikaner den Vortritt, aber der ist plötzlich ängstlich. Er setzt keinen Fuß über die Schwelle der Tür, wirft nur einen flüchtigen Blick ins Zimmer und weicht sofort wieder zurück. Seine Entscheidung scheint gefällt. Draußen informiert er seinen Kameraden, und dann sagt er:

„Okay, you stay at home."

Beim Hinausgehen streicht er mir über den Kopf, so als wolle er mir zu verstehen geben, dass das mit dem Lügner nicht bös gemeint gewesen sei. Zu meinem großen Erstaunen kommt derselbe Soldat am Nachmittag noch einmal zurück. Etwas verlegen steht er an der Tür mit zwei Tafeln Schokolade und einer Dose Bohnenkaffee:

„For you and your grandpa. Sorry!"

Er zögert, als sei noch nicht alles erledigt. Schließlich gibt er mir noch den Rat, wir sollten uns von einem Arzt bescheinigen lassen, dass der Großvater schwer krank sei und im Sterben liege. Nur für den Fall, wie er mir erklärt, dass eine andere US-Einheit das Haus beschlagnahmen will, wenn seine Truppe in den nächsten Tagen wieder abrückt. Lachend verabschiedet er sich, gibt mir einen Klaps auf die Schulter und meint:

„There will be better times",

und er schwärmt vom großen und stolzen Amerika, das Deutschland besiegt habe, ihm aber auch Frieden und Freiheit bringen werde.

Großes, stolzes Amerika, denke ich und werde mir bewusst, wie wunderbar es ist, wenn einer so patriotisch von seinem Land reden kann. Diese erste dramatische und doch so persönliche Begegnung mit einem Amerikaner hat mein Amerika-Bild nachhaltig geprägt. Nachdem ich es allen im Haus erzählt habe, meint die Mutter:

„Siehst Du, ich habe es Dir ja gleich gesagt, die Amerikaner sind Menschen genau wie wir."

Jetzt lässt mich die Mutter auch hinaus, hat nichts mehr dagegen, wenn ich zu den Soldaten gehe, aber sie ermahnt mich, ich solle mich nicht zu lange bei den Soldaten herumtreiben und nicht aufdringlich sein. Das ist, glaube ich, bei allen Müttern so.

In den nächsten Tagen besteht meine Beschäftigung darin, das amerikanische Militärleben vor und hinter unserem Haus zu beobachten. Manchmal wollen die Soldaten von uns Jungen etwas wissen, oft werden wir beschenkt, und in Ihrer Feldküche dürfen wir uns den Kaffeesatz holen, der zur großen Freude aller daheim neu überbrüht wie echt schmeckt. Die meisten Amerikaner sind freundlich, manche sogar ausgesprochen herzlich. In der Kapelle des Konvikts haben wir ab Ostern auch Militär-Gottesdienste, aber an das breit gewalzte amerikanische Latein müssen wir Messdiener uns erst gewöhnen.

Am Dienstag, dem 10. April, stirbt der Opa, und alle Familienmitglieder, die im Haus leben, sind dabei. Im Feuersturm von Mainz glaubte ich, alles Leben sei gestorben; jetzt begreife ich, dass Sterben eine sehr persönliche Sache ist, Tag für Tag ein Teil unseres Lebens. In diesen ersten Nachkriegstagen ist nichts normal, die Organisation einer Beerdigung schon gar nicht. Schier unlösbare Probleme tun sich auf. Woher bekommen wir einen Sarg? Wie kommt der Sarg zum Friedhof? Was sagen Großvaters zahlreiche Freunde und Bekannte, wenn die Beerdigung ohne sie stattfinden muss, weil sich nach einer Verfügung der Militärregierung gleichzeitig nur sieben Personen an einem Ort versammeln dürfen? Eine Beerdigung unter Ausschluss der Öffentlichkeit? Fragen über Fragen, und alle daheim fragen mich, den Mann im Haus. Nach vielem Herumhören bekomme ich den Hinweis, die Bau- und Möbelschreinerei Karl Schwab in Auerbach habe noch ein Sarg-Lager. Dorthin mache ich mich auf den Weg. Die Schreinerei liegt an der Hauptstraße in Höhe der Burgstraße, also ziemlich weit Richtung Zwingenberg. Ich kenne die Ecke und finde die Schreinerei. Problemlos wird mir ein Sarg verkauft, aber sie können ihn uns nicht bringen.

„Wie soll ich denn den Sarg heim bekommen?"

Die Frau, die das Geschäft zu führen scheint, betrachtet mich mitleidig von oben bis unten; dann sagt sie:

„Ich habe niemand, aber Du bist doch kräftig, und ein leerer Sarg ist nicht so schwer. Ich leihe Dir eine Handkarre, darauf setzen wir den Sarg, ich binde ihn rechts und links fest, und dann klappt das schon. Hast Du einen weiten Weg?"

Noch nie habe ich eine solche zweirädrige, hochbockige Karre geschoben, geschweige denn etwas damit transportiert. Die Frau schiebt die Karre an einen Treppenabsatz, setzt sie mit den Aufsatzeisen auf der unteren Stufe ab, damit das sperrige Gefährt besser in die Waagerechte kommt, ein kleiner Junge hält die eine Deichsel fest, und wir beide hieven den Sarg auf die Karre. Durch die Sarggriffe rechts und links zieht die Frau eine Schnur und bindet sie an den beiden Deichseln fest.

„So, jetzt kann es losgehen. Aber vergiss nicht, spätestens morgen um diese Zeit muss die Karre wieder hier sein."

Die Frau wendet sich anderen Dingen zu und lässt mich mit meiner Fuhre allein.

Auf der flachen Hauptstraße komme ich ganz gut voran, muss allerdings wegen des starken Militärverkehrs höllisch aufpassen, weil ich kaum über den Sarg hinweg und nur schwer seitlich an ihm vorbei blicken kann. Das schwierigste Stück ist die steile Roonstraße. Mit aller Kraft schiebe ich die Karre hoch. Es ist ein ständiger Kampf mit dem Sarg, der mir immer wieder ein Stück entgegen rutscht, den ich dann irgendwie in die alte Position zurück schieben, gleichzeitig die Karre festhalten muss. Durch den Anstieg habe ich jetzt überhaupt keine Sicht mehr nach vorne, zumal ich mich wegen der Last tief in die Deichseln hinein hängen muss. Weit und breit ist niemand zu sehen, der mir helfen könnte, ich bin der Verzweiflung nahe. In diesem Moment hält neben mir ein Jeep. Zwei Amerikaner springen ab, packen ohne ein Wort zu sagen links und rechts an und schieben mir die Karre hoch. Als ich mich oben bedanke, tippen sie zum Gruß mit zwei Fingern an ihre Käppis, und einer sagt:

„That's okay!"

Sie sind schon ein paar Schritte weg, da drehen sie sich noch einmal um und wollen wissen, ob ich es noch weit hätte und ob zu Hause Hilfe wäre. Beide Fragen verneine ich. Wieder höre ich das Allerweltswort „okay", die beiden gehen zu ihrem Auto, drehen mit dem Jeep auf der Roonstraße und fahren mir hinterher. Am Haus angekommen heben sie mir den Sarg von der Karre, tragen ihn bis in den Hausflur, murmeln etwas von Beileid und sind so schnell verschwunden wie sie gekommen sind. Es sind die kleinen Zeichen menschlicher Zuneigung, die großes Vertrauen begründen.

Die Beerdigung des Großvaters ist eine gespenstig-einsame, eine trostlos-traurige Sache, ein Lebenseinschnitt, der mir schwer zu schaffen macht. Er, der immer gern viele Menschen um sich hatte, der das pralle Leben, die Freude am Leben so zu genießen wusste, er wird in aller Stille, fast heimlich nach den strengen Vorschriften der amerikanischen Militärregierung zu Grabe getragen. Die Oma, die Mutter, beiden Tanten, Frau Helene Desaga und Frau Marie Luise Wirth, sechs Frauen und ich folgen dem Sarg. Es ist das erste Mal, dass ich Sterben in allernächster Nähe erlebt habe, und dieses Erleben empfinde ich so, als hätte der Tod in mein eigenes Leben eingegriffen. Kann es sein, dass mit dem Tod eines Menschen, der einem sehr nahe stand, der für das eigene Leben eine so prägende Gestalt war, auch ein Stück des eigenen Lebens mit stirbt? Ich habe das Gefühl, dass mit dem Großvater alles, was bisher mein Leben, meine Kindheit und meine Jugend war, beerdigt wird. Ein lieber, ein sehr vertrauter Mensch, den ich vielleicht gerade jetzt gebraucht hätte, ist nicht mehr da. Ich komme mir wie ausgeliefert vor, so, als stünde ich nun plötzlich ganz allein auf der Welt.

Umerziehung

Im Frühjahr 1945 gibt es täglich neue Gerüchte, eine finstere Parole folgt der anderen, den Deutschen werden düstere Aussichten prophezeit, und wir Jungen diskutieren, was einmal aus uns werden soll. Eine depressive Stimmung breitet sich aus. Das hat auch damit zu tun, dass viele der Amerikaner, die den ersten Truppen nachfolgen, die Bevölkerung spüren lassen, wer die Herren im Lande sind. Diese Soldaten sind oft überheblich, sie tun so, als seien die Deutschen ausnahmslos Naziverbrecher, und die meisten glauben das wohl auch. Die ersten Maßnahmen der ‚Besatzungsmacht' – in diesem Jargon reden jetzt viele Deutsche von den Amerikanern – wirken hart und unversöhnlich. Das gilt vor allem für die Ausgangssperren, für die oft willkürlichen Kontrollen und besonders für die Beschlagnahmung von Privathäusern mit dem Gebot, binnen kürzester Zeit zu räumen. Aber es ist dennoch weniger Feindseligkeit als Enttäuschung und Verbitterung, die bei der Bevölkerung aufkommt. Niemand hatte sich viele Gedanken darüber gemacht, wie die Amerikaner den Deutschen begegnen werden, und womöglich glaubten sogar die meisten, die Befreier und die Befreiten würden sich wie selbstverständlich in den Armen liegen. Unablässig reden die Amerikaner davon, dass sie uns Freiheit und Demokratie bringen wollen, tatsächlich aber spielen sie die Machthaber. ‚Reeducation', wir sagen ‚Umerziehung', ist ihr großes Thema. Eigentlich wissen sie über Deutschland herzlich wenig, ihre Kenntnis von der Ideologie der Nazis erschöpft sich meist darin, dass alle Deutschen ‚Heil Hitler' geschrieen haben, und wie sie sich das vorstellen, das führen sie uns gern und mit grinsendem Gesicht immer wieder vor. Das zwiespältige Verhalten der Bevölkerung ist daher nur normal. Die Besonnenen erinnern aber immer wieder daran, dass wir das alles Hitler zu verdanken haben, und die wenigen, die nach wie vor vom Nazi-Geist besessen sind, glauben sich bestätigt. Die Mutter hat gewiss mehr Sorgen, als sie zeigt, aber sie ermahnt mich, den Kopf nicht hängen zu lassen; es werde sich schon alles zum Guten wenden.

„Warum ist es notwendig, dass alle umerzogen werden, ich auch?"

Meine an die Mutter gerichtete Frage erzeugt bei ihr trotz aller Tristesse für einen Augenblick Heiterkeit.

„Dich braucht niemand umzuerziehen, aber fertig erzogen bist Du deswegen noch lange nicht! Was die Amerikaner mit ‚reeducation' meinen, das ist ein politisches Programm. Sie wollen auch dem letzten Deutschen den Hitler aus dem Kopf treiben. Vielleicht sollte man besser ‚Umwertung' statt ‚Umerziehung' sagen, denn letztlich wollen die Amerikaner, dass bei uns ihre, das sind unsere alten geistig-kulturellen Werte gelten. Ob das aber noch ganz dem entspricht, wonach wir Deutsche uns Jahrhunderte gerichtet haben, wird man sehen. Ich habe Zweifel. Befreit haben sie uns, ob sie uns auch Sitte, Moral und Kultur beibringen können, müssen sie erst noch beweisen. Aber viele in unserem Land haben es dringend nötig."

„Ich werde mit den Amerikanern über ‚reeducation' sprechen und sie fragen, was da konkret mit uns Jungen passieren soll."

„Tu das, aber Du kannst sie ruhig wissen lassen, dass nicht alle Deutschen den Nazis auf den Leim gegangen sind. Wenn jetzt leider allzu viele so tun, als hätten sie nie etwas mit dem System zu schaffen gehabt, muss das die Amerikaner irritieren"

Wer in diesen Tagen von Befreiung redet, von dem wissen wir, dass er so wie wir denkt, wer die Niederlage beklagt, ist uns verdächtig, und wer auf die ‚Besatzer' schimpft, den zählen wir zu den Ewiggestrigen. Schule findet nicht statt. Wir vertreiben uns die Zeit mit Lesen, beobachten das amerikanische Leben in der Etappe, streunen herum und treiben Sport, oft mit den Amerikanern. Schnell haben wir kapiert, mit der Chesterfield- und Lucky Strike-Währung zu handeln. Wir bieten den Amis kleine Dienste an, lassen uns dafür Zigaretten geben, und die tauschen wir auf dem Schwarzen Markt gegen alles, vor allem Lebensmittel. Wo immer möglich, suchen wir das Gespräch mit den Soldaten, wir fangen an, amerikanische Zeitungen zu lesen, und wir wollen mehr, viel mehr, so viel als nur irgend möglich von Amerika wissen.

Wenige Tage nach dem Tod des Großvaters stehen wieder Amerikaner an unserer Tür. Das war abzusehen. Auch wir müssen nun das Haus räumen. Zwei Stunden haben wir Zeit, auszuwählen, was unbedingt mitgenommen werden muss, nur zwei Stunden, um auch die schwierigste Frage zu klären, die nach dem ‚Wohin'. Es gibt nur noch total überfüllte oder zerstörte Wohnungen, und die Sicherheit des Wohnens, die feste Bleibe, geht jetzt auch für diejenigen verloren, die noch in ihrer vertrauten Umgebung sind, aber die wechselseitige Hilfsbereitschaft ist eine gute Erfahrung. Wir sind immer auf dem Sprung, es ist ein ständiger Wechsel. Mal sind wir zwei Wochen draußen und eine Woche wieder daheim, mal sind wir einen Monat draußen und können nur für drei Tage zurück. Dass sich daran bis ins Frühjahr 1946 nichts ändern wird, wissen wir in diesen ersten Wochen nach dem Einmarsch der Amerikaner gottlob nicht.

Immer, wenn unser Haus beschlagnahmt ist, versuche ich Kontakte zu den dort lebenden Soldaten zu knüpfen, nicht zuletzt um zu sehen, was im Haus passiert. Manchmal habe ich den Eindruck, dass die Amerikaner sogar froh darüber sind, wenn jemand kommt, weil sie dadurch belegen können, dass sie weder unsachgemäß mit unserem Eigentum umgehen, noch gar etwas entwenden. Das Problem sind die ‚Fraulein', wie die Soldaten die Damen nennen, die für Stunden Gast im Haus sind. Die Amerikaner haben alles, was den Deutschen fehlt, die Mädchen gefallen den Soldaten, und so haben Sieger und Besiegte was sie brauchen. Was da so ganz genau passiert, das beschäftigt unsere Phantasie. Schlimm ist, dass die Frauen stehlen. Wenn ich das merke und einen Soldaten aufmerksam mache, müssen die Frauen ihr Diebesgut wieder hergeben, aber meist ist dann zwei oder drei Tage später das, was ich schon einmal in fremden Händen gesehen habe, erneut verschwunden. Die ‚Fraulein', die uns hochnäsig belächeln, mögen wir nicht. Mehr als dieses ständige Raus und Rein belastet uns, dass wir keinerlei Lebenszeichen vom Vater und von Gerhard haben. Die Mutter lässt sich mir gegenüber zwar kaum etwas anmerken, aber ich spüre, dass sie unter dieser Ungewissheit leidet. Immer wieder sagt sie:

„Es haben doch nur noch zwei Tage gefehlt. Warum, warum bloß? Wo mögen die beiden sein?"

Als Deutschland am 8. Mai 1945 bedingungslos kapituliert und spätestens um 23.01 Uhr an diesem Tag die Kampfhandlungen eingestellt sein sollen, frage ich mich, ob nun wirklich alle, wohin auch immer dieser Krieg sie verschlagen hat, außer Gefahr sind. Ich komme gar nicht auf den Gedanken, dass ein Kriegsende nicht zwangsläufig überall das Ende aller Feindseligkeiten bedeutet. Was ist um 23.01 Uhr mit dem Vater und Gerhard geschehen? Wo sind sie, werden wir sie wieder sehen?

Zu unserer Clique gesellen sich in diesen Wochen öfter auch Gretel, Maria und Rita, die Mädchen der Nachbarschaft. Die Anwesenheit so vieler amerikanischer Soldaten in unserem Viertel ist ihnen nicht ganz geheuer, und schließlich sind wir alle ja auch älter und füreinander interessanter geworden.

Am Tag der Kapitulation erzählt uns Rita von ihrem Bruder Ernst, den alle kennen, obwohl er einige Jahre älter ist. Ich sehe ihn noch, wie er während eines Heimaturlaubes zu Beginn des Krieges mit seinem schon 1942 bei Sewastopol gefallenen Bruder Helmut die Baugrube für ihr Haus in unserer Straße aushebt. Ernst gehörte zur 6. Armee und den wenigen, die aus dem Kessel Stalingrad ausgeflogen wurden. Zuletzt war er an der Westfront im Einsatz, wurde im Rheinland bei einem Luftangriff verschüttet, erst nach Tagen gerettet und kam dann, ziemlich elend, abgemagert und verunsichert, am 14. März nach Hause. Uns ist das entgangen. Rita erzählt, er habe in Mannheim nach seiner Truppe gesucht, aber die Einheit sei mit Ziel Hannover schon wieder weg gewesen. Auf der Durchreise nach Hannover habe er kurz zu Hause Station gemacht. Da absehbar gewesen sei, dass die Amerikaner bald hier sein würden, habe die Familie qualvolle Stunden mit der Frage verbracht, ob er wirklich gehen oder doch besser bleiben solle. Dann sei er doch gegangen.

„Meine Mutter hörte regelmäßig Radio Beromünster aus der Schweiz, und so wussten wir, dass Rheinhessen von den Amerikanern schon besetzt ist. Aber wir hatten wegen der Gestapo Angst, Ernst zu Hause zu verstecken",
sagt Rita, und wir spüren noch jetzt ihre Zweifel.

„Ernst ist auf Drängen unseres Vaters nach Hannover gegangen. Inzwischen wissen wir nur, dass er Hannover wieder verlassen hat und noch im Kampf um Berlin zum Einsatz gekommen ist."

„Und seitdem fehlt jede Spur?"
„Ja, seitdem fehlt jede Spur."
Wie viel tausendmal werden diese Worte in jenen Wochen von besorgten Eltern in unzähligen Ländern der Erde gesprochen worden sein? Rita scheint zu ahnen, dass sie auch den zweiten Bruder nie mehr wieder sehen wird.

Mit unseren amerikanischen Hausbewohnern haben wir meist Glück. Zum einen sind es anständige Kerle, und zum anderen will es der Zufall, dass es immer gerade dann mit einigen Tagen Unterschied einen Wechsel der US-Einheiten gibt, wenn Feiertage kommen. So sind wir sowohl über Ostern als auch an Pfingsten und am zweiten Mai-Wochenende kurzeitig wieder in unserem Haus. Der 13. Mai ist ein frühsommerlicher, schöner Sonntag, den wir am Nachmittag im Garten verbringen. Wir sitzen auf dem Rasenrondell, von wo aus man das Gartentor sieht. Plötzlich ein Aufschrei der Mutter:

„Sie sind da, sie sind da!"

Alle springen auf, eilen zur Straße. Nur die Mutter bleibt wie angewurzelt stehen, es ist, als traue sie ihren Augen nicht, als sei sie vor Glück erstarrt. Aber vielleicht hat sie auch erst nur noch schnell ein Stoßgebet als Dank zum Himmel geschickt. Müde, von Ängsten und Strapazen gezeichnet, stehen Vater und Gerhard am Gartentor, daneben ein fremder Mann und ein eigenartiges Gefährt. Was für eine lange und herzliche Begrüßung! Nicht nur der Krieg ist aus, unsere Familie hat ihn heil überstanden. Was kann uns jetzt noch erschüttern! Aber die Berliner Verwandten warten noch auf Onkel Otto.

Es gibt viel zu erzählen. Auf einer wahren Odyssee sind die beiden, täglich neu um Essen und Quartier kämpfend und sowohl vor Jabos als auch der SS Schutz suchend, bis in die Nähe von Augsburg gekommen. Nie gab jemand den Männern eine andere Weisung als die, vor den näher rückenden Amerikanern zu fliehen, nirgendwo stellte sich ihnen eine konkrete Aufgabe, zu keinem Zeitpunkt war ihnen klar, warum sie sich statt in Darmstadt irgendwo in Süddeutschland von der Front überrollen lassen sollten. Aber auch nicht ein einziges Mal kam ihnen ernsthaft in den

Sinn, sich dem aberwitzigen Tun einfach zu widersetzen. Selbst im Chaos des Zusammenbruchs funktionierte der Machtapparat der Nationalsozialisten noch durch seinen Angst und Schrecken verbreitenden, Zivilcourage lähmenden und Kadavergehorsam erzwingenden Terror. Diese Hals-über-Kopf-Verlegung, offiziell ‚Verlagerung kriegswichtiger Amtsbereiche' genannt, hat sich als eine jener Panik-Aktionen erwiesen, wie sie nur in Kriegszeiten und bei Machthabern möglich sind, die jedes Mitdenken im Keim ersticken und dank ihrer überall sitzenden Spitzel eigenverantwortliches, jedoch nicht linientreues Handeln unter härteste Strafe stellen. NS-Parole dieser Endphase: Nach mir die Sintflut!

Was absehbar war, hatten die beiden erlebt und erlitten. Gerhard war schon bald zu einer Belastung geworden, denn der Vater hatte ja nicht nur keine Lebensmittelkarten für ihn, sondern er musste sich auch immer wieder neu rechtfertigen, wieso der Junge überhaupt dabei war. Am ersten Tag ihrer Flucht hatten sie sich auf dem Weg von Bensheim nach Michelstadt die Geschichte ausgedacht, dass Gerhard in Michelstadt Verwandte besuchen wollte (die es gar nicht gibt), diese aber nicht angetroffen habe, da sie selbst bereits geflüchtet waren. Weil es unverantwortlich gewesen wäre, ihn angesichts der vorrückenden Front nach Bensheim zurückzuschicken und damit den Amerikanern geradewegs in die Arme laufen zu lassen, habe er bei seinem Vater bleiben müssen. Sie haben Glück, denn man nimmt ihnen das ab, und da es in Michelstadt gleich weitergeht, hat auch niemand Zeit, die Angaben zu überprüfen. Gerhard bekommt diesen frei erfundenen Sachverhalt vom linientreuen Amtsleiter des Telegraphenbauamtes sogar offiziell bestätigt. Dieses Dokument und eine ärztliche Bescheinigung des Oberarztes Dr. Storm vom Reserve-Lazarett Kloster Holzen, ‚Hauteiterung am rechten Großzehballen im Anschluss an infizierte Marschblase', sind zusammen mit dem Attest, das er vom Heppenheimer Amtsarzt bekommen hat, Gerhards Überlebenspapiere.

Dass die Männer vom Darmstädter Telegraphenbauamt immer noch weiter sollen, können die Menschen in Bayern überhaupt nicht verstehen.

„Wohin wollt Ihr denn noch",
fragen sie mehr spöttisch als verwundert,
„von Friedrichshafen her kommt doch schon der de Gaulle mit seinen französischen Truppen!"
Angesichts dieser Lage lassen sich die Darmstädter in Allmannshofen bei Augsburg von den Amerikanern überrollen. Riesige Panzerkolonnen prägen auch dort den Vormarsch der US-Truppen. Um nach versteckten Angehörigen der deutschen Wehrmacht zu suchen, manchmal vielleicht auch nur aus Übermut, walzen die Amerikaner mit ihren Panzern die Tore von Bauerngehöften nieder. Gerhard wird Zeuge eines solchen Schauspiels, und ein noch immer an Hitlers Wunderwaffen glaubender Nationalsozialist, rüffelt ihn:
„Das solltest Du Dir als deutscher Junge nicht ansehen. Die Amerikaner sind unsere Feinde! Wir müssen warten, bis sie der Führer wieder aus unserem Land vertreibt."
Verblendung über die allerletzte Minute hinaus! Aber Gerhard lässt sich nichts mehr sagen, er leistet für die Amis Übersetzerdienste und amüsiert sich, wie schnell die Leute kommen, um erst zögerlich, dann um so gieriger nach Zigaretten, Kaffee und Schokolade zu fragen und Hitler-Bilder und andere NS-Devotionalien zum Tausch anzubieten. Die Amerikaner weisen die Männern vom Darmstädter Telegraphenbauamt an, nach Hause zu gehen, befehlen ihnen aber, sämtliche Fahrzeuge zurückzulassen, damit die Straßen für ihren eigenen Nachschub frei bleiben. So packt jeder sein Bündel, alle LKWs und PKWs werden in einem Sägewerk abgestellt, die Reise Richtung Heimat, ein langer und gefährlicher Fußmarsch, kann endlich beginnen.

Während sie auf dem Hinweg von der Bevölkerung entlang der Strecke vielfältige Hilfe bekommen hatten, ist beim Rückmarsch die Haltung der Menschen, oft derselben, die ihnen vor Tagen noch gern geholfen haben, reserviert, manchmal sogar feindselig. Jetzt ist alles amerikanisch besetztes Gebiet, die Leute haben Angst, hinter den Männern vom Telegraphenbauamt Darmstadt könnten sich Gestapo- oder SS-Leute verbergen, und sie wissen, dass die Amerikaner jede Unterstützung von NS-Kadern hart ahnden. Von Gestapo oder SS ist nichts mehr zu befürchten; die haben sich rechtzeitig aus dem Staub gemacht. Aber die ‚Heimkehrer' haben gehörigen Respekt vor den amerikanischen Kontrollstellen und Militär-Patrouillen, die gelegentlich ihren Weg blockieren oder aus irgendeiner Deckung auftauchen. Deshalb wählen sie Um- und Schleichwege. Als sie am 6. Mai im Straßengraben zwischen Nördlingen und Dinkelsbühl eine zerbrochene Breakchaise finden, basteln sie sich daraus eine Karre für ihr Gepäck, indem sie mit einem Stück Kabeldraht die Deichsel vom Vorderteil ans Hinterteil der Chaise montieren. Von da an geht es leichter, und mit diesem Gefährt erreichen sie schließlich an diesem Mai-Sonntag Bensheim.

+++

Wilhelm Wannemacher ist mit einem Gefangenen-Transport von Trier nach Frankreich in das Sammellager Chartres verlegt worden. Von den inzwischen 96.000 Gefangenen dort haust der größte Teil in einer riesigen Halle, die mit primitiven Bretterverschlägen als Betten, sechs bis acht übereinander, bis zum äußersten voll gestopft ist – Viehhaltung für den Rest der einst stolzen deutschen Wehrmacht. Die jungen Neuankömmlinge sind entsetzt, aber die Halle bleibt Wilhelm erspart; er kommt in ein Zelt, dessen Boden mit Stroh bedeckt ist, und sie sind nur zu zehnt. In extrem notdürftiger Situation empfindet man schon die primitivste Einfachheit als wohltuend. Nach kurzer Zeit ist das ganze Lager total verlaust. An ihren am Stacheldraht aufgehängten Klamotten sehen die Gefangenen die Viecher krabbeln; wieder kämpfen die Soldaten gegen eine unschlagbare Übermacht. Die Amerikaner haben ein Einsehen und setzen das Insekten-Kontaktgift DDT ein, eine für diese Situation wahre „Wunderwaffe". Jeder bekommt an den Unterbauch, die Brust und auf den Kopf eine Ladung gespritzt, und die Viecher sind kaputt, reif zum Abbürsten und Auskämmen. Von den für den Menschen womöglich schädigenden Wirkungen des Gifts weiß niemand etwas.

Die Bedingungen im überfüllten Lager sind qualvoll, schikanös ist die Behandlung, das Essen eine einzige Katastrophe. Zwölf Kekse und zwei Päckchen russischer Mahorka-Tabak sind die

Verpflegungsration für eine Woche. Viele Raucher tauschen ihre zwölf Kekse gegen den Tabak; sie fällen damit ihr eigenes Todesurteil und retten einem anderen das Leben. Wilhelm tauscht: Vierundzwanzig Kekse für eine Woche! Was für ein Reichtum, ich werde überleben! Erschüttert beobachtet er, wie den Nikotin-Süchtigen selbst die doppelte Mahorka-Menge noch nicht reicht. Diese armen Kerle hocken an der Küche des Wachpersonals, um mit einem Taschentuch aus den Abwässern den Kaffeesatz herauszufiltern, den sie trocknen und in einer Art Pfeife verpaffen. Koffein rauchen, das geht nicht gut, die Todesrate steigt.

Einer der Gefangenen, Unteroffizier einer Ausbildungseinheit, weiß, dass in der Genfer Konvention zur Behandlung der Kriegsgefangenen unter anderem steht, dass die Verpflegung der Gefangenen nach Menge und Güte genau so wie bei Ersatztruppen zu sein hat. Es ist ein Hohn.
„Da steht doch sicher auch drin, dass Gefangene menschlich zu behandeln sind", verbittert sagt es einer der Gefangenen.
Ein anderer, dem der Tod bereits aus den Augenhöhlen grinst, sagt mit fast schon gebrochener Stimme und beißendem Spott:
„Nichts von alledem. Gefangene sollen auf einem Feld des Elends, des Jammers und der Entwürdigung hausen, bis sie im Dreck und Schlamm ihrer ‚cages' endlich krepieren, so wie wir hier; das steht da drin, und die Amerikaner vergessen alles, was sie groß gemacht hat und halten sich an diese Vorschriften. Verstehst Du, sie halten sich genau an die Vorschriften, sie lassen uns krepieren."

„Was haben die Amis mit uns vor?"
Diese Frage treibt Wilhelm um. Er sieht, wie die älteren Gefangenen mehr und mehr in Depression und Lethargie verfallen, wie sie sich kaum noch auf den Beinen halten können, während die jüngeren noch die Energie aufbringen, hasserfüllt über ihre Bewacher und Amerika herzuziehen. Hatten die Ausbilder der NS-Lehrerbildungsanstalt mit ihrem Urteil über die kulturlosen Amerikaner vielleicht doch recht? Jeden Abend, wenn neue Gefangene angekarrt werden, schleppen sich die schon anwesenden und noch gehfähigen POW's zum Lagertor; es könnte ja ein Bekannter da-

bei sein, jemand, der womöglich sogar Nachrichten aus der Heimat hat. Vergeblich.

„Ich muss hier raus!"

Verzweifelt trommelt es Wilhelm mit den Fäusten auf die nasskalte, fast schon verrottete Stroh-Unterlage. Aber die Gewissheit, dass noch Lebenskraft da sein muss, so lange der Wille stark genug ist, sich die Verzweiflung herauszukotzen, tröstet ihn. Er will sein Schicksal wenden, diesen verdammten Amis entkommen. Raus, nur raus aus diesem Schreckenslager, koste es was es wolle. Aber er weiß, Flucht ist schier aussichtslos. Einer der Wachposten am Lagereingang hat offensichtlich beobachtet, dass sich Wilhelm schon eine ganze Weile in der Nähe herumtreibt, und plötzlich steht er vor ihm:

„Back, back into the camp."

Die Stimme klingt bös und entschlossen, und die Handbewegung lässt keinen Zweifel daran zu, was passieren würde wenn...! Wilhelm glaubt, die Ausgangszeit sei noch nicht vorbei, und obwohl er spürt, dass mit diesem Ami nicht zu spaßen ist, wagt er Widerspruch, nimmt allen Mut zusammen und erklärt, ohne genau zu wissen, ob das überhaupt stimmt:

„There is still some time".

Für einen kurzen Moment ist der Amerikaner perplex, dann stößt er Wilhelm den Gewehrkolben ins Kreuz und faucht ihn an:

„Nazi-Schwein! Push off!",

und wie zum Beweis zückt er aus der Hose eine Uhr und zeigt dem aufsässigen POW, was die Stunde geschlagen hat. Schockiert starrt Wilhelm auf die Uhr, die ihn an die ihm abgenommene Taschenuhr seines Großvaters erinnert. Gedemütigt, gepeinigt und verzweifelt steht er vor dem Wachposten, will etwas sagen und bringt doch kein Wort heraus, kann es nicht fassen. Doch dann schreit er es aus sich heraus:

„Einer wie Du lebt, weil ich ihn nicht erschossen habe. Der hat mir meine Uhr, eine wie diese, weggenommen, das einzige Erinnerungsstück an meinen guten Großvater; und Du willst mich einschüchtern. Es wird Dir nicht gelingen, ich habe auch meinen Stolz!"

Der Amerikaner, der nichts versteht und doch kapiert hat, bombardiert ihn mit Schimpfworten, Wilhelm wendet sich ab, und in einer langen, schlaflosen Nacht martert er sein Hirn, um das Ge-

sicht des Amerikaners zu rekonstruieren, der ihm vor das Gewehr gelaufen war und mit dem er sich seitdem schicksalhaft verbunden fühlt. Aber es ging alles so schnell, er war so überrascht, hat sich das Gesicht nicht eingeprägt. Keine Erinnerung bringt es ihm zurück. Tagelang streift er durch das Lager in der Hoffnung, diesem einen, seinem Amerikaner, dem, dem er das Leben geschenkt hat, noch einmal zu begegnen, vielleicht doch ein Wort mit ihm zu wechseln, von ihm Hilfe zu erfahren, aber er findet ihn nicht; er wird ihn immer nur im Traum wieder sehen. Menschlich handeln und Menschlichkeit erfahren – dazwischen können Welten liegen.

Wilhelm meldet sich freiwillig für ein Arbeitslager. Am 9. Mai 1945 werden die für ein solches Lager rekrutierten Gefangenen, die nicht wissen, wohin die Reise geht und allein von der Hoffnung getragen werden, dass es schlimmer nicht werden kann, auf Trucks verladen. Mit den Türmen der herrlichen Kathedrale in Sichtweite verlassen die POW's Chartres und erreichen, vorbei an Versailles noch am gleichen Tag die französische Hauptstadt. Dass der Krieg tatsächlich aus ist, beweist der Siegestaumel in Paris, wo sich bei Ankunft des POW-Transportes gerade die Siegesparade formiert. Das Volk feiert überschwänglich, die Menschen tanzen ausgelassen auf den Boulevards, und mitten hinein in diesen Trubel rollen nun Trucks mit jungen deutschen Gefangenen. So, als sei das zur Feier des Tages inszeniert, erstarren für einen Augenblicklich Überschwang und Übermut der Franzosen, und aus Feindseligkeit wird grenzenloser Hass. Mit allem, was an Wurfgeschossen auf der Straße und aus den Häusern zu haben ist, werden die Gefangenen, die ohne jede Abwehrchance auf den offenen Trucks dicht gedrängt stehen, beworfen. Nur der rasanten Fahrweise und dem Mut der farbigen Bewachern, die mit auf den Trucks sind und, als wären es Schlagstöcke, mit ihren Gewehren Blumentöpfe, Pflastersteine und Latten abwehren, ist es zu verdanken, dass es keine schweren Verletzungen gibt. War das geplant? Haben sie uns bewusst und gewollt bei den Franzosen Spießruten laufen lassen? Das Verhalten der amerikanischen Bewacher spricht dagegen, aber die Zweifel nagen.

In Vincennes, einem Vorort von Paris ist Endstation. Dort, im größten Nachschublager der amerikanischen Armee, wird Wil-

helm als Nr. 741 654 registriert. Zuerst bauen sich die Gefangenen Holz-Pritschen als einfache Schlafstätten, schnitzen sich Löffel und formen aus weggeworfenen Büchsen Essensbehälter, obwohl alle diese Utensilien im Depot der Amerikaner im Überfluss vorhanden sind. Die Zelte, jeweils sechzehn hausen in einem, sind über einem staubig-schwarzen Schlackenboden errichtet. Das ist primitives Vegetieren unmittelbar neben dem satten, wohllebigen Luxus der amerikanischen Soldaten. Aber es gibt Arbeit und Brot.

Ein extrem heißer Sommer macht alles noch viel schwerer. Wo immer die Gefangenen an eine Wasserleitung herankommen, erfrischen sie sich. Für Wilhelm hat das verheerende Folgen. Drei Wochen schwebt er mit Paratyphus zwischen Leben und Tod, dann hat er sich dank seines eisernen Willens – ich will heim, will überleben – durchgebissen. Strenger Frost läutet den ersten Lager-Winter ein. Es fehlt an fast allem. Ratten wühlen sich nachts durch armdicke Gänge in die Zelte und fressen alles, was sie finden, sogar die Kernseife. Der Zorn und die Wut der Gefangenen auf die Amerikaner werden von Tag zu Tag größer. Sie fragen sich: Warum sind wir ihnen so hilflos ausgeliefert, was ist der Grund, dass sie gerade zu uns, den jüngeren, so unerbittlich hart sind, wieso halten sie uns alle für Nazis?

Weihnachten steht vor der Tür. Zum zweiten Mal ist Wilhelm an diesem Fest nicht zu Hause. Ihm graut vor dem Heiligen Abend mit all seinen Erinnerungen und Emotionen, und dann kommt alles ganz anders. Am Morgen dieses 24. Dezember 1945 erhält Wilhelm eine ganz persönliche Frohe Botschaft. Es ist, als betrete ein Engel das Zelt, und es ist doch nur ein Mitgefangener, der einen Brief von Wilhelms Mutter in der Hand hält, die erste Post von zu Hause überhaupt. Sein Leben lang wird Wilhelm sagen:

„Dieser Brief war das schönste Weihnachtsgeschenk, das ich jemals bekommen habe, nie erlebte ich Weihnachten tiefer als damals 1945, als ich auf dem Schlackenboden von Vincennes, eingesperrt hinter Stacheldraht und weit weg von der Heimat als einziges Geschenk einen Brief der Mutter erhielt".

Dieser Brief brachte ihm die Botschaft: Du wirst erwartet, eines Tages wirst du wieder frei sein, und das Leben wird neu beginnen".

Es sollte noch lange dauern.

Längst haben die Amerikaner ihre Gefangenen an die Franzosen übergeben, und auch die müssen erst einmal ihre Siegeslust befriedigen und ihren Mut kühlen, bevor so etwas wie ein halbwegs normales Lagerleben möglich wird. Nach und nach werden im Jahre 1946 die älteren Gefangenen entlassen. Die jungen jedoch, die mit der vermeintlich besten Arbeitskraft aber auch der instabilsten seelischen Verfassung, müssen weiter ausharren. Ihre letzte Aufgabe ist es, Anfang 1947 das Lager aufzulösen, abzubauen und alles, was mit den Gefangenen in Berührung gekommen war, auf riesigen Scheiterhaufen zu verbrennen. Währenddessen steht die inzwischen ebenfalls darbende französische Zivilbevölkerung am Lagerzaun und bitten vergeblich darum, ihnen die Decken und Zelte zu geben. Mit dem Rest der Gefangenen kehrt Wilhelm nach Deutschland zurück. Am 31. Januar 1947 wird er, ausgemergelt und niedergeschlagen, um Jahre gereift, aber mit einem Funken Hoffnung auf eine bessere Welt, in Mannheim-Sonthofen entlassen. Leben beginnt mit dem Nachdenken über den Tod und mit der Gewissheit, dass man ihn nicht mehr zu fürchten braucht, weil man ihm schon ein Mal in die Augen geschaut hat.

„Mich kann nichts mehr erschüttern, und die Amerikaner sollen mir für alle Zeit gestohlen bleiben",

sagt sich Wilhelm. Er ist fest entschlossen, genau dort weiter zu machen, wo er vor fast zwei Jahren aufhören musste.

+++

Im Sommer 1945 beginnt für uns Jungen die Zeit, in der die Amerikaner ganz selbstverständlich zu unserem Alltag gehören. Beide Seiten haben sich aneinander gewöhnt, von diesem Zeitpunkt an bleiben die hier stationierten Truppen auch länger, so dass sich gute Kontakte entwickeln lassen. Die Soldaten haben erkannt, dass wir in mancher Hinsicht für sie nützlich sein können. Gerhard, ein richtiger Autonarr, interessiert sich vor allem für die Trucks und Jeeps, für die ganze Technik der Amerikaner, ich mehr für ihre Lebensweise und ihre Vorstellungen, was aus

Deutschland und uns werden wird. Die legere Art der Amis – „my name is Tom, what's your name" – imponiert uns, und so heißen unsere Bekannten eben nur Tom, Bob, Ken, Bill und Jeff. Gerhard hat besonderes Glück. Er will einmal Musik studieren, und so verbringt er jede freie Minute am Klavier oder der Orgel und studiert den gregorianischen Choral. Schließlich kommt er auf die von den Eltern sehr gelobte Idee, während dieser unterrichtslosen Zeit zu dem Heppenheimer Orgelbauer Georg Lutz zu gehen, um das Innenleben von Orgeln besser kennen zu lernen. Täglich fährt er nun mit dem Fahrrad nach Heppenheim, einfache Strecke von unserem Haus aus etwa 10 km. Die Sache macht ihm Spaß. Eines Tages ist es jedoch zu Hause mit dem Spaß jäh vorbei, denn Gerhard kommt nicht mit dem Fahrrad, sondern mit einem amerikanischen Jeep nach Hause, das Fahrrad hinten aufgeladen. So, als sei das die normalste Sache von der Welt, erklärt er:

„Ich habe diesen Jeep gefunden; er stand am Güngerisch gegen einen Baum gefahren herrenlos herum, so dass ich einen Diebstahl vermute. Deshalb bringe ich ihn nun ins amerikanische Hauptquartier."

Daheim herrscht großes Entsetzen. Einen Jeep finden, das will niemand in den Kopf, aber zugleich ist allen klar, dass der Jeep nicht dort stehen bleiben kann, wo wir gerade mal wieder untergekommen sind. Gerhard hat natürlich noch keinen Führerschein, und auch darin wird eine Gefahr gesehen. Die Mutter warnt:

„Wenn da etwas passiert, es ist nicht auszudenken!"

Deshalb schlägt sie vor, Gerhard solle zu Amerikanern gehen, die in der Nähe leben, den Soldaten seine Geschichte erzählen und sie bitten, den Jeep abzuholen. Aber genau das will er nicht:

„Nein, das müssen die im Hauptquartier wissen. Ich kenne da einen Offizier, zu dem fahre ich, und Wolfgang soll mitkommen; wir kriegen das schon hin."

Dieser Vorschlag bringt die Mutter restlos aus dem Gleichgewicht.

„Auch das noch! Es genügt, wenn Du Schwierigkeiten bekommst; Wolfgang fährt auf keinen Fall mit."

Nur zu gern würde ich mitfahren, und deshalb werfe ich ein, ich wolle ja nur mal sehen, wie Gerhard mit der Technik des Jeeps klarkommt, also nur ein kleines Stück mitfahren, keineswegs bis zum Hauptquartier.

„Wo hast Du eigentlich den Zündschlüssel her? Stak der noch drin?",
frage ich Gerhard, und der lacht mich aus.
„Zündschlüssel? Um einen Jeep zu starten muss man nur zwei Klammergriffe zusammendrücken, und schon springt der Motor an".
Weil alle den Jeep so schnell wie möglich wieder loswerden wollen, lässt man uns letztlich mit vielen Ermahnungen gehen. Das Hautquartier, eine Villa an der Darmstädter Straße in Richtung Auerbach, ist nicht allzu weit weg, aber Gerhard möchte sein Auto noch etwas länger genießen. Er hat gehört, dass man mit einem Jeep sogar Treppen hinunter fahren kann; in Heppenheim soll das jemand auf den Kirchentreppen von St. Peter, dem ‚Dom der Bergstraße', vorgeführt haben. Gott sei Dank lässt er den Gedanken, dieses Experiment auf den Treppen unserer Kirche St. Georg selbst auszuprobieren, wieder fallen, vorerst jedenfalls. Er dreht mit mir eine Runde auf der noch nicht ausgebauten Bismarckstraße, wirbelt gehörig Sand auf, so dass der wie eine Fontäne hoch spritzt, und ruft mir begeistert zu:
„So ein Jeep kann wirklich alles!"
Oberhalb der Roonstraße lässt er mich aussteigen und braust in Richtung Auerbach davon. Die kurze Probefahrt hat mir genügt; ich habe meinen Bruder als begeisterten, guten Autofahrer erlebt und die enorme Wendigkeit eines Jeep kennen gelernt.

Erst spät am Abend kommt Gerhard zurück. Er wird in einem eleganten Auto gebracht, reich beschenkt mit Köstlichkeiten, die die Familie lange entbehrt hat. Mit stolz geschwellter Brust verkündet er:
„Die haben mich sehr gelobt. Der Jeep war schon als vermisst gemeldet, und sie sind froh, nun eine Spur zu haben. Ich darf jederzeit wieder kommen, und am nächsten Wochenende fahre ich mit Major Jonas los, um ihm die Orgel in Amorbach vorzuführen. Dort spielt demnächst der blinde Professor Förstemann ein Orgelkonzert, und da wollen wir dann auch hin."
Genau so kommt es.

Die Versorgungslage wird schwieriger, der Großteil der Bevölkerung hungert, wer nichts am Schwarzen Markt zu tauschen hat, hungert besonders. In unserem Beamten-Haushalt gehört der Hunger längst zum Alltag. Regelmäßig gehen wir deshalb zur großen Feldküche der Amerikaner, die im Haus Carstanjen am Eingang zum Riviera-Weg eingerichtet ist. Manchmal nimmt uns einer der Soldaten mit hinein, ein anderes Mal bringt uns einer etwas heraus. Die meisten Amerikaner sind großzügig. Alles, was wir dort zu essen bekommen oder mitnehmen dürfen, entlastet oder bereichert die knappen Rationen daheim. Wir organisieren für einige Amerikaner das Wäsche-Waschen, indem wir Frauen suchen, die dazu gegen Naturalien bereit sind. Wir selbst bekommen dafür ein paar Kekse oder eine Tafel Schokolade. Der Altpapierberg bei der Militärküche, auf dem auch die leeren Konservendosen-Kartons landen, wird für uns zu einer wahren Fundgrube. Wir suchen dort nach noch ungeöffnet weggeworfenen oder nur halbleeren Dosen. Das ist deshalb für uns so interessant, weil in den Dosen separat verpackt Bonbons, Brausepulver, Keks und Tütchen mit Kaffeepulver sind und viele Soldaten nur das herausnehmen, was sie gerade brauchen. Auch überall dort, wo die Amerikaner ein Quartier aufgeben, sind wir schnell zur Stelle, helfen erst den Soldaten beim Auszug und räumen dann aus, was sie übrig gelassen haben. In der Villa Reinhard, direkt hinter uns in der Ernst-Ludwig-Straße, ist inzwischen ein Stab eingezogen, der besondere Bedeutung zu haben scheint. Täglich wird dort die amerikanische Flagge aufgezogen, und am Tor zur großen Auffahrt stehen ständig zwei Soldaten Wache. Es geht das Gerücht, General Eisenhower sei für kurze Zeit hier gewesen. Längst gehören die amerikanischen Soldaten zum Straßenbild, aber noch immer ist den meisten Deutschen unklar, ob die Amerikaner nun unsere Feinde, auf jeden Fall Fremde oder gar Freunde sind.

Am Donnerstag, dem 26. Juli 1945, einem Tag mit schönstem Sommerwetter, bekommt die Bergstraße hohen Besuch. Seit 17. Juli tagt im Cecilienhof in Potsdam die Konferenz, auf der die Siegermächte die Weichen für Deutschlands Zukunft und eine Neuordnung Europas stellen wollen. US-Präsident Harry S. Truman, der sein Amt erst am 12. April, just an jenem Tag übernommen hat, an dem die Alliierten Potsdam bombardierten, nutzt mit seinem Außenminister James Byrnes eine Sitzungspause zum

Truppenbesuch, und der führt ihn auch zu uns an die Bergstraße. Von einer Truppenparade in Neu-Isenburg kommend fährt er im offenen Wagen die Bergstraße entlang und wird in Heppenheim von hohen amerikanischen Militärs begrüßt. Die Durchfahrt des Präsidenten haben wir verpasst, aber wir sind stolz: Der amerikanische Präsident war ganz in unserer Nähe.

Einen anderen Amerikaner, der nicht nur durch seine wichtige Stellung schnell stadtbekannt wird, sondern auch ob seiner extravaganten Erscheinung besonders auffällt, bekommen wir öfter zu sehen. Im Finanzamt haben die Amerikaner den Stab ihres 1942 gegründeten *Counter Intelligence Corps*, kurz CIC genannt, einquartiert, und dort ist ein Sergeant als Führungsoffizier und Dolmetscher tätig, den alle nur ‚Mister Henry' nennen. Was beim CIC genau passiert, können wir nur ahnen; von politischer Säuberung ist die Rede, eine, wie uns Jungen scheint, heikle Mission. Mister Henry, der im CIC souverän, ziemlich selbstbewusst und gelegentlich auch aufbrausend und hart durchgreifend auftreten soll, ist zu uns Jugendlichen immer aufgeschlossen und freundlich. Er spricht hervorragend Deutsch, Englisch mit einem leicht deutsch gefärbten Akzent. Es heißt, er sei Jude und in den 30'er Jahren aus Deutschland ausgewandert, wohl eher geflohen. Mister Henry fährt einen requirierten weißen Mercedes, und er wohnt in einer Villa am Hang des Melibokus. Gelegentlich begegnen wir ihm auf dem Sportplatz, denn er ist begeisterter Fußballfreund; seine deutschen Favoriten sind der 1. FC Nürnberg und die Spielvereinigung Fürth. Ende 1946 ist er eines Tages weg; es wird gemunkelt, er sei aufgestiegen und nun Lehrer an der CIC-Ausbildungsschule in Oberammergau. Erst Jahre später habe ich seinen vollständigen Namen erfahren: Henry Kissinger. Henry war auch der Vorname von Major M. Jonas, der große Hilfe beim Wiederaufbau der kirchlichen Jugendorganisationen leistete. Von ihm kamen die vielen kleinen Geschenke, die an eine große Zahl von Kindern und Jugendlichen bei der Nikolausfeier im Saal des Kolpinghauses am 6. Dezember 1945 verteilt wurden.

Den ersten aufregend-spannenden, manchmal auch schwierigen Monaten mit den amerikanischen Besatzungstruppen folgt eine gewisse Leere, eine Zeit der Verunsicherung. Uns jungen Burschen dämmert es, dass wir eine gewaltige Zäsur erleben, dass sich vieles, wenn nicht alles ändern wird. Die Erfahrung einer Katastrophe, die hinter uns liegt, und den Orientierungsverlust, den wir tagtäglich mehr empfinden, wollen wir verarbeiten, aber es fehlen die Gesprächspartner. Die, die wir zu Hause haben, wollen meist weder über die ‚alten Sachen' reden, noch über die Zukunft spekulieren, und andere haben wir nicht, da der Unterricht noch immer ausfällt. Unser Schulgebäude ist für Zwecke der Truppenversorgung von den Amerikanern belegt. Obwohl die Eltern nicht ausweichen, haben wir doch das Gefühl, dass ihnen nicht jedes Thema angenehm ist, dass sie die NS-Zeit und den Krieg möglichst schnell vergessen möchten. Aber die Mutter bewahrt auch jetzt ihre positive Grundhaltung und versucht in kritischen Situationen mit ihrem Standard-Satz: das Schlimmste haben wir hinter uns, zu trösten. Immer häufiger hören wir jetzt von grausamen Nazi-Verbrechen, von den Auswirkungen bestimmter NS-Rassengesetze und dem Judenmord in der schier unfassbaren Dimension einer ‚Endlösung'. Schlimme Dinge sollen auch hinter den Linien der deutschen Front passiert sein, vor allem in Russland. Wir wussten ja einiges aus den Flugblättern, und zwei Gestapo Verbrechen habe ich selbst ganz in unserer Nähe miterlebt, doch von dem, was seit Kriegsende fast täglich über Konzentrationslager und die dort verübten Gräuel bekannt wird, wussten wir wirklich nichts; es übersteigt alles Vorstellbare.

Deshalb herrscht eine seltsam gedrückte Atmosphäre, die einerseits von Erschütterung und Scham, andererseits aber auch von dem Wollen geprägt ist, endlich wieder zu normalen Verhältnissen zu kommen. Immer noch irren Tausende, ausgebombte Deutsche und entwurzelte Fremdarbeiter in der deutschen Trümmerlandschaft obdach- und heimatlos umher. Dorthin, von wo die ‚displaced persons', wie die Amerikaner die fremden Zwangsarbeiter nennen, einst von den Nazis verschleppt worden sind, können oder wollen sie nicht mehr zurück, sie wissen nicht, wohin sie sollen, und sie werden da, wo sie gerade sind, bestenfalls geduldet. Eine bunte internationale Heerschar unschuldiger Opfer findet sich auch in Bensheim zusammen, insbesondere Polen, Tschechen und Ukrainer. Die Angst vor Übergriffen oder gar Racheakten aus den Reihen dieser Gestrandeten, von denen sich einige zu kleinen Banden organisieren, ist unter der deutschen Bevölkerung groß, so dass zeitweise Nachbarschafts-Alarm-und-Beistands-Hilfen vereinbart werden: Wenn ein Haus in Gefahr gerät, machen die Bewohner mit allen verfügbaren Geräten und Instrumenten Lärm, und alle Nachbarn eilen dann mit Stöcken und Knüppeln zu Hilfe. Aber wir erleben auch Akte der Nächstenliebe, insbesondere von den Polen.

Am 19. September 1945 verkündet der Oberbefehlshaber der amerikanischen Militärregierung, General Dwight D. Eisenhower, die Gründung des Landes Groß-Hessen, erster Ministerpräsident wird der Heidelberger Wirtschaftswissenschaftler Karl Geiler, und mein Großonkel, Dr. Robert Philipp Hamberger, der in der Weimarer Republik Ausbildungsleiter an der Hessischen Polizeischule war und 1933 von den Nazis gefeuert worden ist, wird jetzt Chef der Landespolizei. Der Alltag bekommt allmählich einen Rahmen, in dem sich wieder normales Leben anbahnt. Nur wir, die Halbwüchsigen, haben noch nicht so richtig unseren Platz in der neuen Zeit gefunden. Das Nichtstun, dieses unausgefüllte in den Tag Hineinleben, hat längst seinen Reiz verloren. Weder füllt uns das nur begrenzt mögliche Helfen bei der Bewältigung der Alltagsprobleme aus, noch befriedigt es uns, dass es immer nur heißt ‚es kommen auch wieder bessere Zeiten'. Niemand kann uns sagen, wie es wirklich weiter gehen wird. Seit fast einem Jahr leben wir nun schon ohne Schule, ohne festen Tagesplan und ohne jede Perspektive für die Zukunft in einem gewissen Ausnahmezustand, und ein Ende ist nicht absehbar. Wir werden uns bewusst, dass wir kostbare Zeit verlieren. Wer hat Zeit für uns?

In diesen Wochen versuche ich, mit den US-Soldaten auch über Amerika und die amerikanische Politik ins Gespräch zu kommen, lasse mir ihre gelesenen Zeitungen geben und freue mich, wenn ich manchmal ein Journal erwische. Lesen, zuhören, diskutieren, das füllt viele Stunden des Tages aus. Es erstaunt mich, wie unkompliziert die Amerikaner mit schwierigen Sachverhalten umgehen, wie einfach sie oft die Dinge sehen. Ihre Gelassenheit fasziniert mich, und ihre häufig oberflächlichen Urteile verwundern mich. Vieles ist bei ihnen irgendwie grundsätzlich richtig und zugleich irgendwie in sich widersprüchlich. Umso mehr bin ich bestrebt, so viel wie möglich über sie und ihr Leben, das amerikanische Leben überhaupt, zu erfahren. Ich finde es in Ordnung, dass die Amerikaner die ihnen verordnete Kontaktsperre zu Deutschen, Stichwort: ‚nonfraternization' bei den Erwachsenen, wenn auch ziemlich streng-verkrampft, einhalten, und es ist mir höchst sympathisch, dass sie das bei uns Jugendlichen völlig ignorieren; sie mögen Kinder und Jugendliche.

In unserem Haus leben ab Spätsommer 1945 Amerikaner, die sich, wie es scheint, auf längere Zeit eingerichtet haben. Ihr Verhalten uns gegenüber ist anders als das der kämpfenden Truppe und das der dieser unmittelbar folgenden Nachschub-Einheiten. Es ist schwer zu beschreiben, aber sie sind förmlicher, reservierter als alle, die bisher da waren, und niemand weiß, warum das so ist. Die Haustüre steht tagsüber ständig offen. Als ich versuche, wieder mal ins Haus zu kommen, sagt der Soldat, der mir im Flur begegnet:
„Du hast hier nichts zu suchen, verschwinde! Ihr seid alle Nazis".
Längst sind wir wieder so selbstbewusst, uns das nicht mehr so ohne weiteres gefallen zu lassen, und so gebe ich es ihm zurück:
„Ich war und bin kein Nazi, aber ihr Amerikaner setzt Familien mit kleinen Kindern auf die Straße, ohne Euch zu kümmern, was mit ihnen geschehen soll. Was seid Ihr denn?"
„Nazi",
wiederholt der Soldat und drängt mich zur Tür. Von draußen kommt ein Sergeant, hält kurz inne und sagt zu mir:
„Ich habe gehört, was er gesagt hat. Das ist eine besondere Geschichte, am besten, Du vergisst es, oder..., "
er lacht etwas verlegen, weil er wohl selbst merkt, dass das alles kein Scherz ist, „...oder bist Du vielleicht doch ein Nazi? Komm herein."
Freundlich streckt er mir die Hand entgegen.
„Ernest Blackman, Ernest, that's okay".
Ich sage ihm Namen und Vornamen, er lacht wieder und meint:
„Wolfgang, a gang of wolfs? Hoho! I'll call you Wolf".

Der andere Soldat beobachtet mürrisch die Szene und verdrückt sich; ich habe kein gutes Gefühl.

Im Haus befragt mich Ernest nach meiner Familie, will genau Bescheid wissen über jedes einzelne Mitglied, über alle, die zuletzt im Haus gelebt haben. Ich erzähle ihm von uns und den in Berlin ausgebombten Verwandten, und ich berichte ihm auch, dass wir seit Mitte April schon wiederholt das Haus hätten verlassen müssen, ich aber noch nie von einem Amerikaner so unfreundlich wie gerade eben behandelt worden sei.

„Das musst Du einfach vergessen, besser noch, Du solltest es verstehen",

sagt Ernest, und er holt aus zu einer längeren Geschichte.

„GI Jonathan ist deutscher Jude; er ist, ich glaube in München geboren. Mitte der 30er Jahre wanderte er als junger Bursche mit seinem Bruder über England in die USA aus und wurde amerikanischer Staatsbürger. In irgendwelchen Konzentrationslagern – ich habe diese verdammten Namen vergessen – hat er seine ganze Familie und am 6. Juni 1944, dem ersten Tag bei Omaha Beach, seinen einzigen Bruder verloren. Im vergangenen Frühjahr war er, ein Jahr zuvor sein Bruder zur Armee einberufen worden. Die Sache in der Normandie war der erste Einsatz seines Bruders, und dies jetzt ist Jonathans erste Rückkehr nach Deutschland."

Diese Information macht mich betroffen. Mir wird bewusst, dass meine Reaktion gegenüber GI Jonathan – was bedeutet dieses ‚GI' eigentlich? – , wenn auch aus Unwissenheit, falsch war. Ich habe ihn sicher gekränkt, das tut mir jetzt sehr leid. Beim Abschied klopft mir Ernest freundschaftlich auf die Schulter und meint ermunternd:

„Komm ruhig jeden Tag vorbei, am besten um die Mittagszeit, ich habe noch viele Fragen."

Ich auch, denke ich und bin froh, dass ich Ernest kennen gelernt, in ihm vielleicht sogar einen Freund gefunden habe. Im Flur treffe ich wieder auf Jonathan. Das ist bestimmt kein Zufall, er hat mich abgepasst. Finster blickt er mich an, so, als wolle er es mir noch im Nachhinein vergällen, dass mich der Sergeant ins Haus gelassen hat. Es wäre leicht, sich einfach vorbei zu drücken, aber ich spüre, dass es besser ist, ein Wort zu sagen. Etwas verlegen stottere ich erst in englisch herum, dann stelle ich mich ihm vor und sage in deutsch:

„Bitte entschuldigen Sie, ich wusste nichts von Ihrem Schicksal. Jetzt, da ich es weiß, kann ich Sie sehr gut verstehen, was ich gesagt habe tut mir leid."

Jonathan fixiert mich schweigend. Meine Entschuldigung scheint ihn zu irritieren. Ich komme mir wie ein begossener Pudel vor. Als ich schon im gehen bin, stoppt mich seine auf Englisch gestellte Frage:

„Wie alt bist Du?"

Ich drehe mich noch einmal nach ihm um. Er steht unverändert an der gleichen Stelle, unverändert ist auch sein Gesichtsausdruck, in dem ich jetzt die ganze Tragödie seiner Familie zu lesen glaube.

„I just became 15",

antworte ich nun auch englisch und füge, um etwas zu sagen, was ihn vielleicht versöhnlicher stimmen könnte, noch hinzu:

„Vor Jahren hatte ich jüdische Spielgefährten, hier in der Nachbarschaft haben sie gelebt. Wir verstanden uns gut. Ich bin traurig, dass sie alle weg sind und ich nicht einmal weiß, wo sie heute leben."

„Leben?"

Er wiederholt und zieht dieses eine Wort so bitter, verzweifelt und zynisch lang, dass seine tiefen Verletzungen, seine großen Zweifel und seine grenzenlose Verachtung mich wie eine persönliche Anklage treffen. Wieder schaut er mich lange an. Sein starrer, bohrender, trauriger Blick ist kaum auszuhalten. Ich bin total verunsichert. Soll ich gehen? Plötzlich macht er einen Schritt auf mich zu, ich weiche ein paar Schritte zurück, er stoppt. Dann sagt er, und ich bilde mir ein, dass seine Stimme versöhnlicher klingt:

„Ich bin Jonathan. Das nächste Mal möchte ich alles von Dir wissen. Oder weißt Du etwa nichts, willst von nichts etwas wissen?"

Ohne eine Reaktion von mir abzuwarten dreht er sich um und verschwindet im hinteren Teil des Hauses. ‚Alles', was meint er, was alles will er von mir wissen? Jonathans Schicksal hat mich aufgewühlt, Erinnerungen geweckt und wohl auch dunkle Ahnungen aufkommen lassen, aber es gibt mir ein gutes Gefühl, ich bin froh und erleichtert, dass ich nicht einfach an ihm vorbei gegangen bin, und ich nehme mir vor, es beim nächsten Besuch geradezu darauf anzulegen, ihm zu begegnen.

Am nächsten Mittag fragt mich Ernest nach der Hitlerjugend.
„Was haben die Nazi-Führer in der HJ über Amerika gesagt?"
Soll ich die Wahrheit sagen, eine Ausrede suchen?
„Wenn es nicht schon im Herbst letzten Jahres in der Partei und allen Partei-Organisation drunter und drüber gegangen wäre, dann hätte ich noch zur HJ gemusst, so aber nicht. Ich war nur im Jungvolk".
„Was ist der Unterschied? Jungvolk, das ist doch auch die Nazi-Jugend, oder?"
Ernest wartet nicht auf meine Antwort und erzählt, was man den amerikanischen Soldaten über die Deutschen gesagt hat. Sie seien tatkräftig und sauber, hätten Erfindergeist, seien richtige Tüftler und würden Amerikanern zum Verwechseln ähnlich sehen. Aber sie seien alle kleine Hitlers. Am größten sei ihre Fähigkeit, sich aus jeder schwierigen Lage elegant herauszulügen. Ernest hält ein kleines Büchlein in der Hand, dessen wenige Seiten er über den Daumen blättern lässt.
‚Pocket Guide to Germany' kann ich lesen.
„Das ist eine Kurzinformation über das, was uns in Deutschland erwartet, auch eine Charakterbeschreibung der Deutschen",
erklärt Ernest.
„Jeder GI hat es in seinem Gepäck, die wenigsten haben es gelesen. Seid Ihr wirklich alle Lügner? Du bist noch jung, aber was haben die Großen vom Terror und den Verbrechen der Nazis gewusst? Streiten die alles rundweg ab um zu sagen: die anderen sind die Lügner? Ist das so?"
„Ich bin kein Lügner! Mag sein, dass viele Deutsche tatkräftig, sauber und erfinderisch sind, aber man kann nicht sagen, dass alle Deutschen ..."
Ich komme nicht dazu, den Satz zu vollenden, denn von mir unbemerkt ist Jonathan ins Zimmer gekommen und mischt sich jetzt erregt und mit dem Zynismus, den ich bei ihm schon kenne, ein:
„Nein, um Himmels Willen, nicht alle Deutschen sind Lügner! Deshalb wirst Du auch nicht bestreiten, dass Ihr alle nichts dabei

gefunden habt, als Eure Tüftler und Erfinder entdeckten, dass Vergasen viel effektiver ist als Erschießen, und Zentralheizungsrohre sich auch bestens für Vergasungskammern eignen! Du wirst ebenso wenig leugnen, dass die Sauberkeit der Deutschen so groß ist, dass sie besonders gern Seife benutzen, die nicht aus Tierfett, sondern aus Menschenkörpern hergestellt ist. Schließlich wirst Du Euren Nazi-Künstlern bescheinigen, dass sie der Kunst der Welt, welche einmalige Kreativität, die Lampenschirme aus Menschenhaut geschenkt haben. Ja, die Deutschen sind sehr tatkräftig und sauber, sie sind große Erfinder und bemerkenswerte Künstler, und ihre Werkstätten heißen Auschwitz, Buchenwald, Cremlingen-Neuengamme und Dachau – A, B, C, D – Du kannst das ganze Alphabet durchspielen, so viele dieser Werkstätten gibt es! Schon mal diese Namen gehört? Oder war das alles auch nur Teil der infamen Propaganda der amerikanischen Yankee Imperialisten und des internationalen Judentums? Juden in Deutschland, das war einmal für kurze Zeit ein interessantes Kapitel deutscher Geschichte, und Deutschland hatte seinen Nutzen davon. Es gab viele national gesinnte jüdische Deutsche, und an den Fronten des Ersten Weltkrieges haben sie für Deutschland gekämpft. Heute gibt es nur noch deutsche Juden im Ausland, und auch nur die wenigen, die Euren Henkern rechtzeitig entkommen sind."

Hastig und erregt holt Jonathan Luft, macht eine Pause, und in die hinein höre ich wie aus weiter Ferne die Stimme von Ernest, leise, fast ein wenig bebend, hilflos und doch so hilfreich. Er ist auf Jonathan zugegangen, hat beide Hände auf Jonathans Schultern gelegt, die Gesichter der beiden Männer sind sich so nah, dass kein Kopf mehr dazwischen geht, und Ernest sagt:

„Deutschland hat den Krieg verloren, wir sind die Sieger. Aber, Jonathan, sieh in den ‚Pocked Guide'; mit Hass werden wir die Deutschen nicht überzeugen, und das wollen wir doch, um nicht nur den Krieg, sondern auch den Frieden zu gewinnen!"

Stille. Es herrscht eine unheimliche Stille, und mir scheint, als hätten wir drei gerade die Eckpunkte einer unendlichen Beziehung markiert. Mein Empfinden, ich müsste Jonathan zu Hilfe kommen, ist fast stärker als das Bedürfnis, Ernest zu danken. Weder das Eine noch das Andere tue ich, weil ich spüre, dass ich zu einem solchen Dialog noch gar nicht fähig bin. Ernest, der erst, den

Kopf auf einen Arm gestützt auf seinem Bett lag, einer zusammenklappbaren Pritsche, auf der zwei olivgrüne Army-Decken liegen, die eine ausgebreitet, die andere zusammengerollt, steht mitten im Zimmer, Jonathan ist jetzt vor ihm auf dem einzigen Stuhl im Raum wie erschöpft in sich zusammengesackt, und ich hocke wie ein Bündel Elend auf dem Boden. Wenn ich hier nur verschwinden könnte. Jonathan lässt nicht erkennen, ob er das, was Ernest sagte, überhaupt gehört, in sich aufgenommen hat. Wahrscheinlich wartet er auf die Wirkung seiner Worte bei mir, will von mir eine Antwort. Die eigene Verletzung und die Betroffenheit über das Dämmern nationaler Schuld, Trotz und Unwissenheit, dies alles zusammen macht mich sprachlos. Keiner bricht das Schweigen. Vom Flur kommen laute Stimmen, und ich wünsche mir, irgendjemand käme herein, aber nichts geschieht. Wir müssen uns und diese Stille aushalten. Nach einer mir ewig lang vorkommenden Weile steht Jonathan auf, und ohne Ernest und mich noch eines Blickes zu würdigen geht er wortlos.

„Du musst ihm das verzeihen", sagt Ernest,

„Du weißt doch, Deutschland hat seinen Geist gekränkt, seine Seele verletzt, ihm seine ganze Familie genommen, und jeden Tag, den er länger hier ist, spürt er das mehr. Ich glaube, er hängt noch immer an seiner alten Heimat Deutschland, aber er wird Dir solche Gefühle nie zeigen. Vielleicht ist es aber auch so, dass ihm heute nichts fremder ist als dieses ihm verfluchte Deutschland, zu dessen und Europas Befreiung er mit uns in den Krieg gezogen ist."

„Dieses ihm verfluchte Land."

Vorhin klang es bei Ernest doch ganz anders. Daheim war gelegentlich von ‚diesem verfluchten Hitler' die Rede, aber wieso ist unser ganzes Land, warum sind wir alle verflucht? Es paßt überhaupt nicht, aber ich muss weg von diesen Gedanken, und so frage ich Ernest:

„Sag' mal, was bedeutet eigentlich ‚GI'?".

Ernest lacht, auch er scheint froh, dass der Bann gebrochen ist, und die Antwort macht ihm sichtlich selbst Spaß:

„Jonathan ist ein GI, weil alle einfachen Soldaten GI's sind, ‚Government Issue', Eigentum des Staates. Ziemlich blöd, es ist halt so ein Spitzname."

Spitzname? Wie oft sagen Spitznamen mehr aus als schöne Titel! Amerika hält Soldaten für das Eigentum des Staates? Was für eine Mentalität steckt dahinter? Ich finde diese Vorstellung nicht nur ziemlich blöd, ich wundere mich auch, dass die Betroffenen selbst diesen Begriff gedankenlos verwenden. Eigentum des Staates, das ist doch eines Menschen unwürdig. Ich werde keinen Soldaten GI nennen.

„Warum spricht Jonathan mit mir nicht deutsch? Er muss es doch gut können!", will ich von Ernest wissen.

„Deutsch? Eure Sprache wird Jonathan nie mehr sprechen. Er hat einmal zu mir gesagt: Deutschland hat mich ausgestoßen, und ich habe alles, was in mir deutsch war, ausgelöscht und herausgekotzt auf den großen Scherbenhaufen der zerstörten deutschen Kultur. So ist das. Deshalb wäre er auch viel lieber im Pazifik zum Einsatz gekommen. Er hat sich sogar geweigert, als Dolmetscher für die Armee zu fungieren. Du siehst, das hat alles nichts mit Dir zu tun".

„Ich denke schon, dass das etwas mit mir zu tun hat, nur ist mir noch unklar, wie ich damit umgehen soll. Weißt Du, welchen Beruf Jonathan hat?"

„Sein Beruf? Mein Gott, darüber habe ich mir wirklich noch keine Gedanken gemacht. Ich kenne nur einen Beruf, Soldat, Soldat der ruhmreichen US-Armee, Soldat für unser stolzes Land Amerika. Das ist mein Beruf, und diesen Beruf hat jetzt auch Jonathan. Du musst Dir mal eines merken: nicht jeder Amerikaner glaubt an Gott, aber alle glauben an Amerika. Das ist unsere Stärke!"

„Wie, nicht an Gott, dafür aber an das Land glauben! Das ist doch Schwäche, nicht Stärke!"

Ernest lacht wieder so, wie nur er lachen kann.

„Nimm es, wie Du willst. Vielleicht sollte ich sagen: das ist unsere starke Schwäche!"

Unser Zuhause sind jetzt zwei kleine Mansardenzimmer in einem übervollen Haus am Fuß es Kirchberges. Es ist alles sehr beengt, jeder geht jedem auf die Nerven, ständig wird irgend etwas gesucht oder vermisst, und fast täglich bekomme ich neue Aufträge, was ich aus unserem eigenen Haus mitbringen soll, wenn ich wieder zu den Amerikanern gehe. Meist habe ich Erfolg, dank Ernest. Aber vorerst erzähle ich nicht allzu viel von meinen amerikanischen Bekannten in unserem Haus und den Erfahrungen, die ich mit ihnen gemacht habe, auch nicht, dass einige Soldaten in Türrahmen oder Schranktüren Nägel geschlagen haben, um ihre Uniformjacken bequem in Reichweite der Betten aufzuhängen. Unsere Versorgungslage ist schlecht, der Schwarze Markt blüht: Bettwäsche gegen Butter, Kunstgegenstände gegen Kartoffeln, Silber gegen Speck, das ist das, was wir zu bieten haben und das, was wir brauchen. Leitwährung sind die US-Zigaretten, aber einen Leitwolf, der uns durch die Wüsten der Angst, Bedrängnis und Not führen könnte, haben wir nicht. Fast alles fehlt, fast alles wird gebraucht, fast nichts ist mehr normal.

Das Herumstreunen bei den Amerikanern bekommt daher neben allem Interesse an der neuen Welt, die sich uns da auftut, auch einen sehr realen Hintergrund: Wo und wie lässt sich bei den Soldaten, die alles im Überfluss haben, etwas Essbares ergattern? Dem schnellen Tod durch Gestapo-Standgerichte, den Bomben und den Jabos sind wir entkommen, jetzt wollen wir nicht den langsamen Hungertod sterben. Aber viele Menschen glauben, es habe alles keinen Sinn mehr, sie sind niedergeschlagen, oft verzweifelt. Eine gefährliche Gleichgültigkeit macht sich breit, weil das ersehnte Kriegsende dem Leid und aller Not nur ein anderes Gesicht gegeben hat. Die am meisten gestellte Frage lautet: Wie soll es weitergehen? Das ‚Off Limits' an vielen Lokalen und anderen öffentlichen Einrichtungen bekommt Symbolcharakter, lässt das Gefühl aufkommen, im eigenen Land fremd, isoliert, geächtet zu sein. Wir Jungen rebellieren, wollen das so nicht wahrhaben, sehen das Leben noch vor uns.

In diesen Wochen wird öfter vom Morgenthau-Plan gesprochen, den die Nazis ‚Judas Mordplan' genannt haben, und der ihnen im Herbst 1944 deshalb sehr gelegen kam, weil er neue Munition für alte Durchhalteparolen lieferte. Nach diesem Plan – der amerikanische Finanzminister Henry Morgenthau jr. soll ihn 1944 Präsident Roosevelt vorgelegt haben – sollte Deutschland nach der Demontage seiner gesamten Industrieanlagen und Stilllegung aller Bergwerke zu einem reinen Agrarland gemacht werden. Wir haben das seinerzeit der NS-Propaganda nicht geglaubt, aber jetzt befürchten viele, dass es so kommen könnte. Wie soll es weitergehen? Warum schaffen die Amerikaner keine klaren Verhältnisse? Es kann doch niemand so naiv sein, zu glauben, die bloße Verheißung von Demokratie mache aus hungernden und darbenden Menschen Demokraten! Morgen werde ich mit Ernest darüber sprechen.

„Was glaubst Du, was einmal aus uns werden wird?"
Ernest scheint nicht in bester Laune, aber das kann nicht an mir liegen. Mit einem Klaps auf die Schulter reicht er mir wortlos die Armeezeitung. Gleich auf der ersten Seite ist eine Botschaft von General Eisenhower vom 7. August 1945 an die deutsche Bevölkerung abgedruckt:
„Wir werden euch helfen, euer Land wieder auf demokratischer Grundlage aufzubauen".

Ich tue so, als würde ich alles ganz genau lesen, aber tatsächlich lese ich nur wenige Sätze und nutze die Zeit, um darüber nachzudenken, wie Ernest wohl antworten wird und wie ich darauf reagieren soll. ‚Aufbauen', das klingt gut, aber alles, was wir beobachten, sagt uns etwas anderes. Die Amerikaner begnügen sich nicht damit, Deutschland besiegt zu haben, sie lassen es uns spüren, und sie sind wild entschlossen, erst einmal den Nazismus mit seinen Wurzeln auszurotten. Dazu starten sie mit großem Aufwand und missionarischem Eifer eine Aktion zur politischen Säuberung. Nicht nur Politiker, sondern auch Beamte, Vereinsfunktionäre und Unternehmer sollen ihre Vergangenheit offen legen. Ein Volk steht vor Gericht. ‚Entnazifizierung', das Wort macht die Runde. Aber was geben die Fragebögen her, die von den Amerikanern millionenfach verteilt werden, wie wollen die kaum für ihr Aufgabe ausgebildeten Entnazifizierer anhand solcher Formblätter den wirklichen Nazi vom harmlosen Parteigenossen und opportunistischen Mitläufer unterscheiden?

Der Vater gibt an, dass er von 1933 bis 1936 in der SA gewesen ist, und dass er, ohne je ein Amt inne gehabt zu haben, auch Mitglied im Reichsbund der Deutschen Beamten, im Reichsluftschutzbund und im Volksbund für das Deutschtum im Ausland war. Er ist, wie viele andere auch, ungehalten über die Erhebungsmethode, denn die Kriterien der Entnazifizierung sind nicht nur unklar, sie sind auch unlogisch, und die Spruchkammer-Praxis ist von Kammer zu Kammer ganz verschieden. Unmut kommt auf, Unverständnis, es wird auf die ‚Besatzer' geschimpft. Ein Witz macht die Runde: „Nun schafft Hitler doch noch sein Tausendjähriges Reich; 12 Jahre hat er mit Terror regiert, 988 Jahre werden die Amerikanern entnazifizieren".

Diejenigen Deutschen, die eine Demokratie wollen, machen sich Sorgen, weil die Kreise, die noch dem alten System verhaftet oder auch nur gegen Demokratie sind, darauf hoffen, dass ihnen die wachsenden Notstände auf wirtschaftlichem und sozialem Gebiet Zulauf bringen werden. Auch unser Vater ist enttäuscht und hadert mit seinem Schicksal:

„Es ist wirklich nicht zu verstehen. Für die Amerikaner ist schuldig, wer 1933 in die SA eingetreten ist, wer das aber erst 1937 tat, gilt als unschuldig; es müsste genau umgekehrt sein. 1933 konnte man noch guten Glaubens sein, das war leider eine Illusion, aber 1937, nachdem der Staat längst zum Mörder geworden war, musste jeder wissen, was der Nationalsozialismus bedeutet, wohin die Nazis uns und die halbe Welt führen, ins Verderben. Es passieren jetzt unverständliche Fehler, die Amerikaner haben absolut keine Ahnung!"

Die Mutter ist bedächtiger in ihrem Urteil. Sie will zwar den Vater nicht kränken, aber sie versucht auch, der aufkommenden Stimmung gegen die Amerikaner entgegen zu wirken und verweist auf einige uns bekannte Nazis, die alle über ihr Schicksal lamentieren.

„Natürlich will heute keiner von denen aus Überzeugung in die Partei gegangen sein, aber es darf doch jetzt nicht dazu kommen, dass sich die Nazis mit denen, die Hitler abgelehnt haben, gegen die Amerikaner solidarisieren. Wer Dreck am Stecken hat, soll dafür büßen, wer das Recht gebrochen oder gar Verbrechen begangen hat, muss zur Verantwortung gezogen und bestraft werden. Ich weiß, viele glaubten, es gehe nicht anders, man müsse halt dabei sein, wegen des Berufes, zum Schutz der Familie oder im Interesse des Weiterkommens der Kinder. Über diese Opportunisten will ich nicht richten, aber mit allen anderen haben wir nichts zu tun, und schon gar nicht steht es uns zu, die Amerikaner dafür zu kritisieren, dass sie ungeschickt vorgehen. Wolfgang, sag ihnen doch einmal, was sie nach unserer Meinung falsch machen."

Der klare Standpunkt der Mutter bewirkt Mäßigung, nicht mehr. Es laufen zu viele herum, die stramm gestanden, lauthals mit zackigem Gruß ‚Heil Hitler' gesagt und größten Wert darauf gelegt haben, dass es auch so zurückkommt, jetzt aber so tun, als sei ihnen dies alles lästig gewesen. Aber es ist zu viel Dilettantismus im Vorgehen der Amerikaner. In dieser Stimmungslage wächst die Lust, weniger über die eigene Schuld als vielmehr über die Willkür der Amerikaner zu reden, und es wächst auch die Heerschar derer, die, ahnungslos wie sie jetzt vorgeben gewesen zu sein, bloße Mitläufer im Parteistaat der Nationalsozialisten waren. Schließlich wird die Kategorie ‚Mitläufer', was eigentlich doch eine jämmerliche Bewertung politischen Engagements ist, sogar offiziell in den Spruchkammer-Verfahren verwendet. Vom dicken Bonzen bis zum einfachen Parteigenossen sind alle auf der Suche nach Zeugen, die sie entlasten können, die so genannten ‚Persilscheine' stehen hoch im Kurs, und die staunende Welt erfährt, wie viele hochanständige Menschen es in Nazi-Deutschland doch gegeben hat. Der Fragebogen des *Military Government of Germany,* der mit der Ermahnung beginnt, vor Beantwortung erst sorgfältig alle 131 Fragen zu lesen, lässt in vielen Familien die Köpfe rauchen. Es gab 54 NS-Organisationen, für die sich jetzt die Amerikaner geradezu akribisch genau interessieren! Ich gebe Ernest die Zeitung zurück.

„Wer hat recht", will ich wissen,

„Morgenthau oder Eisenhower? Haben wir Deutschen überhaupt noch eine Zukunft?"

„He, was weißt denn Du von Morgenthau?"

Ernest sieht mich erstaunt an, und so, wie er es öfter macht, wartet er nicht auf eine Antwort, sondern fährt fort:

„Die Frage ist nicht, wer recht hat, die Frage lautet: Wie kann verhindert werden, dass Deutschland jemals wieder in die Lage kommt, einen Weltkrieg zu beginnen. Hast Du dafür eine Antwort?"

„Wir haben genug vom Krieg, wir wollen keinen Krieg mehr, niemand will Krieg", erwidere ich trotzig.

„Kennst Du die Geschichte gut und wahrheitsgetreu genug um zu wissen, wie es zu diesem verdammten Krieg, der uns über den Atlantik schippern ließ und durch halb Europa getrieben hat, gekommen ist? Die Deutschen sind doch diesem Hitler vorneweg und hinterher gelaufen, und sie haben sogar noch begeistert, vielleicht auch nur hysterisch ‚Ja' geschrieen, als ihnen von Eurem Propaganda-Goebbels der totale Krieg abverlangt wurde. Wer weiß, ob ihr nicht morgen wieder einem neuen Hitler auf den Leim geht!"

„Das werden wir zu verhindern wissen. Wer ist dieser Junge, was hat er hier zu suchen?"

In der Tür steht ein mir fremder Offizier. Ernest, der sofort Haltung angenommen hat, macht Meldung, und dabei sagt er auch, zumindest meine ich, das so gehört zu haben, dass dies das Haus meiner Familie sei. Der Offizier mustert mich kritisch von oben bis unten und dann – die Amerikaner nehmen offensichtlich wie selbstverständlich an, dass alle Deutschen Englisch sprechen – stellt er mir eine Frage, die mich verblüfft:

„Was willst Du einmal werden?"

Wohl weiß ich, dass ich Arzt werden möchte, aber ich zweifle, ob man junge Deutsche überhaupt noch einmal studieren lässt. Soll ich ihm das jetzt sagen? Da meine Antwort auf sich warten lässt, kommt mir Ernest zu Hilfe:

„Wolf hat gerade",

er zeigt mit einer lässigen Handbewegung auf mich,

„den Morgenthau-Plan erwähnt und meint, für seine Altersgenossen und ihn sei die Zukunft gestorben."

Ernest nickt mir aufmunternd zu.

„So ist es doch, Wolf?",

und nach einer kurzen Pause sagt er, mir zugewandt:

„Ich glaube, es ist besser, wenn Du jetzt gehst".

Der Offizier steht noch immer auf demselben Fleck, es wäre schwierig, sich an ihm vorbeizudrücken, aber das erübrigt sich, denn ohne auf Ernest einzugehen sagt er in einem Tonfall, aus dem ich Wohlwollen heraushöre:

„Wolf, so heißt Du? OK, Deine Zukunft ist nicht gestorben, sie ist noch gar nicht geboren. Der Sergeant wird Dich einmal zu mir in den Club bringen, und dann reden wir über den Morgenthau-Plan und Deine Zukunft, OK?"

„OK!",

antworte ich.

Wolfgang (3 Jahre) und Gerhard (4) Hamberger, Ende 1933

Hochzeitsfoto 1928: Hedwig und Wilhelm Hamberger, Eltern des Autors

Stammtisch, 1935. Zweiter von links Großvater Philipp Hamberger, ganz rechts Wolfgang Hambergers erster Englischlehrer, Wilhelm Knobeloch

Günther und Erich Desaga (stehend), Gerhard (vorne) und Wolfgang Hamberger: Stahlhelme zum Geburtstag

Konviktskapelle Bensheim, um 1936; in der NS-Zeit geistiges Refugium, nach 1945 Kirche für US-Militärgottesdienste

Wolfgang Hamberger, erster Schultag 1937

Ausflug auf den Melibokus zwei Tage nach Kriegsbeginn, September 1939

Im privaten Fuldaer Garten: Liselotte und Wolfgang Hamberger am 26. August 1998, dem Tag nach dem Ausscheiden aus dem Amt des Oberbürgermeisters

Clemens Hamberger OSB (Gerhard) an der großen Klais-Orgel der Benediktinerabtei Münsterschwarzach, 1991

Wolfgang Hamberger (mit Liselotte H. und Schulfreunden Karl Schmidt, dahinter Wolfgang Franke) stellt sein erstes Buch „Mit meinen Augen" im Kolpinghaus Bensheim vor, 1998

US Botschafter Robert M. Kimmitt in Fulda; links OB Dr. Wolfgang Hamberger, rechts sein Amtsvorgänger, der dann Vorsitzender der CDU/CSU-Bundestagsfraktion wurde, Dr. Alfred Dregger MdB, auch ein großer Freund Amerikas, 1993

27. März 1945: Eimarsch der Amerikaner (1. Bataillon, 180. Infanterieregiment, 45. Division des XV Corps der 7. US Armee) in Bensheim. Frau Anna Mix geb. Hesch (verst. 1947) blickt auf die Trümmer des Tabakwarenladens ihrer Schwester Margaretha Hesch, Hauptstraße 28. Links das Kaufhaus Heinrich Müller. Am selben Tag zur etwa gleichen Zeit war auch der damals 14-jährige Wolfgang Hamberger mit seiner Mutter in der Hauptstraße und beobachtete, wie US Soldaten mit ihren Gewehrkolben Schaufenster einschlugen und Deutsche zum Plündern aufforderten. Dieses Bild des amerikanischen Kriegsberichterstatters Jerry Rutberg ging um die Welt.

Darmstadt: Die Ernst-Ludwig-Straße an der Ecke Schuchardstraße nach dem 11. September 1944 – aus heutiger Sicht zwischen dem Brotgeschäft Bormuth und dem Juwelier Techel. Der Blick geht nach Norden Richtung Weißer Turm sowie Kaufhaus Henschel und Ropertz. Die Fahrbahn ist noch nicht von Trümmern freigeräumt.
                                   Foto: Darmstädter Echo, Archiv

Einmarsch der Amerikaner in Fulda, Langebrückenstraße, 2. April 1945

Das war einmal die Geschäftsstraße Große Bleiche in Mainz. Im Feuersturm verbrannten hier am 27. Februar 1945 viele Menschen bei lebendigem Leibe.   *US-Foto, Ernst Simon, 10. April 1945*

Der Mainzer Dom, 2004

Mit Hambergers „amerikanischen Eltern", Bob und Myrtle MacKenzie, Cleveland, Sommer 1958

Drei aus dem USA Fulbright-Stipendiaten-Programm 1958; von links Wilhelm Wannemacher, Mia Maessen (Holland) und Wolfgang Hamberger

US Präsident Ronald Reagan und Frau Nancy Reagan in Deutschland; auf dem Hambacher Schloß begeisterte Ronald Reagan am 6. Mai 1985 die Jugend

Ehepaar Hamberger zu Besuch beim Kommandeur des V. US Korps in Frankfurt, Generalleutnant Robert L. Wetzel und Gattin, 1985

Zum Gedenken an die Deportation Fuldaer Juden am 5. September 1942 ließ Hamberger 50 Jahre später ihren letzten Weg von der Sammelstelle durch Fuldas Innenstadt zum Bahnhof markieren, 1992

Christen und Juden, Geschwister im Glauben. Gemeinsame Verleihung des Kulturpreises der Stadt Fulda an die christliche Künstlerin Lioba Munz OSB und den jüdischen Pädagogen Dr. Naftali Herbert Sonn, 1986

Städtepartnerschaft mit Wilmington im US Staat Delaware. Dr. Hamberger mit seinem Amtskollegen, Bürgermeister James H. Sills, 1997

Oberbürgermeister Dr. Wolfgang Hamberger 1997 mit ehemaligen Fuldaer Juden in Tel Aviv. Ganz links eine Tochter des Fuldaer Kulturpreisträgers Dr. Naftali Herbert Sonn, daneben Michael Cahn, ein Sohn des letzten Fuldaer Rabbiners

Seit 1998 lädt der Deutsch-Amerikanische Frauenklub jährlich Studentinnen aus Wilmington zum Sommerkurs der Fachhochschule Fulda ein. 2004 waren es Christina Wall und Victoria Simoshina, hier mit Präsidentin Liselotte Hamberger und Geschäftsführerin Gudula Danzer

General Frederick M. Franks Jr. zu Besuch beim OB, 1990

Jahrzehntelanges soziales Engagement: Junge Amerikaner und Mitglieder des Bundesgrenzschutzes packen und verteilen zu Weihnachten Pakete an bedürftige deutsche Familien. In der Mitte Renate Stieber, erfolgreiche Verbindungsoffizierin, heute Geschäftsführerin der „German-American Cultural Association"

OB Dr. Wolfgang Hamberger zusammen mit dem Kommandeur des V. US Korps, General George A. Joulwan, 1990

Walter Sander (rechts), deutscher Verbindungsoffizier bei dem in Fulda stationierten US Regiment (1954–1972) und bis heute hilfreicher Partner der Amerikaner, erhält aus der Hand des Oberbefehlshabers der US Streitkräfte in Europa, General James H. Polk (links), den höchsten zivilen Orden der US Armee; in der Mitte Generalmajor Woodrow W. Vaughan, 1969

1993 führten Dr. Wolfgang Hamberger und Dr. Klaus Sorg Gespräche im Pentagon in Washington zum Thema US Truppenabzug aus Europa. Dr. Klaus Sorg, Vorsitzender des Deutsch-Amerikanischen Beratungsausschusses, vor dem Haupteingang „Riverside" des Pentagon

Der alte (bis etwa 1968) Beobachtungsturm von Point Alpha

Der neue Beobachtungsturm von Point Alpha

Tow-Launcher, Tag- und Nacht-Beobachtungsgerät an der deutsch-deutschen Grenze

Aus den Akten des Beauftragten für die Stasi-Unterlagen (BStU): Aufnahme, die ein Ost-Spion am Eingang zu Point Alpha in den 80er Jahren gemacht hat

Freiheit! Am 6. Oktober 1989 kommen Sonderzüge mit DDR-Flüchtlingen über Prag nach Fulda, wo die Flüchtlinge auf dem Bahnhof mit dem Notwendigsten versorgt werden

Dankandacht auf dem Domplatz nach der Grenzöffnung; Dr. Johannes Bock (Mikrophon), Weimar, übergibt Dr. Hamberger ein „Demoset" (Kerzen und Streichhölzer), Nov. 1989

Dankbar-wehmütiger Abschied: Am 7. Oktober 1993 wird das 11. ACR bei einem letzten Appell außer Dienst gestellt

Im Jahr 2000 wurden Gedenksteine an das 14. und 11. ACR, die in Fulda 40 Jahre lang stationiert waren und im „Fulda Gap" zur Verteidigung der Freiheit bereitstanden, in Anwesenheit einiger hundert ehemaliger „Fuldaer" US Soldaten enthüllt. Ganz rechts General Adrian St. John, Kommandeur des 14. ACR, als Dr. Hamberger 1968 nach Fulda kam

Ich werfe Ernest einen fragenden Blick zu, der macht mit dem Kopf eine leichte Bewegung zur Tür hin, und mir ist klar dass ich die beiden Soldaten nun alleine lassen soll. Ich gehe. Auf dem Gartenweg zur Straße kommt mir Jonathan entgegen, aber da er keine Anstalten macht, mit mir zu reden, gehen wir höflich grüßend aneinander vorbei. Ich weiß nicht, irgendetwas zieht mich zu ihm hin. Es ist wie ein Traumbild, immer wenn ich ihn sehe, sehe ich in seinem Gefolge die Kinder unserer jüdischen Nachbarn Marx, Kallmann und der anderen. Jonathan glaubt, dass sie alle gar nicht mehr leben, das hat er mir deutlich zu verstehen gegeben, und er hat auch keinen Zweifel daran gelassen, wer schuld ist: wir, die Deutschen. Warum habe ich mir bisher nie darüber Gedanken gemacht?

Heute erzähle ich zu Hause, dass ich in den Offiziersclub eingeladen bin.

„Was wollen sie von Dir, was passiert in diesem Club?"

Keine der beiden Fragen kann ich der Mutter beantworten, aber ich sage ihr, worüber ich zuvor mit Ernest gesprochen habe und dass ich dabei auch den Morgenthau-Plan erwähnt hätte.

„Es ist nicht gut, wenn Du Dich in den politischen Kram einmischst, schon gar nicht in das, was die Amerikaner planen. Du musst immer bedenken, dass sie glauben werden, alles, worüber Du sprichst, sei auch das, worüber in der Familie geredet wird. Das könnte einen falschen Eindruck vermitteln, vielleicht sogar gefährlich für uns sein. Wir brauchen Geduld, müssen abwarten, wie sich alles entwickeln wird."

„Aber da war noch etwas; der Offizier, der mich eingeladen hat, will mit mir auch über meine Zukunft reden",

ergänze ich und merke gleich, dass ich das besser gelassen hätte.

„Über Deine Zukunft? Das hatten wir schon einmal, dass andere sich um Deine Zukunft kümmern wollten. Ich werde heute Abend mit Vater reden, damit er Gerhard und vor allem Dir, jedenfalls so lange die Schule noch nicht wieder angefangen hat, täglich ein festes Lernpensum aufgibt und es abends abhört. Von alleine tust Du ja doch nichts. Gerhard geht wenigstens zu Orgelbauer Lutz. Doch das kannst Du diesem Offizier sagen: er soll dafür sorgen, dass endlich wieder ein geordneter Schulunterricht stattfindet. Wir brauchen nicht nur eine Umerziehung der Alten, wir brauchen auch die Erziehung der Jungen. Aber sag' das alles in höflichem Ton, hörst Du! Auch dass wir Christen sind und Du Messdiener bist, kannst Du ihn ruhig einmal wissen lassen."

Nun kenne ich Mutters Verhaltensregeln für das Gespräch mit einem Offizier der amerikanischen Besatzungsmacht, und außerdem darf ich mich darauf freuen, dass der eigene Vater ab sofort bei mir Schulmeister spielen wird. Da kann ich nur hoffen, dass die richtige Schule wirklich bald wieder losgeht.

Bevor wir den Jeep besteigen, um zu dem Offizier zu fahren, bekomme ich auch von Ernest noch einige Hinweise, allerdings sind das eher wichtige Informationen als strenge Verhaltensregeln.

„Du musst wissen, der Major ist im Zivilberuf Lehrer an einem College, wir nennen ihn nur unseren Professor. Er ist brennend daran interessiert, zu erfahren, wie die deutsche Jugend in der NS-Zeit erzogen wurde, was sie über Amerika und die Amerikaner weiß und denkt, und welche Vorstellungen sie von der Zukunft hat. Du kannst ganz offen reden, er meint es ehrlich und gut. Das wenige, was ich von Dir weiß, habe ich ihm schon gesagt, aber er will es sicher noch einmal von Dir selbst hören. Er hat wirklich Interesse an Deutschland und sorgt sich darum, dass die Spannungen mit den Sowjets größer werden."

„Oh je, Ernest, für ein solches Gespräch reicht mein Schul-Englisch doch gar nicht aus! Ich will wenigstens schnell noch mein Wörterbuch holen."

„OK, hol das Wörterbuch, aber Du kriegst das schon hin, und wenn Du etwas nicht verstehst, dann tu' nicht so als ob, sondern sag' es ihm, und er wird es wiederholen oder anders ausdrücken, wie auch immer. Mach' dir keine Sorgen, das wird schon klappen."

„Wirst Du dabei sein?"

„Das hängt ganz vom Professor ab, bis jetzt hat er nichts gesagt. Übrigens, der Major wohnt auch dort im Club; die Villa ist am anderen Ende der Stadt."

Ich weiß sofort, das ist die Villa, in der ich vor Jahren schon einmal mit dem Großvater war, als dort in dem damals unbewohnten Haus irgendeine Ausstellung stattfand. Bei dieser Gelegenheit habe ich auch einiges über die Geschichte des Hauses erfahren.

Kommerzienrat Wilhelm Euler, ein angesehener Papierfabrikant, hatte sich das Haus 1912/13 von Heinrich Metzendorf, dem wohl bekanntesten Architekten der Bergstraße, unserem Nachbarn, bauen lassen. Er nannte es *Eulenhorst* und wohnte darin bis zu seinem Tod im Jahre 1934. Danach stand das Haus einige Jahre leer, kam schließlich um 1940 in den Besitz des NS-Lehrerbundes e.V., und der richtete später dort seine Lehrerbildungsanstalt ein. Jetzt, im Herbst 1945, wohnen im Obergeschoß amerikanische Offiziere, und im Erdgeschoß haben die Amerikaner ein nobles Offizierskasino eingerichtet.

Wir fahren über den Rundweg des Parks bis vor den Haupteingang, wo das Sternenbanner aufgezogen ist. Der prächtige Eindruck der Villa wird von dem der Innenausstattung der Halle mit einem elegant gestalteten, großzügig angelegten Treppenhaus noch übertroffen. Ich kenne mich da nicht sonderlich aus; ist das Jugendstil oder Neoklassizismus? Ernest hat auch keine Ahnung. Hier kommt man aus dem Staunen nicht heraus. An der Treppe, die zu den Räumen im ersten Stock führt, ist das herrliche Geländer, das sich oben an der Brüstung eines Quergangs fortsetzt, der den einen mit dem anderen Flügel des Hauses verbindet, besonders auffallend; es besteht aus einem durchbrochenen Kachelwerk in den Farben Grün, Weiß und Gold, und nur die beiden Felder in der Mitte der Brüstung und am unteren Treppenabsatz wirken unpassend grau und leer; da scheint etwas zu fehlen.

Als hätte er meine Gedanken erraten, sagt Ernest:
„Da oben und hier unten an der Treppe sollen früher übergroße Hakenkreuze gewesen sein, aber die hat die Einheit, die vor uns hier war, schon als Souvenir mitgenommen. Sieht komisch aus; vielleicht sollten wir jetzt ein Porträt von General Eisenhower hinein hängen".

„Man müsste sich mal erkundigen, was da ganz früher, also vor dem Krieg gehangen hat; vielleicht irgendein Relief."

Ernest interessiert das nicht. In der Mitte hängt ein herrlicher Kronleuchter. Vom Erzählen des Großvaters weiß ich auch, dass an der Innengestaltung der Villa die Großherzogliche Keramische Manufaktur von Darmstadt mitgewirkt hat. Alles harmoniert mit der Wandvertäfelung und den schweren Möbeln aus Eichenholz, die wahrscheinlich aus dem Besitz des Erbauers stammen und alle fremden Nutzungen der Zwischenzeit gut überdauert haben. Die anschließende Rundbogennische wird von einer Konsolendecke überspannt, der folgende Saal von einer Kassettendecke. Es ist alles wirklich sehr eindrucksvoll.

„Der Mann", Ernest meint den Erbauer,

„muss viel Geld gehabt haben, und dann haben es sich die Nazis hier gut gehen lassen. Ist doch kein Wunder, dass wir diese Villa entdeckt und beschlagnahmt haben, oder?"

Ernest lacht lauthals, und so, als sei dieses Lachen das Zeichen unserer Ankunft gewesen, erscheint oben auf der Treppe der Major. Auch er lacht; es ist ein einladendes, herzliches Lachen, und so ist auch die Begrüßung. Der Major ist ein richtiger Gentleman.

Durch die Nische erreichen wir einen kleineren Raum, der früher einmal die Bibliothek gewesen zu sein scheint. Auf den Sesseln und der Fensterbank liegen etliche Zeitungen und Zeitschriften herum, in den Regalen sind neben Büchern auch noch andere Dinge abgelegt, und auf dem Tisch stehen zwei übervolle Aschenbecher. Hinten im Saal vertreiben sich einige jüngere Offiziere die Zeit an einem Billardtisch. Ernest erklärt, er wolle kurz einen alten Freund begrüßen, aber ich glaube, das ist eine Ausrede; er möchte mich mit dem Major alleine lassen. Der ‚Professor', wie Ernest sagt, lässt Coca Cola und Crackers kommen, will wissen, ob ich schon einmal in diesem Haus gewesen sei, lässt mich erstaunt und interessiert erzählen, was ich über die Geschichte des Hauses weiß, und sagt dann:

„Erzähle mir von Deiner Familie."

Für mich ist das nicht ganz einfach, denn obwohl mein Englisch durch die tägliche Praxis ganz ordentlich ist, fehlen mir doch viele Fachausdrücke. Deshalb erzähle ich nicht unbedingt das, was mir besonders wichtig erscheint, sondern eben das, wofür mein Wortschatz reicht. Mehrfach unterbricht mich der Major, hakt nach oder stellt gezielte Fragen. Ganz speziell interessiert ihn, wie die politische Einstellung der Eltern war.

„Weißt Du, so wie man aufwächst, so denkt man auch fürs Leben",

wirft er ein und will wissen, wie über die Amerikaner gesprochen worden sei, und welchen Einfluss Schule und Hitlerjugend auf uns Jugendliche gehabt hätten. Er hört aufmerksam zu, manchmal verbessert er mein Englisch, aber sein Gesicht verrät nichts von seinen Empfindungen.

„War euer Familienleben atypisch für diese Zeit?"

fragt er und fügt die heikle Frage an, ob Widerstand gegen das Regime möglich gewesen und von meinen Eltern ausgeübt worden sei.

„Im Hinblick auf das, was die Nazis wollten, war unser Familienleben sicher eher atypisch, aber ich weiß, dass auch andere Familien genau so gedacht und gelebt haben wie wir."

„Habt ihr praktische Konsequenzen daraus gezogen?"

„Ich weiß nicht. Nein, eigentlich nicht."

„Eigentlich, sagst Du; aber solche Fälle hat es gegeben? Was z.B. war das? Hast Du irgendwo einen Fall praktischen Widerstandes erlebt?"

„Bei uns nicht, oder vielleicht doch. Das Verhalten der Familie war eben anders; bei uns wurde nicht so wie in der Partei gedacht, und dann war da noch die Sache mit der Reichsschule."

Ich erzähle ihm die Geschichte von meiner Auswahl für die Reichsschule in Feldafing am Starnberger See und vom erfolgreichen Bemühen des Vaters, das zu verhindern.

„Das hört sich ja fast so an, als würdest Du es bedauern, dass du nicht dorthin gekommen bist. Ist das so?"

„Ich weiß nicht. Diejenigen, die dort waren, haben immer erzählt, wie toll alles in der Reichsschule ist. Meine Eltern wollten es halt nicht; sie befürchteten, dass ich dort nicht in die Kirche gehen darf, und der Glaube ist ihnen wichtig."

„Ihr seid katholisch? Bist auch Du gläubig?,,

„Ja, ich war und bin sogar Messdiener."

„Na gut, Du hältst Dich also für einen ordentlichen Kerl. OK, vielleicht ist das ja auch so. Wie habt ihr, wie haben eure Nachbarn über die Luftangriffe der Alliierten auf deutsche Städte gedacht? Wurde das als Terror gegen die Zivilbevölkerung empfunden? Ward Ihr hier in Bensheim jemals in unmittelbarer Gefahr?"

„Wenn der blaue Himmel voll der silber glänzenden Sterne der im Anflug befindlichen Pulks der US-Air-Force hing, oder wenn nachts die Scheinwerfer den Himmel absuchten, bis sie ein Flugzeug entdeckt hatten, war das für uns Jungen lange Zeit ein Teil des großen Abenteuers Krieg, beängstigend und faszinierend zugleich. Doch es gab eine Zeit, da wusste keiner, ob er überlebt. Dennoch hieß es bei uns daheim auch in der heißen Phase der Luftangriffe immer wieder: ‚Das haben wir alles dem Hitler zu verdanken, es sind seine Bomben, die vom Himmel fallen'. Auch viele unserer Nachbarn haben so gedacht. Sogar dann noch, als ich beinahe umgekommen wäre, blieb die Mutter bei dieser Meinung. Das ist die Wahrheit."

„Was ist Wahrheit?"

Der Major betont die Frage so bedeutungsschwer, dass mir sofort klar ist, welches ganz bestimmte Zitat er meint.

„Ich weiß, wer diese Frage zuerst gestellt hat. Aber so wenig die Zweifel des Pilatus im Verhör Jesu angebracht waren, so wenig ist meine Aussage zu bezweifeln. Ja, ihr hättet mich fast umgebracht!"

„Umgebracht? Wir Dich umgebracht! He Du, das klingt ja wie eine Mord-Anklage. Wo und wann war das, wie kam es dazu, was ist passiert?"

Schweigend, immer nachdenklicher werdend und ohne eine Mine zu verziehen hört sich der Major meinen Bericht vom Bombenangriff auf Mainz am 27. Februar an. Zum Schluss versichere ich ihm:

„Ich klage niemand an, ich sage nur, wie es war, und dazu gehört eben auch, dass wir zwar in wachsender Angst und Gefahr lebten, dass das jedoch bei den meisten keinen Hass gegen die Piloten der Bomberflotten schuf, sondern nur den Wunsch nach dem Ende der NS-Diktatur immer sehnlicher werden ließ."

„Du bist tapfer. Ich habe mir nie große Gedanken über die Strategie des Bombenkrieges gegen deutsche Städte gemacht. Im Grunde wollten wir nur kriegswichtige Ziele, nicht die Bevölkerung treffen. Es ging um die Vorbereitung der Invasion, also darum, die Risiken für unsere Bodentruppen so gering wie möglich zu machen. Aber die Engländer haben uns mehr und mehr in ihr Konzept zur Demoralisierung der Bevölkerung mit hinein gezogen. Vielleicht sind die Folgen nicht hinreichend bedacht worden; es tut mir leid."

Der Major steht auf, ich tue es im gleich. Ich habe den Eindruck, dass er mit meiner Schilderung des Bombenangriffs auf Mainz etwas aus dem Konzept gekommen ist und das Gespräch beenden will. Aber er packt mich an beiden Schultern, schüttelt mich und sagt:

„Ich bin froh, dass Du lebst. Du hast im Bombenhagel von Mainz die todbringende Gewalt des Krieges kennen gelernt. Nur wer den Tod gesehen hat, weiß was Krieg bedeutet, darf über Krieg reden und wird dann auch für den Frieden kämpfen. Unsere Bomben haben gewiss viele Unschuldige getroffen, das ist tragisch. Aber so ist das in einem Krieg, in dem der Mensch schlecht, die Maschinerie jedoch immer perfekt funktioniert."

Der Major drückt mich wieder in den Sessel zurück und beginnt nun, mir einen richtigen Vortrag zu halten.

„Einzige Aufgabe, tiefster Sinn und sichtbares Merkmal aller Politik ist es, Frieden zu schaffen und zu sichern. Wenn es Krieg gibt, haben zunächst einmal alle verloren, und wenn am Schluss einer siegt, dann nur, weil anders der Frieden nicht zu gewinnen ist. Bei Thomas von Aquin – sagt Dir der Name etwas? – heißt es: Das Gute aber und das Heil einer vergesellschafteten Menge beruht darin, dass ihre Einigkeit bewahrt werde, welche Friede genannt wird; wird der Friede weggenommen, so geht der Nutzen des gesellschaftlichen Lebens unter, so dass die zerfallende Menge sogar sich selbst zur Last wird. Das ist vor etwa 700 Jahre gesagt worden und noch immer gültig!"

Ich muss wieder an Ernest und seine schmunzelnd gemachte Bemerkung denken: Wir nennen ihn nur unseren ‚Professor'. So ist es, er der Professor, ich sein Schüler; und es geht weiter.

„Abraham Lincoln, unser 16. Präsident, der den Sezessionskrieg beendete und die allgemeine Sklavenbefreiung bewirkte, hat bis zu seiner Ermordung im Jahre 1865 für sein Ideal gekämpft, dass alle Menschen frei sein und in die Lage versetzt werden sollen, über ihr Schicksal selbst zu entscheiden. Niemand, kein Staat und kein einzelner Mensch dürfe jemals einen anderen bevormunden. Das, was Thomas von Aquin gelehrt hat, und was auch die Überzeugung Abraham Lincolns war, das ist die großartige Tradition, in der wir Amerikaner bis heute stehen."

„Aber was ist mit dem Morgenthau-Plan?",
werfe ich ein.
Sein Blick sagt mir, dass er es nicht gewohnt ist, unterbrochen zu werden, schon gar nicht von einen Schüler.
„Nur langsam, ich will es Dir ja gerade erklären. Den Morgenthau-Plan werden wir nicht weiter verfolgen. Präsident Roosevelt und Englands Premier Churchill haben ihn längst als politisch falsch verworfen. Wir wollen und wir brauchen eine solide atlantische Partnerschaft zwischen Amerika und den demokratischen Ländern Europas, und zu denen wird eines Tages auch Deutschland wieder zählen. Doch die Geschichte lässt sich nicht einfach abschütteln, es darf nichts vergessen oder verdrängt werden. Denn alles Falsche und Schlechte, das nicht redlich aufgearbeitet und ausgetragen wird, kehrt mit noch größerer Wucht zurück."
Der Major macht eine kurze Pause, und ich denke darüber nach, ob er grundsätzlich alle Deutschen für schuldig hält und wie lange es dauern wird, bis alles aufgearbeitet und ausgetragen ist. Als hätte er das auch gerade bedacht, fährt er fort:
„Ich glaube, dass die meisten Deutschen an den Verbrechen der Nazis nicht persönlich schuldig geworden sind, aber ich bin überzeugt, dass viele Deutsche durch ihr Wegschauen, ihr Nichthinhören, ihre blinde Gefolgschaft Hitler überhaupt erst groß werden ließen, und ich erwarte, dass alle Deutschen dafür verantwortlich sind und bleiben, wie die Schrecken der NS-Diktatur in der Geschichte Deutschlands, Europas und in der Geschichte der ganzen Menschheit als verpflichtendes ‚nie wieder' nach- und weiterwirken werden. Eine ernste, ehrliche und somit verantwortungsbewusste Auseinandersetzung mit der Hitlerzeit ist die entscheidende Voraussetzung für ein neues politisches Bewusstsein in Deutschland. Das liegt nicht einfach nur in unserm Interesse, nein, es ist unsere Mission und die Aufgabe Eurer jungen Generation. Verstehst Du nun, warum ich sage, dass Deine Zukunft erst jetzt beginnt?"
Wieder macht der Major eine Pause, sieht mich fragend an, und sagt, so, als habe ihn sein eigener Wortschwall überrascht, fast ein wenig verlegen:
„So viel wollte ich selbst gar nicht reden, denn ich möchte, dass Du erzählst. Aber Du wolltest ja auch von mir wissen, was aus Dir und Deinesgleichen werden soll. Siehst Du nun klarer, erkennst

Du, dass wir, die Amerikaner, Ihr, die Deutschen und die halbe Welt gerade erleben, wie ein neues Kapitel unserer gemeinsamen Geschichte beginnt?"

Sein fast flehentlicher Blick sagt mir, dass er auf mein ‚Ja' wartet, dass er bestätigt haben möchte, wie sehr ich von den guten Absichten der Amerikaner überzeugt bin. Ich bin es auch, aber gleichzeitig empfinde ich einen Zwiespalt, möchte ihm sagen, dass ich ihm glaube, ohne zu verschweigen, wie dreckig es vielen Deutschen und auch uns geht.

„Ich glaube Ihnen, aber die Leute diskutieren nur über alle möglichen Risiken und Gefahren. Der Hunger und die Not, den Alltag zu meistern, beanspruchen die ganze Kraft jedes einzelnen Familiemitgliedes. Von einem Neubeginn oder gar davon, Perspektiven für die Zukunft zu entwickeln, redet kein Mensch. Außerdem machen alte Nazis heimlich Stimmung gegen die Amerikaner. Dabei haben viele von uns ein schlechtes Gewissen, weil wir das als Schuld empfinden, nichts gegen das Regime getan zu haben. Es sieht nicht gut aus. Im März wurden die Amerikaner als Befreier begrüßt und jetzt werden sie als Besatzer beschimpft, weil niemand mehr ein und aus weiß."

„Junge, die Nazis haben Deutschland kaputt gemacht, regelrecht umgebracht, aber deshalb müsst Ihr euch doch nicht alle zu Leichen erklären! Was bist Du? Ein ehrlich Suchender oder ein zweifelnder Kritiker? Die Generation der Erwachsenen hat da gewiss mehr Probleme, für sie ist wahrscheinlich ein Teil ihres Lebensplanes zerstört, aber Ihr, die junge Generation, Ihr sollt über Chancen statt Risiken reden, Ihr braucht Aufbruchstimmung, und Ihr müsst Träume haben! Und dies ist einer meiner Träume, vielleicht ein neuer amerikanischer Traum: Junge Amerikaner und junge Deutsche machen aus Deutschland ein demokratisches Land, gestalten die Welt und bilden eine geistige Front gegen den Kommunismus, der immer bedrohlicher wird. Die Auseinandersetzung, die uns als nächstes bevorsteht, wird einen ganz anderen Frontverlauf haben! Das ist das Problem der Stunde!"

Der Major hat sich in einen wahren missionarischen Eifer gesteigert, und sein Enthusiasmus ist ansteckend. Kaum lässt er mir Pausen zum nachdenken, schon gar nicht zum antworten; ich höre immer begeisterter zu:

„Über kurz oder lang wirst Du wieder in die Schule gehen, und natürlich kannst du später auch studieren, vielleicht sogar in Amerika. Die deutschen Studenten, die vor dem Krieg in Amerika waren und sowohl unseren Pioniergeist, als auch die Demokratie und die offene amerikanische Gesellschaft, also den ‚american way of life' kennen gelernt haben, sind die Engagiertesten im Kampf gegen Hitler gewesen. Solche Partner brauchen wir. Du musst in Zukunft deutsch denken, amerikanisch fühlen und europäisch handeln, vor allem aber an Dich und Dein Land glauben. Hörst Du, an Dein Land glauben! Es war relativ leicht, unsere Armee in diesen Krieg hineinzuführen, aber mir ist klar, dass es ungleich schwerer ist, das deutsche Volk aus dem Krieg herauszuführen. Zu lange seid ihr von den Nazis verführt und missbraucht worden. Aber es geht nur mit Eurer Hilfe, deshalb brauchen wir die Jugend!"

Fast ein wenig erschöpft sitzt mir der Major gegenüber, und plötzlich ist ihm die Zeit davon gelaufen. Er steht auf, kritzelt mir auf ein Stück Papier, dass ich jederzeit wieder hierher kommen darf, um ihn zu besuchen oder in der Bibliothek zu lesen, und übergibt mich Ernest, der in der Diele schon ungeduldig wartet.

„Vielen Dank für Ihr Interesse an Deutschland und die Zeit, die Sie mir geschenkt haben."

„Nicht der Rede wert! Engagement bedeutet, gegenwärtig zu sein, und dies hier, der amerikanische Offiziersclub und Du, das ist im Moment meine Aufgabe. Was ist der Sinn des Lebens? Denke ruhig einmal nach über diese größte aller Lebensfragen."

Er streckt mir die Hand hin.

„Wir haben noch viel zu bereden, see you again!",

und schon hastet er, zwei Stufen auf einmal nehmend, die Treppe hinauf.

„Ein toller Kerl, unser Professor, oder?"

Ernest möchte natürlich wissen, wie es war, worüber wir gesprochen haben und überhaupt, aber ich muss das alles erst verarbeiten und mache deshalb nur ein paar höflich-belanglose Anmerkungen. Um so mehr redet er, und so erfahre ich, dass der Major ein überzeugter Christ ist und dafür gesorgt hat, dass ab sofort in der Konviktskapelle nicht nur gelegentlich, sondern regelmäßig ein katholischer Sonntags-Gottesdienst für die Angehörigen der US-Army stattfindet. Mal sehen, als Messdiener im Konvikt komme ich da sicher mit zum Einsatz. Ernest erzählt mir auch, dass der Major in Völkerrecht und Geschichte unterrichtet. Als mich Ernest am Metzendorfbrunnen absetzt, sagt er:

„Wir beiden wollten ja auch noch mal reden, und vergiss Jonathan nicht! Ich glaube, der wird nicht von alleine das Gespräch suchen, obwohl er eigentlich mit Dir reden will, und bei Euch Deutschen ist es ja wohl so, dass selbst spontane Entschlüsse geplant sein müssen. Also plane das und sprich mit ihm!"

Ernest lacht über seine Erkenntnisse deutscher Mentalität und kurvt mit seinem Jeep in die Bismarckstraße.

An diesem Abend erzähle ich zu Hause ausführlich über meinen Besuch in der Euler-Villa und das Gespräch mit dem Major.

„Dieser Offizier hat vernünftige Ansichten; die Amerikaner sind uns nach Herkunft und Lebensart sehr ähnlich",

kommentiert die Mutter und verbindet das gleich wieder mit Ermahnungen:

„Du kannst da ruhig öfter hingehen, aber niemals darf der Eindruck entstehen, Du würdest kommen, um etwas zum Essen zu bekommen."

„Dass wir alle hungern, das kann er doch ruhig einmal anklingen lassen. Was menschlich ist, kann nicht unmoralisch sein!"

Diese Meinung des Vaters findet absolut keine Gegenliebe bei der Mutter.

„Nein, Willi, das macht er nicht. Er soll auch seinen Stolz haben. Noch kommen wir gerade so hin, es wird auch wieder bessere Zeiten geben. Wenn wir nur erst wieder in unserem Haus wären."

Ich finde diese ganze Diskussion überflüssig; über meinen oder unseren Hunger würde ich sowieso bei anderen nie ein Wort sagen, aber wenn mir einer etwas gibt, nehme ich es.

Sonntags bin ich jetzt internationaler Messdiener: Um 8.30 Uhr bei Pfarrer Adam Malzi, einem aus Darmstadt stammenden älteren Priester, der auch eine zeitlang in Amerika lebte, seit 1939 hier seinen Lebensabend verbringt, ganz in unserer Nähe wohnt und täglich die Messe in der Kapelle des ehemaligen Konvikts feiert. Danach um 10.00 Uhr sind die Amerikaner dran, zu denen fast jeden Sonntag ein anderer Priester kommt. Diese amerikanischen Geistlichen stellen nicht nur bei der Dauer des Gottesdienstes Geschwindigkeitsrekorde auf, sondern sie verblüffen uns auch jedes Mal wieder mit ihrem ‚amerikanischen Latein'; es wirkt auf uns wie eine neue Fremdsprache oder wie Amerikanisch mit lateinischen Worten. Schließlich gibt es um 11.30 Uhr noch eine Hl. Messe für Polen, die in einem Lager für Displaced Persons leben, und auch die bringen ihren eigenen Pfarrer mit. Manchmal muss ich sogar schon um 7.00 Uhr antreten, wenn sich für Professor Franz Goehle, Vaters hoch betagten und von ihm sehr geschätzten Lehrer, kein anderer Messdiener gefunden hat. Gerhard sitzt genau so lang oben auf der Empore an der Orgel, wie ich unten in Sakristei und Kirche Dienst habe, aber bei ihm ist immer von der Orgelkunst die Rede, während es bei uns Messbuben nur heißt, diese Arbeit müsse halt auch gemacht werden. Manchmal sagen Besucher der Gottesdienste zu Gerhard:

„Junge, es war wieder ganz wunderbar. Du bist ein wahrer Meister, ein Mittler zwischen Himmel und Erde."

Da könnte ich als Messdiener vor Neid erblassen; mein Tun wird als absolut irdisch eingestuft, aber vielleicht benehmen wir Messdiener uns ja auch so.

Am Gartentor steht Jonathan. Es ist kalt geworden, und fast ein wenig neidisch sehe ich, was für wunderbare Winterjacken die amerikanischen Soldaten haben. Er sieht mich und sieht mich doch auch nicht. Das geht nun schon wochenlang so. Aber inzwischen habe ich genug gute, ja freundschaftliche Kontakte zu Amerikanern, so dass es mich nicht mehr irritiert, wenn ich von Jonathan geschnitten werde. Ich bin in Gedanken. Gestern hat mir der Major eine Information gegeben, die ihm sehr wichtig und für mich sehr interessant war. Auf der Darmstädter Straße quietschten plötzlich neben mir die Bremsen eines Autos, ein Jeep hielt an, die Tür ging auf, der Major streckte den Kopf heraus und rief mir zu:

„Hey Wolf, gut dass ich Dich sehe. Wir waren es nicht, die Dich in Mainz fast umgebracht hätten; es waren die Engländer. Hörst Du, nicht wir Amerikaner, die Engländer waren es! Die wollten unbedingt diesen einen Tagangriff auf Mainz fliegen, weil ihnen kurze Zeit vorher ein Nachtangriff ziemlich misslungen war. Für Dich ist das kein großer Unterschied, aber für mich schon. Es tröstet mich ungemein, dass wir es nicht waren, die Dich umbringen wollten!"

Sagte es, lachte und brauste davon. Ja, es ist eigentlich kein Unterschied, und doch bin auch ich irgendwie erleichtert: es waren nicht die Amerikaner. Das ist mir jetzt viel lieber, denn die Amerikaner sind längst meine Freunde, und nun weiß ich, dass sie auch an diesem 27. Februar 1945 in Mainz nicht meine Feinde waren. Offensichtlich hat sich der Major über den Angriff auf Mainz erkundigt. Jonathan steht noch immer am Gartentor, und plötzlich ist alles ganz anders.

„Hast Du Zeit?"

fragt er mich, und ich weiß augenblicklich, dass ich jetzt Zeit haben muss.

„Ja, ich habe Zeit".

Noch zögert er, mir zu sagen, was er vorhat, und mir kommen Zweifel, ob er es vielleicht schon wieder bereut, mich überhaupt gefragt zu haben. Es sieht so aus, als habe er eine Verabredung. Bei keinem Amerikaner hatte ich bisher ein Problem, das ‚you' so persönlich zu gebrauchen und zu verstehen, wie das die Amerikaner selbst tun, aber bei Jonathan ist mein ‚you' immer ein ‚Sie'. Hört das ein Amerikaner heraus, ist es möglich, dass jemand, der die deutsche Sprache nicht kennt, den sprachlichen Unterschied dieses unübersetzbaren ‚you' gewahr wird? Wohl kaum. Doch Jonathan, in Deutschland aufgewachsen, er müsste es richtig verstehen. Spontan kommt mir der Gedanke, es noch einmal auf Deutsch zu versuchen, wenn vielleicht auch nur deshalb, um ihm mit meinem ‚Sie' eine respektvolle Distanz zu bekunden:

„Was haben Sie vor, wofür soll ich Zeit haben? Ich freue mich, wenn wir miteinander reden; das wollten wir doch schon immer einmal."

Jonathan ignoriert, dass ich deutsch gesprochen habe, verweigert aber nicht das Verstehen dessen, was ich ihn gefragt habe. Er antwortet englisch:

„Ich warte auf den Jeep; Ernest ist mit ihm unterwegs, er muss aber jeden Augenblick zurück sein, und dann möchte ich mir die

Synagoge hier ansehen und zum jüdischen Friedhof nach Worms fahren. Kommst Du mit?"

Er weiß, dass er mich damit schockiert, hat das womöglich genau kalkuliert, und mir ist sofort klar, dass dies einer jener Momente im Leben ist, in denen sich in Sekunden alles zum Guten oder Schlechten wenden kann. Ich spreche jetzt wieder englisch:

„Welche Synagoge willst Du sehen? Hier gibt es keine Synagoge mehr; das ist ein tragisches Kapitel unserer jüngeren Geschichte."

„Wie, es gibt keine Synagoge mehr? Da irrst Du gewaltig, ich werde es Dir beweisen."

Ernest kommt mit dem Jeep, er steigt aus, Jonathan und ich steigen ein. Der Blick, den mir Ernest zuwirft, soll mir sagen: OK, Junge, gut so, und schon fahren wir los. Die Synagoge, die ihren Standort abseits aller unserer üblichen Wege in die Stadt, zur Schule oder in die Kirche hatte, ist für mich immer ein fremdes, ein fremdartiges, offen gestanden auch ein uninteressantes Gebäude geblieben. Mir fehlt jede Erinnerung, wie sie einmal ausgesehen hat. Als sie beim November-Pogrom 1938 in Schutt und Asche sank, war ich acht Jahre alt. Wohl weiß ich noch, dass ich erschrocken und verwundert die rauchenden Trümmer gesehen habe, die jetzt, so sie nicht abgeräumt sind, wahrscheinlich längst von Gras und Unkraut überwuchert sein werden, und ich habe auch nicht vergessen, dass die Eltern über diesen Terror der Nationalsozialisten entsetzt waren und die Mutter gesagt hat, als nächste kämen wir Katholiken dran. Aber dann, in all den Jahren danach, war das kein Thema mehr.

Was um Gottes Willen will Jonathan dort? Er parkt den Jeep auf dem rechten Bürgersteig unterhalb des Brückenbogens, der die auf beiden Straßenseiten liegenden Gebäude des Instituts der Englischen Fräulein elegant miteinander verbindet. Dann gehen wir über die Straße und stehen am Platz der ehemaligen Synagoge, von der nichts, aber auch gar nichts übrig geblieben ist.

„So, da ist sie, die Synagoge, das Bet ha-Knesset der Bensheimer Juden", sagt Jonathan.

Leise, wie zu sich selbst redend fängt er an – auf mich wirkt es unheimlich, fast gespenstisch und mysteriös – etwas zu beschreiben, wovon nichts, absolut nichts zu sehen ist.

„Siehst Du diese einfach-schlichte und doch so erhabene Architektur mit den drei wunderbaren Bogenfenstern, und oben auf dem leicht vorspringenden Mittelbau stehen die zwei Gesetzestafeln. Ein majestätisches Bauwerk. Wenn wir jetzt hinein gehen, dann fällt das Licht durch die je vier Seitenfenster auf die absolute Mitte, das Heiligste jeder Synagoge. Dieser wunderbare Toraschrein enthält die fünf Bücher Mose, geschrieben auf wertvollen Schriftrollen. Das ist das Göttliche. Die Heilige Schrift wird bei uns Juden zwar meist nach dem Wortsinn, manchmal auch mit einer erbaulichen Deutung und gelegentlich auch allegorisch ausgelegt, wie es schon der große Philosoph Philon von Alexandria getan hat. Ich zeige Dir einen Text, der dafür ein großartiges Beispiel bietet. Schau her, das Hohe Lied der Liebe".

Jonathan tut so, als würde er ein großes Buch aufschlagen und daraus lesen.

„Sowohl bei den Juden als auch später bei den Christen ist dieser Text, der König Salomon zugeschrieben wird, erst allegorisch gedeutet worden. Als die Rabbiner dann stritten, ob dieses Liebesgedicht überhaupt in den Kanon der Heiligen Schrift aufgenommen werden dürfe, sagte unser großer Lehrer und Mystiker, Rabbi Akiba:

„Wenn alle anderen Schriften heilig sind, dann ist dieser Text der allerheiligste, denn er steht für die Liebe zwischen Jahwe und seinem Volk. Ihr Christen habt diese allegorische Auslegung weiter entwickelt und den Text auf Christus und die Kirche bezogen. Aber Christen und Juden haben beide die Vorstellung von der mystischen Einheit der Seele mit Gott. Warum vergesst ihr so oft unsere gemeinsamen Wurzeln? An anderer Stelle der Schrift heißt es: ‚Gewaltige Wasser können nicht die Liebe löschen, und Ströme schwemmen sie nicht fort'. Nicht einmal Terror und Gewalt können das, und so ist das auch mit dieser Synagoge. Sie existiert, weil sie in den Herzen jener gottesfürchtigen Juden lebendig ist, die sich einst hier versammelten, um zu beten, Gott die Ehre zu geben. Spürst Du, was für ein Ehrfurcht gebietender Ort das hier ist, dass das einst die geistig-religiöse Heimat einer blühenden jüdischen Gemeinde war? Nun kehren sie aus einer anderen Welt in ihre Synagoge zurück. Schau, da kommen sie, die Adler, Bendheim, Haas, Karlmann und Marx, die Reiling, Rosenfelder, Salomon, Sternheim, Thalheimer und die vielen anderen. Du kennst doch diese Namen, oder? Sie haben das Haus des Ewigen verlassen und sind mit ihren Erinnerungen an gute und glückliche, traurige und tragische und schließlich mörderische Tage zurückgekehrt, sind noch einmal den langen Todesweg von Bensheim über Buchenwald, Theresienstadt und Auschwitz gegangen, um an dem Ort zu sein, wo man sie einst gelehrt hat, Gott zu verherrlichen. Siehst Du den Vorbeter, hörst Du die Stimme des Kantors? Sie haben ihre Seelen längst in das ewige Bündnis eingefügt, und gleich werden sie sich wieder unseren Augen entziehen, aber trotz dieser schrecklichen Geschichte bleiben Sie für alle Zeit unsere Fürsprecher bei Gott."

Endlich schweigt Jonathan. Ich stehe erschüttert und verzweifelt neben ihm, fühle mich einsam und verlassen, ausgeliefert einer Katastrophe, aus der es kein Entrinnen gibt – heute nicht und nie mehr. Was für eine Lektion hat mir Jonathan erteilt! Noch immer verharrt er an der Stelle, wo wahrscheinlich einmal der Eingang der Synagoge gewesen ist; ein paar Treppenstufen lassen sich noch erahnen. Jonathan ist in sich gekehrt, steht neben mir und ist doch unendlich weit weg. Am liebsten würde ich auf und davon laufen, aber auch ich bin wie angewurzelt. Es ist ein banges, ein schier endloses Warten; er spricht ganz leise ein Gebet in einer Sprache, die ich noch nie gehört habe. Endlich wendet er sich mir zu, zieht aus der Tasche ein altes, schon vergilbtes Zeitungsblatt mit einem Bild der Bensheimer Synagoge hervor, hält es mir hin und sagt:

„Das war einmal; so hat sie ausgesehen!"

Mit einer Handbewegung, die alles Leid, alle Trauer und die Ohnmacht der Welt auszudrücken scheint, zeigt er auf den leeren Platz und fährt fort:

„Hier ist eine Wunde, die nichts und niemand mehr heilen wird, aber den Versuch, dennoch miteinander weiter zu leben, den müssen wir wagen, Ihr Deutschen und wir Amerikaner, Ihr Christen und wir Juden. Es hat mich unendlich viel gekostet, zu dieser Erkenntnis zu kommen; hier an diesem Ort, den ich schon oft aufgesucht habe, ist sie gereift."

Er macht erneut eine wohltuende Pause, um dann versöhnlich zu sagen:

„Wahrscheinlich willst Du jetzt nicht auch noch mit nach Worms fahren, das verstehe ich. Danke dass Du mich an diesen heiligen Ort begleitet hast, das war mir wichtig. Nirgendwo ist die Menschlichkeit größer als da, wo man Gott anbetet. Ich hoffe, Du hast mein Anliegen verstanden; vergiss es nie!"

Der Bann ist gebrochen, und ich weiß, von nun an, erst ab diesem Moment können wir offen miteinander reden. Er streckt mir die Hand entgegen und hält sie für eine unendlich lange Weile fest. Dann sagt er, zum ersten und einzigen Mal auf Deutsch:

„Die Liebe ist immer ein Wagnis".

Jäh dreht er sich um und geht eiligen Schrittes zu dem Jeep. Ich glaube, er muss seinen eigenen Gefühlen davon laufen. Als er um die Kurve fährt, kommen mir die Tränen.

„Hast Du über die größte Frage des Lebens nachgedacht?"

Ich bin noch nicht richtig im Club, da kommt der Major die Treppe herunter und überfällt mich mit dieser Frage.

„Nein",

sage ich kleinlaut, doch dann kommt mir eine Idee. Wohl wissend, dass das nicht ganz passend ist, füge ich hinzu:

„Ich komme schon mit den kleinen Fragen des täglichen Lebens kaum klar."

Der Major überhört den kecken Unterton und fängt ohne Umschweife an, mir eine weitere Lektion zu erteilen:

„Windhauch, Windhauch", sagt Kohelet, „das ist alles Windhauch!"

„Kennst Du die Stelle in der Schrift? Ja, es kommt vor, dass ein Mensch, der durch Wissen, Können und Erfolg viel erworben hat, alles einem anderen überlassen muss. Genau so ist es mit einem Land, das, wie jetzt Amerika, einen großen, stolzen Sieg errungen hat, diesen aber für die Freiheit und die Menschenrechte anderer wieder hergeben muss. Denn der Sieg unserer Soldaten wäre nur ein Windhauch, wenn er nicht umgemünzt würde in den Sieg unserer Werte und unserer Moral, wenn Deutschland nicht Schritt für Schritt wieder als zivilisiertes Land in die menschliche Gesellschaft eingegliedert würde. Die wunderbare biblische Weisheitsliteratur des Kohelet – das musst Du unbedingt lesen – reflektiert alles vor der einen, der alles entscheidenden Lebensfrage: Was ist der Wille Gottes? Du bist religiös erzogen, handele danach! Wir sind nicht auf der Welt, nur um es uns gut gehen zu lassen, sondern deshalb, damit wir alle gemeinsam dafür sorgen, dass die ganze Menschheit gut leben kann.

Hörst Du, nicht nur die Deutschen oder die Europäer, nicht allein wir Amerikaner, nein, alle, die ganze Menschheit!"

Für mich ist das zu viel, zu hoch, ich kann darüber nicht mit dem Major diskutieren. Aber ich will ihm zumindest zu verstehen geben, dass ich seine Haltung schätze, und dass ich mich bemühen werde, so zu leben, wie er meint und dieser Kohelet es gelehrt hat. Zu gern wüsste ich, wie viele Amerikaner so wie der Major denken, aber ich traue mich nicht, ihn zu fragen.

„Ich werde mir die Stelle in der biblischen Weisheitsliteratur suchen und noch einmal genau nachlesen, aber ich weiß nicht, ob ich stark genug bin, um das alles zu befolgen."

„Man ist so stark wie der Glaube, den man hat, und die Träume, die einem Leben, Hoffnung und Zukunft geben. Das Leben ist kurz. Deshalb sind wir Amerikaner stets darauf bedacht, unser Lebenstempo zu erhöhen, um das Gute für uns und die ganze Welt zu bewirken. Dass dies möglich ist, dass es uns dank unserer humanen, kulturellen, geistigen, ökonomischen und militärischen Potentiale und unseres gemeinsamen Wollens auch gelingen kann, das ist der amerikanische Traum. Mach' ihn Dir zu Deinem!"

Der amerikanische Traum? Meine Verwirrung wird immer größer, und fast schäme ich mich für meine ganz bescheidenen, ichbezogenen deutschen Träume in einer Welt, in der ich notgedrungen hungernd vom einen zum anderen Tag lebe, und in der ich erst noch den richtigen Halt und die Orientierung für das Leben finden muss.

Der Major verabschiedet sich mit einer Bemerkung, die mich überrascht und traurig macht:

„Es geht auf Weihnachten zu. Vielleicht kann ich das Fest in diesem Jahr wieder mit meiner Familie in Tennessee feiern, aber wir sehen uns noch."

Der Advent 1945 ist fast schon vorüber, es ist der 21. Dezember. Wir freuen uns auf die erste Nachkriegs-Weihnacht, aber wir wissen auch, dass es ein karges, vielleicht aber gerade deshalb ein besonderes Fest werden wird, weil durch nichts abgelenkt das Wesentliche im Vordergrund steht. Noch immer sind wir in unserem Zwei-Mansardenzimmer-Notquartier und schlafen auf Matratzen, die auf dem Boden ausgelegt sind. Unser armseliger Besitz hat Platz in zwei großen Koffern und ein paar Taschen, und das, was wir zu essen haben, nennen wir Hungerrationen. Bei Ernest erfahre ich, dass die Amerikaner um ihren Kriegshelden, den Vier-Sterne-General George S. Patton trauern. Am 9. Dezember, einen Tag vor seiner endgültigen Rückkehr in die USA, ist er bei einem Verkehrsunfall in Mannheim-Käfertal, also ganz in unserer Nähe, schwer verletzt worden und heute im US-Militärhospital in Heidelberg verstorben. Man merkt Ernest die Erschütterung an.

„So ein Tod! Als Soldat, der er vom Scheitel bis zur Sohle war, hat er immer davon geträumt, dass ihn einmal die allerletzte Kugel in der allerletzten Schlacht treffen wird. Keine Gefahr hat er gescheut, und dann ein blöder Autounfall. Nicht zu fassen! Schon als Kind wollte er ein Held werden, nicht ein beliebiger Offizier, sondern ein Feldherr, und das wurde er dann auch: general, hero and warrior, just great!"

Inzwischen hat sich auch Jonathan zu uns gesellt, aber er hört nur zu.

„War dieser Patton", frage ich,
„ein typischer amerikanischer General?"
„Boy, er war ein typischer Amerikaner! Sein Leitspruch als Kommandeur der 3. US-Armee, die er zur Befreiung Europas führte, ist unsere Devise im amerikanischen Alltag: Wenn ich meine Pflicht voll erfülle, erledigt sich der Rest von selbst!"

„Ganz schön selbstbewusst! Spielen die anderen gar keine Rolle?"

„Die anderen? Wer sind die anderen? Wäre es nach ihm gegangen, hätten wir Deutschland wiederbewaffnet und wären gemeinsam gegen die Russen los gezogen. Aber solche *unofficial remarks* haben ihn, der hohe und höchste Auszeichnungen bekommen hat, das Kommando seiner geliebten 3. Armee gekostet. Militärisch ein großer Sieger, politisch ein Gescheiterter. Dennoch: ein toller Bursche dieser Patton!"

Ich habe keinen Grund zu zweifeln, dass Ernest das ehrlich meint, und ich vermute auch, dass alle amerikanischen Soldaten so ähnlich denken, aber ich habe in der US-Armeezeitung eine Rede von Patton gelesen, die mich in ihrer groben, holzschnittartigen Einfachheit und Derbheit überrascht, eigentlich sogar abgestoßen hat. Da Ernest und ich uns so gut verstehen, und weil er mich immer auffordert, gescheite Fragen zu stellen, auch wenn er vielleicht nur dumm antworten werde, bohre ich nach;

„Ich habe im Club eine der ‚blood- and guts-Reden' von General Patton gelesen..."

Ernest fällt mir ins Wort:

„Was hast Du? Eine Patton-Rede gelesen; das gibt es doch gar nicht!"

„Doch, es war die Rede, die Patton am 31. Mai 1944 in England, also kurz vor Beginn der Invasion, gehalten hat."

„Nicht zu glauben, aber OK. Dann weißt Du also, dass Patton seine Soldaten daran erinnert hat, dass kein Scheißkerl, ja, genauso hat er das gesagt, jemals einen Krieg dadurch gewonnen hat, dass er für sein Land gefallen ist, wohl aber dadurch, dass er alles tat, damit die Scheißkerle auf der anderen Seite für ihr Land ins Gras beißen. So war eben diese Patton!"

„Für mich ist etwas anderes wichtiger. Er hat gesagt, dass Amerika traditionell begeistert sei, zu kämpfen. Spricht so ein General?"

„Was ist daran falsch? Alle Amerikaner haben das Kämpfen gelernt, mussten kämpfen, von Anfang an. Nur Pionier- und Kampfgeist haben uns groß gemacht. Wäre es nicht so, Amerika wäre nicht Amerika! Hey, verstehst Du das nicht?"

Ernest redet sich richtig in Rage.

„Natürlich geht es da auch um Krieg, aber doch nicht nur. Das ganze Leben ist ein Kampf. Was hätte er denn den Soldaten, die vor einem extrem gefährlichen, erkennbar verlustreichen Unternehmen standen, sagen sollen? Etwa: das wird eine lustige Seefahrt über den Kanal, keine Angst, die girls warten drüben schon? Nein Wolf, Patton hat genau den richtigen Ton angeschlagen, hat so geredet, wie Soldaten das hören wollen und hören müssen, derb und deutlich, schnörkellos und realistisch. Er lebte die Werte, die unsere amerikanische Gesellschaft bis heute prägen. Deshalb hat er auch wie kein anderer den Hunger der amerikanischen Öffentlichkeit nach Macht und Einzigartigkeit, Größe und Überlegenheit gestillt. Patton war ein Draufgänger, und diese Rolle gefällt uns Amerikanern gut. Schneidet Euch ruhig ein Stück davon ab!"

Ich kann dem Redefluss von Ernest kaum folgen, und deshalb wehre ich mich mit einer Portion Polemik.

„Kämpfen, kämpfen! Auch für einen General muss es doch noch ein paar andere Werte geben. Nach allem, was wir erlebt haben, reichen Panzer und Kanonen nicht aus für ein Weltbild ..."

Ernest springt erregt auf.

„Wolf, Du hast keine Ahnung. Patton war ein blitzgescheiter, auch literarisch gebildeter Mann. Gewiss, er war mehr Rebell als Diplomat, aber er hatte vielfältige Interessen, er war sogar Olympiateilnehmer. Auf den lassen wir nichts kommen. Heute ist für Amerika ein nationaler Trauertag, und Du kannst ruhig ein wenig mittrauern, denn er hat Euch allen die Freiheit gebracht! Was immer kommt – in eurem Land gibt es eine Menge zu tun – , denk daran: Erfolge müssen erkämpft werden. Kämpfen für die gute Sache, das ist eine der besten amerikanischsten Tugenden, wir werden sie Euch noch beibringen!"

„Was ist die gute Sache? Im Kampf gegen die Nazis war es nicht schwer, das genau zu wissen, aber ist das immer so? Und dass Patton Olympiateilnehmer war, das weiß ich auch: 1912 in Stockholm, Moderner Fünfkampf. Dort hat er gleich fünfmal um die gute Sache gekämpft, aber drei Schweden haben die Medaillen gewonnen."

„Donnerwetter, Du bist wirklich gut! Hast Du das auch in der Armeezeitung gelesen? Aber das musst Du anerkennen, er wurde immerhin Fünfter bei einer Olympiade, und das ist schon was, oder?"

Während Ernest „seinen" General Patton vehement verteidigt, was mir genau so imponiert wie die Art, mit der er mir beibringt, die amerikanischen Tugenden zu schätzen, sitzt Jonathan immer noch schweigend in der Ecke.

„Bist Du noch oder schon bei Eurem Chanukka-Fest?" will Ernest wissen.

„Wann genau ist das eigentlich in diesem Jahr?"

Jonathan steht auf und nickt mir zu mit der Bemerkung:

„Komm noch mal bei mir vorbei, bevor Du gehst."

Er verlässt das Zimmer.

„Ich weiß nicht was er hat, aber irgend etwas stimmt nicht mit ihm",

sagt Ernest,

„Du solltest Dich um ihn kümmern; es klappt doch inzwischen ganz gut zwischen Euch, oder?"

Jonathan sitzt, nach vorn gebeugt, die Ellenbogen auf die Knie gestützt und die Hände an den Wangen, auf der Couch.

„Mann oh Mann, kämpfen für die gute Sache ist eine der amerikanischsten Tugenden. Na gut, aber ..."

Er sagt es halblaut vor sich hin, lässt den Satz unvollendet, und ich bin mir nicht sicher, ob er noch sinniert oder schon mit mir spricht. Jetzt setzt er sich auf, lehnt sich zurück und lässt die Arme herunter baumeln.

„Nun weißt Du, wie Du zu werden hast, wenn Du ein so guter Deutscher werden willst, wie wir gute Amerikaner sind! Ernest hat recht. Patton war ein toller Kerl, vielleicht wird man ihn sogar einmal den bemerkenswertesten Amerikaner des 20. Jahrhunderts nennen. Vermutlich wird es schon bald einen regelrechten Patton-Mythos geben. Aber auf dem europäischen Kriegsschauplatz war er auch ein exaltierter, exzentrischer Selbstdarsteller. Ich habe meine Probleme mit ihm, denn er hat z.B. die SS ‚eine verdammt gut aussehende Bande von sehr disziplinierten Hurensöhnen' genannt, und den Heldenkult der Nazis, den er doch ein für allemal zerstören wollte, hat er insgeheim bewundert. Gelegentlich hat er sich auch antisemitisch geäußert. Nein, Patton ist nicht mein Fall, aber ich bin wahrscheinlich subjektiv."

„Hast Du heute zum ersten Mal mit Ernest über General Patton gesprochen?

Meine Frage verblüfft Jonathan.

„Wieso gesprochen, ich mit ihm? Er hat doch mit Dir geredet, besser gesagt, Dir einen Vortrag gehalten. Patton ist tot, da werden heute viele über ihn reden, das ist ganz normal. Aber entscheidend ist, was bleibt, wofür der Mann heute und in Zukunft steht."

„Und wofür steht er? Das ist ja gerade das, was ich von Ernest wissen wollte", erwidere ich Jonathan und sage ihm noch einmal, worum es mir geht.

„Mich interessiert, ob ein amerikanischer General nur Schlachten schlagen oder auch politisch gestalten kann, ob er nur ein mutiger Haudegen oder auch ein kultivierter Mann ist. Ich glaube, Du siehst das ähnlich. Militärisch erfolgreich zu sein, das ist für einen General natürlich das Wichtigste, aber was für ein Mensch steht dahinter?"

„Völlig richtig und doch ungerecht. Du musst wissen, Ernest ist ein geborener, ich bin ein verlorener Soldat. Deshalb verehrt Ernest Patton ohne jeden Vorbehalt, während ich ihn kritisch sehe. Das Handwerk des Krieges ist nicht meine Sache. In der Schlacht fühlte ich mich oft wie verloren, aber ich wollte bei diesem Kampf dabei sein, wollte selbst mit Hand anlegen, um die Nazis, die meine Familie auf dem Gewissen haben, zu vernichten. Doch zurück zu Patton! Mir ist es wichtig, für Dich wichtig, eine andere Aussage von Ernest zurechtzurücken. Als jemand, der nicht von Geburt an, sondern durch eine vom Nazi-Terror erzwungene eigene Entscheidung Amerikaner wurde, sehe ich da einiges klarer, vielleicht auch besser als Ernest. Willst Du es wissen?"

„Na klar, ich möchte Dich und ihn verstehen, möchte so viel wie möglich vom Leben in Amerika erfahren, möchte erkennen, wo es Unterschiede gibt, was hier oder dort besser ist. Ich muss doch umerzogen werden".

Jonathan überhört meine spitze Bemerkung nicht.

„Das mit der Umerziehung durch einen bürokratischen Papierkrieg kannst Du vergessen, es wird nicht funktionieren. Aber Dich und Deinesgleichen für ein neues Bewusstsein zu sensibilisieren, Euch wieder fähig zu machen, die Werte der abendländischen Kultur hochzuhalten, nach rechtsstaatlichen Maßstäben zu urteilen, das ist eine lohnende Aufgabe, weil Ihr, so hoffe ich, noch nicht zu tief in den braunen Sumpf eingetaucht ward."

Er hält kurz inne und fährt dann fort, mich genau im Auge behaltend:

„Also was hat Ernest gesagt? Für ihn ist kämpfen die amerikanischste Tugend, und die Amerikaner kämpfen für die gute Sache. Das stimmt aber nur, wenn wir erstens genau wissen, uns absolut sicher sind, was die gute Sache ist, und wenn es zweitens auf der Grundlage der wirklich herausragenden amerikanischen Tugenden geschieht. Das sind Toleranz, Freiheit, gebunden durch die

Freiheiten anderer, und absolute Anerkennung von Leistung, egal auf welchem Gebiet. Nur Toleranz lässt uns mit Konflikten fertig werden. Das Leben ist so lange kein Problem, wie wir uns der Wirklichkeit stellen und in allem verantwortungsbewusst handeln. Allein diese Sicht der Dinge hat Amerika groß gemacht, und nur das erklärt die Redensart vom Amerika der unbegrenzten Möglichkeiten, die es wirklich gibt. Wäre das nicht so, einer wie ich, der tiefen politischen und sozialen Abgründen entkommen und an einem fremden Ufer gestrandet ist, um dann in einem wunderbaren Land mit neuer historischer und kultureller Identität heimisch zu werden, hätte keine Chance. Amerika ist ein großartiges Land, mein gelobtes Land in allem, also nicht nur im Kämpfen."

Mich beeindruckt, was Jonathan sagt, aber ich sehe die Diskrepanz zwischen seinen Idealvorstellungen und dem, was wir gerade im Besatzungsalltag erleben. Ich denke an die unnötigen Schikanen, die plumpen Umerziehungsmethoden. Jonathan lebt in einer anderen Welt. Wie soll ich ihm das sagen? Er nimmt mir die Antwort ab, indem er einen Schlusssatz formuliert, der keinen weiteren Kommentar nötig macht:

„Wenn wir jetzt eine europäische Friedensordnung und eine transatlantische Allianz zustande bringen, dann wird Amerika auch ob seiner militärischen Macht, vor allem aber dank seiner geistig-kulturellen Kraft auf lange Zeit, wenn nicht für immer, die Weltmacht Nummer eins sein. Das ist unsere Mission, das darfst Du mir glauben!"

Jonathan hält einen Moment inne. Ich bin fasziniert, wie mir zwei Amerikaner mit einer wahren Liebeserklärung an Amerika, jeder auf seine Art, ihr Land erklärt haben. Beide, der eine ein mit Leib und Seele begeisterter Soldat, der andere einer, dem das Schicksal und die eigene Mission, Deutschland von den Nazis zu befreien, nur widerstrebend die Uniform angezogen hat, wollen mir sagen: Dieses Amerika, das in all seiner Größe durchaus fähig ist, Schwächen zu zeigen, dieses Land sollst auch du achten und lieben. Man muss Amerika um solche Patrioten beneiden.

Als Kinder haben wir in unserem Haus geheimnisvolle, wunderbare, ja wirklich selig machende Heilige Abende erlebt. Wochenlang fieberten wir diesem Tag entgegen, und wir waren glücklich, wenn wir an diesem schönsten Abend des Jahres die ganze Liebe und Geborgenheit der Familie erfahren durften. Heute weiß ich, dass die Erinnerungen an diese ungetrübten Weihnachtsabende die wertvollsten Weihnachtgeschenke sind, die wir in unserer Kindheit bekommen haben, denn sie haben unser seelisches Korsett fürs ganze Leben gestärkt. Unser Heiliger Abend 1945 ist in seiner Enge und Bescheidenheit, seiner Verlassenheit und materiellen Not das genaue Gegenstück zu den Vorjahren. Zum ersten Male habe ich mich darin versucht, einen Adventskranz zu binden, und der ist nun auch unser einziger Weihnachtschmuck. Aber die Stummeln der schon weit heruntergebrannten Kerzen geben unserer Mansarde am Heiligen Abend ein besonderes Licht, die Weihnachtsgeschichte erscheint uns diesmal so anrührend wie nie zuvor, die Sache mit dem Stall geht uns viel näher als in früheren Jahren, und außergewöhnlich ist auch, dass die Mutter, nachdem das Weihnachtsevangelium von Gerhard gelesen worden ist und die ganze Familie ‚Oh Du fröhliche...' und ‚Stille Nacht...' gesungen hat, eine kleine Rede hält.

„Es ist das erste Mal, dass Ihr an Weihnachten keine Geschenke bekommt, zum ersten Mal feiern wir dieses wunderbare Fest nicht in den uns vertrauten Räumen, und zum ersten Mal haben wir keinen Christbaum. Im vergangenen Jahr war das alles noch anders, doch nicht nur das war anders. Anders war vor allem, dass wir in Angst und Schrecken lebten und mit dem Kind in der Krippe sehnlichst den Frieden auf Erden und ganz konkret das Ende des Krieges erwarteten. Heute ist die Erwartung, die aus unserem Weihnachtsglauben kommt, wieder konkurrenzlos, und von der Botschaft, ‚Friede den Menschen, die guten Willens sind' dürfen wir gerade jetzt aus tiefstem Herzen überzeugt sein. Deshalb wollen wir nicht unsere Lage beklagen, auch nicht auf die Amerikaner schimpfen, die uns erst befreit und nun unser Haus besetzt haben, sondern an die größere Not vieler anderer denken. In der Christmette wollen wir Gott danken, dass wir beisammen sind und nicht mehr Krieg ist."

Es herrscht eine stille Freude. Wir vermissen den Christbaum mehr als die Geschenke, die sich in den Kriegsjahren ohnehin schon längst von schönem Spielzeug in nützliche oder gar dringend benötigte Gebrauchsartikel verwandelt hatten, und wir sind dankbar, dass wir das Leben haben. Der Heilige Abend 1945 ist auch die Geburtsstunde unseres seitdem unumstößlich traditionellen Heiligabend-Festessens: Kartoffelsalat und heiße Fleischwurst. Welch' eine Köstlichkeit damals und deshalb noch immer!

Am Weihnachtstag der Amerikaner, es ist Dienstag, der 25. Dezember 1945, für uns der erste Feiertag, gehe ich, wie mit Ernest und Jonathan vereinbart, am frühen Nachmittag in unser Haus. Ich habe zwar so eine gewisse Ahnung, dass sie mich erfreuen wollen, aber was dann passiert, übertrifft alle Erwartungen. Ernest steht oben auf dem Treppenabsatz in ein knallrotes Nikolauskostüm gekleidet, fuchtelt mit einer Rute in der Luft herum und verkündet, Santa Claus sei gekommen, um Wolf und seine Familie zu bescheren. Etwas verlegen steht Jonathan daneben, vor seinen Füßen ein mit Lametta geschmückter kleiner Christbaum; sie haben ihn im Brunnenweg selbst geschlagen. Beide weisen mir den Weg ins Esszimmer, wo sie auf Mutters Büfett, das sonst immer nur zum Abstellen von edlem Porzellan, von uns Kindern aber nie und nimmer als Ablage benutzt werden durfte, ihre Gaben hingelegt haben. Fast alles, was in diesen Tagen Deutsche entbehren und erst recht das, was Kinderherzen höher schlagen lässt, ist dort ausgebreitet: Obst-, Fleisch- und Gemüsekonserven, Kokosnussbutter, Weißbrot, Kaffee, Tee, Kekse, ein kleiner Kanister Öl, Zigaretten und Schokolade. Das Wort führt zunächst Santa Claus:

„Wolf, wir nehmen an, dass Deine Familie Jahr für Jahr in diesem Zimmer Weihnachten gefeiert hat. Da das in diesem Jahr nicht möglich ist, weil hier immer noch so ein paar lausige Amerikaner herumhängen, ist Santa Claus gekommen, um wenigstens eine kleine Bescherung für Dich und Deine Familie zu machen. So, das alles samt Christbaum nimmst Du mit, und wir sagen: Merry Christmas! Merry Christmas to you and your family!"

Ich bin sprachlos.

Dann spricht Jonathan. Ganz im Gegensatz zu Ernest, der mit kräftiger Stimme und spürbarer Freude den Heiligen Mann imponierend gespielt hat, sagt er leise, fast wie ein mahnender Prediger in der Kirche:

„Weihnachten, das ist doch für euch Christen der Prolog des Dramas, in dem sich Gott auf die Menschen einlässt, und in dessen letztem Akt der neue Himmel und eine neue Erde offenbar werden sollen. Wie habt ihr bis heute eure Rolle in diesem Drama gespielt? Was habt ihr aus der Botschaft ‚Friede den Menschen', die doch euer Auftrag ist, gemacht? Dieses Weihnachtsfest nach dem schrecklichsten aller Kriege solltet ihr als die Chance verstehen, noch einmal mit der Geschichte von Bethlehem neu anzufangen. Nimm Du den Christbaum und freue Dich über die Geburt von Bethlehem, ich gehe zu meinem achtarmigen Leuchter, und am kommenden Samstag werde ich die Wiedergeburt des zweiten Tempels in Jerusalem, unser Chanukka-Fest feiern. Aber lass uns gemeinsam Gott danken, dass ein Wunder geschehen und das Licht in die Welt gekommen ist. Kennst Du das Lied *Tochter Zion, freue dich, jauchze laut Jerusalem*? In dieses Lied, das den Friedensfürst besingt, dürfen wir getrost beide einstimmen, es lässt Juden und Christen gemeinsam sich freuen. Jerusalem soll jauchzen, euer und unser Fürst des Friedens wird gefeiert. God bless you, all of us! Merry Christmas!"

Gott sei Dank kann es Ernest kaum noch erwarten, dass ich mir die Geschenke ansehe. Er zerrt mich vor das Büfett, umarmt mich, und das tut dann auch Jonathan genau so herzlich. Beide genießen die gelungene Bescherung, und ich bin zu Tränen gerührt – aus Dankbarkeit, aus dem sicheren Gefühl eines einmaligen Weihnachtserlebnisses, gewiss aber auch aus der Vorfreude über die große Überraschung, die ich mit diesen Weihnachtsgaben in unserem dürftigen Mansarden- Notquartier auslösen werde.

Zum Schluss wird Jonathan wieder ernst.

„Hier ist noch ein ganz spezielles Geschenk. Ich habe für Dich eine Heilige Schrift in englischer Sprache organisiert, sogar mit einem Geleitwort von unserem Commander-in-Chief während des Krieges, Präsident Franklin Delano Roosevelt. Im November 1943 ist das Buch in Baltimore gedruckt worden, es kam mit einem GI über den großen Teich, und es hat alle Gefahren der Invasion bis hierher mitgemacht. Wahrscheinlich ist sein Erstbesitzer gefallen. Es sieht ganz danach aus, als hätte es im Ärmelkanal eine Taufe besonderer Art bekommen. Wer immer das Buch dann an sich genommen hat, jetzt gehört es Dir. Wenn der Chaplan nächstens wieder mal in amerikanischem Latein kauderwelscht, kannst Du hier richtig in Englisch mitbeten."

Jonathan lacht kurz auf, wird jedoch sofort wieder nachdenklich und sagt, mir klingt es wie ein Vermächtnis:

„In diesem Buch wird sein Besitzer auch dazu eingeladen, Freundschaft mit seinem Militärgeistlichen zu pflegen, weil der ihm ein guter Begleiter und Ratgeber sein wolle. Nun soll dieses Buch Dich begleiten, und gelegentlich kannst Du dann auch einmal an mich denken, vielleicht sogar einen Psalm für Dich und mich, für uns alle beten. Nur wer die Schrift kennt und sich bemüht, sein Leben danach auszurichten, gewinnt die innere Freiheit und die äußere Stärke, die wir brauchen, damit Juden und Christen mit- und füreinander beten können. Dass dies geschieht, ist wichtig. Zu lange schon hat es daran gemangelt, das hat Unheil in die Welt gebracht, und dieses Unheil – es ist paradox und zugleich ist eine wunderbare Fügung – hat uns beide hier zusammengeführt. Halte dieses kleine Buch in Ehren. Wertvoll im Leben sind die Dinge, die mit einer ganz besonderen, sehr persönlichen Geschichte verknüpft sind."

Das kleine Buch *The Gospels and the Acts of the Apostles* in Händen höre ich Jonathan wie aus der Ferne weiter reden, von unseren Schicksalswegen, für die es weder frühe Vorwegweiser noch weithin sichtbare Markierungen in die Zukunft gebe, sondern die wir erspüren, behutsam ertasten und dann mit festem Schritt gehen müssten. Bewegt, irritiert und hilflos zugleich versuche ich, herauszufinden, wohin mich gerade mein Schicksalsweg führt, aber ich bin zu allem unfähig. Da fesselt mich wieder Jonathans Stimme:

„Dein Weg, meiner und die Schicksalswege der deutschen Juden haben sich in dem Moment gekreuzt, als wir beide uns plötzlich gegenüber standen und erst lernen mussten, uns ins Gesicht zu schauen und die unerbittliche Logik des Verstandes zu überwinden, um mit dem Herzen begreifen zu können".

Jonathan sagt das fast feierlich. Im gleichen Augenblick sehe ich ihn wieder, wie er bei unserer ersten Begegnung abweisend, feindselig und unversöhnlich vor mir stand, wie alles noch so aussichtslos schien. Die Gedanken eilen zurück, und gleichzeitig werde ich in den Bann des Augenblicks gezogen, höre ihn mit zarter, vibrierender Stimme reden:

„Du musst verstehen, dass ich Zeit brauchte. Nächstenliebe ist für mich kein Thema, allein die Gottesliebe ist entscheidend. Aber

Dein christlicher und mein jüdischer Glauben lehren uns auch, dass Gott immer mit dem Menschen und durch den Menschen handelt, niemals ohne ihn. Menschsein heißt, Mensch zu sein für alle anderen. Das zu wissen, ist das eine, es zu leben, ist etwas ganz anderes. Diese Glaubenskonsequenz musste ich erst in die so plötzliche Konfrontation unserer beider Leben eindringen lassen, und das ist mir verdammt schwer gefallen. Danke, dass Du mir Zeit gelassen und Dich nicht verschlossen hast. Die Wirklichkeit an sich heran zu lassen, um die Grenze zwischen Prinzip und Leben menschengerecht, klug und liebevoll auszuloten, das ist nicht leicht. Du hast mir geholfen, meine inneren Sperren, einen alles blockierenden Hass und die unversöhnliche Feindschaft gegen Deutschland und alle Deutschen, zumindest für den Augenblick, zu überwinden."

Jonathan ist offensichtlich noch nicht mit seiner Rede zu Ende, aber ich hake doch ein, um dem übervollen Herzen ein Ventil zu geben, um endlich aus meiner Überwältigung herauszukommen.

„Warum schränkst Du Deine Überwindung von Hass und Feindschaft auf diesen Augenblick ein? Kann sich das, je nach den Umständen, eines Tages auch wieder ändern? Wäre das vielleicht sogar ganz normal?"

Mit Augen, in denen sich Trost und Trauer, Liebe und Leid, Hoffnung und Verzweiflung zu einem wehmütigen und doch auch versöhnlichen Blick bündeln, schaut er mich an, um dann leise, behutsam und so, als würde es ihm schwer fallen, zu sagen:

„Ich weiß nicht, ob es mir immer gelingen wird. Die Wirklichkeit zu erfassen, mich ihr zu stellen, war für mich eine bittere aber lebensnotwendige Erfahrung. Denn so lange jeder von uns darauf beharrt, in einer – seiner – ganz anderen Welt zu leben, so lange ist jeder Dialog unmöglich. Wir beide haben nach schwierigem Beginn einen Zipfel jenes göttlichen Fadens in die Hand bekommen, der uns erahnen ließ, was sich bei gutem Willen von Mensch zu Mensch verknüpfen lässt, um dem, was unsere Welt einen könnte, näher zu kommen. Damit haben wir viel erreicht, denn wir haben an uns selbst erfahren, wozu wir Menschen, im Guten wie im Bösen, fähig sind. Geh' Du Deinen Weg und achte darauf, dass er Dich hin und wieder auch einmal am Platz der Synagoge vorbei führt. Nirgendwo sonst waren wir uns näher, und dieses

Gefühl der Nähe wirst Du auch in Zukunft dort immer wieder erfahren. Das ist dann unsere Stunde."

Jonathans Blick ist in eine ungewisse Ferne gerichtet, er sieht mich an und durch mich hindurch. Es ist, als hätte er über einen sehr dunklen, tiefen und breiten Graben von einem weit entlegenen anderen Ufer zu mir gesprochen, so als wäre er gar nicht mehr hier.

Ernest lacht etwas verlegen, doch dann zwinkert er mir zu; er will mich zu einem Wort dankbarer Bestätigung ermuntern:

„Das war doch gut, was Jonathan gesagt hat, oder?"

Beschämt, im Grunde hilflos stehe ich da und bringe kein Wort heraus. Jonathan und Ernest, diese beiden grundverschiedenen Menschen, die aber in so großartig übereinstimmender Weise überzeugte Amerikaner sind, sie sind in diesem Augenblick für mich das ganze Amerika. Jeder von ihnen hat mir auf seine Art ein Bild von Amerika eingeprägt, das in späteren Jahren zwar noch manche Korrekturen und viele Ergänzungen bekommen, dessen stabiler Rahmen aber an Weihnachten 1945 geschaffen wurde und ein Leben lang halten sollte. Jonathan und Ernest haben mir das Fenster in eine andere Welt geöffnet, haben mich träumen lassen von einer besseren Welt, von der im besten Sinne Neuen Welt.

Oft habe ich mich in den folgenden Jahren gefragt, wieso ich an diesem Weihnachtstag nicht gemerkt, nicht instinktiv gespürt habe, dass das Jonathans Abschiedsworte an mich waren. In solchen Momenten, in denen ich mich später traurigen Herzens daran erinnerte, blieb mir nur der Trost, dass ich damals mit meinen 15 Jahren Jonathans Reife noch nicht haben, ihm in keiner Weise in seinen Gedankenflügen folgen konnte.

Jonathan, der Amerikaner, der einmal Deutscher war und in seinem Herzen, seiner Seele und seinem Verstand jeden Funken Deutschseins auslöschen wollte und das wahrscheinlich niemals ganz geschafft hat, der Soldat, der nur deshalb die Waffe in Hand nahm, weil er in einem Kampf dabei sein wollte, den er auch zu seiner eigenen inneren Befreiung brauchte, der Jude, der einen Christen lehrte, dass wir Geschwister im Glauben an den einen

Gott sind, hat am zweiten Weihnachtstag unser Haus für immer verlassen. Still und ohne jede Spur, die als Zeichen fortdauernder Verbundenheit hätte gedeutet werden können, ist er gegangen. Ich habe ihn nicht mehr gesehen und nichts mehr von ihm gehört, aber ich weiß, ich werde ihn nie vergessen.

Wie sollen wir ihnen das danken! Lange sitzen wir am Abend in unserer Mansarde zusammen, und ein ums andere Mal trifft einer in der Runde die immer gleiche, froh machende Feststellung: Wir haben einen Christbaum, nun ist es richtig Weihnachten! Von der Mutter wohlbedacht bekommt jeder von dem Segen, der so unverhofft über uns hereingebrochen ist, ein Geschenk, und alle überlegen mit, wie wir Ernest und Jonathan unsere Dankbarkeit zeigen könnten. „Wir können viel tun, für Sie beten",
sagt die Mutter, und der Vater hat auch noch einen ganz praktischen Vorschlag parat.

„Dass wir sie ins Gebet einschließen werden, kann ihnen Wolfgang kaum sagen, aber er kann sie einladen, ihnen etwas von unserer näheren Heimat zu zeigen, beispielsweise die Dome von Worms und Speyer und das Heidelberger Schloss, dessen Romantik ihnen sicher sehr gefallen wird."

Noch am selben Abend arbeite ich meinen ersten Vorschlag eines ‚Touristischen Kultur-Programms Bergstraße für hier stationierte Amerikaner' aus. Aber nur ein einziges Mal war ich noch mit Ernest in Speyer, später mit anderen Amerikanern öfter in Worms, Heidelberg und Speyer.

Zwischenzeit

März 1946. Nun sind sie alle weg. Zuerst Jonathan, dann der Major, zuletzt Ernest. Nach fast einem Jahr dürfen wir wieder in unser Haus zurück. Mit mir ist viel passiert in diesen Monaten. Ich trauere meinen drei guten amerikanischen Freunden nach, und immer wieder und fast überall erinnert mich etwas an sie. Manchmal meine ich, gleich müssten Ernest oder Jonathan aus einer Tür oder um die Ecke kommen, um mich mit einem „Hey, Wolf, how are you today?, zu begrüßen. Sie sind für mich immer noch da, sie gehören jetzt zu unserem Haus, zu meinem Leben, und ich ahne, dass diese Geschichte noch nicht zu Ende ist, obwohl ich nichts in der Hand habe, was dauerhafte Verbindung garantieren könnte. Die Art und Weise, wie sie mich Einblicke in ihre Lebensart nehmen ließen, war nicht nur außergewöhnlich, sie hat auch mein Interesse geweckt, Amerika kennen zu lernen. Als sich Ernest emotional sichtlich bewegt, gerührt, mit vielen Umarmungen und immer wieder betonend, dass wir uns ganz bestimmt wieder sehen werden, von mir verabschiedete, so ganz anders als beim stillschweigenden, fast heimlichen Abschied von Jonathan, war sein letztes Wort:

„See you in America!"

Amerika! Oh, Gott, wie weit ist das im Februar 1946 für uns weg, wie unendlich weit entfernt für eine Lebenswirklichkeit, die nur noch eines kennt, den Kampf ums Überleben. 1000 Kalorien pro Tag. Wir hungern, die Amerikaner versuchen zu helfen, aber die Welternährungskrise setzt Grenzen. Die Menschen denken nur bis zu dem einen Stück Brot für jeden in der Familie, das hilft, wieder einen Tag weiter zu kommen. Wir ahnen nicht, was uns noch bevorsteht.

„See you in America."

Was vor allem braucht man für eine solche Reise? Geld und Pass, Ziele und Zeit. Die Zeit hätte ich, Ziele gewiss auch, aber alles andere ... Junge, vergiss es. Bis die Verhältnisse einmal wieder so sein werden, dass ein Deutscher nach Amerika reisen kann, bin ich wahrscheinlich schon längst alt und wacklig. Aber für Ernest war es in seiner so unbekümmert jungenhaften, herzlichen und spontanen Art gleichermaßen Aufforderung und Einladung. Amerika? Nein, ich konnte es ihm nicht sagen, dass mir der Glaube daran fehlt. Es ist so sinnlos, die Wirklichkeit aussperren zu wollen, wenn sie einem, wie im besetzten Deutschland des Jahres 1946, so brutal in den Würgegriff nimmt. Aber was wäre, wenn sich hinter den Realitäten des Augenblicks etwas einmalig Schönes verbergen würde? In diesem Augenblick wird mir bewusst, dass ich von keinem der drei eine Adresse habe, und nur Ernest hat versprochen, zu schreiben.

‚See you in America!', das hallt nach, ein schöner Traum, ich werde ihn als Lebenshilfe für den Augenblick noch eine Weile in die Zukunft weiter träumen.

+++

Mai 1947. Gottlob funktioniert der „Passierschein", den mir einst der Major für den Eulenhorst ausgestellt hat, nach wie vor reibungslos. Mit diesem Haus verbinden mich nun schon viele schöne Erinnerungen. Deshalb, vor allem aber, um dort amerikanische Zeitungen zu lesen, gehe ich regelmäßig hin.

Auf dem Parkweg zum Hauseingang der Villa spricht mich ein junger Mann an. Er ist älter als ich, wirkt und ist wohl auch reifer, und er macht auf mich schon von weitem den fast verdächtigen Eindruck, als würde er hier etwas ganz Bestimmtes suchen.
„Darf man in dieses Haus rein?",
fragt er mich unvermittelt. Will er das wirklich wissen oder ist das nur seine Methode, ein Gespräch anzufangen?
„Nicht jeder",
erwidere ich sachlich nüchtern,
„das ist zum Teil ein Club für amerikanische Offiziere, zum Teil aber auch das Domizil amerikanischer Offiziere. Warum interessiert Sie das?"
Der andere mustert mich, und ohne auf meine Antwort einzugehen, stellt er eine zweite Frage:
„Darfst und gehst Du nun hinein? Du kannst übrigens ruhig auch Du zu mir sagen; ich bin Wilhelm, Wilhelm Wannemacher."

„Ja, ich darf und ich gehe auch. Wenn Du mir sagst, warum Du in das Haus möchtest, kann ich Dich vielleicht mitnehmen."
Jetzt rückt er mit der Sprache heraus:
„Ich war in der NS-Zeit hier, als das noch eine Lehrerbildungsanstalt war, und ich möchte jetzt einmal sehen, wie es heute da drin aussieht, was da vorgeht."
„Komm' mit!"
Wir gehen die wenigen Stufen hoch zum Eingang, gelangen in die Halle, ich will gleich weiter in den Lesesaal, aber der Fremde hält inne:
„Alles noch genau so; es ist, als sei die Zeit stehen geblieben."
„Nicht ganz genau so",
sage ich, auch um ihm meine Vertrautheit mit dem Haus zu beweisen,
„die Hakenkreuze sind weg, und jetzt flattert das Sternenbanner vor der Tür."
Das wird doch nicht einer dieser Ewiggestrigen sein, denke ich und frage ihn, ob er mir etwas von seiner Zeit in diesem Haus erzählen möchte. Er ist einverstanden. Wir gehen in die Bibliothek.
„Ich komme aus Darmstadt und bin gerade erst aus der Gefangenschaft entlassen worden. Warst Du auch noch dabei? Ich bin 20, wie alt bist Du?"
Ich staune und sage ihm, dass ich 1930 geboren bin, also zum ersten Jahrgang nach der Flakhelfer-Generation gehöre und nicht mehr dabei gewesen sei. Aber dennoch hätte ich mehr als genug vom Krieg mitbekommen.
Mit einem herablassenden Lächeln wiederholt er:
„Genug vom Krieg mitbekommen! Wo denn, wie denn, etwa hier in Bensheim? Weißt Du überhaupt, was Krieg heißt? Es gibt da Erfahrungen, die kann man nur als Soldat, genauer gesagt: als besiegter Soldat machen, als einer, der in diesem Schlamassel gesteckt hat. Davon kann ich Dir ein Lied singen!"

Wilhelm erzählt; es wird ein langer Nachmittag. Am Ende weiß ich, was er als junger Soldat und Gefangener mitgemacht hat, und er kennt auch meine Kriegs-Geschichte. Wir sind uns einig: ich war der Glücklichere, und er zieht ein Fazit, das mich betroffen macht:

"Ich habe in und Du nach diesem fürchterlichen Krieg in ganz verschiedenen Situationen Amerikaner und damit auch ein Stück Amerika kennen gelernt, aber unsere Erfahrungen sind nicht die gleichen."

Er senkt die Stimme nicht ab und mir ist klar, dass das noch nicht alles ist. Nach einer Pause, in der er wohl nachgedacht hat, welchen Schluss er aus unseren so grundverschiedenen Begegnungen mit Amerikanern ziehen soll, fügt er ruhig und doch mit spürbarer innerer Erregung an:

"Ich habe eine Mordswut auf die Amerikaner, bin maßlos enttäuscht von ihnen. Aber das ist vielleicht ungerecht. Denn so richtig wird mir erst allmählich klar, welche Schuld wir uns mit diesem Krieg aufgeladen haben. Außerdem, was wissen wir schon von Amerika und seinen Menschen? Was man uns bei der Hitlerjugend und in der Schule von Amerika erzählt hat, war alles verlogene Propaganda. Wir haben keine Ahnung von der Neuen Welt. Das zu ändern, im Alltag der Amerikaner dem nachzugehen, ob und wie Deine oder meine Amis typische Amerikaner waren, das wäre für mich ein verlockendes, ein äußerst interessantes Abenteuer. Doch was soll das, es ist und bleibt wohl immer Zukunftsmusik, ein schöner Traum."

Mir kommen die letzten Worte von Ernest in den Sinn, und ich denke, schon wieder träumt da einer von Amerika! Aber auch bei mir hat sich ja längst der geheime Wunsch eingenistet, dieses Land Amerika kennen zu lernen. Zu Wilhelm gewandt sage ich:

"Ja, das wäre toll! Träumen kostet nichts. Eines Tages, vielleicht, wer weiß!"

"If dreams come true, dear...", diesen wunderbar sentimentalen amerikanischen Schlager der 50er Jahre kannten wir damals natürlich noch nicht, aber im übertragenen Sinne hatten wir seine zarte Melodie schon im Ohr, mehr noch im Herzen.

Noch einige Male haben wir uns in der Euler-Villa verabredet und dort getroffen. Schon bald ist uns bewusst, dass an jenem Tag im Mai 1947 eine Freundschaft fürs Leben begann.

+++

Bald hinter dem Eingang des Brunnenweges, der mir unweit des Elternhauses ein Stück lieb gebliebenes Kinderparadies bedeutet – unzählige unserer Spiele, Abenteuer und Touren haben hier ihren Anfang genommen –, stößt man auf eine kleine Quelle, neben der ein Sandstein-Bildstock zu Ehren des Pfarrers und Dichters Ernst Knodt und eine vermooste Bank stehen. 1920, drei Jahre nach Knodts Tod, ist der Bildstock von der edlen Stifterin, Marie Fürstin zu Erbach-Schönberg, enthüllt worden. Das hat mir zuerst der Großvater erzählt, und er las mir damals auch die Inschrift vor. Als Kind habe ich den Text nicht verstanden, in späteren Jahren interessierte er mich überhaupt nicht, aber es kam die Zeit, da er mich jedes mal neu angeregt hat, mir meine eigenen Gedanken über Klarheit und Wahrheit der Quellen zu machen:

„Doch immer behalten die Quellen das Wort ...".

Das Zitat stammt aus Eduard Mörikes Gedicht *Um Mitternacht,* und der Satz vollendet sich mit den Worten:

„... es singen die Wasser im Schlafe noch fort, vom Tage, vom heute gewesenen Tage."

Der heute gewesene Tag wird mir in zwiespältiger Erinnerung bleiben. Neben mir sitzt auf der schon etwas altersschwachen Bildstock-Bank Gisela, meine erste Freundin. Wir kennen uns seit fast einem Jahr. Owohl wir wissen, dass unsere Eltern dieses ‚poussieren', wie meine Mutter das mit besonderer Betonung nennt, nicht mögen, es klugerweise aber auch nicht verbieten, schaffen wir es doch, uns regelmäßig zu treffen, ohne dass es von allzu vielen bemerkt wird. Der Bildstock von Pfarrer Knodt ist ein gern und häufig gewählter Treffpunkt, und wenn dann dort mal jemand vorbei kommt – die meisten Spaziergänger benutzen den unterhalb verlaufenden Hauptweg – dann machen wir uns einen Jux daraus und reden ganz ernsthaft Englisch; wir können es beide gut, sie noch besser als ich, und wir haben auch gute Themen, z.B. Shakespeare. Sprachen sind ihre Stärke, und deshalb will Gisela später auch einmal einen Beruf ergreifen, für den Sprachen eine wichtige Voraussetzung sind.

Gisela ist geistvoll und hübsch, nicht gerade sportbegeistert, aber interessiert an dem Sport, den ich treibe. Aus unserer Penne schwärmen einige für Gisela, und deshalb bin ich stolz auf sie und auch auf mich, denn ich habe es geschafft! Jetzt kommt sie gerade von der Tanzstunde. Nur gar zu gerne wäre ich mit ihr in den Tanzkurs gegangen, aber zu Hause hieß es unerbittlich: Das machen Jungens frühestens in der Unterprima, und da bin ich noch nicht. Gisela hätte auf mich gewartet, doch dann ist fast ihre ganze Klasse gegangen, und da wollte sie sich nicht ausschließen. Sie meinte, wir könnten ja vielleicht später noch einmal zusammen gehen. Wir sind siebzehn Jahre alt und verliebt. In Pfarrer Knodt sehen wir unseren verständnisvoll gütigen Patron, dem wir aber nie Anlass geben, mit uns böse zu sein. Gisela hat ihren, wie sie ihn nennt, Tanzstundenherrn wieder am Metzendorf-Brunnen verabschiedet, um mich hier vor ihrem letzten Stück Heimweg zu treffen. Sie spürt meine Eifersucht auf einen mir völlig unbekannten aber keineswegs gleichgültigen ‚Tanzstundenherrn', denn obwohl es mich brennend interessiert, was heute in der Tanzstunde abgelaufen ist, frage ich nicht danach, und genau das ist ihr verdächtig.

„Willst Du gar nicht wissen, wie es in der Tanzstunde war?"

„Nö", sage ich,

„was kann da schon groß gewesen sein. Der Benimm-Kram interessiert mich nicht, und wie das mit den Tanzschritten funktioniert, werde ich schon irgendwie herausbekommen. Aber Du hast schicke Schuhe an."

„Wölfi, dass Du das überhaupt siehst! Der Tom, äh, mein Tanzstundenherr, hat dazu kein Wort gesagt; die Schuhe sind doch wirklich toll!"

„Solche Schuhe habe ich noch nie gesehen."

Es sind elegante, weißlederne Schuhe, bei denen die Kappe und am Spann die Schnürreihen mit braunem Leder abgesetzt sind. Gisela ist mächtig stolz. Sie streckt ihre Beine lang aus und strahlt ihre Schuhe an, als würde sie diese, so wie gerade ich, zum ersten Mal sehen.

„Mein Onkel hat sie mir aus Amerika geschickt, und dazu noch viele Dinge, von denen wir hier nur träumen können. Wenn Du am Samstag kommst, wirst Du alles sehen. Dann bringe ich Dir auch den Fox-Schritt bei."

Samstags bin ich fast regelmäßig bei Gisela zu Hause. Dieser Besuch gilt offiziell Giselas jüngerem Bruder, der begabt aber faul ist, weshalb die Eltern wollen, dass ich ihm ein wenig auf die Finger sehe. Das ist für mich der ideale Job, denn ich bekomme ein Taschengeld und bin dann auch mit Gisela zusammen, zumindest können wir kleine Briefe, mehrfach gefaltet, kaum größer als fünf mal fünf cm, austauschen. Natürlich wissen die Eltern was zwischen uns läuft, aber sie denken wahrscheinlich, besser, die sind hier bei uns als irgendwo sonst, und das ‚irgendwo sonst', na ja, das klappt auch schon irgendwie sonst.

„Ist das keine gute Idee, dass ich die Tanzlehrerin für Dich mache?"

„Doch, das finde ich prima; ich gehe nicht in die Tanzstunde und lerne doch tanzen. Klasse! Samstag fangen wir an."

Sie steht auf, dreht sich ein paar Mal elegant um die eigene Achse, die Arme wie Flügel ausgestreckt schwingend, zieht mich hoch und versucht, mich in den richtigen Schritt und Takt zu bringen. Doch es will nicht recht klappen.

„Na gut, der Boden ist alles andere als ideal und es braucht Übung. Wenn Du es aber erst einmal kannst, dann macht es einen Riesenspaß, dann ...", sie macht eine Pause und lacht mich herausfordernd, verschmitzt an.

„Nun sag schon, was ist dann?"

Sie will es von mir wissen, statt es mir zu sagen, und ich stehe da und weiß gar nicht, wovon sie redet. Sie nimmt mich noch einmal leicht in den Arm und sagt mit einem zarten Lächeln, das genau so viel ausdrückt wie ihre Worte:

„Dann werde ich schweben, und Du darfst führen."

Für einen kurzen, langen Augenblick genießen wir die Tanzhaltung.

„Erzähle mir von Deinem Onkel in Amerika. Amerika interessiert mich sehr, ich hatte ein paar gute Freunde unter den amerikanischen Soldaten."

Giselas Familie, aus Ostpreußen vertrieben, lebt zerstreut in den drei West-Zonen, und ein Onkel ist nach Amerika ausgewandert. Sie erzählt begeistert von dem, was der Onkel aus der neuen Welt berichtet, was er binnen kurzer Zeit dort aufgebaut und erreicht hat, und sie sagt dann fast beiläufig, so als sei das die selbstverständlichste Sache der Welt – für mich ist es schockierend neu und kommt völlig überraschend:

„Nächstes Jahr darf ich die großen Ferien bei meinem Onkel in Amerika verbringen. Er hat mich eingeladen, und wenn es mir gefällt, werde ich später ganz nach Amerika gehen. Was haben wir in unserem Trümmer-Deutschland noch zu erwarten? Amerika, das verheißt Freiheit, Glück, grenzenloses Land, unbegrenzte Chancen und interessante Menschen. Kommst Du mit? Amerika, das ist mein großer Traum!"

„Meiner auch", sage ich, aber es klingt nicht begeistert, denn ich ahne schon, dass das klappen und Gisela in den nächsten Sommerferien weg sein wird.

Sie spürt meine Enttäuschung und versucht, zu trösten, die Reise ungewiss erscheinen zu lassen:

„Noch ist ja nichts entschieden, wer weiß. Aber wenn ich fliege, werde ich Dir ganz viele liebe Briefe schreiben, und nachher erzähle ich Dir alles, damit Du noch besser von Amerika träumen kannst oder ..." sie hält nachdenklich einen Moment inne,

„wir träumen beide zusammen."

If dreams come true dear!

Gisela verbringt die Sommerferien 1948 in Amerika. Am Schluss ihres ersten Briefes steht ein Satz, den ich aufregend schön finde, und der mich dennoch ahnungsvoll traurig macht:

„Ich drücke meine Lippen auf Deinen lieben Namen; das ist alles, was ich Dir in diesem Augenblick schenken kann."

In diesem Augenblick. Was wird im nächsten Augenblick, im übernächsten sein? Warum bin ich jetzt nicht auch in Amerika? Als sie begeistert zurückkommt, steht ihr Entschluss fest:

„Amerika, das ist das Land meiner Zukunft. Du kannst es Dir nicht vorstellen. Dieses Land zieht Dich in seinen Bann, man spürt auf Schritt und Tritt, dass der Pioniergeist noch lebendig ist. Die Menschen sind an allem unwahrscheinlich interessiert, und sie sind diskussionsfreudig. Da ist Dynamik drin und trotzdem eine Leichtigkeit des Lebens, die mich fasziniert. Amerika, das war einmal mein Traum, nun ist es mein Ziel, es wird mein Leben!"

Zwei Jahre später ist sie gegangen. Als Stewardess einer großen amerikanischen Fluggesellschaft wird sie die halbe Welt kennen lernen. Es kamen noch einige Briefe von ihr. Schade, als alles zu Ende ging, haben wir ganz vergessen, uns bei Pfarrer Knoth zu verabschieden. Tanzen habe ich dann mit Liesel gelernt.

Mir ist es im Brunnenweg noch nach vielen Jahren manchmal so ergangen, als würde ich mir auf diesen Wegen selbst als Kind, als Jugendlicher, als ein vor der Front flüchtender, als romantisch Verliebter begegnen. Aber es konnte genau so passieren, dass ich mir ganz verloren vorkam, weil sich einiges verändert hatte, manches verschwunden war und Neues hinzu gekommen ist, so wie etwa der Gedenkstein für jene Opfer, die von der Gestapo noch kurz vor Kriegsende hinter unserem Haus vorbei getrieben und hier erschossen worden sind, ganz nahe beim Bildstock von Pfarrer Knodt. Wo das einst Vertraute nicht mehr da ist, empfinde ich das so, als sei auch ein Stück meines Lebens mit verschwunden, und wo das Neue Gestalt angenommen hat, erinnert mich das daran, dass alles im Fluss ist. Doch immer behalten die Quellen das Wort ... Wo liegen meine Quellen?

Raum und Zeit – was rettet man, was rettet uns vor dem Vergessen? Wann und unter welchen Bedingungen fließen Wirklichkeiten in Erinnerungen ein? Wie und wodurch spenden reale Erinnerungen einmal neue Lebenskraft, warum und unter welchen Umständen werden ein anderes Mal daraus Träume, die ein Leben lang nicht ausgeträumt sind? Was muss in unser Leben einbrechen, aus wie vielen ausgefahrenen Geleisen müssen wir ausbrechen, damit Leben gelingt, damit das Leben nach dem in uns grundgelegten Schöpfungsplan reift? Selbstverliebt gehen wir auf in unseren kleinen Welten und merken oft erst spät, manchmal zu spät und wahrscheinlich oft gar nicht, dass auch unsere Welt für alle anderen eine andere Welt ist. Es sind immer andere Menschen, die uns aus solcher Enge, aus den Sackgassen unseres Lebens herausführen.

„Doch immer behalten die Quellen das Wort, es singen die Wasser im Schlafe noch fort, vom Tage, vom heute gewesenen Tage."
Ja, ja, ich weiß. Vom Tage, aber nicht nur vom heute, auch vom g e s t e r n gewesenen Tage, von so vielen Tagen erzählen immerzu sprudelnd die Quellen, von Tagen, die schon in jungen Jahren reicht gefüllt waren mit Leben und Lebensgefahr, mit Träumen und Albträumen. Ich kenne den Anfang, wie geht es weiter, wo ist das Ende?

Wenn ich später über die Jahre einer unbeschwerten, wunderbaren Kindheit vor Ausbruch des Zweiten Weltkrieges nachgedacht habe, wenn ich mich dankbar unserer Geborgenheit zu Hause erinnerte, dann kam es mir immer wieder so vor, als hätten unsere Eltern in ihrer schlichten, natürlichen Lebensart und mit ihren traditionell bürgerlichen Beharrungskräften regelrecht einen Schutzwall um uns Kinder errichtet. Glaubensstark, grundsatztreu, liebevoll und umsichtig haben sie sich in einem Hohlraum der nationalsozialistischen Diktatur zum Überleben eingerichtet. Sie haben ihre Geisteshaltung dem Regime nicht in einem Akt willfährig angepasster Gleichschaltung geopfert, sie ließen sich nicht von der nationalsozialistischen Propaganda verdummen, und sie blieben ihrem Glauben treu, bekannten sich öffentlich als katholische Christen. Dass sie ihrem inneren Widerstand nicht auch lautstarken öffentlichen Protest folgen ließen, hat mich eine Weile beschäftigt, vielleicht auch belastet. Aber schon bald war ich zutiefst davon überzeugt, dass sie es ihrer drei Kinder wegen getan haben. Sie konnten Deutschland nicht vor dem Chaos bewahren, das Hitler anrichtete, und sie brauchten auch nicht ihren Mut zu beweisen, weil sie niemals in die unmittelbare Gewissensnot gekommen sind, einen gefährdeten Menschen entweder zu retten oder ihn seinem Schicksal zu überlassen, aber sie haben uns Kinder zu einer Gottesfurcht erzogen, die uns jede Angst vor Menschen genommen hat. Sie haben uns gelehrt, dass man Vertrauen zu sich selbst haben muss, wenn man das Vertrauen anderer gewinnen will, und sie haben uns die seelisch-moralische Kraft gegeben, wahrhaftig zu sein und in jeder Lage unsere Verantwortung zu erkennen. Sie haben uns den Spürsinn vermittelt, Recht von Unrecht unterscheiden zu können, und sie haben uns in allem befähigt, klar zu denken, mutig und engagiert zu handeln. Das ist ungemein viel, denn damit haben sie uns ein großes und großartiges Sozialkapital mit auf den Lebensweg gegeben. Behutsam und klug, aber gewiss öfter, als wir es merkten, auch mit Angst und in Sorge, beschränkten sie sich darauf, das Familienleben gegen alle Bedrängnisse der Zeit zu sichern. Obwohl sie selbst in diesen Jahren nie ernsthaft in politische Gefahr gerieten, glaube ich doch, dass sie sich unsicher und manchmal vielleicht sogar gefährdet fühlten. Nach Vaters Austritt aus der SA 1936 und seiner erfolgreichen Intervention

1940 gegen meine Aufnahme in die Reichsschule in Feldafing am Starnberger See stand er im Dienst unter Beobachtung und wurde nicht mehr befördert. Ich habe das erst nach dem Krieg erfahren, als er wieder vergeblich auf eine Beförderung wartete, diesmal, weil er eben diese drei Jahre in der SA gewesen ist. Denn leider waren die Amerikaner und ihre Helfer nicht fähig, einen für 1933 noch nachvollziehbaren SA-Eintritt und einen Mut und Risiko bedeutenden SA-Austritt 1936 richtig zu bewerten.

Anfangs hatten die Eltern wohl damit gerechnet, dass sich das Regime nicht lange halten würde, aber als die totale Gleichschaltung aller Institutionen bewirkt und die Aufrüstung in Gang gesetzt war, als die Propagandaparolen immer dreister wurden und die Nazi-Aufpasser in Gestalt von Blockwarten und Parteispitzeln auch in die Privatsphäre der Familien einzudringen versuchten, da spürten sie die Ruhe vor dem Sturm. Ihnen war klar, dass das kein gutes Ende nimmt.

Im Krieg verdrängten die materielle Not und vielfältige existentielle Gefahren die Auswirkungen der geistigen Verarmung, die über das Land hereingebrochen war. Aber der katholische Glauben, in dem wir gegen alle Parteiorder streng erzogen wurden, gab Halt. Die Kirche wurde zum Ort der Gemeinschaft Gleichgesinnter, und mancher Nachbar erwies sich als Verbündeter wider den Zeitgeist. Der Mut des Vaters, die feindlichen Flugblätter nicht nur zu suchen, zu sammeln, zu lesen und zu kommentieren, sondern auch uns Buben dabei mit einzusetzen, ist und bleibt für mich ein Phänomen. Denn wäre das herausgekommen, hätte es zwangsläufig seine Verhaftung und wahrscheinlich Konzentrationslager bedeutet. Dieses unerschütterliche Vertrauen in unsere Verlässlichkeit und die Fähigkeit, absolutes Stillschweigen zu bewahren, hat mir überhaupt erst die Kraft gegeben, sich so zu verhalten. Tastend, suchend und in allem liebevoll haben die Eltern für uns die Entscheidungen gefällt, die sie für richtig hielten. Sie haben unter den jeweils obwaltenden Bedingungen unsere Entwicklungsräume ausgelotet, uns aber dennoch die Freiheit gelassen, auch eigene Wege zu gehen. Was für ein Segen!

Viel verdanke ich speziell der Mutter. Alles, was sie zu sagen hatte und vorlebte, kam aus ihrem tiefen Glauben und einer manchmal ungeduldig-anspruchsvollen Menschlichkeit; es war geprägt und getragen von einer großen, nie versiegenden Lebensfreude. Früh hat sie mein Interesse an Literatur und Poesie geweckt. Lange bevor ich in die Schule kam, war es ihr ein Anliegen, mich Gedichte und Lieder nicht einfach nur zu lehren, sondern sie mir auch zu erklärt und mir beizubringen, wie man mit Wort und Gestik zu betonen hat. Manchmal war mir das lästig, einfach ein wenig zu viel des Guten, aber ich habe auch schnell begriffen, wie schön das sein konnte. Durch die jahrelange Krankheit ihres Vaters mit der Folge, dass er schon in guten Jahren nicht mehr als Zahnarzt praktizieren konnte, musste sie die Schule mit Wehmut nach dem Einjährigen verlassen. Aber lebenslang blieb sie engagiert, das auszugleichen, was ihr als junges Mädchen an Ausbildung verloren gegangen war. So war sie wirklich eine zum guten Teil aus sich selbst gebildete Dame, und das blieb sie auch in chaotischen Zeiten, in Drangsal und Not. Als ich in der Obersekunda eine besondere Belobigung für meine Aufsätze bekam, schenkte sie mir einen mit „sehr gut" benoteten eigenen Schulaufsatz zum Thema „Ostern", den sie als Sechzehnjährige geschrieben hat, so, als wolle sie damit sagen, dass du das ganz gut machst, das hast du von mir.

„Ostern! Gar lieblich ist der junge Tag heraufgestiegen. Königin Sonne spiegelt ihre goldenen Strahlen in den 1000 und abermals 1000 Tautropfen, die Wald und Feld gleich einem Perlenschmuck zieren... ein geheimnisvolles Ahnen zieht durch die Natur. ... Und während ich schaue und staune, zwingt mich eine innere Gewalt zur Erde. Was ist das? Glockenklang! Ostern! Ostern raunt der Wald, murmelts der Bach, singens die Vögel, klingts von den Bergen, säuselts der Wind ... ruft es mein Herz. Die ganze Welt, die Schöpfung frohlockt, atmet auf...

Er ist auferstanden, Halleluja ...".

So romantisch und schwärmerisch würde ich Ostern wohl kaum beschreiben, aber ganz gewiss verdanke ich es ihr, dass mein tiefer österlicher Glauben von Kindheit an, wie es eigentlich ja auch sein muss, zu meinem Glaubensfundament wurde. Nichts singe ich lieber als das frohlockende Halleluja der Osternacht.

Zur Lebenshilfe wurden mir auch manche Gedichte, die ich in der besonderen Art, wie sie Mutter vortrug, in Erinnerung behalten habe; sie sind mir immer dann in den Sinn gekommen, wenn in schwierigen Augenblicken des Lebens Halt und Ruhe gefragt waren.

Nach dem Krieg kam es mir dennoch gelegentlich so vor, als empfänden die Eltern ganz im Verborgenen eine doppelte Scham. Die im deutschen Namen begangenen Verbrechen, deren ganzes Ausmaß und menschenverachtende Brutalität sie wie die meisten Deutschen erst nach Kriegsende erfuhren, schockierten sie. Spätestens da mögen sie sich betroffen gefragt haben, ob solche Verbrechen nicht so leicht möglich gewesen wären, wenn viele schon bei dem wenigen, was bekannt wurde, protestiert hätten. Aber Hitlers willige Helfer waren unsere Eltern in nichts und zu keinem Zeitpunkt. Das erfüllt mich mit Respekt und großer Dankbarkeit. Nur ein einziges Mal machte die Mutter eine Bemerkung, die etwas von ihren inneren Nöten erahnen ließ. Als uns 1946 oder 1947 der Zollbeamte Philipp Kopp – er war in den frühen 30er Jahren einige Male als Sankt Nikolaus bei uns und wollte mir einmal mit einer riesigen Schere die Zunge abschneiden, damit ich sie Erwachsenen nicht mehr herausstrecken kann – davon verständigte, dass von unserem ehemaligen jüdischen Nachbarn Kurt Winter ein C.A.R.E. Paket aus Amerika eingegangen sei, sagte sie betroffen und mit Tränen in den Augen – verschämten, traurig-bitteren und vielleicht doch auch ein wenig Freudentränen:
„Das können, das dürfen wir nicht annehmen, wir konnten ihnen damals doch auch nicht helfen".
Die Sache erledigte sich schließlich ganz von alleine im Sinne der Mutter, denn das Paket wurde in der folgenden Nacht bei einem Einbruch ins Bensheimer Zollamt gestohlen. Wir hungerten weiter.

Was war das für eine Zeit, die Dreißiger Jahre und der Zweite Weltkrieg? Ich habe viel über diese Epoche nachgedacht, und ich werde mit meinen Überlegungen wohl nie ganz zu Ende kommen. Kann man das, was sich in diesen Jahren an krimineller Energie, Menschenrechtsverletzungen, organisiertem Terror und systematischer Vernichtung abgespielt hat, überhaupt zu Ende denken, zumal dann, wenn man sich gleichzeitig daran erinnert, wie unbeschwert in denselben Jahren die eigene Kindheit und Jugend war? Wie konnte es passieren, dass ein ganzes Volk so radikal aus seinen geistig-kulturellen Traditionen verdrängt und in ein politisches System gezwungen wurde, in dem die Sinnfrage des Lebens, die mir der Major oder ‚Professor', wie Ernest sagte, so eindringlich gestellt hat, also die Frage, was das Leben des Einzelnen und das der Gemeinschaft wertvoll macht, einen so total anderen Gehalt bekommt? Aus der Gewissheit meines Glaubens sind mir immer wieder neue Fragen erwachsen; sie konnten sowohl befreiend, als auch irritierend und manchmal quälend sein. Doch die alles entscheidende Frage blieb immer dieselbe: Wann ist man glaubwürdiger Christ? Die menschliche Befindlichkeit macht uns die Antwort schwer. Aber wie oft mögen sich auch die Israeliten auf ihrem Weg durch die Wüste und in eine völlig ungewisse Zukunft gefragt haben, ob es nicht vielleicht doch gescheiter wäre, zu den sicheren Fleischtöpfen Ägyptens zurückzukehren? Was ist Sicherheit?

Nach der zwölfjährigen geistigen Leere, nach einer Zeit der Bespitzelung, der Diktatur und des Terrors, nach unsäglichen, millionenfachen Opfern an Menschen aller Generationen und vieler Nationen, und nach der vollständigen Zerstörung fast aller deutschen Groß- und Mittelstädte brachte 1945 einen Zusammenbruch, der alles bisher Dagewesene übertraf. Das war eine gewaltige Zäsur, die in ihren praktischen Auswirkungen für die allermeisten Deutschen zwar katastrophal, aber alles andere als eine Katastrophe für Deutschland war, auch wenn das nicht gleich alle so gesehen haben. Der verzweifelte Kampf ums Überleben, das Glück der Befreiung, die Ungewissheit vieler Soldaten-Schicksale, die Abkehr von der NS-Vergangenheit, die Vertreibung der Deutschen aus den östlichen Territorien, das Verhalten der Sieger und die Sehnsucht nach einer neuen Zeit schufen eine Atmosphäre, die wohl nur für uns Jugendliche prickelnd war. Später habe ich oft gedacht, wie tröstlich es doch ist, dass auch tragische Epochen der Geschichte noch alltägliche Züge haben. In unserer Familie wussten wir, dass es jetzt nur besser werden konnte, auch wenn in dem unmittelbaren Nachkriegsfrieden noch genug Unfrieden steckte, auch wenn zunächst zwei bittere Hungerjahre folgten und der klirrende Frost des Schreckenswinters 1947 das Leben in Deutschland nicht nur durch Eiseskälte erstarren ließ. Zwiespältig war das Bild, das die Amerikaner abgaben. Einerseits hielten sie sich mehr oder weniger streng an das Gebot, sich nicht mit der Bevölkerung zu verbrüdern, was gelegentlich groteskkomische Züge annahm, andererseits waren sie zu uns Jugendlichen aufgeschlossen und freundlich. Einerseits betrieben sie selbst unsere Umerziehung mit missionarischem Eifer, der gelegentlich stur wirkte, und andererseits ließen sie die Entnazifizierung weitgehend in deutscher Hand so laufen, dass kaum jemand an deren wirklichen Erfolg glauben konnte. Aber ohne die enormen Lebensmittelhilfen Amerikas hätten viele Deutsche diese Winter nicht überlebt.

Das Jahr 1948 brachte dann die kaum noch für möglich gehaltene, riesige Aufbruchstimmung. Währungsreform und die freie und soziale Marktwirtschaft, beides die Ergebnisse genialer deutscher Wirtschaftspolitiker und der Vernunft und Weitsicht der Alliierten, begünstigt durch die Auswirkungen des Kalten Krieges mit dem immer deutlicher werdenden Ost-West-Konflikt, solidarisierten den Westen und rissen die Menschen in Westdeutschland mit. Längst war das Bewusstsein, dass man in diesem Krieg auch selbst Opfer gewesen ist, überlagert von einem immer entschlosseneren Anti-Kommunismus und der Dankbarkeit, in den drei West-Besatzungszonen zu Hause zu sein. Das gute Gefühl, erst jetzt und nun wirklich überlebt zu haben, beflügelte alle, und die Menschen hatten auch das sichere Gespür für den historischen Augenblick eines kaum noch erhofften, gewaltigen Neuanfangs. Ungeheuere Kräfte wurden freigesetzt. Die Chance eines neuen Lebens eröffnete den Westdeutschen nach der Befreiung von einem schikanösen Überwachungsstaat und einem verbrecherischen Regime unter dem starken Schutzschild der Alliierten eine Zukunft in Frieden und Freiheit. Frei sein wie die Amerikaner – sie wurden mehr und mehr zum großen Vorbild – das wollten alle. Freiheit, das war es, was uns Jugendliche begeisterte und uns die Zuversicht gab: Wir können unser Schicksal meistern. Jean Paul Sartre's Roman ‚Zeit der Reife', unmittelbar nach Ende des Zweiten Weltkrieges veröffentlicht, lasen wir fasziniert. Der französische Existenzphilosoph erzählt in diesem Buch die Geschichte eines Philosophie-Professors, der auf das ganz besondere Ereignis wartet, das seine Existenz ausfüllen könnte. Die Wartezeit lässt ihn zur Reife gelangen. Uns ging es wie Sartre's Professor, wir wussten jetzt oder ahnten es auch nur, wozu die Zeit des ungewissen Wartens für uns gut war. Die Gefahren des Krieges, die Not der Nachkriegszeit und das Wissen um die neue Chance, waren die Erfahrungen, die uns Halbwüchsige der ersten Nachkriegsjahre geprägt und fürs Leben stark gemacht haben. Denn wir hatten früh und oft am eigenen Leib erfahren, dass es entscheidend im Leben darauf ankommt, zwischen gesellschaftlicher Verantwortung und individueller Freiheit den rechten Weg zu finden. Selbst das harte Los der aus dem Osten zuströmenden Vertriebenen, das die ausgebombte und ausgemergelte Bevölkerung der drei westlichen Besatzungszonen schicksalhaft mitempfand, obwohl das auch zu ganz neuen Notlagen und Spannungen führte, konnte den Prozess nicht mehr stoppen. Im Gegenteil. Die Heimatvertriebenen wurden nicht, wie von Stalin und seinen Helfershelfern teuflisch geplant, zum Sprengsatz für sozialen Unfrieden oder gar zu einem Zweckverband übelster Revanchisten, sondern zur zusätzlichen Triebkraft für den Wiederaufbau Deutschlands. Eine Großtat!

1948, dieses Jahr brachte für uns die Wende. Die Jugend hatte wieder Träume, und wir wollten träumen, Tag für Tag!

Überfahrt

Monoton rattert der Zug das Rheintal hinunter. In den kleinen Weinorten flattern gelb-weiße Fahnen im Wind; es ist Weißer Sonntag, der 13. April 1958. Ich bin auf der Fahrt von Wiesbaden über Niederlahnstein nach Königswinter, wo sich die deutschen Fulbright-Stipendiaten dieses Jahres im Adam-Stegerwald-Haus treffen, um von Vertretern dreier Bundesministerien und der amerikanischen Botschaft auf ihren Amerika-Aufenthalt vorbereitet zu werden. Die Vorträge des anderthalb Tage dauernden Programms interessieren, bereichern und amüsieren uns gleichermaßen. Man macht uns klar, dass „see you again" nicht unbedingt als bare Münze zu nehmen ist, ermahnt uns, auf Vortrag und Interpretation eines deutschen Volksliedes vorbereitet zu sein, und wir bekommen auch gut gemeinte Tips für eine Date. Die Frage, „are you lonesome tonight" darf auf gar keinen Fall gestellt werden. Na schön, aber wir sind keine jungen Springer mehr, die meisten haben ihr Studium abgeschlossen, einige sind schon in den Beruf eingestiegen. Für das Stipendium beworben haben sich alle noch während ihrer Studienzeit, aber die Stipendienplätze sind knapp, so dass nie alle, die die Voraussetzungen erfüllt und die Prüfungen bestanden hatten, auch berücksichtigt werden konnten. Es wurden grundsätzlich die älteren Semester genommen mit dem vagen Trost an die anderen: Sie sind jung und haben noch Zeit, werden vorgemerkt. Ich habe das nicht ernst genommen. Doch dann kam der Bescheid, als ich ihn nicht mehr erwartete, eigentlich auch nicht mehr haben wollte, denn inzwischen war ich verlobt und war gerade dabei, beruflich von Darmstadt nach Mannheim zu wechseln. Einer der Glücklichen, die diesmal ein Stipendium bekommen hatten, war auch mein guter Freund Wilhelm Wannemacher. Damit war dann alles klar.

Zehn Jahre sind vergangen, seit wir wieder daran glaubten, eine Zukunft zu haben – Traumjahre. Die letzten Schuljahre vor dem Abitur waren geprägt von einigen Lehrern, deren pädagogische Fähigkeiten so groß wie ihre menschlichen Qualitäten waren, aber auch von Mitschülern, die aufgrund ihres höheren Alters die sittliche Reife, um die wir uns erst noch strebend bemühen mussten, schon weitgehend hatten. Als Siebzehn- oder Achtzehnjährige waren sie noch in den letzten Kriegswirren zum Militärdienst herangezogen und damit aus der Schul- und Lebensbahn geworfen worden. Nach Vorbereitung in einer speziell dafür eingerichteten Schule in Königstein kamen sie ins Konvikt nach Bensheim und zu uns in die Klasse. Für uns ‚Normalfälle' war das ein großer Gewinn. Als wir ins mündliche Abitur gingen, war unser hochgeschätzter Lateinlehrer Georg Zwissler erkrankt. Vom Krankenlager schrieb er mir als dem Klassensprecher einen Brief, in dem er sich an einer Stelle besonders an die ‚Königsteiner' wandte, weil er glaubte, diesen Teil der Klasse im Gegensatz zu den Bensheimern nicht mehr wieder zu sehen. Er schrieb:

„Unsere Latein-Zusammenarbeit war, gemessen an ihren Resultaten, nicht allzu ersprießlich, aber ich bin trotzdem gerne zu Ihnen gegangen. Ich habe durch meine lange Bensheimer Tätigkeit die Möglichkeit zum Vergleich: Wir hatten schon viele Abiturientenklassen, die bessere Leistungen zu verzeichnen hatten, aber keine einzige, die so viel anständige Gesinnung und wirklich sittliche Reife gezeigt hat."

Oh, ihr Königsteiner, was für ein Segen ward ihr doch für uns, die wir noch so viel Unsinn im Kopf hatten. Wann immer etwas in oder mit der Klasse passierte, was besser nicht geschehen wäre, hieß es ohne jede Ermittlung sofort: Es sind doch immer dieselben Burschen, damit waren immer wir gemeint, und es war immer richtig.

Die Jahre nach 1946 bis weit in die 50'er Jahre hinein waren aber auch deshalb eine im besten Sinne für uns erfüllte Zeit , weil sie uns, die wir die Zwänge der NS Jugend und die Wirren des Krieges erlebt hatten, alles das an Entfaltung, Erfahrung, Erlebnis und Freude ermöglichten, was wir bis dahin entbehrt hatten. Die Chance dazu fanden wir im Bund der Deutschen Katholischen Jugend, durch das Wiederaufleben der bündischen Jugend, bei Fahrten ins Ausland und in Sportdisziplinen, die wir uns selbst gewählt hatten. Dort begegneten wir auch unseren neuen Vorbildern; sie waren nur wenige Jahre älter als wir, so etwa Hansi Rieger, Hans Degen, August Heinrich Becker und Philipp Zimmermann, aber sie waren uns ob ihrer Kriegserfahrung an Reife weit voraus. Mit welcher Begeisterung hatten wir den Katholischen Jugendtag 1947 gestaltet, zu dem die Jugend aus dem gesamten rechtsrheinischen Teil der Diözese Mainz nach Bensheim kam, und wie ergriffen hatten wir Wochen vorher, allen Bedenken der Erwachsenen zum Trotz, die Karsamstagsliturgie abends in der offenen Ruine der Stadtpfarrkirche gefeiert. Hunderte kleiner Glühbirnchen, die wir von den Amerikanern bekommen und auf Dachlatten montiert hintereinander geschaltet hatten, tauchten das Kirchen-Gemäuer in ein einmalig feierliches Licht. Jahr für Jahr denke ich am Karsamstag an diese Feier im Jahre 1947, bei der sich mir das Geschehen der Osternacht so tief eingegraben hat. Ohne die tatkräftige Hilfe der Amerikaner wäre das alles nicht möglich gewesen. Wir holten begeistert, ja schier unersättlich nach, und nun – wiederum einige Jahre später – sollte sich sogar mein größter Traum erfüllen: das Abenteuer Amerika!

Von einer Dame der „American Express Company" und einem Repräsentanten der Fulbright Commission bekommen wir die Fahrkarte nach Rotterdam und die Schiffskarte für das Passagierschiff der Holland-Amerika Linie, die ‚S.S. Nieuw Amsterdam'. Mit dem Österreich-Holland-Express verlassen wir Bonn und erreichen kurz nach 11 Uhr Rotterdam. Vor dem Hauptbahnhof wartet ein knallgelber Omnibus; wir werden zu einer Stadtrundfahrt eingeladen. Nach einer formal höflichen Begrüßung kommt der holländische Stadtführer schnell zur Sache:

„In Rotterdam, der zweitgrößten Stadt Hollands, haben die Deutschen im Krieg 280.000 Wohnungen zerstört, die nur mit Hilfe amerikanischer Wohltäter wieder aufgebaut werden konnten."

In diesem Stil geht es während der ganzen Tour weiter; wir würden uns am liebsten unter unseren Sitzen verkriechen, aber dann haben wir es endlich überstanden. Der uns begleitende Regierungsrat Rexin aus Bonn nutzt die gute Gelegenheit, uns noch einmal zu sensibilisieren:

„Die Holländer haben im Krieg Fürchterliches mitgemacht. Rotterdam wurde von den Deutschen schwer bombardiert, eine der ersten Städte überhaupt, die dieses Schicksal ereilte. Hier ist der Chauvinismus noch groß. Sie sollten das verstehen. In Amerika brauchen Sie mit so etwas jedoch kaum zu rechnen. Denken Sie stets daran: Sie sind als junge Deutsche nicht schuldig, aber Sie bleiben in der Verantwortung für das, was im deutschen Namen an Unheil in die Welt gebracht wurde."

Ein Warnschuss zum richtigen Zeitpunkt! Jetzt kann keiner mehr von uns so blauäugig sein, zu glauben, wir würden überall mit offenen Armen empfangen werden.

Der Anblick unseres Schiffes ist gewaltig. Da es unwahrscheinlich ist, dass wir in Le Havre oder Southampton an Land dürfen, haben wir in dem Moment, da wir den Landungssteg betreten, zum letzten Mal für lange Zeit europäischen Boden unter den Füßen. Das gibt mir ein Gefühl für die Besonderheit des Augenblicks.

Es ist kaum zu glauben, aber obwohl das mit seinen 38.000 BR Tonnen und 230 m Länge riesige Schiff fest vor Anker liegt, spürt man eine leicht schwingende Bewegung. Wir sind auf dem Wasser. Unter dem Heulen aller Sirenen und mit Hilfe von vier Schleppern legt das Schiff um 13.30 Uhr ab. So, wie auch wir, beobachten auf den Kais Hunderte von Schaulustigen das Manöver. Strahlend liegt die Sonne über dem Hafen von Rotterdam, nach 15 Kilometern erreichen wir die Nordsee, morgen in aller Frühe werden wir in Le Havre sein, und nach einem zweiten Halt in Southampton, wo wir die 83.000 BR Tonnen große „Queen Mary" bewundern können, beginnt die eigentliche Überfahrt in die Neue Welt. Rauh und wild begrüßt uns der Ozean. Das Wetter verschlechtert sich.

Die ‚N.A.', ist eines der wenigen Schiffe, die noch in drei Klassen fahren. Wir, nämlich Harald aus Schleswig Holstein, Wilhelm und ich, sind mit unserer gut und zweckmäßig eingerichteten Kabine A 443 in der Touristenklasse mehr als zufrieden; sie liegt im A-Deck Backbord außen, hat also ein Bullauge. Aus nahe liegenden Gründen ist der Papierkorb aus Metall; Harald wird ihn bald brauchen, denn schon bei der Kanalüberquerung wird er seekrank. In den Speisesälen und Gesellschaftsräumen herrscht ein geradezu unerhörter Luxus, den wir mit großem Staunen zur Kenntnis nehmen und mit noch größerer Freude genießen. An Bord sollen 500 Passagiere sein, die von 720 Besatzungsmitgliedern betreut werden. Zwei Mal müssen wir mit unseren Schwimmwesten, die jeder griffbereit auf seinem Schrank liegen hat, zu Rettungsübungen antreten. Erstaunlich leicht wird das von den meisten genommen, nur ein paar ältere Damen nesteln verzweifelt an ihren Schwimmwesten herum und rufen nach einem Steward. Keiner mag sich den Ernstfall vorstellen. Nach zwei Tagen ist die Hälfte der Passagiere seekrank. Wilhelm und ich sind öfter in der ersten und zweiten Klasse als dort, wo wir eigentlich hingehören. Niemand beanstandet das, ich glaube, es fällt gar nicht auf; die Stewards und ihre Kolleginnen sind froh, wenn überhaupt jemand kommt. Wir haben Windstärke 8/9, haushoch schwappen die Wellen, und das ganze Schiff hebt und senkt sich wie ein Fahrstuhl. Zur Sicherheit sind in den Gängen, an den Treppen und erst recht auf den Decks, soweit sie überhaupt noch offen sind, zusätzlich Halteseile gespannt, und unsere Betten haben Brettervorschläge bekommen. Schwerer Seegang, sagt die Besatzung. Einem Großteil der Passagiere geht es jämmerlich schlecht, der Rest, zu dem wir zählen, kämpft entschlossen gegen alle Übelkeit an. Wir zwingen uns, zu den vorzüglichen Mahlzeiten zu gehen und nicht in den Kojen flach zu liegen, wir lesen, versuchen Tischtennis und Bingo zu spielen, und wir strecken zumindest immer wieder mal die Köpfe aus den Aufgängen zu den Decks, um frische Luft zu schnappen. Denn man hat uns gesagt, dass nur Aktivität gegen Seekrankheit hilft. Das hat auch etwas mit Psychologie zu tun, man muss sich diesem Torkeln und Schwanken innen und außen entgegen stemmen. Wer sich gehen lässt, ist verloren. Unsere Stippvisiten in der Koje haben ausschließlich lebensrettende Gründe für Harald, der am liebsten über Bord gehen möchte. Wer jetzt noch in die Speisesäle kommt, wird wie ein König bedient. Ausnahmezustand. Das Lied, ‚Eine Seefahrt, die ist lustig', klingt vielen wie Hohn. Gestern haben sich der Kapitän, Commodore C. Bouman, und die für das Unterhaltungsprogramm zuständige Social Directress, Frau C.C.J. Peters, die im Moment wenig zu tun hat, dem tapferen Rest der noch aufnahmefähigen Passagiere vorgestellt. Fünf Kapellen spielen an Bord vor wenigen Gästen. Mittlerweile haben wir Windstärke 10. Die für gestern Abend geplante „Head-Dress-Party" musste wegen des schlechten Wetters auf Sonntag verschoben werden. Erst am fünften Tag bessert sich das Wetter.

Wenn unser Schiff seine einsame Bahn zieht, die am Heck noch lange als eine aufgewirbelte, weiße Wasserspur zu sehen ist, dann kommen einem viele Gedanken. Wie trostlos, wie zum wahnsinnig werden schrecklich muss es doch sein, der Weite des Ozeans ausgeliefert, rettungslos verloren zu sein. Wir sind auf einem großen, modernen und ungefährdeten Schiff, doch wie war das im Krieg? Über wie viele Gräber gefallener Matrosen aller Nationen mögen wir schon hinweg gefahren sein? Was ist grausamer als das, in die unendliche Tiefe dieser Wasserwüste hilflos einzutauchen, einfach spurlos zu versinken? Wie viele mutige U-Boot-Fahrer, wie viele tapfere Soldaten der amerikanischen Invasions-Truppen haben hier ihr Leben gelassen? Die einen sind nicht mehr heimgekehrt, die anderen haben England und die Normandie nie erreicht, die einen haben darauf vertraut, dem Vaterland zu dienen, die anderen haben dennoch ihren großen Anteil an der Befreiung Europas, ihren Anteil auch daran, dass wir als junge Deutsche heute nach Amerika reisen dürfen.

Ob die anderen sich auch solche Gedanken machen? Endlich haben wir etwas von all dem Komfort des Schiffes. Wir sind auf dem Oberdeck und genießen, in dicke Decken eingemummelt auf Liegstühlen die Meerluft und die noch wenigen Sonnenstrahlen. Rechts neben mir entspannt sich Mia Maessen, eine sozial engagierte, äußerst sympathische Holländerin aus unserer Gruppe, und auf der linken Seite liegt ein älterer Amerikaner, der in der Bordzeitung „*The Ocean Post*" liest, regelmäßig einen tiefen Schluck aus seinem auf dem Boden abgestellten Whiskyglas zieht und ansonsten von nichts und niemand Notiz zu nehmen scheint. Auch Mia und ich lesen; ich habe mich in den „Der Kleine Prinz" vertieft, den mir die alleingelassene Lo ins Gepäck gesteckt hat. Da tauchen einige aus unserer Gruppe auf, einer hat eine Gitarre dabei, sie fragen Mia und mich, ob wir mitsingen wollen, und schon geht es los, nicht zum ersten Mal auf dieser Fahrt. Wir stellen uns in eine etwas weniger frequentierte Ecke, die Wand eines der Aufbauten im Rücken, und wir beginnen mit unserem Hit „Schön ist die Welt, drum Brüder lasst uns reisen ...", Längst haben wir die Texte unserer Lieder ins Englische übersetzt, und so bilden wir nicht nur einen internationalen Studenten-Chor, sondern haben auch ein aufmerksames Publikum aus vieler Herren Länder. So manche Abendeinladung in die Erste Klasse kommt bei unseren Gesangs-Auftritten zustande.

Als Mia und ich zu unseren Liegestühlen zurückkommen, wendet sich der Amerikaner mir zu und will wissen, woher wir kommen und was wir in Amerika vorhaben. Ich sage ihm, ich sei Deutscher, und wir seien eine Gruppe von 61 Studentinnen und Studenten aus 12 europäischen Ländern; in Amerika werde noch ein Israeli hinzukommen. Wir alle hätten ein Fulbright-Stipendium, um in Cleveland zu studieren. Er hört interessiert zu, winkt den Steward herbei und fragt mich:
„Mögen Sie einen Whisky?"
„Danke nein, ich möchte jetzt keinen Alkohol."
„Aber sonst etwas?"
Mein abermaliges ‚nein danke' lässt er nicht gelten und gibt dem Steward die Anweisung:
„One more Whiskey and Ginger Ale".
Dann beginnt er, mir aus seiner ganz privaten Sicht, wie er mehrfach betont, zu erzählen, was er meint oder gar zu wissen glaubt, wie die Europäer über Amerika denken, und was die Amerikaner von einem ausländischen Studenten, speziell einem, der aus Deutschland kommt, erwarten.
„You know, die Europäer, alle Europäer, halten die Amerikaner für bescheuert. Für die sind wir ahnungs-, geschichts- und kulturlose Banausen, die nur etwas von dicken Autos, Baseball, Coca Cola und natürlich Geldverdienen verstehen, deren Horizont aber nicht einmal von der amerikanischen Ost- zur Westküste reicht. Habe es gerade selbst wieder erlebt. Paris, Rom, Wien, Salzburg und dann Deutschland, am Schluss noch London. Überall das gleiche Amerika-Bild. Am besten kommen wir noch bei den Deutschen weg, aber die haben ja auch allen Grund dazu. „
Der Steward bringt Whisky und Ginger Ale, und der Schluck, den sich mein Nachbar gleich genehmigt, erlaubt mir eine Zwischenfrage:

„Wie lange dauerte Ihre Reise und wo waren Sie in Deutschland?
„Eine gute Woche hat die Rundreise gedauert. Europa in zehn Tagen, ein prima Angebot",
er lacht breit und herzlich und fährt fort:
„Bin nach Paris geflogen und in Le Havre an Bord der „N.A." gegangen. Dachte, ich könnte mich auf dem Schiff von der Tour etwas erholen, aber bei diesem Sauwetter, es war und ist wirklich zum kotzen. In Deutschland bin ich ein ganzes Wochenende gewesen: München, Frankfurt und natürlich Rüdesheim, die Drosselgasse, das gehört dazu. Ich will noch einmal nach Deutschland kommen, und dann werde ich es so einrichten, dass ich zum Oktoberfest da bin. Waren Sie schon auf dem Oktoberfest in München?"
Ich überhöre die Frage, weil ich nicht ausschließe, er könnte denken, ich wolle ihn veräppeln wenn ich sage, dass ich noch nicht dort war und mich auch nichts hinzieht, aber er redet auch so schon weiter.
„Und was erwarten die Amerikaner von einem deutschen Studenten? Klar, das können Sie nicht wissen, aber ich sage es Ihnen, damit Sie vorbereitet sind; Ihr Studium beginnt sozusagen in diesem Augenblick, OK? Also, die Amerikaner erwarten, dass ihnen etwas von diesem Scheiß-Hitler und seinem verdammten Krieg erzählt und anerkannt wird, dass unsere Armee, die beste der Welt, Euch befreit und in Europa wieder Ordnung geschaffen hat. Die Kriege in Europa, schon der Erste, hauptsächlich aber der Zweite Weltkrieg, haben Amerika zu einer Weltmacht werden lassen, haben gezeigt, wer allein auf dieser Welt in der Lage ist, eine zivile Ordnung zu garantieren. Das muss endlich mal klar sein! Wir haben Ehrfurcht vor unserer Verfassung, und was haben die Europäer? Die meisten haben nicht einmal eine richtige Verfassung, jedenfalls keine so wie wir. Was wäre Europa ohne Amerika? Ja, so herum geht die Geschichte! Und wenn das erst mal klar ist, dann muss sich auch noch erweisen, ob die Idee von diesem Senator aus Arkansas, J. William Fulbright, nämlich einen Teil der Gelder, die sich aus der Verwertung all der amerikanischen Überschussgüter im Ausland angesammelt haben, für Stipendien auszugeben, nicht vielleicht doch eine Fehlinvestition ist. Irgendwie ward ihr doch alle Nazis, oder etwa nicht?"

Mein neuer Schulmeister räkelt sich auf seinem Liegestuhl, schlürft vernehmlich genüsslich an seinem Whisky und ist erkennbar mit der Lektion, die er mir gerade erteilt hat, zufrieden.

„Glauben Sie wirklich, dass solche Pauschalurteile hilfreich sind? Wenn jeder in seiner Welt verharrt, wird er die Welt des anderen nicht kennen lernen, und der Traum von der einen Welt aller wird niemals wahr."

„Hey, wollen Sie Philosoph werden? Für mich gibt es nur einen Traum, und das ist der amerikanische. Es war ein interessantes Gespräch, aber wir haben noch einiges zu bereden. Sie treffen mich heute Abend nach dem Dinner in der *Jungle Bar,* Sie wissen, Promenaden Deck, Steuerbord, Eingang durchs Foyer. Lassen Sie sich sehen!"

Es fällt ihm nicht ganz leicht, vom Liegestuhl hoch zu kommen, doch er schafft es. Mit einem prüfenden Blick und zugenickten Gruß zu Mia – er denkt wohl, wir gehörten, wie auch immer, zusammen – bewegt er sich leicht schwankend in Richtung Treppe. Mia, die fast alles mitgehört hat, lacht:

„Junge, das war vielleicht ein Typ! Vorurteile, kaum zu glauben. Aber was sein Reiseprogramm betrifft, so ist das für Amerikaner ganz normal; für die ist Europa ein großer Freizeitpark, den man in einer Woche leicht abhaken kann."

„Leider hast Du recht. Vorurteile in jeder Hinsicht. Er glaubt zu wissen, wie die Europäer über die Amerikaner denken, und in dem er das tut, wird überdeutlich, wie groß seine Vorurteile gegenüber Europa sind. Als Deutscher ist man für so jemand natürlich Nazi gewesen. Eigentlich bin ich ihm dankbar für das, was er gesagt hat, denn es war hilfreich für alles, was kommt. Ich befürchte, das ist kein Einzelfall. Da gibt es doch erheblichen Aufklärungsbedarf, aber nicht heute Abend in der *Jungle Bar.*"

Ich erzähle Mia von den Verhaltensregeln, die man uns in Königswinter mit auf den Weg gegeben hat. ‚Lassen Sie sich sehen', nein, das werde ich jetzt nicht wörtlich nehmen, aber wissen, ob mein Liegestuhl-Nachbar wirklich da ist, das möchte ich schon. Mia wird am Abend im Foyer mal für mich um die Ecke linsen.

Zwei Flugboote der „Canadian Navy" überfliegen uns so niedrig, dass wir den Piloten zuwinken können. Bald wird das erste Feuerschiff auftauchen.

Letzter Reisetag. Die Koffer sind gepackt, wir gehen frühzeitig schlafen. Es heißt, das Schiff werde morgen in aller Frühe in New York einlaufen. Schon vor sechs Uhr stehen Wilhelm und ich auf, um rechtzeitig auf dem Deck zu sein und einen guten Platz zu bekommen; wir wollen jede Phase dieses Ankommens bewusst miterleben. Dicke Nebelschwaden liegen über dem Meer. Da viele Schifffahrtslinien hier zusammen treffen, tutet es aus allen Richtungen. Ein Lotse kommt an Bord. Dann, fast zu plötzlich, einer der ganz großen Momente: Die Freiheitsstatue. Majestätisch taucht sie aus dem Dunst auf, wir fallen uns um den Hals, und wie aus einem Mund sagen wir: „Amerika, wir sind in Amerika!" Bei aller Erwartung hätte ich nicht gedacht, dass mich das so überwältigt. Jetzt bleibt jeder gern mit seinen Gedanken allein.

Für uns ist ‚nur' ein großer Traum in Erfüllung gegangen, aber für wie viele Menschen allein im 20. Jahrhundert mag dieser Anblick den Augenblick ihrer gelungenen Lebensrettung fixiert haben? Nach welchen Ängsten und Gefahren, unter welchen Opfern und Entbehrungen, mit wie vielen vagen Hoffnungen und unsicheren Aussichten? Uns erwartet ein bis ins Kleinste bestens vorbereiteter Studienaufenthalt, den wir sorgenfrei beginnen können, aber wie viele werden hier gelandet sein und sich wie Gestrandete gefühlt haben, der Todesgefahr entronnen aber voller Sorgen, wie sie nun das Leben meistern sollen.

Schemenhaft erkenne ich die ersten Wolkenkratzer von Manhattan, und ich fange an, staunend, zögernd und tief bewegt zu begreifen, dass ich wirklich in Amerika bin. Für meine Befindlichkeit war es ein wahrer Segen, dass wir nicht geflogen, sondern mit dem Schiff gereist sind. Bei den Organisatoren werden Kostengründe ausschlaggebend gewesen sein; für mich war diese Überfahrt ein notwendig behutsames, langsames überqueren von Zeit und Raum. Nur so konnten sich das Abstandnehmen und die Suche nach Annäherung seelisch verkraftbar in der Dimension des Menschlichen entwickeln. Nun bin ich frei für die Neue Welt.

Wir bewundern die großartige Skyline von Manhattan, und langsam bewegt sich der schlanke Riese ‚N.A.' seinem Pier entgegen.

„Woran denkst Du?"

Wilhelm beendet unser schweigendes Staunen, und mir ist klar, dass seine Frage an mich nur die Ankündigung dessen ist, was ihm gerade durch den Kopf geht; er will, er muss es loswerden:

„Ich habe eben daran gedacht, wie unendlich weit Amerika für uns beide weg war, als wir uns zum ersten Mal in der Euler-Villa in Bensheim trafen. Du bist in den amerikanischen Offiziers Club gegangen, der dort eingerichtet war, und hast mich auf meine Bitten hin mitgenommen, weil ich noch einmal an den Ort zurück wollte, wo ich Jahre zuvor in der NS-Lehrerbildungsanstalt war. Wann war das noch? 1947? Wir haben damals doch beide gesponnen. Amerika, total verrückt, völlig utopisch! Unsere Motive, Amerika und die Amerikaner kennen zu lernen, waren zwar ganz verschieden, aber beide wollten wir herausfinden, wie die Amis wirklich sind, unbarmherzig, hart, ja fast brutal, wie ich sie in der Gefangenschaft erlebt habe, oder menschlich, fair und hilfsbereit, wie Du sie kennen gelernt hast. Wahnsinn, dass wir uns eingebildet haben, das jemals vor Ort klären zu können, Wahnsinn, dass es jetzt so gekommen ist, dass uns die Freiheitsstatue begrüßt hat und wir beide gleich amerikanischen Boden betreten werden."

„If dreams come true, dear, so hieß doch der Schlager, den wir wiederholt in der Schiffs-Bar gehört haben, erinnerst Du Dich?"

Ich summe ein paar Takte der Melodie, und er unterbricht mich.

„Die Platte sollten wir uns unbedingt besorgen, das ist unsere Amerika-Hymne."

„OK, wenn wir die Rückreise antreten und die paar Dollar dafür noch in der Tasche haben, dann kaufen wir sie. Doch Spaß beiseite. Ich komme ganz unvoreingenommen in dieses Land, offen für alles, was wir erleben werden. Traurig bin ich allein darüber, dass ich von den Amerikanern, die 1945 meinem Amerikabild die ersten Konturen gaben, keine Adressen, kein Telefon nichts habe. Nur die Vornamen, Ernest und Jonathan, hat meine Erinnerung bewahrt. Außerdem war da noch ein toller Major, sie nannten ihn den Professor. Wie wunderbar wäre es, wenn ich sie jetzt wieder sehen und sprechen könnte. Eigentlich müssten sie es spüren, dass ich in diesem Augenblick in ihrem Land angekommen bin, sie wollten doch immer, dass ich Amerika kennen lerne.

Die einzige Adresse, die ich dabei habe, ist die meiner ersten Freundin; sie ist vor etwa zehn Jahren nach Amerika ausgewandert und lebt in New York, zumindest eine zeitlang war das so. Es ist ziemlich unwahrscheinlich, dass die Adresse noch stimmt, unser Kontakt ist schon lange abgerissen, aber ich habe ihr von zu Hause geschrieben und sie wissen lassen, dass ich im Henry Hudson Hotel wohnen werde. Mal sehen."

„Sie hier zu treffen wäre insofern interessant, als Du erfahren könntest, wie es ihr ergangen ist. Weißt Du, wie sie heute über Amerika denkt?"

„Das ist genau der Punkt. Sie war damals Feuer und Flamme. Wir haben uns gegenseitig an und über Amerika begeistert, und ich wüsste jetzt natürlich gerne, ob ihr Traum wahr geworden ist."

„Mehr interessiert Dich nicht?"

Wilhelm lacht verschmitzt, aber er erwartet keine Antwort, und so, wie die Frage gestellt ist, bedarf es auch keiner.

Der Slogan der Holland-Amerika Linie: *It's good to be on a well-run ship*, hat sich bestätigt. Bis dahin ist die Reise von der einen in die andere Welt geglückt.

Neue Welt

Das Henry Hudson Hotel, 353 West, 57th Street, ist so atemberaubend riesig wie beängstigend eindrucksvoll. 1200 Zimmern! Drei Tage werden wir hier bleiben. Weil ich gestern fast zu Tode erschrocken bin, als mich jemand von hinten kommend lautlos überholte und dabei leicht berührte, drehe ich mich jetzt in diesen langen Hotelgängen, deren Ausstattung jedes Geräusch schluckt, öfter mal um. Ich muss ständig gegen das beklemmende Gefühl des Ausgeliefertseins in totaler Anonymität ankämpfen. Ganz anders ist das Downtown New York. Dort pulsiert das Leben! Den Zusammenprall der Kulturen zu erspüren und dann zu erleben, wenigstens ein paar der tausend Gesichter von New York zu Fuß zu entdecken, das macht mir einen Riesenspaß. Ich finde es faszinierend, mich für eine Weile auf Tuchfühlung in dem brodelnd-chaotischen und dennoch irgendwie geordnet-zielstrebigen Menschenstrom aus aller Welt treiben zu lassen, hautnah mitten drin zu sein. Hier ist man ein Namenloser und begegnet nur Fremden, aber dennoch kommt ein Wir-Gefühl auf, das ich nirgends sonst auf der Welt so empfunden habe. Die Einsamkeit, die man in vielen Großstädten empfindet, kann sich in dieser überschäumenden Vitalität erst gar nicht einstellen. Bei meinen späteren Besuchen in NY wird sich das immer wieder bestätigen: Man wird New Yorker allein schon dadurch, dass man da ist.

Bei der Stadtrundfahrt gleich nach Ankunft habe ich mir gemerkt, wohin ich noch einmal alleine gehen möchte. Auf solchen Touren male ich mir dann aus, was für eine tolle Geschichte herauskäme, wenn ich alle, die da vor, neben und hinter mir unterwegs sind, nach ihrem woher, wohin und wieso gerade hier in New York befragen könnte. Greater New York, Herzstück Manhattan, das ist ein Refugium gestrandeter Menschen und gemachter Leute, der Schmelztiegel Amerikas, die Welt-Metropole. Aber heute Vormittag war ich auch richtig froh, als ich in der Saint Paul's Chapel, New Yorks ältester Kirche, in der regelmäßig auch George Washington gebetet haben soll, für ein paar Minuten stille Einkehr halten und das *Metropolitan Museum of Art* als Oase der

Ruhe genießen konnte. Später habe ich dann mit der gleichen lässigen Selbstverständlichkeit wie die New Yorker im Central Park Luft geschnappt. Mit diesem Park, New Yorks grüne Lunge, wollten dessen Planer vor gut 100 Jahren kunstvoll eine moralische Landschaft schaffen,

um die Menschen in der Großstadt sowohl anzuregen, die Schönheiten der Natur zu suchen als auch sie dafür zu entschädigen, dass sie Landschaft und Natur Downtown New York entbehren müssen. Den weltfremden Spielverderbern, die durch alle möglichen Verbotsschilder dem Park in seiner Anfangszeit eine sterile Eleganz sichern wollten, hat man längst das Handwerk gelegt, aber seit dem dort, genauso übertrieben, fast alles erlaubt ist, ist im Zentral Park leider auch alles möglich. Man hat uns sehr gewarnt, am Abend hinzugehen. Doch tagsüber, wenn dort Amerika und die halbe Welt picknickt, wenn in der Mittagszeit die Geschäftswelt hier für eine kurze Pause Geld und Geschäft, Gehabe, Gunst, Gier, Getriebe und oft auch den guten Geschmack, wirklich alles vergisst, dann kann man im Park die Seele baumeln lassen. Im Zentral Park ist alles, was die City einem an Mangel zivilisatorischer Lebenswirklichkeit zumutet, ausgesperrt.

Gestern spät am Abend war ich im oder besser gesagt auf dem höchsten Gebäude von New York, dem Empire State Building. Erst In diesem einmalig faszinierenden Moment habe ich im 102. Stockwerk, als ich aus 449 m Höhe von der Aussichtsplattform ungläubig, beeindruckt, erregt und bewegt den Blick über das lichtüberflutete, nächtliche New York schweifen ließ, als ich die unvorstellbar raumgreifende Dimension der prosperierenden Stadt zu erahnen begann, richtig begriffen, dass ich wirklich in Amerika bin. Offensichtlich schafft man dieses Begreifen nur in Schüben; es braucht verschiedene Ansätze und unterschiedliche Reize.

„Don't write – record it on the Voice-O-Graph!"

Ich folgte dieser Aufforderung des Automaten und besprach eine kleine Schallplatte als großen Liebesgruß an Lo daheim, schwärmend von einem klaren Sternenhimmel über und dem funkelnden Lichtermeer der Weltstadt unter mir. In Anspielung an den von ihr und mir so sehr geliebte Saint-Exupèry erinnerte ich an den Titel ‚*Wind (in meinem Fall nicht Sand), Stadt und Sterne*'

– märchenhaft! Hier, erst hier zwischen Himmel und Erde fängt man an, in den Kategorien der Neuen Welt zu denken.

An der Rezeption reicht mir der Boy zusammen mit dem Schlüssel einen Brief ohne Absender; ich öffne ihn noch in der Hotelhalle.

> *„Willkommen in Amerika!*
> *Dein Brief war d i e Überraschung! Bin um 18.30*
> *Uhr in der Hotel-Lobby.*
> *Freue mich riesig und hoffe, dass die Zeit passt.*
> *Treffe ich Dich heute nicht,*
> *rufe ich morgen ganz früh (7.00 Uhr?) an. Bis dann*
> *Gisela*

Es ist 18.00 Uhr vorbei, viel Zeit bleibt mir also nicht. Heute Abend macht ein Teil der Gruppe einen Broadway Bummel, da wollte ich mit, aber vielleicht kann ich ja noch nachkommen. Dass es absolut ausgeschlossen ist, abends auf dem Broadway eine bestimmte Gruppe zu finden, kommt mir nicht in den Sinn. Ein frisches Hemd, eine kurze Nachricht für Wilhelm, und zurück in die Hotelhalle.

Es sind ziemlich genau 10 Jahre her, dass ich Gisela das letzte Mal gesehen habe, doch ich erkenne sie sofort wieder. Ihr flotter Schritt ist noch so elegant und leicht wie ehedem, sie ist unverändert rank und schlank, und der todschicke Hosenanzug betont das alles noch. Eine attraktive Erscheinung. Suchend lässt sie den Blick nach rechts und links schweifen, aber da komme ich ihr schon längst entgegen, sie entdeckt mich und noch schneller, lachend, die Arme weit ausgebreitet, eilt sie auf mich zu:

„Wölfi, bis zu diesem Augenblick habe ich gezweifelt. Nie hätte ich gedacht, dass Du tatsächlich einmal nach Amerika kommen würdest."

Es ist eine Umarmung, bei der jeder weiß, dass da einmal mehr war und jeder spürt, dass sich inzwischen wesentliches geändert hat. Trotz aller Herzlichkeit wirkt sie etwas zerfahren, und in ihren Augen liegt ein Hauch von Traurigkeit; es ist nicht mehr der strahlende Blick von damals.

„Ich freue mich riesig, Dich nach so vielen Jahren wieder zu sehen", sage ich und versuche, den Rahmen für diesen Abend zu klären:
„Wie viel Zeit hast Du, wollen wir zusammen Essen gehen?"
„Ich bin ziemlich in Druck, zum Essen wird es nicht reichen, doch ich wollte Dich unbedingt treffen, Dir persönlich einen guten Amerika-Aufenthalt wünschen. Zwischen den Flügen, Du weißt ja, ich arbeite als Stewardess, bleibt nicht viel Zeit; ich habe eine Menge um die Ohren, denn mein Bekannter ist Pilot, somit ebenfalls dauernd wo anders, und irgendwie muss ja auch die home base in Ordnung gehalten werden. Was hast Du vor, ich meine, was willst Du studieren? Du bist doch sicher längst mit dem Studium fertig."
„Ich fange gerade eben wieder mit dem Studium neu an."
„Wie, ein neues Studium, sattelst Du um? Was war es noch? Du hast es mir mal geschrieben. Ach ja, Volkswirtschaft hast Du studiert. Was folgt jetzt?"
„Ich möchte Amerika und die Amerikaner kennen lernen, und ich fange bei Dir an. Wie findest Du das?"
„Schlecht, ausgesprochen schlecht! Denn erstens hast Du mich schon vor etwas längerer Zeit recht gut studiert, zweitens bin ich als Studienobjekt wirklich absolut untauglich, und drittens reicht Deine Zeit für dieses, ich sage: anspruchsvolle Studium gar nicht aus. Also Wölfi, was studierst Du?"

Zum zweiten Mal nennt sie mich so wie früher, und es kommt mir jetzt, in dieser Umgebung und nach so langer Zeit fremd vor.
„Ich werde Sozialpolitik und, so weit die Zeit reicht, amerikanische Geschichte studieren. Was aber Dich betrifft, so kann ich nur sagen: die Amerikanerin Gisela kenne ich überhaupt nicht."
„Amerikanerin, oh je! Obwohl mich in all den Jahren der *American way of life* schon ganz schön umgekrempelt hat, bin ich, sagen wir mal allenfalls eine halbe Amerikanerin, und zumindest die andere Hälfte kennst Du."
„Also lass' mich auch die halbe Amerikanerin kennen lernen."
Sie wirkt nervös, fast ein wenig gehetzt, aber vielleicht will sie ja auch nur meinen Fragen ausweichen.

„Gut, ein halbes Stündchen geht, um Dir ein wenig zu erzählen. Aber ich möchte auch viel von Dir wissen."

Wir setzen uns in die Bar, ich bestelle zwei Longdrinks, und da sie sogleich anfängt, von den Erdnüssen zu knappern, ist mir klar, dass sie Hunger hat. Doch zum Essen lässt sie sich auch beim zweiten Versuch nicht einladen; die Zeit reiche einfach nicht, schade, sagt sie. Dann sprudelt sie los:

„Hier in den Staaten lebt man ganz anders, aber ganz gut, sofern man etwas leistet. Man muss sich erst an den amerikanischen Rhythmus gewöhnen. Es ist alles schnelllebiger, vielleicht auch weniger gründlich, aber nicht so streng und stur an Regeln gebunden. Wenn heute das eine schief geht, gut, dann fängt man morgen etwas neues an, das ist vollkommen normal."

„Was bedeutet es gesellschaftlich, wenn man scheitert?",
will ich wissen und erinnere an die Verhältnisse daheim.

„Scheitern ist in Amerika nur dann schlimm, wenn es beim scheitern bleibt. Weißt Du, die Amerikaner sind eine große Familie, aber jeder weiß, dass er zuerst für sich selbst zu sorgen hat. Wer das schafft, egal in wie vielen verschiedenen Jobs, der ist angesehen."

„Ist es das, was man unter dem amerikanischen Traum versteht?"

„Das ist so. Dennoch, und das hat mich überrascht, der *American way of life* ist keineswegs ein Lebensstil, der von New York bis Los Angeles einheitlich praktiziert wird. Es kommt weniger darauf an, welche Ausbildung einer hat, als vielmehr darauf, was jeder aus sich und seinen Möglichkeiten macht. Völlig egal ist, ob du als Arzt oder Händler dein Geld verdienst, aber es macht einen gewaltigen Unterschied ob es 10.000.--oder 100.000.-- Dollar im Jahr sind. Die Amerikaner haben dieselben Werte wie die Europäer, aber die Rangfolge ist anders. Dass ich das in der Theorie alles ganz gut weiß, jedoch noch nicht perfekt für mein Leben in die Praxis umgesetzt habe, genau das macht den Unterschied zwischen einer ganzen und einer halben Amerikanerin aus. OK, genügt das, kennst Du mich nun wieder ganz?"

„Du hast einmal gesagt, ich weiß sogar noch wo es war, Amerika sei Dein Traum. Ist dieser Traum in Erfüllung gegangen?"

„Sag', wann und wo war das, ich habe keine Ahnung mehr."

„Wirklich? Es war Im Brunnenweg auf der Bank neben dem Bildstock von unserem guten Pfarrer Knoth."

Sie springt auf, drückt mir einen Kuss auf die Stirn und sagt: „Das waren wunderschöne Stunden, eine andere Welt, wie lieb, dass Du daran erinnerst, ich hatte es fast schon vergessen."

Der Ober tauscht das leere Erdnussschälchen gegen ein gefülltes aus.

„Wollen wir nicht doch wenigstens eine Kleinigkeit essen?"

„Nein, nein, das mit den Erdnüssen ist nur so eine dumme Angewohntheit, eine amerikanische Sitte, und ich muss ja auch gleich gehen."

„Du hast meine Frage noch nicht beantwortet."

„Welche Frage? Ach so, die nach meinem Traum von Amerika. Ja, er hat sich erfüllt, aber nicht so, wie ich ihn geträumt habe. Wir hatten doch die Sehnsucht nach der großen Freiheit, die wir weder in unseren strengen Elternhäusern, noch die Eltern in unserem geknebelten Land hatten. Aber Ideal und Wirklichkeit sind nicht unbedingt deckungsgleich. Wenn man in allem Freiheit hat, fällt der Kurs der Freiheit. Und dann dieser radikale Idealismus, mich nervt das manchmal. Ich will mir nicht die Freiheit nehmen, die ganze Welt zu verbessern, aber diesen Fimmel haben die Amerikaner!"

„Ist es tatsächlich das, was die Amerikaner wollen, was ihr Verhalten prägt?"

„In etwa schon, Wölfi, doch das ist es nicht allein. Sie sind sozial eingestellt, umarmen die ganze Welt, und doch klafft hier eine große soziale Lücke. Viele Amerikaner sind gleichermaßen smart und naiv. Du wirst sehen, Dir selbst ein Bild von diesem Land und seinen Menschen machen. Ich bin sehr gern hier, aber heute träume ich manchmal von daheim. Wenn wir beide gemeinsam nach dem amerikanischen Traum hätten suchen können, wer weiß, wir hätten vielleicht einen neuen, eben unseren amerikanischen Traum geboren. Nun muss ich aber gehen, und Du hast noch gar nichts von Dir erzählt. Kommst Du irgendwann in diesem Jahr nach New York zurück?"

„Wahrscheinlich zum Jahresende. Soll ich mich da noch einmal melden?"

„Ja, tu das. Ich gebe Dir für alle Fälle mal meine Telefonnummer. Wie kann man Dich in Cleveland erreichen? Wirst Du reisen,

Südstaaten, Kalifornien und so? Steht schon fest, wann genau Du nach Deutschland zurückkehrst? Wieder mit dem Schiff oder dann mit dem Flugzeug, womöglich mit der Stewardess Gisela? Junge, ich rede und rede. Hoffentlich war ich jetzt nicht zu kritisch. War ich das? Vergiss nicht, Du musst es Dir immer wieder sagen, dies ist wirklich ein tolles Land, nur halt eine ganz andere Welt."

Sie steht bereits, winkt dem Boy, der ihr ein Taxi rufen soll, und nimmt noch einen letzten Schluck auf unser nächstes, ‚hoffentlich' sagt sie, Wiedersehen. Antworten auf ihre letzten Fragen scheint sie gar nicht mehr zu erwartet. Wir umarmen uns als gute Freunde, und sie legt mir, so, wie sie es früher manchmal getan hat, wenn sie nichts mehr hören und nur noch empfinden wollte, den Finger auf den Mund:

„Sag Du jetzt kein Wort, aber lass' Dir sagen: es war schön, fast so schön wie in unserer so romantischen Zeit im Schatten von Pfarrer Knoth."

Der Boy gibt ein Zeichen, dass das Taxi da ist. Sie ist schon auf dem Weg, und ich spüre, dass wir uns nicht wieder sehen.

Der City-Beauftragte, der uns am nächsten Tag im Hotel begrüßt, spricht davon, dass Nelson Rockefeller, der gerade Gouverneur von New York geworden ist, zusammen mit der *Lower Manhattan Association* eine völlige Neugestaltung des Finanzbezirks angeregt habe. Jahre später wurde mir klar, dass dies der Anfang vom berühmten World Trade Center war, und als ich zweieinhalb Jahrzehnte später im 107. Stockwerk des WTC über Greenwich Village hinweg das mir diesmal klein vorkommende Empire State Building sah, kam mir wieder die Erinnerung an diese Begegnung mit dem New Yorker Stadtplaner, und ich war fasziniert, so eindrucksvoll die Entwicklung vom Plan zur imposanten Stadtgestalt bewundern zu können. Im Restaurant *Windows of the World* hörte ich, wie ein Amerikaner seinem Gast aus Japan mit wichtigtuerischem Gehabe eine Banalität verkündet: New York ist nicht Amerika. Leider sagte er dem Mann aus Fernost nicht, was Amerika ist. Beim Panoramablick über die Stadt verspürte ich ein leichtes Schwanken, und etwa irritiert stellte ich mir die bange Frage, ob so ein Turm, ein Stück Gestalt gewordener amerikanischer Traum, auch einstürzen könnte. Mein Gott, was für Gedanken!

Zwei Ideen, die wesentlicher Bestandteil dieses Studienprogramms sind, sollten unseren Aufenthalt sehr bereichern: Wir werden nicht etwa in einem Studentenheim einquartiert, sondern leben in Familien, und dies im Wechsel nach jeweils etwa vier bis sechs Wochen, und jeder von uns muss in den Semesterferien eine Aufgabe übernehmen, deren Ertrag dem Stipendien-Fonds zufließt. Genial, ein großer Gewinn für alle!

In Cleveland wohnen wir die ersten beiden Tage in Beech Brook, einer Art Ferien-Wohnheim. Dort erleben wir die amerikanische Version einer Amerika-Einführung für europäische Studenten, gewissermaßen die Fortsetzung von Bad Godesberg, aber mit mehr Substanz. Da bis dahin alle Amerikaner uns äußerst herzlich begegnet waren, hat sich dieses Verhalten mir schon als ganz normale Selbstverständlichkeit eingeprägt. Der Hausmeister von Beech Brook kommt daher gerade im richtigen Moment, um uns knallhart auf den Boden der Realitäten zurückzuholen. Rudolf, einer der drei Österreicher unserer Gruppe, Wilhelm und ich wollen in den Duschraum. Nur mit Badehose bekleidet, das Handtuch über die Schulter gehängt, laufen wir dem Hausmeister geradewegs in die Arme:

„Nazi-Schweine! Verschwindet, Ihr Nazi-Schweine!",

herrscht uns der finster drein schauende Mann an und bringt Rudolf schier aus der Fassung. Das will der Österreicher nicht auf sich sitzen lassen, wir haben alle Mühe, ihn zu beruhigen und sind doch selbst schockiert. Ist es Scham vor der eigenen Geschichte, Rücksicht gegenüber den Gastgebern? Wir sagen niemand etwas von dem Vorfall. Aber von Stund' an sage ich mir jeden Tag neu: Vergiss nicht, woher du kommst und was Deutschland über die Welt gebracht hat. Frei von Mitschuld heißt nicht ohne Mitverantwortung. Manchmal schrecke ich im Schlaf auf und höre diese Anklage: Nazi-Schweine.

Einer der bewegendsten Momente nach unserer Ankunft in Cleveland ist der, als wir von unseren ersten privaten Gastgebern in Empfang genommen werden. Die Amerikaner kennen schon

Name und Nationalität ihres Gastes, während uns erst hier gesagt wird, bei wem wir zunächst wohnen werden. Beide Seiten stehen sich in gleicher Weise etwas aufgeregt, interessiert, erwartungsfroh und gewiss auch ein wenig skeptisch gegenüber. Man spürt, die Atmosphäre ist herzlich und doch auch spannungsgeladen, vor allem aber voller Erwartungen. Wird das alles reibungslos klappen? Passen wir gut zueinander? Womit fängt man an nach der Vorstellung?

Meine ersten Gastgeber, ich werde sie schon bald meine amerikanischen Eltern nennen, sind Bob und Myrtle Mac Kenzie. Sie ist allein gekommen, um ‚ihren Studenten' abzuholen. Wir sehen uns an und wissen, dass wir uns mögen.

„Bob ist noch bei der Arbeit, weißt Du",
sagt sie.

Die Redewendung ‚you know', die gleiche Allerweltsfloskel wie im Deutschen, hört man unzählige Male am Tag, und in keinem Fall kann der andere wirklich etwas wissen. Ich bin schon der zweite deutsche Student im Hause Mac Kenzie. Die überaus herzliche Begrüßung lässt erst gar keinen Zweifel aufkommen: Das wird gut gehen.

Wir fahren in den Stadtteil South Euclid in die Oakmount Road 1726. Myrtle spürt, dass sie den Bann brechen muss, und das fällt ihr nicht schwer. Sie erzählt von ihrer Familie, und so erfahre ich, dass es einen sechzehnjährigen Sohn gibt, Ken, und eine schon verheiratete Tochter, Karol, die nicht mehr in Cleveland lebt. Zwischendurch wird der Familienbericht immer wieder mal kurz unterbrochen, und ich bekomme Informationen über das, was im vorbei fahren gerade zu sehen ist. Die Fahrt kommt mir ziemlich lang vor, aber ich habe ja noch keine Ahnung von der Ausdehnung dieser Großstadt am Eriesee, Zentrum der amerikanischen Stahlindustrie. Erst nach einer guten halben Stunde stellt sie mir die ersten jener Fragen, mit denen man sich üblicherweise und überall behutsam an einen völlig Fremden herantastet. Als wir da sind und in die Garageneinfahrt einbiegen, kennt sie ihren zweiten ‚german boy', schon recht gut, und ich ahne zumindest, dass ich eine wunderbare Familie erwischt habe. In der Oakmount Road, einer schönen Gegend, sind viele Häuser weiß und alle ohne Gartenzaun; hier wohnen zwar nicht vornehmlich die Millionäre, wohl aber gut situierte Amerikaner; es wird mir gefallen.

Im Haus werden wir von Bob und Ken erwartet, die mich legere, unkompliziert aber herzlich begrüßen. Für Bob ist die Sache schnell erledigt. Er packt mich an beiden Schultern, schüttelt mich kräftig durch und sagt:
„Hey, Wolfgang, willkommen bei uns. Das ist großartig; nun haben wir zwei Jungen, einen großen und einen, der noch groß werden will. Fühle Dich wie zu Hause. Ein Drink?"
Währenddessen mustert mich Ken kritisch. Er ist in jenem Alter, in dem eine solche Einquartierung nicht unproblematisch ist, und er scheint den befristeten Verlust seiner Mittelpunkt Rolle in der Familie zu befürchten. Der Blick verrät seine Stimmungslage: Wieso schon wieder so ein Kerl aus Deutschland! Dem entsprechend ist er kurz angebunden:
„Hey!" Er streckt mir die Hand hin, murmelt etwas von Schularbeiten und zieht sich zurück. Im Fernsehen läuft die Übertragung eines Baseball Spiels weiter.
„Ken braucht ein wenig Zeit, dann werdet ihr euch gut verstehen",
sagt Myrtle, und fragt mich, ob ich ihr in der Küche etwas Gesellschaft leisten möchte, sie wolle das Dinner vorbereiten und sei so brennend interessiert an allem, was ich zu erzählen hätte. So beginnt die Reihe vieler guter Gespräche im Haus Mac Kenzie, wo Myrtle ganz eindeutig den Ton angibt. Aber beim Dinner tauen dann auch Bob und Ken auf. Schon am ersten Abend bedauere ich ein wenig, dass ich in ein paar Wochen zu einer anderen Familie wechseln muss, aber mir ist natürlich klar, dass darin System liegt, und aufgeschlossen und herzlich werden sie alle sein.

Klein, blau, ohne spezielle Nummer und textarm, ziemlich unscheinbar ist die so wichtige ‚Student Identifikation Card" der *Western Reserve University*. Allein zwei Stempel und die strengen Hinweise für den eventuellen Verlust geben dem Kärtchen den Charakter eines Dokumentes. Das ist nicht mein einziger Ausweis. Als ein nahezu jede Tür öffnender Schlüssel erweist sich die Identifikationskarte des U.S. Department of State, die mich daran erinnert, dass ich zu internationaler Verständigung und Freundschaft beizutragen habe, während sie andere darüber informiert, dass ich ein deutscher Fulbright-Stipendiat bin. Letzteres wird fast überall als Aufforderung verstanden, mir jede mögliche Hilfe zu geben, und die Amerikaner tun das großzügig.

„Kein ernst zu nehmenden Beobachter bezweifelt, dass zwischen dem Bemühen, die Armut zu beseitigen und den Anstrengungen, den Menschenrechten zum Durchbruch zu verhelfen, eine starke Beziehung besteht. Unsere ganz natürliche Reaktion sollte es daher sein, den Krieg gegen die Armut mit der Revolution für die Menschenrechte zu verbinden. Die Armut fordert ihre Opfer in allen Rassen. Tatsächlich sind die Mehrheit der Armen in Amerika Weiße, aber die Hälfte der nicht weißen Bevölkerung ist arm. Die Lösung des weltweiten Problems hängt entscheidend davon ab, ob es gelingt, die Barrieren, die gleiche Menschenrechte für alle noch verhindern, herabzusetzen."
Der Professor, der das in einem Einführungsvortrag für unsere ganze Gruppe sagt, gibt uns nicht nur Hinweise zur Universität, sondern weist uns auch auf bestimmte Vorlesungen hin wie etwa die: ‚Die europäische Integration aus politischer und ökonomischer Sicht', und er stellt uns das Wirtschafts- und das Sozialsystem Amerikas vor. Alle seine Schlussfolgerungen sind richtig. Wir wissen aber, und einige von uns haben es auch schon beobachtet, dass es noch immer eine Diskriminierung der Schwarzen gibt. Wie soll es gelingen, dass jede und jeder ohne Unterschied von Rasse und Religion in Achtung und Würde als freier Mensch in einer liberalen Gesellschaft anerkannt wird, wenn unsinnige Klassifizierungen, so etwa in Verkehrsmitteln, ‚Schwarze bitte hinten einsteigen', nicht einmal ein Bewusstsein dafür schaffen? Mir ist das völlig unverständlich, zumal ich nichts dergleichen bei den amerikanischen Soldaten gleich nach dem Krieg beobachtet habe. Die deutsche Geschichte erweist sich bei mir als Hypothek; ich habe Hemmungen, gezielte Fragen zu stellen. Warum haken die Franzosen, die Engländer, oder die Schweden aus unserer Gruppe nicht nach? Ich nehme mir vor, mit den Mac Kenzie's darüber zu sprechen.

Die Tage an der Universität sind dann am aufregendsten, wenn das Gespräch mit jungen Amerikanern zustande kommt. Ihr Interesse an Europa und speziell Deutschland ist so groß wie ihr Unwissen. Ungeniert stellen sie die simpelsten Fragen, sie staunen wie die Kinder, und unbändig ist ihre Freude, wenn sie bei sich auch nur den kleinsten Ansatz von Wissen über diese ihnen so total fremde und ferne Welt Europa entdecken. Um gerecht zu sein, frage ich mich immer wieder, was ich von Amerika gewusst habe, bevor ich hier her kam, aber das Ergebnis ist stets gleich: wir haben schon an der Schule einiges über Amerika gehört, dann hatten wir gleich in jungen Jahren die Begegnung mit Amerikanern, und schließlich war da auch der eigne Antrieb, mehr, möglichst viel lesend zu erfahren. Unsere amerikanischen Altersgenossen habe es da wesentlich schlechter, denn sie leben in einer komfortablen Isolation, ihre US-Welt ist für sie fast schon die Welt überhaupt. Mit dem Rest kann nicht viel los sein, denken sie, und in mancher Hinsicht ist ja zumindest diese Einschätzung nicht so völlig aus der Luft gegriffen. Unkompliziert, im Vergleich zu Deutschland geradezu herzerfrischend natürlich, ist der Umgang mit den Professoren, die uns Ausländern jede Hilfe geben. Das schafft ideale Arbeitsbedingungen.

„Warum ist der Prozess des sozialen Aufstiegs bei anderen ethnischen Gruppen in Amerika besser als bei den Negern gelungen?"

Meine Frage überrascht die Mac Kenzie's nicht, aber Bob stöhnt erst einmal:

„Boy, boy! Wenn Du jeden Tag mit solchen Fragen hier ankommst, dann müssen wir erst noch einmal selbst auf die Universität gehen."

Bob lacht über seine Bemerkung, verzögert die Antwort für einen Augenblick des Nachdenkens und sagt dann ernst:

„Die Regierung weiß zwar, was getan werden müsste, aber das weiß sie schon länger. Es gibt zu viele widerstreitende Interessen, Interessengruppen. Wie überall geht es um Macht und Profit."

Myrtle spürt die Brisanz des Themas, wohl auch, dass ich mit Bobs Antwort kaum zufrieden sein werde. Sie will verhindern, dass Amerika bei mir in ein schlechtes Licht gerät, und so versucht sie, auszugleichen:

„Ich glaube nicht, dass dies ein speziell amerikanisches Problem ist. Das liegt in der Natur der Sache, ist also dadurch bedingt, dass es für Neger unmöglich ist, als eine von der Mehrheit nicht zu unterscheidende Gruppe zu agieren. Sie sind eben Schwarze. Dadurch sind sie zu einer Zielgruppe für Ausbeutung und Unterdrückung geworden. Das ist schlimm, wohl aber auf der ganzen Welt so. Doch damit darf sich niemand zufrieden geben, schon gar nicht wir Amerikaner. Es gibt erste positive Ansätze, z.B. in den kirchlichen Gemeinschaften, aber auch bei vielen Sozial- Institutionen."

„Ich glaube, da bedarf es politisch, ökonomisch und kulturell einer Gesamt-Entwicklung, die von der amerikanischen Gesellschaft, allen Schichten, aus Überzeugung mitgetragen wird. Hat man hier keine Angst, dass die Neger eines Tages aufstehen und sich wehren werden?"

„Solche Befürchtungen hat es schon immer mal gegeben",

erwidert Bob, den mein nachfragen leicht missmutig macht. Das Thema behagt ihm nicht, und deshalb setzt er den Schlusspunkt entschlossen und gekonnt:

„Wenn einer kommt, der in der Lage ist, die Neger zu organisieren, zu motivieren und zu führen, dann wird etwas passieren, vorher nicht. Aber wir, die Weißen, müssen auch erkennen, welches Potential für Amerika in der Minderheit unserer Schwarzen steckt. Gibt es solche Probleme in Deutschland nicht? Doch lassen wir das. Erzähl' uns etwas von Deiner Familie."

Wilhelm sehe ich nur noch an der Universität, und dies selten. Er hat zum Teil andere Vorlesungen, und wir wohnen in weit auseinander liegenden Suburbs. In diesen Vorstädten herrscht ein besonderes Sozialklima. Gute Nachbarschaft und leicht eifersüchtiges Prestigedenken werden gleichermaßen gehegt und gepflegt, aber der menschliche Umgang miteinander ist ehrlich und frei von allen Berührungsängsten. Man kennt sich, man schätzt sich und wo es geht, hilft man sich. In diese überschaubare Gemeinschaft werde ich schnell und problemlos integriert. Mac Kenzie's müssen einige Einladungen abwimmeln, sonst wäre ich jeden zweiten Tag weg bei einer Haus-Party oder einem Garten-Picknick, und davon gibt es sowieso genug für die ganze Gruppe oder auch für einzelne Nationalitäten. Wir Deutschen sind sehr gefragt. Manche dieser ‚events' sind so hoch angesiedelt, dass wir mit unserer Garderobe gerade noch so akzeptabel sind. Oft kommen interessante Gespräche auf; manchmal geht es auch um ganz einfache Dinge. Der Einsatz der US-Armee im Zweiten Weltkrieg wird glorifiziert, die kommunistische Bedrohung dramatisiert und die amerikanische Lebensart idealisiert. Die mir oft gestellte Frage, ob ich hier leben könnte, beantworte ich ehrlich mit 'ja', aber ich weiß nicht, wie ich antworten würde, wenn die Frage mit ‚auf Dauer' ergänzt oder präzisiert würde. Es kommt zu lustigen, gelegentlich sogar grotesken Situationen. Viele junge Amerikaner lernen in der Schule auch Deutsch, und diese Bedauernswerten, der ganze Stolz ihrer Eltern, müssen oder dürfen dann vorführen, was sie können, wenn einer von den ‚germans' zu Gast ist. So ist es mir gestern ergangen. Schon im Garten werde ich herzlich begrüßt und sofort mit dem Ereignis des Abends konfrontiert.

„Willkommen Wolfgang! Kira, unsere Tochter hat eine Überraschung für Dich; sie wird Dich jetzt gleich auf Deutsch begrüßen."

Kira tritt lächelnd ein paar Schritte vor, die Eltern, Geschwister, Freunde und Bekannten bilden in froher Erwartungshaltung einen Halbkreis, und so, als sei genau das der ideale Gruß für einen Deutschen fängt Kira an, das Lied von der Loreley zu singen:

„Ich weiß nicht, was soll es bedeuten, dass ich so traurig bin, ein Märchen aus uralten Zeiten, das kommt mir nicht aus dem Sinn ...".

Junge, denke ich, das ist eine verzwickte Situation. Mir fällt ein, dass sie uns in Königswinter auch gesagt haben, wir müssten ein deutsches Volkslied singen und erklären können. Aber Loreley, oh je, oh je! Ich war niemals dort, und dann diese traurige Geschichte von der die Menschen ins Verderben lockenden Zauberin, das passt doch jetzt gar nicht. Für mich wird das zum Glücksfall, was ich mit meinen Klassenkameraden vor Jahren als große Enttäuschung empfunden habe. Denn die einzige gute Gelegenheit, die Loreley kennen zu lernen, hatten wir uns selbst vermasselt. Als die Zeit, da wir wegen der Beschlagnahmung unserer Schule nachmittags im Schulgebäude der Liebfrauenschule einquartiert waren, zu Ende ging, waren die Schulleitungen auf die damals sensationelle Idee gekommen, beide Schulen sollten gemeinsam mit dem Samba-Express nach Mainz und von dort mit dem Schiff zur Loreley zu fahren. Wegen unseres, wie es hieß, ungebührlichen Benehmens auf dem Schiff ordnete der Direktor dann aber an, dass unsere Klasse nicht mit auf die Loreley durfte, sondern auf der anderen Rheinseite an Land gehen musste. Ich habe noch die Worte unseres guten Klassenlehrers Koch im Ohr, der von dieser pädagogischen Maßnahme überhaupt nichts hielt und uns trösten wollte:

„Seien Sie doch vernünftig, die Loreley, das ist nur ein nackter Schieferfels! Viel interessanter ist die Burg von St. Goarshausen, die wir besuchen."

Was Lehrer sich manchmal so vorstellen!

Kira singt zur Begeisterung ihres Publikums alle sechs Strophen, hält inne und schaut stolz und glücklich in die Runde. Mir hat sie damit die Chance gegeben, mein Wissen vom Inhalt der Geschichte etwas aufzufrischen.

„Du hast eine schöne Stimme und ganz wunderbar gesungen Kira, ich bin begeistert. Danke!"

Dem versammelten Publikum kann ich guten Gewissens sagen, dass ich leider nie auf der Loreley gewesen sei, aber die Loreley sei einer der markantesten Punkte bei jeder Rhein-Schifffahrt; kein Amerikaner dürfe ihn bei einem Besuch in Deutschland verpassen. Gott sei Dank, ich habe die Klippe Loreley im wahrsten Sinne des Wortes gut umschifft!

An der Stelle, an der heute Cleveland am Südufer des Eriesees und in der Nähe der Mündung des Cuyahoga Flusses liegt, war früher eine Indianersiedlung, von der aber nichts mehr übrig geblieben ist. Der Grad der Industrialisierung von Cleveland ist extrem hoch, das beeinträchtigt das Gesamtbild, lässt aber zugleich erahnen, welche gewaltige Leistung dahinter steckt, dass hier aus dem Nichts eine moderne Stadt entstehen konnte. Darf man die Lebenssituation der Indianer von einst mit der der Stahlarbeiter von heute vergleichen? Die Stadtentwicklung Clevelands, im Ganzen imposant, scheint mir für Amerika sehr typisch; sie ist ein Produkt aus Vision, besitzergreifender Western-Mentalität und Profit-Streben, sie beeindruckt mich, und die erstaunlich kühnen Verkehrsbauten, lassen mich noch nicht nach der Menschenmaßstäblichkeit fragen. Cleveland down town ist nicht Cleveland,

Cleveland South Euclid ist es auch nicht, aber Cleveland ist Amerika. Ich fühle mich hier wohl. Es sind wie stets die Menschen, die Begegnungen und die kulturellen Angebote, die einer Stadt Atmosphäre und Charakter geben.

Die Mac Kenzie's lesen mir jeden Wunsch von den Augen ab. Daran ändert sich auch bei den folgenden Gastgeber-Familien grundsätzlich nichts, aber ich kehre während meines ganzen Aufenthaltes immer wieder zu kurzen Visiten zu den Mac Kenzie's zurück; sie sind meine amerikanischen Eltern. Mir geht es, ich kann es nur so sagen, verdammt gut!

Fast täglich passiert irgendetwas, was mich der Antwort auf die Frage, wer und wie sind die Amerikaner näher bringt. Die Wahl des nächsten Präsidenten ist zwar erst in zwei Jahren, aber das Volk diskutiert schon eifrig darüber, und eine Frage wird in diesem Zusammenhang immer wieder gestellt, auch uns: kann ein Katholik wie John F. Kennedy überhaupt Präsident der USA werden? Das hat es noch nie gegeben! Als mir diese Frage zum ersten Mal gestellt wird, bin ich schier sprachlos. Das darf doch nicht wahr sein. Wie kann man in einer aufgeklärten Gesellschaft überhaupt nur auf eine solche Idee kommen? Aber die Leute befürchten allen Ernstes, ein Katholik wäre wegen seiner Abhängigkeit vom Papst nicht frei genug für die große Aufgabe, Präsident des mächtigen Amerika zu sein. Immer wieder heißt es: Wenn da nicht Rom wäre! Da wird man unversehens zum Advokaten im diplomatischen Dienst des Vatikans.

Nach dem sonntäglichen Gottesdienst, mal in dieser mal in jener Kirche, werde ich regelmäßig von mir wildfremden Leuten zum Frühstück eingeladen. Das ist eine sehr schöne Einrichtung. Die Gemeinde bleibt noch eine Weile zusammen, es gibt ein einfaches Frühstück, alle Familiennachrichten, jeder Tratsch und natürlich auch die Meldungen der Politik werden ausgetauscht und kommentiert, und alle freuen sich des Lebens.

„Was denken Sie über Kennedy?"

Die ältere Dame, die mir diese Frage stellt, verrät schon durch ihr strahlendes Lächeln, dass sie für Kennedy ist, er ihr vielleicht auch nur gefällt, und sie wartet gespannt auf meine Antwort.

„Ich fange gerade erst an, mich etwas näher mit ihm zu beschäftigen, aber wann immer ich ihn im TV-Programm zu sehen bekam, hat er mir imponiert. Das ist das Gesicht Amerikas, wie ich es mir vorstelle."

„Sehen Sie, das denke ich auch. Nur, wir Katholiken haben es da schwer, denn viele Amerikaner halten seine Abhängigkeit von Rom für problematisch."

„Aber Sie wissen doch, dass das absoluter Unsinn ist. Oder fühlen Sie sich etwa abhängig von Rom?",

erwidere ich.

„Na ja, das ist so eine Sache. Wir müssen doch auf das hören, was der Papst sagt. Insofern sind wir auch abhängig. Außerdem ist da noch so eine alte Geschichte, die viele nicht vergessen haben. Der Demokrat Alfred Emanuel Smith hat 1928 die Präsidentschaftswahl verloren, nachdem ein methodistischer Bischof erklärt hatte, kein Gouverneur, der den Ring des Papstes küsse, dürfe jemals auch nur in Schussweite des Weißen Hauses kommen. Also irgendwie haben die Leute schon recht."

„Unrecht haben sie! Der Papst äußert sich zu Fragen des Glaubens, der Ethik und der Moral, und was er da sagt, das kann auch jeder Politiker unterschreiben. Nie wird er sich in die amerikanische Innen- oder Außenpolitik einmischen, aber er wird immer auch Maßstäbe für politisches Handeln setzen. Außerdem, Sie wissen doch, sind wir als Christen zur Freiheit berufen. Ist diese Berufung nicht auch ein wesentliches Stück amerikanischen Selbstverständnisses? Nein, Amerika braucht wirklich keine Angst vor einem katholischen Präsidenten zu haben."

„Zur Freiheit berufen, das ist gut, das werde ich mir merken. Ich muss das gleich meiner Nachbarin sagen. Es war schön, Sie zu sprechen."

„Sagen sie es nicht nur Ihrer Nachbarin, und sagen Sie ihr und den anderen auch, Washington brauche Rom nicht zu fürchten,"

rufe ich ihr nach.

Aufgeregt stöckelt sie davon. Nach einigen Schritten dreht sie sich noch einmal um, winkt mir freudig zu und ruft:

„Wir sind zur Freiheit berufen! Boy, das ist es!"

Habe ich sie überzeugt oder nur beruhigt? Eigenartig. In welchem europäischen Land wäre so etwas möglich?

Für die Semesterferien gibt mir die Universität den Auftrag, in einem Camp im Mittleren Westen die Lebenssituation von Familien, die behinderte und gesunde Kinder haben, zu beobachten und darüber einen Bericht zu schreiben. Begleiten soll mich Emine, eine Studentin aus der Türkei. Wilhelm reist mit einem ähnlichen Auftrag in die genau entgegen gesetzte Richtung nach Pittsburgh; in etwa zehn Wochen werden wir uns in Cleveland wieder sehen.

Das *Norway Point Camp* – nomen est omen – liegt ungefähr hundert Meilen nördlich von Minneapolis im Urwald des St. Croix State Park, nicht allzu weit entfernt von Duluth am Lake Superior und der kanadischen Grenze. Das Lager ist eine Modell-Einrichtung der amerikanischen Regierung.

„Wenn das wirklich im Urwald ist, musst Du Deine Graderobe überprüfen", rät mir Myrtle Mac Kenzie,

„und was Deine türkische Begleitung anbetrifft, solltest Du Ihr sagen, dass sie die Kosmetikbox zu Hause lassen kann."

Die Informationsschrift zum Camp spricht von Blockhütten. An einer Stelle soll der Fluss gestaut sein, um eine Bademöglichkeit zu schaffen. Elektrischen Strom gibt es nicht. Es ist von Rotwild, Bären, Waschbären, Bibern, Stachelschweinen, Schildkröten und Schlangen die Rede. In der Nähe sollen Indianer leben. Das alles hört sich abenteuerlich an. Kurz vor dem Abflug nach Minneapolis finde ich auf meinem Bett Baumwollhemden und Blue Jeans mit einem Gruß von Myrtle: „You will surely need this outfit".

Wie recht hatte sie!

Emine, aus gutem Haus stammend und an der Universität im Vergleich zu den meisten anderen stets auffallend elegant gekleidet, kommt in einer Garderobe zum Flugplatz, als starte sie zur Reise ins Ferienparadies von Florida. Sie lässt mich nicht lange im Ungewissen:

„Wolfgang, ich zweifle, ob ich die richtige Besetzung bin für diesen Job. Deshalb musst Du mir versprechen, dass ich mit allen Problemen zu Dir kommen kann; Du bist mein großer Bruder. Ich hoffe, mit Dir zusammen packe ich das."

Von Minneapolis aus setzen wir die Reise in einem Landrover fort. Auf dem Highway No 61 fahren wir bis Hinckley, biegen dort ab, durchfahren das kleine Dorf Cloverdale und finden dann schon Hinweisschilder zum State Park. Von Hinckley bis an den Rand des Parks sind es etwa 25 Meilen. Auf einem holprigen Weg geht es weiter; die letzte Wegstrecke scheint als Hauptfunktion die einer Schneise für die Bekämpfung von Waldbränden zu haben. Zuletzt kommen wir zur Kontroll-Station. Hier endet die Zivilisation weitgehend. Ein Ranger, auf seinem Hemd steht *Harvey*, registriert uns. Zwei auf dem Weg in den Urwald. Der Mann wirft einen gelangweilten Blick in unsere Papiere, notiert die Namen und die amerikanischen Adressen und fragt:

„Wann kommen Sie zurück?"

„Das wissen wir noch nicht."

Ohne Kommentar macht er einen Eintrag in sein Buch. Dann reicht er uns die Papiere zurück, mustert unser Gepäck und sagt, während er sich schon wieder in eine Zeitung vertieft:

„Good luck!"

Auf dem kleinen Platz im Zentrum des Camps ist schon einiges los. Ein Glück, dass ich Emine zu ihrer versteckt im Wald liegenden Blockhütte begleite, denn auf den Stufen des Eingangs lagern Stachelschweine. Das hätte nicht passieren dürfen. Sie stößt einen Schrei aus und eilt entnervt zum Lagerzentrum zurück, ich hinter ihr her. Mit einem jungen Amerikaner vom Lagerteam und bewaffnet mit einem Besen kehre ich zur Hütte zurück. Uns beiden Männern gelingt es, die Stachelschweine zu vertreiben, mir wenig später, Emine zu beruhigen. Die etwa acht cm langen Stacheln, die ich in meinem Besen von den Stachelschweinen zurückbehalten habe, zeige ich Emine nicht; sie leidet an fast allem.

Als sie Tage später die Nachricht von einer Militärrevolte im Irak aufschnappt und erfährt, dass im Libanon und in Jordanien auf Bitten der dortigen Regierungen amerikanische Truppen einmarschiert sind, um weitere Umstürze zu verhindern, bricht sie in einen Weinkrampf aus. Sie befürchtet, dass die Krise auch ihr Land erreichen, und dass es Krieg geben könnte. Ihre Sorgen sind nicht unbegründet.

„Wolf" – inzwischen gebraucht sie diese Kurzform meines Namens – was denkst Du über die Amerikaner? Welche Interessen verfolgen sie im Nahen Osten und überhaupt weltweit? Hältst Du es für richtig, dass sie überall dort, wo es brennt, militärisch eingreifen?"

„Was wäre die Alternative? Solange die Vereinten Nationen keine eigene Streitmacht haben und als politische Waffe nur den Sicherheitsrat, bestenfalls die Drohgebärde von Resolutionen einsetzen können, und solange es vorbelastete Länder gibt, deren eingreifen, sofern sie es denn überhaupt wollten und könnten, zu noch viel größeren Irritationen führen würde, solange müssen die Amerikaner den Weltpolizisten spielen. Aber sie haben gewiss auch eigene Interessen, vor allem im Nahen Osten."

„Ich glaube, die moralische Verpflichtung, die die Amerikaner vorgeben, ist in Wahrheit ein imperialer Anspruch. Sie sind doch nun auch schon jahrelang in Deinem Land und denken offenbar nicht daran, Deutschland je wieder zu verlassen."

„Bei uns zu Hause sind die Menschen froh, dass die Amerikaner da sind, denn Sie allein sind der Garant dafür, dass wir in Frieden und Freiheit leben können."

„Das ist doch übertrieben, Wolfgang, ich bitte Dich! Sag, was soll denn bei euch passieren, von wo droht Gefahr?"

„Ich hoffe, dass nichts passiert, aber der Einflussbereich der Sowjetunion beginnt mitten in Deutschland, und darin sehe ich eine Gefahr. Deshalb ist es uns sehr sympathisch, dass wir die Amerikaner als Wachposten gleich vor der Haustüre haben."

„Es muss doch endlich mal Schluss sein mit diesem Ost-West-Konflikt. Ich glaube nicht, dass es in Europa einen dritten Weltkrieg geben wird. Das Pulverfass steht in unserer Region."

„Sehr weit ist die von Europa nicht weg, und wenn es so ist, ist es dann nicht gut, wenn die Amerikaner sich verantwortlich, besser gesagt: mitverantwortlich fühlen?"

„Ich finde es ziemlich schlimm, dass sich die Amerikaner überall und für alles verantwortlich fühlen, zumal sie doch in ihrem eigenen Land genug zu tun haben. Nimm nur die Rassendiskriminierung."

Nur mühsam gelingt es mir Emine zu beruhigen. Es ist zu befürchten, dass viele so denken, wie sie redet. Warum gelingt es den Amerikanern so schlecht, ihr strategisches Handeln und ihre militärischen Operationen auch für den Mann auf der Straße überzeugend zu begründen? Warum lassen sie es zu, dass ihre Handlungen zum Nutzen anderer von wieder anderen verunglimpft, gelegentlich sogar mit hämischem Spott bedacht werden? Ich glaube, sie leben in der falschen Vorstellung, dass das, was gut ist, was sie zumindest gut meinen, für sich selbst spricht. Im privaten Leben mag das grundsätzlich so sein, aber im Rankünespiel der internationalen Politik, dort, wo es um Macht und Geld geht und oft genug Neid im Spiel ist, wird mit härteren Bandagen gekämpft. Die Amerikaner brauchen ein anderes Bild vom Rest der Welt und müssen dafür sorgen, dass die anderen sie mit den richtigen Augen sehen. Wie denken eigentlich die Amerikaner selbst darüber?

Niemand hatte mich darauf hingewiesen, dass es hier Moskitos gibt. Wenn sich warme Tage mit starken Unwettern oder gar Regenperioden abwechseln, kann man sich im Freien nur mit Netzen überm Kopf, langen Hosen und langärmeligen Hemden bewegen; die Viehcher fressen einem sonst auf. Heute ist wieder so ein Tag, weshalb wir auch die Fenster unserer Hütte geschlossen halten und die Tür immer nur einen kleinen Spalt öffnen. Wir, das sind Sonny und Bill, zwei 21 Jahre alte Studenten der Universität von Minnesota, und ich. Sonny, ein Neger, studiert Sozialwissenschaften, Bill will Lehrer werden. Diese beiden Burschen, die zum Mitarbeiter-Stab des Camps gehören, rauben mir manchmal den Nerv. Ordnung und Sauberkeit lassen zu wünschen übrig, sie sind ziemlich disziplinlos und wenig zuverlässig, machen die halbe Nacht zum Tag, kommen morgens nicht aus den Betten und werden nur bei einem Thema quicklebendig, dann nämlich, wenn es um Mädchen geht. Andererseits sind sie aufgeweckte, sympathische Kerle, die sich entwaffnend lächelnd vor mir aufbauen, wenn ich sie zum wer weiß wievielten Male bitte, ihren Kram vom Boden der Hütte zumindest soweit weg- und aufzuräumen, dass man sich noch bewegen kann. Wir drei und die jeweils 12 Jugendlichen, die wir zu betreuen haben, werden im Lager nach der Zerlegung und wörtlichen Übersetzung meines Vornamens die „Wolfs Gang = Bande der Wölfe" genannt.

„Habt ihr gehört, dass im Nahen Osten Unruhen entstanden sind?",

frage ich Sonny und Bill, um mit ihnen über Amerikas Außenpolitik ins Gespräch zu kommen.

„Sag bloß, Du weißt, wo das genau ist"
Sonny lacht über seine Frage und meint,
„wir könnten ja hier im Lager auch mal etwas Unruhe stiften."
„Du, da ist nichts zum spaßen; es könnte sogar Krieg geben. Auf Anforderung der jeweiligen Regierungen sind in Jordanien und im Libanon amerikanische Truppen zur Sicherung der Lage einmarschiert. Ich wüsste wirklich gerne, wie ihr darüber denkt „.
„Wolf, Du musst Sonny verstehen. Warum soll es uns interessieren, wenn sich da irgendwo die Leute die Köpfe einschlagen. Für uns Amerikaner ist das weit weg, und deshalb verstehe ich auch nicht, was unsere Soldaten dort zu tun haben. Ist das wieder so eine Sache wie mit dem Hitler?"
Bill versucht wenigstens, Ernsthaftigkeit in das Thema zu bringen.
„Nein, das ist etwas ganz anderes, jedenfalls von der Ursache her gesehen, aber nach eurer amerikanischen Sicht der Probleme dieser Welt ist es auch wieder gar nicht so total anders. Glaubt ihr nicht, dass ein Land mit dieser Verfassungs-Tradition, ein Land, das in seinen Einwanderern so viele europäische Wurzeln hat, ein Land von der Größe und Stärke Amerikas auch eine Verpflichtung für andere hat? Warum bin ich denn eingeladen worden, in Amerika zu studieren? Die Welt ist kleiner geworden, und wenn sie nicht zugrundegerichtet werden soll, dann brauchen wir weltweit solide Freund- und Partnerschaften. Ihr seid keine Inselbewohner, und ich soll hier vom Pionier- und Verfassungsgeist der Amerikaner, vom american way of life, etwas lernen. Nur schade, ihr beiden seid schlechte Lehrer."
Jetzt habe ich sie bei ihrer Ehre gepackt, sie sind von den Betten aufgesprungen, und in einem wilden Durcheinander reden sie, mal der eine, mal der andere auf mich ein:
„Pardon, ich wollte Dich nicht verletzten..., so haben ich das bisher nicht gesehen..., ich haben nie darüber nachgedacht..., ich weiß zu wenig, eigentlich gar nichts von Europa..., ich kümmere mich nicht um Politik...,die Regierung wird schon wissen, was sie zu tun hat..., ich werde mir Bücher beschaffen und einiges nachlesen..., Du musst uns nun jeden Abend erzählen ...".
Sie sind wie Kinder: Erst bockig, dann einsichtig und selbstkritisch, schließlich voller guten Willens.

Zwei mal war ich während dieser Camp-Wochen für wenige Tage an der Universität in Minneapolis – wunderbarer Campus, großartige Bibliothek. Beim letzten Besuch habe ich mir das Flugticket zurück nach Cleveland besorgt. Emine hat das Camp vorzeitig verlassen. Nun geht auch meine Zeit im Camp zu Ende. Ich habe neue Lebenserfahrungen gesammelt, die Amerikaner wieder ein wenig besser kennen gelernt, und einige Berichte über das verfasst, was ich mit den Familien, ihren Kindern und Jugendlichen erlebt habe. Nach knapp zwei Monaten mit viel Natur und sehr einfachem Leben freue ich mich auf Cleveland. Da stehen plötzlich Myrtle und Bob Mac Kenzie vor mir:

„Wolfgang, wir dachten uns, wenn wir Dich mit dem Auto holen, dann können wir

uns Zeit nehmen, und Du siehst noch einen anderen Teil Amerikas. So haben wir unseren Urlaub umgeplant und sind nun hier in Deinem Urwald-Camp."

„Myrtle und Bob, Ihr seid großartig!"

Die letzten Wochen in Cleveland sind ausgefüllt mit Universität, Besichtigungen, vielen privaten Einladungen und Kultur in jeder Form. Ich erlebe das großartige Cleveland Orchestra, im Theater sehe ich zum ersten Mal Thornton Wilders „Unsere kleine Stadt", im Karamu House fasziniert mich „Der Tod eines Handlungsreisenden" von Arthur Miller, wiederholt bin ich im Cleveland Museum Of Art, und ich bewundere Marcel Marceau, ‚Laufen gegen den Wind', den einmalig genialen französischen Pantomimen. Ein letzter Besuch bei einigen meiner wunderbaren Gastgeber, so den Betzolds, die versucht hatten, mir das Reiten beizubringen, den Terwilligers mit den prächtigen Kindern Anne und Peter, die mir manchmal von Margie zur Aufsicht anvertraut worden waren und vielen anderen Freunden. Was war das doch für eine erfüllte Zeit schöner Begegnungen! Es folgt noch eine herrliche Woche in Washington D.C., Hotel Presidential, 900 Nineteenth Street, N.W. Die Sonne verwöhnt uns, aber auch die offiziellen Termine bringen uns ins Schwitzen. Allein für das Angebot dessen, was man unbedingt gesehen haben muss, sind die Tage viel zu kurz.

Amerika. Wie schnell ist die Zeit verflogen. Meine Eindrücke von der Kriegs- und Nachkriegszeit sind noch lebendig genug, und meine Erfahrungen mit unserer jungen Demokratie noch nicht so vertieft, als dass ich die Neue Welt nicht als das große Erlebnis einer gewachsenen demokratischen Zivilisation hätte erfahren können. Es ist mir nicht immer leicht gefallen, wieder aus dem Labyrinth von Zeitgeschichte und dem aktuellen Erlebnis einer faszinierenden Gegenwart heraus und einen Weg in die Zukunft zu finden, aber viele Amerikaner haben mir dabei geholfen. Wie oft habe ich im Norway Point Camp beim Hissen der Flagge oder auch dann, wenn es am Abend hieß: „Folding the colors" genauso ergriffen wie die Amerikaner meine Hand aufs Herz gelegt und damit symbolisch ihre Liebe, ihre Hingabe und ihre Verpflichtung gegenüber Amerika geteilt. Das war für mich stets auch ein Augenblick, in dem ich mich mit jenen Amerikanern verbunden fühlte, die im Zweiten Weltkrieg gefallen sind, und die damit auch meinen Weg in eine bessere Zukunft geebnet haben. In einem Land, in dem man sparsam mit Zeremonien umgeht, hat mich diese Flaggen-Zeremonie immer wieder aufs Neue beeindruckt und bewegt. Im Stillen wünschte ich mir dann, die Zeit möchte es bringen, dass wir Deutschen mit ähnlichen Gefühlen unsere Flagge ehren. Jetzt, da alles zu Ende geht, komme ich mir vor wie ein Kind, das seine Mutter dankbar umarmen möchte, mit seinen kurzen Armen dazu aber überhaupt nicht in der Lage ist. Es sind so viele, die ich in die Arme nehmen, und denen ich sagen möchte: Danke für so viel Toleranz, Menschlichkeit, und Gastfreundschaft, danke für diese wunderbare Zeit, dieses einmalige Erlebnis. Der Abschied fällt schwer, die Absicht, irgendwann wieder zu kommen, steht fest. Ich fange an, einen neuen, meinen deutschamerikanischen Traum zu träumen.

Auf die Minute genau legt die *S.S.Statendam*, das neueste und modernste Schiff der Holland-Amerika Linie, im Hafen von New York ab. High noon. Die Skyline von Manhattan liegt im fahlen Mittagslicht, und alles kommt mir so ganz und gar unwirklich vor – das, was ich sehe, was ich erlebt habe, und was ich gerade jetzt empfinde. Plötzlich tauchen wieder die Bilder von Ernest, Jonathan und dem Major auf. 1945, es ist Jahre her und doch wie vorgestern. Da, auf Ellis Island, ich sehe die drei zum greifen nahe, und es kommt mir so vor, als hätte ich in Amerika etwas ganz Wichtiges vergessen. In meiner Phantasie bilde ich mir ein, dass sie winken und rufen: Komm, komm zurück!

Wie bei unserer Ankunft sind Wilhelm und ich auf dem oberen Deck, wir lassen die Bilder, Eindrücke und Stimmungen dieses Abschieds auf uns einwirken, und ohne dass es einer sagt, wissen wir: Diese Zeit hat unser Leben bereichert. Was wird daraus werden? Langsam bleibt New York zurück, wird kleiner und kleiner, versinkt im Dunst hinter dem Wasserhorizont von Hudson River und Ozean.

Am Abend sitzen wir lange zusammen, und das, worüber wir sprechen, ist auch das Thema vieler nächster Tage. Von unseren so ganz unterschiedlichen Ausgangspunkten her versuchen wir zu ergründen, welches Bild von Amerika und den Amerikanern wir nun haben. Wie gut, dass uns die Schiffsreise die Zeit schenkt, Abstand zu gewinnen, zu reflektieren. Zu Wilhelm und zu mir selbst sage ich:
„Für die Schlussbilanz ist alles noch zu frisch und unmittelbar, aber ein erstes Fazit, lässt sich das vielleicht schon ziehen?"
Wilhelm, der in dem Augenblick, als er 1945 zum ersten Mal Amerikanern begegnete, deren Kriegsgefangener wurde, den sie dann im amerikanischen POW Camp drangsaliert haben und der fast verhungert wäre, zögert keinen Moment mit der Antwort:
„Ein erstes Fazit, ja: Dieser Studienaufenthalt war die beste Zukunftsinvestition für das, was die Welt mehr denn je braucht, Verständnis und Toleranz für den anderen. Alles, was ich erlebt habe, war hochinteressant, vieles ausgesprochen schön, aber es wird dauern, bis ich alle Eindrücke verarbeitet habe und dann meine Schlussbilanz ziehen kann."
Ich denke genau so.
„Bei derart unterschiedlichen Welten muss man die eine und die andere Welt kennen, um zu verstehen. Mir ist klar geworden, dass der amerikanische Traum kein ein für allemal gegebener Zustand, sondern ein ständiger, manchmal vielleicht sogar ein verzweifelter Kampf ist. In der zweiten Hälfte des 19. Jahrhunderts,

ganz besonders nach der Zivilisierung des wilden Westens, konnten alle eine Zeit lang in gleicher Weise diesen Traum träumen, vielleicht auch noch die Millionen, die im ersten Drittel des 20. Jahrhunderts nach Amerika eingewandert sind. Heute, Jahre nach dem Ende des Zweiten Weltkrieges, muss ihn jeder neu träumen, auch über die vielen Durchschnittsherrlichkeiten hinaus, die man in Amerika überall findet. Aber die Amerikaner träumen nicht nur vom Leben, sie glauben auch daran, irgendwann ihre Träume leben zu können. Das ist ein gewaltiger Unterschied zur deutschen Mentalität. Mich hat diese Erfahrung nachdenklich gemacht."

Wilhelm greift das Wort ‚nachdenklich' auf.

„Meine Nachdenklichkeit ist die Folge mancher Widersprüchlichkeiten. Ich bin hier großartigen Menschen begegnet und habe echte Freunde gefunden. Aber mir ist auch nicht verborgen geblieben, wie oberflächlich und naiv viele sind, wie selbstverständlich sie in bestimmten Verhaltensmustern und vermeintlichen Traditionen erstarren, und wie wenig sie über den Tellerrand ihrer Amerika-Welt hinausblicken. ‚Durchschnittsherrlichkeit', das ist das richtige Wort. Ihre lockere, liebenswürdige und sehr hilfsbereite Art gefällt mir, ihr übertriebener Individualismus weniger. Doch versteh' mich nicht falsch, ich fühle mich beschenkt, wir hatten eine herrliche Zeit in einem tollen Land!"

Das Trauma ‚Gefangenschaft' scheint für ihn überwunden. Ich frage ihn:

„Die negativen Erlebnisse, die Du in amerikanischer Kriegsgefangenschaft hattest, spielen die für Dich jetzt also keine Rolle mehr?"

„Nein, aber das ist grundsätzlich schon vor dieser Reise so gewesen. Mir ist doch klar, eine Uniform verändert und verbiegt den Menschen, und ein Krieg macht die meisten unmenschlich. Das ist überall auf der Welt so, leider. Damals habe ich mir zwar eingebildet, bei den Amerikanern müsste das wegen ihrer Verfassung und ihrer bürgerrechtlichen Tradition ganz anders sein, aber das war ein Irrtum. 1945/46 habe ich nur amerikanische Soldaten kennen gelernt, jetzt erst die Amerikaner."

Um uns herum feiern sie die An-Bord-Begrüßungsparty. Beim Toast auf eine gute Reise heben auch wir unsere Gläser, nicken uns zu, und ich greife das Gespräch wieder auf.

„Kannst Du verstehen, dass mich die guten Erfahrungen, die ich mit Amerikanern gleich nach Kriegsende gemacht habe, über manche Schwächen, die auch mir hier aufgefallen sind, hinwegsehen lassen? Mir tut es richtig leid, wenn sie z.B. nur deshalb kritisiert werden, weil sie sich überhaupt nicht bewusst sind, dass es nicht nur darauf ankommt, Gutes zu tun, sondern auch darauf, dass andere das als gut empfinden. Es ist schade, aber die Amerikaner sind ganz oft miserable Verkäufer ihrer eigenen Politik."

„Stimmt! Was ist Dein vorläufiges Fazit?"

Wilhelm schaut mich bei seiner Frage mit gespannter Erwartung an, aber meine Antwort überrascht ihn nicht:

„Ich bin nun noch mehr ein Freund Amerikas. Die Amerikaner haben mir vor Jahren die Freiheit gebracht, dann gaben mir amerikanische Soldaten in der Stunde des totalen Nichts die Zuversicht, wieder an mich selbst zu glauben, und jetzt habe ich in Amerika neue Zukunftsperspektiven gefunden. Das alles hat mich geprägt und wird jetzt vielleicht mein Leben verändern."

„Verändern? Was heißt das, was soll sich für Dich ändern?"

„Es ist mehr eine Ahnung, denn sicheres Wissen. Diese Zeit hat bei mir etwas angestoßen, und das möchte ich sich entwickeln lassen, zu Ende bringen. Es geht um die Sinn-Frage des Lebens, um das, was man aus seiner begrenzten Lebenszeit macht, somit auch darum, wie weit das eigene Leben ein Leben für die Gemeinschaft ist. Darüber habe ich schon 1945 mit dem amerikanischen Major in der Euler-Villa diskutiert, es dann aber nicht mehr bewusst verfolgt."

„Denkst Du an ein politisches Engagement?

„Auch, vielleicht. Ich muss das alles erst noch zu Ende denken."

Wilhelm ist skeptisch.

„Es gibt einiges, was mich an der Politik stört, aber welche Konsequenz soll man daraus ziehen? In Amerika bin ich in diesem Punkt nicht viel klüger geworden. Umso interessierter werde ich Deinen Weg verfolgen."

Wilhelm hebt sein Glas und prostet mir zu: Möge es gelingen!

Ich bin wieder zu Hause und sehe die Welt anders. Die ultimative Forderung des sowjetischen Ministerpräsidenten Nikita S.

Chruschtschow an die anderen drei Alliierten, Westberlin in eine entmilitarisierte Freie Stadt umzuwandeln, deutet die neue Eskalation im Kalten Krieg an. Denn wer das Viermächteabkommen für überholt erklärt, lässt seine Absicht unmissverständlich erkennen: Er will nicht nur formal den Status Berlins aufheben, sondern auch die Freiheit der Westberliner in seinen Würgegriff nehmen. Berlin und die Bundesrepublik Deutschland sind geschockt, Amerika, Frankreich und Großbritannien sind gefordert, der Rest der Welt ist alarmiert. US-Senator Hubert H. Humphrey erklärt nach einer Reise durch Europa vollmundig, die Sowjetunion denke nicht an Krieg. Gottlob bleiben die West-Mächte bezüglich Berlin standhaft, die deutsche Bevölkerung traut dem Frieden nicht, und ich fange an, mich politisch zu engagieren.

In welcher Welt leben wir? Wer schafft welche Fakten? Zum Teufel mit diesem Besitzstands-Denken!

Windhauch, Windhauch ... sagt Kohelet.

Leitbilder

Der Katholik John F. Kennedy – in Cleveland haben wir engagiert und kontrovers über diese Möglichkeit diskutiert – ist, wenngleich äußerst knapp, zum 35. und jüngsten US-Präsidenten aller Zeiten gewählt worden und voller Ideen und Pläne ins Weiße Haus eingezogen. Nach noch nicht einmal dreijähriger Amtszeit wird er ermordet. Diese Nachricht gehört zu jenen, bei denen ich mein Leben lang nicht vergessen werde, wo und unter welchen Umständen ich sie erfahren habe.

Es ist Freitagabend, der 22. November 1963, kurz nach 20.00 Uhr MEZ. Mit vielen anderen warte ich in Mannheim auf den Beginn einer Vortrags-Veranstaltung. Plötzlich ruft jemand erregt in den Raum:

„Kennedy ist ermordet worden! In Dallas! Auf offener Straße erschossen!"

Entsetztes Schweigen, totaler Schock, tiefe Trauer.

Mich hält nichts mehr. Erschüttert fahre ich nach Hause, verfolge dort noch eine Weile die Rundfunknachrichten und ziehe mich dann, unfähig, mit irgend jemand zu reden, mit Kennedys 1960 erschienenem Buch „The Strategy of Peace" zurück. Seinem Text hat Kennedy ein Zitat von Abraham Lincoln vorangestellt:

> *„Die Dogmen einer geruhsamen Vergangenheit sind*
> *unzulänglich für die stürmische Gegenwart.*
> *Hindernisse und Schwierigkeiten türmen sich jetzt vor uns auf,*
> *und wir müssen uns der Situation gewachsen zeigen.*
> *So, wie unsere Lage neu ist,*
> *so müssen wir auch neu denken und neu handeln.*
> *Wir müssen unseren Geist frei machen."*

Werden nun alle, die ganze freie Welt, neu denken und neu handeln? Wie fähig sind wir, unseren Geist von den geruhsamen Dogmen der Vergangenheit frei zu machen, um mit neuen Strategien die Gegenwart zu meistern? Die Trauer der Menschen ist ehrlich, ihre durch diesen Mord ausgelösten Sorgen sind es auch. Wird Kennedys Parole „Auf zu neuen Grenzen, vorwärts Amerika" verhallen oder sich gerade jetzt in einem Akt trotziger Stärke – nun erst recht – entfalten? Wer übernimmt das Licht dieses Fackelträgers? Mit Kennedy, den nicht nur in Amerika viele für eine wahre Lichtgestalt der Politik gehalten haben, verliert Deutschland einen guten Freund. Dieser Mann, der ob seiner Jugendlichkeit, seines Charmes, seiner Intellektualität und der Fähigkeit, Aufbruchstimmung zu erzeugen, eine ganze Generation dies- und jenseits des Ozeans begeistert hat, ließ die Menschen glauben, dass er, er allein es schaffen werde, Frieden und mehr Gerechtigkeit in die Welt zu bringen. In Deutschland wird sofort und von nun an auf ewige Zeiten Kennedys Berliner Botschaft, die alle noch im Ohr haben, ein ums andere Mal zitiert, jetzt nicht mehr nur als ermutigendes Zeichen für uns Deutsche, sondern auch als der die ganze Welt verpflichtende Auftrag, durchzuhalten und der kommunistischen Bedrohung entschlossen die Stirn zu bieten. Den Tausenden, die damals in dichten Reihen auf dem Rudolph-Wilde-Platz, der später in John-F.-Kennedy-Platz umbenannt werden wird, vor dem Schöneberger Rathaus standen, dort, wo sich Berlin schon immer zu seinen großen Freiheitskundgebungen traf, hatte Kennedy am 26. Juni 1963, zunächst in seiner Sprache und dann in Deutsch, zugerufen:

„Vor 2000 Jahren war der stolzeste Satz, den ein Mensch sagen konnte, der: civis romanum sum. Heute ist der stolzeste Satz, den jemand in der freien Welt sagen kann – in diesem Augenblick zog er seine speech card – und auf der stand in Lautschrift was er nun sagte:

*Ish bin ein Bearleen*er."

Ein Sturm der Begeisterung folgte. Im Schöneberger Rathaus, wo in den Jahren 1949 bis 1989 ein Stück deutscher Geschichte geschrieben worden ist, dort, wo seit 1950 die von 17 Millionen Amerikanern gestiftete Freiheitsglocke hängt, gegossen nach dem Vorbild der *Liberty Bell,* bin ich in den 70,er und 8o,er Jahren oft gewesen. Hier legte Willy Brandt mit dem Passierscheinabkommen zu Weihnachten 1963 den Grundstein der Entspannungspolitik, hier feierte man am späten Abend des 4. März 1975 die Freilassung des von Terroristen entführten CDU-Landesvorsitzenden Peter Lorenz – der Chef der CDU- Fraktion, Heinrich Lummer, zog „Freude, schöner Götterfunken..." singend durch das Rathaus

– und hier, vielleicht war es auch im Ernst-Reuter-Haus, feilschten 1987 die wesdeutschen Oberbürgermeister darum, wer zu der von Ostberlin streng limitierten Delegation des Präsidiums des Deutschen Städtetages gehören sollte, die ins Rote Rathaus zu einem Empfang aus Anlass der 750 Jahrfeier Berlins eingeladen war. Ich empfand das peinlich, erklärte zur Beschleunigung des Verfahrens sofort mein Desinteresse, und andere taten es mir gleich. Immer wieder habe ich im Schöneberger Rathaus oder auch im Haus des Deutschen Städtetages besonders stark gespürt, wie prickelnd und politisch aufgeladen die Atmosphäre der geteilten Weltstadt ist. In Berlin war lange Zeit die Anomalität das Normale.

Kennedy hatte ein feines Gespür dafür, dass die westberliner Bevölkerung, geprägt vom Ideal der Freiheit und geeint in dem unerschütterlichen Glauben an den Fall der Mauer und das dann wiedervereinte Berlin, eine Notgemeinschaft der Tapferen vor Ort und die Speerspitze der freien Welt bildete. Genau diese Befindlichkeit der Menschen hatte er mit seinem Bekenntnis zu Berlin und der Besichtigung der Mauer am Übergang Friedrichstraße, dem Checkpoint Charly, getroffen, wo er lange nachdenklich nach Ostberlin blickte und schließlich sagte:
„Es sieht tot aus."
Sein letzter Gruß galt dem Brandenburger Tor, einst als Friedenstor konzipiert, später politisch oft missbraucht, schließlich Symbol der geteilten Stadt.

Wie viele andere auf der ganzen Welt empfinde ich, dass man etwas im Geiste Kennedy's tun muss, ganz nach seiner Devise: „Frage nicht, was Dein Land für Dich tut, frage, was Du für Dein Land tun kannst!". Kennedy, das war in meinen Augen nicht der Spross einer der reichsten Familie aus Massachusetts, sondern der Repräsentant des neuen, modernen Amerika. Der 46jährige US-Präsident hatte zu Beginn seines Deutschlandbesuches am 23. Juni 1963 auf dem Köln Bonner Regierungs-Flughafen dem 87jährigen Konrad Adenauer erklärt:
„Mein Besuch in Ihrem Land ist leider nur sehr kurz. Aber in einem tieferen Sinne werden die Vereinigten Staaten hier immer bleiben."

Deutschland hat diese politisch weit reichende Garantie der Sicherheit dankbar zur Kenntnis genommen; erst allmählich wurde den Menschen bewusst, dass Kennedy damit auch darauf hingewiesen hatte, dass der Kalte Krieg lange dauern werde. Was wird die Zukunft bringen?

Am Straßenrand in Dallas, der letzten Wegstrecke des lebenden John F. Kennedy, steht in der dicht gedrängten Menge eine junge Frau, die begeistert ein Plakat hoch hält: ‚ALL THE WAY WITH J.F.K.'

Kennedy, der in dem Augenblick, da sein Wagen diese Stelle passiert, zur anderen Straßenseite blickt, wird es kaum gesehen haben. Kurz darauf fallen die Schüsse. All the way with J.F.K..... brutal, schockierend für die freie Welt, geht dieser Weg jäh zu Ende.

„Heidelberg werden wir verschonen, denn dort wollen wir einmal wohnen", das hatte die amerikanische Propaganda Ende des Zweiten Weltkrieges verbreitet. Sie haben Wort gehalten. Auch deshalb kann sich in Heidelberg die Begeisterung der Touristen nach wie vor an der romantischen Silhouette des Schlosses entzünden, die vom Philosophenweg jenseits des Neckars her gesehen wie die Krönung der Stadt wirkt. Aber auch an der alten Brücke, die Hölderlin in Erinnerung ruft, an den Gässchen und schönen Fassaden der Häuser und Palais der Altstadt und natürlich an dem, was Stadtführerinnen und -führer verklärend über die alte Burschenherrlichkeit erzählen, begeistern sich die Besucher. Das ist jene Zeit, in der ohne zumindest einmal im Studentenkarzer gewesen zu sein, ein Studium nicht ehrenvoll abgeschlossen werden konnte, begeistern sich die Besucher. Es war einmal. Ganze Heerscharen von Touristen aus aller Welt kommen mit diesem Bild von Heidelberg in die Stadt am Neckar, und sie gehen entzückt, weil die Wirklichkeit alle ihre Vorstellungen übertroffen hat. Aber man muss nicht erst sein Herz in Heidelberg verlieren, um diese Stadt zu lieben. Auch ohne die ganz großen Sentimentalitäten habe ich in Heidelberg Studentenherrlichkeit erlebt. Das hängt erheblich damit zusammen, dass die Geisteswissenschaften in Gebäuden zu Hause sind, die sich entweder an die Alte Universität anschmiegen oder aber einen gewissen Kontrapunkt zu ihr setzen, so wie etwa der neue, zwischen der Bibliothek und der alten Universität gelegene Hörsaal-Komplex, der 1928 mit amerikanischen Spenden erbaut worden ist. Es hat aber auch damit zu tun, dass wir als Studenten sehr genau wussten, wo und wie wir aus dem Touristen-Strom heraus schwimmen und die rettenden Ufer der Heidelberger Bürgerlichkeit erreichen können. Heidelberg verzaubert jeden.

Doch noch so viel Romantik darf nicht darüber hinweg täuschen, dass Heidelberg eine Stadt der Wissenschaft geblieben ist, ‚Dem lebendigen Geist' verpflichtet, wie die Göttin Pallas Athene jedem zuruft, der das neue Hörsaal-Gebäude betritt. Der nationalsozialistische Wahn hatte sich auch hier verirrt und geglaubt, die Studenten ‚Dem deutschen Geist' verpflichten zu müssen, doch das ist längst Geschichte. Die Ruprecht-Karls-Universität, eine der ältesten Universität überhaupt, ist in ihren wissenschaftlichen Ansprüchen jung, dem Geist und der demokratischen Gesinnung ihrer großen Geister – wie z.B. Karl Jaspers, Gustav Radbruch, Dolf Sternberger, Ernst Troeltsch und Alfred Weber – treu geblieben. Zu allen Zeiten ist hier auch Spitzenforschung betrieben worden, vielfältig sind die Angebote, über das jeweilige Spezialstudium hinaus Außergewöhnliches bei besonderen Begegnungen zu erleben, bemerkenswert nachhaltig ist das Interesse der Professoren an ihren Studenten, und einmalig ist die auf engstem Raum erlebbare Internationalität. Dies alles habe ich beglückend erlebt und als große Bereicherung empfunden. In Amerika konnte ich beobachten, wie stolz alle amerikanischen Studenten auf ihre Universität sind. Hierzulande ist das anders. Man wählt seine Universität oft aus sehr praktischen Gründen, wechselt aus ähnlichen Überlegungen und geht nach dem Examen in dem Bewusstsein, einen wichtigen Lebensabschnitt hinter sich gebracht zu haben – aus und erledigt. Eine dauerhafte Bindung ist in aller Regel nicht entstanden, es sei denn, man hat in Heidelberg studiert. Auch ich habe, ohne allzu häufig dort zu sein, Heidelberg einen festen Platz in meinem Herzen bewahrt. Nicht zuletzt deshalb bin ich stolz, ein ‚Heidelberger' zu sein, weil ich durch die Universität Menschen begegnet bin, die mein Leben bereichert haben.

In einem Brief an Karl Jaspers aus dem Jahre 1946 bekennt Hannah Arendt, die große Politik-Philosophin, mit deren 1955 in New York erschienener Theorie des Totalitarismus – The Origins of Totalitarianism – wir uns beschäftigen, dass sie dank ihres Mannes, Heinrich Blücher, ‚politisch denken und historisch sehen gelernt habe'. Von ihr stammt auch die Formel von der ‚Banalität des Bösen'. Als sie während des Jerusalemer Eichmann-Prozesses 1962 nach Heidelberg kommt, um mit ehemaligen und jungen Studenten über das zu sprechen, was sie unter dem Eindruck des aktuellen Prozess-Geschehens in Jerusalem als Orientierung zwischen Vergangenheit und Zukunft für wichtig hält, lädt Dolf Sternberger seine Doktoranden ein, und wir sind alle vom menschlichen und intellektuellen Format dieser großen Frau fasziniert. Für alle, die es miterleben, ist das eine Sternstunde. Damals konnte ich nicht ahnen, dass mich ihr Werk nie mehr loslassen würde, und heute kann ich das, was Hannah Arendt 1946 ihrem Mann schrieb, für mich umkehren: Einen guten Teil meines politischen Denkens und meiner Sicht historischer Vorgänge verdanke ich Hannah Arendt.

Samstag, 27. Juni 1964, ein großer Tag für die Universität Heidelberg, denn zu Besuch ist der amerikanische Justizminister, Robert F. Kennedy. Tausende amerikanischer und deutscher Zuschauer begrüßen ihn und seine Frau schon auf dem USAREUR airfield, als sie von Berlin kommend dort landen, und viele Hundert Studenten erwarten das Paar an der Universität, aufgeregt drängelnd und schubsend, um vielleicht eine Hand von Kennedy zu erhaschen. Jeder günstige Aussichtspunkt ist erklettert. Der Rektor der Universität, Professor Dr. Kurt Lindemann, begrüßt die Kennedy's, und wieder haben wir Sternberger Schüler die Chance, dabei zu sein. Der mit seinen 38 Lebensjahren ausgesprochen jung und sportlich aussehende, etwas ermüdet wirkende Kennedy, in dem viele nicht nur das Bild des ermordeten Bruders wieder erkennen, sondern auch einen seiner nächsten Nachfolger im Präsidentenamt sehen, wird von der riesigen Menge stürmisch empfangen, begeistert begrüßt und regelrecht gefeiert. Es herrscht beängstigendes Gedränge, eventuell notwendig werdende Fluchtwege sind nicht mehr auszumachen, und einen Sitzplatz haben nur diejenigen, die wie wir privilegiert sind oder gut anderthalb Stunden vorher da waren. Die Rede wird in mehrere Hörsäle und den Innenhof der Universität übertragen. Kennedy kommt mit einem Anliegen. Ohne Umschweife beginnt er damit:

„Wir brauchen Ihre Hilfe in Vietnam. Ich hoffe, dass Deutschland den Blick nach vorne richtet und uns unterstützen wird",

sagt Kennedy, und er erklärt, warum sich die Amerikaner in Vietnam engagieren.

„Wenn wir Süd-Vietnam unterstützen, dann deshalb, um den dort seit 20 Jahren bestehenden Konflikt zwischen Nord und Süd endlich zu beenden. Ich glaube, wenn in beiden Landesteilen freie Wahlen stattfinden könnten, würde die gesamte Bevölkerung mit überwältigender Mehrheit gegen den Kommunismus stimmen. Wir sind nur daran interessiert, dass die Vietnamesen die Regierung bekommen, die sie sich selbst wünschen."

Er spricht über Krisenherde und Problemzonen in der Welt, sagt, wie er die Dinge sieht, und dann, bevor er sich den Fragen stellt, erteilt er uns allen eine Lektion:

„Wer so begünstigt ist, dass er studieren darf, hat die verdammte Pflicht und Schuldigkeit, sich mit den Problemen auseinanderzusetzen, die durch Armut

und Hunger weltweit entstehen. Wenn wir nicht die richtigen Entscheidungen treffen und unseren Verpflichtungen nicht nachkommen, dann wird alles umsonst sein, dann ist die Welt verloren."

Kennedy macht eine kurze Pause, so, als wolle er die Wirkung seiner Worte abwarten, um dann diese Wirkung gleich noch einmal zu verstärken:

„Wie schon Präsident Kennedy sagte: Der heißeste Platz in der Hölle ist für diejenigen reserviert, die immer neutral bleiben. Wenn Sie mir jetzt Fragen stellen und zugleich auch Beurteilungen vornehmen, dann bitte ich Sie, nicht nur aus Ihrer eigenen Sicht, sondern auch mit dem Verständnis für das Ganze und aus globaler Verantwortung zu argumentieren."

Zum Thema Vietnam stehen sowohl in den USA als auch hierzulande die hitzigen Debatten und Proteste erst noch bevor, aber wir haben von neuerlichen Rassenunruhen in Amerika gehört, und einige fragen danach. Aber die meisten Fragen betreffen die Rolle

Amerikas in der Welt. Geduldig, sachlich und je nachdem mit einem Schuss Humor oder Sarkasmus beantwortet sie Kennedy alle.

„Warum bekämpft Amerika so erbittert den Kommunismus?"

„Hier geht es nicht nur um den Konflikt mit der Sowjetunion, sondern auch um die Tatsache, dass dieser Staat versucht, andere Länder dem Kommunismus zu unterwerfen. Sind diese Länder aber erst einmal unter kommunistischer Kontrolle, dann sind sie nur noch Befehlsempfänger Moskaus; das gilt es zu verhindern."

Die Zuhörerschaft verfolgt den Disput ruhig und diszipliniert; man spürt das Interesse am Thema und den Respekt gegenüber dem Gast. Es werden aber auch kritische Fragen gestellt.

„Woher nehmen die Amerikaner die Überzeugung, dass ihr politisches System so gut ist, dass es überall hin exportiert werden soll?"

„Wir glauben an unser Land und die Werte, die es groß gemacht haben, aber wir haben kein monolithisches System, das wir allen Völkern überstülpen wollen."

„Wirklich?",

sagt einer halblaut neben mir, aber niemand hakt nach.

„Warum sind Sie gegen die Aufnahme von Rot China in die UNO?"

„Wir wären glücklich, sie in den Vereinten Nationen zu sehen, wenn sie nur irgendein Zeichen gäben, dass sie in Frieden mit ihren Nachbarn leben möchten.

Aber sie wollen ja nicht einmal mit der Sowjetunion in Frieden leben. Was soll es dann für einen Sinn haben, sie in eine Organisation zu bringen, die sich ganz dem Frieden verschrieben hat?"

Als ein in Heidelberg studierender Landsmann Kennedys wissen will, wie er als junger Amerikaner seinen deutschen Freunden die Woge inneramerikanischer Popularität von Senator Barry Goldwater erklären solle, ist dies das einzige Mal, da Kennedy für einen Augenblick etwas verlegen scheint. Er nimmt verschiedene Anläufe für die Antwort.

„Wissen Sie, dieser Mann aus Arizona, den die Republikaner für das Amt des Präsidenten nominieren wollen, war in der laufenden Amtsperiode stets ein sehr scharfer Kritiker, der sich zum Sprecher derjenigen machte, die gegen alles sind. Diese Leute wollen bessere Schulen, eine gute Regierung und Atomwaffen, aber sie haben etwas gegen die, die sich um diese Dinge kümmern und auch die Verantwortung übernehmen; sie glauben, mit einem Staatsbudget von 97 Billionen ließen sich alle Probleme lösen."

Der amerikanische Student lässt das nicht gelten, und Kennedy legt nach; er nutzt die Chance, im Ausland innenpolitisch Flagge zu zeigen.

„Goldwater's Anhänger stellen so simple Fragen wie etwa die: Warum schmeißen wir Castro nicht aus Cuba? Warum geben wir Geld aus, um weiter Truppen in Europa zu stationieren? Warum sagen wir den Kommunisten nicht einfach: bis hier hin und nicht weiter? Das ist ihr Horizont. Einige dieser Kritiker wollen z. B. auch wissen, warum ein Neger in ihren Wohnbezirk einzog, als alles so heruntergekommen war, es aber noch gut genug war für die aus Irland. Es ist offenkundig, dass das, was diese Leute empfehlen, selten durchdacht ist."

Der junge Amerikaner meldet sich noch einmal.

„Aber woher kommt dann diese unglaubliche Popularität von Goldwater?"

„Das ist so nicht richtig. Aus den Beobachtungen, die ich auf meinen Reisen durchs Land gemacht habe, kann ich nicht bestätigen, dass Goldwater übermäßige Popularität genießt. Umfragen bei der Bevölkerung zeigen, dass Präsident Johnson ihn ganz eindeutig schlagen wird."

„Welches sind Ihre Zukunftspläne?"

Ich kann nicht ausmachen, ob es ein deutscher oder ein amerikanischer Student ist, der das wissen will. Über Kennedy's Gesicht huscht ein Lächeln: unschwer ist zu erraten, was es ausdrücken soll: Bursche, ich weiß, worauf Du hinaus willst, aber mich wirst Du hier nicht festnageln. In Anspielung auf seinen unmittelbar bevorstehenden Rücktritt vom Ministeramt gibt er eine Antwort, die er wohl selbst am wenigsten für zutreffend hält.

„Ich befürchte, ich werde mich im November in die Schar der Arbeitslosen einreihen."

Bevor der Mann, der spielend leicht die Aura des Kennedy Clans zu verbreiten versteht, der das gleiche Charisma wie John F. Kennedy hat und von dem des ermordeten Bruders noch zusätzlich profitiert, die Universität in Richtung Patrick Henry Village, der amerikanischen Wohnsiedlung in Heidelberg verlässt, lange nach dem dafür vorgegebenen Termin, kommt es noch zu einem bewegenden Augenblick. Kennedy zögert, er will nicht einfach mit der Antwort auf die letzte Frage Schluss machen. Mit dem sicheren Gespür des ebenso begabten wie mit allen Wassern gewaschenen Politikers entschließt er sich zu einem Schlusswort. Er spricht leiser als vorher. Mir kommt es so vor, als wolle er mit seiner Stimme auch die ganze Person zurücknehmen, und dann ist es plötzlich wieder da, das Bild vom amerikanischen Traum.

„Denken Sie daran! Wo Unrecht geschieht, muss Gerechtigkeit geschaffen werden, so, wie man auch Krankheiten heilen muss, und wo Krieg ist, muss er gestoppt werden. Manche Leute sehen die Dinge, wie sie sind und fragen: warum ist das so. Ich träume Dinge, die nicht sind, nie waren, und ich frage: warum eigentlich?"

Die beiden letzten Sätze, mit einer Stimme vorgetragen, die verantwortungsvolle Nachdenklichkeit vermittelt, gehen in ihrer schlichten Einfachheit unter die Haut, packen und faszinieren viele. Er redet klar, schnörkellos, eindeutig und mit jenem Hauch von Sensibilität, die man nur bei Leuten findet, die eine feste geistig-religiöse Verwurzelung haben. Hier wird auch klar, dass für einen Politiker die Frage nach der Angemessenheit seiner Botschaft dann besonders quälend ist, wenn die Erwartungen, die an ihn geknüpft werden, seinen Handlungsspielraum weit übersteigen. Doch ist das nicht genau die Situation, in der alle Politik überhaupt erst beginnt? Herkunft und Charakter bestimmen das Denken und Handeln eines Politikers mehr als alle institutionellen Bezugspunkte. Welchen Traum träumt Robert F. Kennedy? Viele wären bereit, diesen Traum deshalb mit ihm zu träumen, weil er sein Credo glaubwürdig übermittelt.

1968 ist Robert F. Kennedy Senator für New York. Sein Ziel: Er will von seiner Partei der Demokraten für das Amt des amerikanischen Präsidenten nominiert werden. Niemand zweifelt, dass er das schafft, niemand kann sich vorstellen, dass er dann nicht zum Präsidenten gewählt würde. Am 6. Juni 1968 wird er während der Nominierungskampagne in Los Angeles von einem wenige Jahre vorher in die USA eingewanderten Jordanier erschossen. Die Tragödie der Kennedy Familie erschüttert die Welt. Wer steckt hinter diesen Morden? Welche Motive haben diejenigen, die Amerikas Hoffnungsträger, diejenigen, die das ‚auf zu neuen Grenzen, Amerika voran!' symbolisieren, umbringen?

Jahre später, der Kalte Krieg hat seine äußerste Zuspitzung erreicht, stehe ich mit vielen offenen Fragen auf dem nationalen Heldenfriedhof in Arlington an den Gräbern der Kennedy Brüder. Im Gebet der Vereinten Nationen, in dem um weltweiten Frieden und Freiheit gebetet wird, heißt es: „Herr, gib uns den Mut und die Kraft, noch heute mit dieser Aufgabe zu beginnen". Das ist auch die Botschaft die von diesen Gräbern ausgeht, so, als würden es einem die Brüder John und Robert Kennedy selbst zurufen.

Unvergesslich ist für mich der Tag, an dem ich Ronald Reagan auf dem Hambacher Schloss begegnet bin. Das Schloss kenne ich schon von einer Radtour aus den ersten Nachkriegsjahren, ich weiß, welche großartige Geschichte sich mit seinem Namen verbindet, und seine beherrschende Lage mit dem herrlichen Ausblick auf die reich gesegnete Landschaft der Pfalz begeistert mich aufs neue. Als wir damals bei meinem ersten Besuch unsere Fahrräder zur 400 Meter hoch gelegenen Burg auf dem Berg hinaufschoben, waren wir fast unter uns, und ich stellte mir vor, wie das alles bei dem großen Festzug war, mit dem am 27. Mai 1832 Tausende zu einer nationalen Feier auf das Hambacher Schloss zogen. Alle hatten sie nach Freiheit, Gleichheit, freiem Handel und einem geeinten Deutschland gerufen, aber keinem von ihnen dürfte bewusst gewesen sein, dass sie gerade dabei waren, die Geburtsstunde der deutschen Demokratie nach Ort und Zeitpunkt festzulegen. Das Hambacher Schloss 1832, die Wiege der deutschen Demokratie? Oder vielleicht doch nicht?

Als hätte sie meine Gedanken erraten, sagt Jutta, meine älteste Tochter, die mich am 6. Mai 1985 auf das Hambacher Schloss begleitet:

„Für Heinrich Heine war der 27. Mai 1832 der letzte Termin, den die Göttin der Freiheit uns gewährte. Er irrte – Gott sei Dank! Aber für mehr als ein Jahrhundert blieb es eine offene Frage, wie viele Geburtsstunden der Demokratie unser Land noch brauchen, als neue oder auch letzte Chance bekommen würde. Ist das nicht ziemlich trostlos? Was glaubst Du, wie wird sich Präsident Reagan an diesem historischen Ort aus der Affäre ziehen?"

Ich weiß nicht, ob ich bald nach dem Krieg, als wir die Radtour machten, über solche Fragen nachgedacht habe, jetzt beschäftigen sie mich, jedoch nicht mehr als Fragen, sondern als reflektierende Betrachtung der Zeit, in die ich hineingeboren worden bin und viel Glück gehabt habe.

„Welches Problem soll er hier haben, Jutta? Das ist doch der ideale Platz, um sich den Dank und die Anerkennung der Deutschen abzuholen und für seine Politik, um nicht zu sagen: den amerikanischen Traum, zu werben."

„Gewiss, ja, aber wir leben im Kalten Krieg, der immer kälter wird, und das Trauma Vietnam liegt zumindest meiner Generation noch immer schwer auf dem Magen. Die Amerikaner machen auch Fehler. Ich bin wirklich sehr gespannt, wie das hier laufen wird."

Obwohl ich weiß, dass sie grundsätzlich natürlich recht hat, stört mich ihr Hinweis auf Fehler der Amerikaner. Zu sehr bin ich davon geprägt, dass es maßgeblich die Amerikaner waren, die uns Deutsche vom Terrorregime der Nazis befreit und auf dem Weg in einen demokratischen Rechtsstaat begleitet haben. Das lässt mich über vieles hinwegsehen und erzeugt bei mir eher die Haltung, ein hilfreicher Partner, ein guter Freund der Amerikaner zu sein. Aber beide spüren wir, dass an diesem 6. Mai 1985 wieder etwas Entscheidendes auf dem Hambacher Schloss passieren könnte.

Eingeladen hat mich mein Heidelberger Studienfreund Bernhard Vogel, damals Ministerpräsidenten von Rheinland Pfalz. Der Tross, der sich zum Schloss hinauf bewegt, ist groß, streng sind die Sicherheitsvorkehrungen, fast feierlich ist die Atmosphäre, großartig die Stimmung. Es ist wahr, diese pfälzische Idylle aus Geschichte und Kultur, hügeliger Landschaft, Wald und Rebenhängen erinnert an die Toskana. Doch das sind kaum die Gedanken, die den US-Präsidenten bewegen, als er stürmisch begrüßt in den Schlosshof kommt, wo wir einen ganz ausgezeichneten Platz haben. Präsident Ronald Reagan lässt alle Welt seine Freundschaft zu Bundeskanzler Helmut Kohl wahrnehmen, und nach den Begrüßungen durch Bernhard Vogel und Helmut Kohl wendet er sich mit einer begeisternden Rede an die Jugend. Reagan weiß offensichtlich genau, was die beiden großen Männer des historischen Tages von 1832, Philipp Jakob Siebenpfeiffer und Johann Georg August Wirth, vor nunmehr 153 Jahren hier beim großen Fest der Freiheit den Menschen gesagt, nein, prophetisch verkündet hatten, und er nutzt dieses Wissen äußerst geschickt, nimmt die Menge auf Anhieb für sich ein. Er zitiert es nicht, er hat es im Kopf; es prägt seine ganze Haltung, ist Kern seiner Botschaft und bestimmt die Dramaturgie des Manuskriptes.

„Es wird kommen der Tag ... wo jeder Stamm, im Inneren frei und selbständig, zu bürgerlicher Freiheit sich entwickelt, und ein starkes, selbst gewobenes Bruderband alle umschließt zu politischer Einheit und Kraft. ... Es lebe das freie, das einige Deutschland (Siebenpfeiffer)!"
„Denn das Volk liebt, wo die Könige hassen, das Volk vertheidigt, wo die Könige verfolgen, das Volk gönnt das, was es selbst mit seinem Herzblut zu erringen trachtet und was ihm das Theuerste ist: Freiheit, Aufklärung, Nationalität und Volkshoheit. ... Hoch! Dreimal hoch leben die vereinigten Freistaaten Deutschlands! Hoch! Dreimal hoch das conföderirte republikanische Europa (Wirth)!"

Einen anderen Akteur des deutschen Nationalfestes zitiert er wörtlich, nämlich den Heidelberger Studenten Karl Heinrich Brüggemann, der zum deutschen Nationalfest 1832, allen Drohungen der Universitätsverwaltung zum Trotz, mit der Hälfte der Heidelberger Burschenschaftler und ihren schwarz-rot-goldenen Farben gekommen war. Dies war seine Parole:
„Die Zeiten der Zwingherrschaft sind vorüber, Freistaaten werden hervorblühen, und patriotische Völker werden künftig das neue Europa verherrlichen!"
An dieses Zitat knüpft Reagan an:
„Das neue Europa harrt noch seiner Vollendung. Warum? Keineswegs, weil die Freiheit nicht für die europäischen Menschen gewirkt hat, sondern weil zu vielen Europäern verwehrt wurde, für die Freiheit zu wirken. Europa heute – geteilt durch Betonmauern, durch elektrischen Stacheldraht und verminte Todesstreifen – ist in seinem Westteil ein lebendiger Ausdruck der zwingendsten

Wahrheit unserer Zeit: Die Zukunft gehört den Freien! Die Geschichte ist auf der Seite derjenigen, die für eine wahre Revolution des Friedens in Freiheit auf der ganzen Welt kämpfen!"

Immer wieder wird der US-Präsident von Beifall und durch begeisterte Zurufe unterbrochen, und Jutta meint:

„Der erspürt Stimmungen, kann sie aufgreifen und verstärken. Als Schauspieler hat er das gewiss bestens gelernt."

„Ich nehme ihm dies als ehrliche Haltung ab",
sage ich zu Jutta, die gleich beschwichtigt:

„Ich wollte damit nichts abwerten, überhaupt nicht!"

Reagan kommt zum Kernpunkt seiner Botschaft an die Jugend:

„Für die Erhaltung des Friedens ist die Erkenntnis der wahren Natur des Totalitarismus genauso wertvoll wie irgendein Waffensystem. Im Realismus liegt der Anfang der Weisheit, und wo Weisheit und Mut sind, da wird auch Sicherheit sein. Ihre Zukunft wartet auf Sie; übernehmen Sie also Ihre Verantwortung und nutzen Sie Ihre Chancen mit Begeisterung und Stolz auf Deutschlands Stärke. Anders als bei Ihren Vettern auf der anderen Seite der Mauer, liegt Ihre Zukunft in Ihren Händen. Sie können Ihren Träumen bis zu den Sternen folgen. Nie dürfen wir vergessen: Wir werden neue Zinnen der Freiheit aufragen sehen, und wir können das Ende der Tyrannei voraussehen, wenn wir nur an unsere Stärken, an unseren Mut, an unsere Werte und an unsere unbegrenzte Fähigkeit zur Liebe glauben."

Die Menge ist begeistert, die große Schar der Jugendlichen feiert den US-Präsidenten wie einen Popstar, niemand kann sich dem Bann des Augenblicks entziehen.

„Das ist ja unglaublich! Hast Du schon einmal in der Rede eines deutschen Politikers etwas von unserer unbegrenzten Fähigkeit der Liebe gehört? Dazu gehört Mut, da muss man eine starke Überzeugung haben. Super, der Mann ist wirklich toll!"

Jutta lässt ihrer Begeisterung freien Lauf; sie ist zwar noch neben mir, eigentlich aber schon längst mitten in der Schar ihrer Generation, dort haben sie sich alle untergehakt, bewegen sich rhythmisch und geben so einen Resonanzboden der Gefühle für Reagans Rede. Der steigert sich:

„So wollen wir uns selbst fragen, was denn der Kern der Freiheit ist, und in der Antwort liegt die Hoffnung für die Zukunft der

Menschheit. Jeder von uns ist nach dem beständigsten, mächtigsten Bild der westlichen Zivilisation geschaffen. Wir sind nach dem Bilde Gottes geschaffen, nach dem Bild Gottes des Schöpfers. Darin liegt unsere Stärke, das begründet unsere Freiheit."

Mir kommt es so vor, als sei für diesen historischen Platz, das *Hambacher Schloss,* endlich wieder ein Mann gefunden worden, der glaubwürdig in der Lage ist, die Ideengeschichte dieses Geschichtsortes überzeugend in Wort und Gestik zu verkörpern. Gleichermaßen leicht irritiert wie menschlich und politisch beeindruckt darüber, wie sich der mächtigste Mann der Welt an der Hand seiner Frau Nancy – ja, ich glaube, sie hat ihn geführt – auf historischem Terrain fast ein wenig linkisch bewegt und mit ganz einfachen Worten grundlegende Wahrheiten ausspricht, ist es mir wie wohl auch allen anderen bewusst:

„Wir haben eine Sternstunde der Politik erlebt",
sage ich zu Jutta, deren anschließende Bemerkung angesichts der bei ihr sonst gewohnten nüchternen Sachlichkeit einem wahren Gefühlsausbruch gleicht. Sichtlich bewegt sagt sie:

„Ein toller Tag, ein großes Erlebnis! Noch nie hat mir ein politischer Redner ob seiner Ehrlichkeit und Gradlinigkeit derart imponiert. Reagan ist so schlicht und einfach wie groß und mächtig, und er vertritt seine Grundsätze auch menschlich überzeugend. An ihm werden sich noch einige die Zähne ausbeißen. Ich bin froh, dass Du mich mitgenommen hast!"

„Ja, darüber freue ich mich auch. Es war ein Tag mit viel Anerkennung für unser Land, mit einer Hoffnung gebenden Botschaft für alle Deutschen, und mit einem Plädoyer für ein gestärktes Europa! Amerika ist großartig, wir leben trotz allem in einer wunderbaren Welt!"

In der Begrüßung hatte Bernhard Vogel an den französischen Staatsphilosophen des 19. Jahrhunderts, den wohl größten politischen Analytiker seit Aristoteles und Macchiavelli, Alexis de Tocqueville, erinnert. Der hatte zwar zur Zeit des Hambacher Festes vorausgesagt, dass die weltpolitische Entwicklung des 20. Jahrhunderts von den Vereinigten Staaten und von Russland als den Weltmächten schlechthin bestimmt werden würde, aber er konnte nicht ahnen, dass dann beide mit total unterschiedlichen Maßstäben gemessen werden müssen. Denn unter allen Systemen, von denen die einen die Freiheit für zu gefährlich, andere sie nur für bedingt möglich und schließlich einige für die allein menschenwürdige Geschäftsgrundlage gesellschaftlichen Lebens halten, sind in der zweiten Hälfte des 20. Jahrhunderts die USA und die Sowjetunion diejenigen, die die äußersten Eckpunkte dieses Spannungsbogens besetzen. Der Weg bis zu jener Zeit, da alle aus der Überzeugung leben, dass allein der demokratische Verfassungsstaat individuelle Freiheit, gebunden durch Verantwortung für das Wohl aller garantiert, mag weit und steinig sein, aber nur so ist Zukunft zu gewinnen. Dass die Zukunft diesen Tag bringen wird, davon träumt der von den besseren Werten der Freien Welt zutiefst überzeugte Ronald Reagan. Auf dem Hambacher Schloss hat er uns eingeladen, diesen Traum mit ihm zu träumen.

Das bessere Leben zu träumen, den Traum eines Tages zu erleben, um ihn dann mit Leben zu erfüllen, wie viel geduldige Beharrlichkeit, Überzeugungskraft und Durchstehvermögen braucht man dazu? Wie weit reicht unsere Phantasie im Frühjahr 1985, als alles danach aussieht, als hätten sich allzu viele schon längst mit der deutschen Teilung und den Blöcken des atomaren Gleichgewichts abgefunden? Wie war das in den Jahren davor, als in dem verharmlosend ‚Zonenrandgebiet' genannten Streifen an der deutsch-deutschen Grenze, den der Todesschatten des Eisernen Vorhangs verdüsterte, mehr als einmal die Gefahr eines Dritten Weltkriegs bestand? Reagans Besuch auf dem Hambacher Schloss gibt Gewissheit, dass die Amerikaner an unserer Seite bleiben und mitten in Deutschland Frieden und Freiheit verteidigen werden, und er macht Mut, den steinigen Weg weiter zu gehen. Aber alle befürchten noch viele Hindernisse, niemand sieht das Ziel nahe. Wirklich niemand?

Ein Jahr später, Ende Oktober 1986, sitze ich mit dem Leiter der amerikanischen Delegation bei der Abrüstungskonferenz in Wien, Botschafter Robert D. Blackwill, zusammen, wir kommen auch auf Präsident Reagan zu sprechen, und Blackwill charakterisiert ihn als Mann mit Grundsätzen, Weitsicht und einer erstaunlichen Hartnäckigkeit, seine oft einsamen, in aller Regel aber richtigen Entscheidungen gegen sämtliche Ratgeber und selbst bei klarem Widerspruch charmant lächelnd durchzusetzen.

„Handelt es sich dabei um wirklich staatspolitisch wichtige Dinge",,,

will ich wissen.

„Durchaus, auch wenn das nicht immer gleich erkennbar ist; ich nenne Ihnen ein schönes Beispiel:

„Als es im letzten Jahr darum ging, den Deutschlandbesuch des Präsidenten vorzubereiten, hat Reagan seinen Stab wissen lassen, er wolle auch den Soldatenfriedhof in Bitburg besuchen. Blankes Entsetzen: Der amerikanische Präsident auf einem deutschen Heldenfriedhof, das ist unmöglich! Ausnahmslos alle Berater haben von dieser Stunde an mit ihrer ganzen Argumentationskraft versucht, ihm in Einzelgesprächen den Programmpunkt Bitburg auszureden, doch vergeblich. Kurz vor Antritt der Reise sind dann alle Berater nochmals gemeinsam zum Präsidenten gegangen, um vielleicht noch in letzter Minute den Bittburg-Besuch zu verhindern, aber bevor überhaupt einer von ihnen zu Wort kommt, erklärt Reagan dem versammelten Team: „Das, was Sie beschäftigt und weshalb Sie jetzt alle zu mir gekommen sind, beherrscht nicht meine Gedanken, aber ich habe noch genau im Kopf, dass ich dem deutschen Bundeskanzler versprochen habe, mit ihm den Soldatenfriedhof in Bitburg zu besuchen." Damit war die Debatte beendet, noch bevor sie eröffnet war, und der Beraterstab zog sich enttäuscht zurück."

Botschafter Blackwill lacht, und zur Bestätigung dafür, dass Reagan nicht nur Wort gehalten, sondern auch richtig entschieden hat, fügt er hinzu:

„Bitburg war politisch gewiss höchst brisant, doch dank der klugen Reden, die dort gehalten worden sind, wurde der Besuch des deutschen Soldatenfriedhofs sogar in Amerika zu einem großen Erfolg für den Präsidenten. Es ist eine der starken Schwächen Reagans, oft intuitiv zu handeln und genau das Richtige zu tun."

„Ist das typisch für Präsident Ronald Reagan oder für amerikanische Politiker überhaupt?"

„Nun, jede Entscheidung sollte solide begründet sein, und ein Politiker, zumal der Präsident, muss immer wissen, was sein Tun am Ende für das Ganze wie auch für den Einzelnen bedeutet, aber gelegentlich ist die Bereitschaft gefordert, aus dem hohlen Bauch zu entscheiden. Politik braucht Intellekt und Inspiration. Ob das Ergebnis aus beidem Stärke oder Schwäche bescheinigt, hängt ganz von der Persönlichkeit ab. Präsident Reagan ist da wirklich ein wahrer Meister. Die besonders akribisch Denkenden sind oft genug auch die ziemlich phantasie- und mutlos Handelnden."

„Spielt für amerikanische Politiker oder für die Politik Amerikas, das Denken und Handeln in Idealen wirklich eine so große Rolle?"

Die Frage scheint meinen Gesprächspartner zu überraschen, und so, als brauche er eine kurze Zeitspanne zum nachdenken, wiederholt er langsam und mit gedehnten Worten meine Frage, bevor er antwortet:

„Die Rolle des Denkens in Idealen bei amerikanischen Politikern? Oh ja, es gibt gewiss noch kniffligere Fragen! Ich glaube, es ist gegenwärtig – grundsätzlich überall auf der Welt, aber bei uns Amerikanern besonders – eine Verschiebung vom Denken in Idealen zu einem bloßen Image-Denken zu registrieren. Der Eindruck des Augenblicks, womöglich sogar eine Illusion von der Wirklichkeit, das ist heute vielen wichtiger als alles andere, aber natürlich wenig hilfreich. Wir Amerikaner haben es wahrscheinlich versäumt, unsere Ideale stärker in den Vordergrund zu stellen, und wir haben es dadurch zugelassen, dass man sich falsche Images von Amerika und den Amerikanern gemacht hat. Kennedy war ein Mann mit Idealen, Reagan hat sie auch. Wir alle brauchen mehr denn je eine Renaissance des amerikanischen Traums."

Da ist er wieder, der amerikanische Traum!

Ich frage den Botschafter nicht, ob es ausreicht, sich unter diesem Traum die verwirklichten Ideale der überall sonst auf der Welt Chancenlosen, also jener Menschen vorzustellen, die als hilf- und mittellose Einwanderer aus verkrusteten, verkümmerten oder gar zivilisatorisch völlig herabgekommenen Gesellschaften nach Amerika kamen und hier den Aufstieg schafften. Schon gar nicht frage ich ihn, ob das noch so ist, wie es wahrscheinlich einmal war.

„Besuchen Sie mich in Wien",

sagt Botschafter Blackwill zum Schluss, ich verspüre Lust dazu und antworte dennoch ganz anderes:

„Ich möchte den amerikanischen Traum mit der Wirklichkeit vergleichen, und deshalb werde ich Sie vielleicht einmal besuchen, sobald Sie wieder zu Hause sind."

Blackwill nickt zustimmend, aber ich bin mir nicht sicher, ob er meine Idee gut findet, und ich weiß nicht einmal genau, ob ich selbst wirklich diesen Vergleich will. Einerseits möchte ich meinen noch ziemlich verschwommenen und doch so lieb gewonnen amerikanischen Traum ungestört weiter träumen, andererseits sehe ich die Gefahr, dass Illusionen mit ihren Wunsch- und Zerrbildern, mit falschen Vorstellungen und irrealen Erwartungen die Alte und die Neue Welt bedrohen. Angesichts dessen, was die Amerikaner für unser Land getan haben, und vor dem Hintergrund des Kalten Krieges ist es einfach nur angemessen, ohne wenn und aber auf die transatlantische Partnerschaft zu setzen, sie so zu nehmen, wie sie ist und darauf zu vertrauen, dass sich gute Freunde in jeder Situation verständigen können und zueinander stehen werden.

Als hätte er meine Gedanken erraten, doziert der Botschafter:

„Lernen aus der Geschichte, das ist die schwierigste Lektion. Die Deutschen werden auf diesem Gebiet keine guten Schüler sein, so lange sie sich auch Jahrzehnte nach Hitler noch immer für nazigeschädigt und kriegsversehrt halten. Um die Entstehung des Nationalsozialismus zu begreifen, muss man wissen, dass der Machtverfall politischer Parteien, der Machtmissbrauch demokratischer Strukturen und die Machtergreifung Hitlers in einem inneren Zusammenhang stehen. Die weltpolitischen Probleme unserer Zeit werden sich nur dann meistern lassen, wenn Amerika und Europa eng zusammenarbeiten, wenn Amerikaner und Deutsche realisieren, dass sie vom Krieg zu solider Partnerschaft und über den Kalten Krieg zu echter Freundschaft, zu einer Verantwortungs-Gemeinschaft fortgeschritten sind, und allein deren Bewährung auch in Krisenzeiten ist das Indiz für die Souveränität Deutschlands."

Im Blickfeld

Langfristig werden die Sowjets ihre Position der Stärke, die sie an der Grenze und bei den Abrüstungsgesprächen demonstrativ zur Schau stellen oder einfach nur behaupten, nicht aufrechterhalten können. Denn technologisch sind sie dem Westen längst klar unterlegen, und angesichts ihrer wirtschaftlichen Schwächen haben sie auch nicht die geringste Chance, diesen Vorsprung irgendwann einmal auszugleichen. Davon bin ich genau so überzeugt wie die Offiziere des hier stationierten US-Elite-Regimentes. Aber gerade das macht einen Teil der akuten Gefahr aus. Werden die Sowjets womöglich losschlagen, wenn ihnen das Wasser bis zum Hals steht? Müssen sie dann nicht geradezu die Bundesrepublik Deutschland und andere Länder Westeuropas als die reifen Früchte ansehen, deren Saft das Leben des abgewirtschafteten, maroden sozialistischen Systems noch einmal etwas verlängern könnte? Im anderen Teil Deutschlands, der DDR, stehen 1985 zur Zeit des Deutschland-Besuches von Präsident Ronald Reagan 90 sowjetische Divisionen, eine ungeheuere Streitmacht. Ein Teil davon hat in jedem Augenblick seine Raketen auf uns gerichtet! Aufmarschgebiet Thüringen, was heißt das? Kasernen, Raketenstellungen und Panzerbunker, riesige Waffen-Arsenale und Munitionslager – womit sind sie bestückt und gefüllt? Kampfzone Osthessen, was würde das bedeuten? Es ist besser, nicht darüber nachdenken.

Der Grenzbeobachtungs-Posten ‚Point Alpha', ein ungefähr 20 ha großes, auf einer leichten Anhöhe bei Rasdorf unweit Fulda in der Rhön gelegenes Areal, ist seit 1953 der markanteste Punkt der Nato-Verteidigungslinie zwischen Herleshausen und Gerstungen im Norden, sowie Neustadt und Mellrichstadt im Süden; er ist wahrscheinlich sogar der wichtigste Vorposten der Amerikaner in Europa. Denn nur hier im so genannten ‚Fulda Gap', dem Auslauf eines topographischen Korridors, der im Osten im Raum Erfurt-Eisenach beginnt, sich als Talsenke durch Thüringen zieht und bei Rasdorf den Eisernen Vorhang erreicht, können Panzerarmeen gut und schnell operieren. Die Bezeichnung ‚Fulda Gap' habe ich erstmals 1974 gehört, aber sie ist vermutlich älter, und spätestens 1980 gehört der Begriff zum ständigen Vokabular der Nato und der Politik. Etwa ab diesem Zeitpunkt wird in Amerika ein Gesellschaftsspiel mit dem Namen ‚Fulda Gap - the first battle of the next war' verkauft. Mit diesem Spiel können die Teilnehmer den nukleare Untergang im Raum Eisenach, Fulda und Würzburg bis zur Katastrophe durchspielen. Makabere Geschäftemacherei! Ich protestiere beim Kommandeur des in Fulda stationierten Regimentes, aber wir beide wissen, dass wir gegen die Macht des Marktes ohnmächtig sind.

Das „Fulda Gap" hat eine Vorgeschichte. Gegen Ende des Zweiten Weltkrieges hatte auch die 3. U.S. Armee in Kenntnis der topographischen Verhältnisse genau diesen Weg auf ihrem Vorstoß vom Brückenkopf am Rhein nach Osten Richtung Leipzig gewählt. Das alles weiß man in Ostberlin, Moskau und natürlich beim Stab der sowjetischen Achten Gardearmee in Weimar genau so gut wie im Westen. Man muss aber auch wirklich kein professioneller Militärstratege sein, um zu erkennen, dass dies das ideale Vormarschgelände ist.

Schon 1948 haben die drei *Squadrons,* Einheiten in Bataillonsstärke, des mit seinem Hauptquartier in Fulda stationierten 14. Panzer-Aufklärungs-Regimentes, das 1972 vom 11. PAR *Blackhorse* abgelöst wurde, die Überwachung des großen Grenzabschnittes zwischen Eschwege und Coburg übernommen. So ist seit 1972 am ‚Point Alpha' die Elite-Einheit *Ironhorse* auf Posten. Im zwei bis vier Wochen-Rhythmus sind hier jeweils 30, in Krisenzeiten bis zu 200 Soldaten stationiert. Aus dem Jahr 1954 stammt der hölzerne Beobachtungsturm, von dem aus man bis nach Geisa, der am weitesten westlich gelegenen Stadt des Ostblocks, sehen kann. 1971 wird der Holzturm durch einen Betonturm ersetzt, und Zug um Zug verschwinden die Zelte und Wellblechhütten und es werden feste Gebäude gebaut. Ab diesem Zeitpunkt ist auch die technische Ausrüstung mit Sendeanlagen zur Nachrichtenübermittlung, einer Bodenradaranlage mit Abhöreinrichtung und einem Raketenabschusssystem, dessen starkes Teleskop auch zur Grenzbeobachtung genutzt wird, absolut perfekt.

Der Turm ist rund um die Uhr besetzt. Auf ‚Point Alpha' gibt es auch einen Munitionsbunker, aber atomare Munition ist hier nie gelagert worden. 75 Meter vor der östlichen Grenze des Areals markiert eine rote Linie den Punkt, ab dem von der DDR-Seite her das Gelände eingesehen werden kann. Deshalb dürfen gepanzerte Fahrzeuge diese Linie nicht überfahren. Die Amerikaner wollen alles vermeiden, was als Provokation ausgelegt werden könnte. Es ist wirklich so: hier stehen sich Ost und West Auge in Auge gegenüber – jeder Feind hat seinen Feind im Blickfeld! Ein Niemandsland gibt es an dieser schrecklichen Grenze nicht. Nach der am 26. Mai 1952 vom DDR-Ministerrat beschlossenen ‚Polizeiverordnung über die Einführung einer besonderen Ordnung an der Demarkationslinie' ist auf der östlichen Seite eine Fünf-Kilometer-Sperrzone ausgewiesen, an die sich in Richtung Grenze ein 500 Meter breiter Schutzstreifen anschließt, der am so genannten Hinterlandzaun beginnt und bis zum etwa 10 Meter breiten Spurensicherungsstreifen und dem Stacheldrahtzaun direkt an der Grenze reicht. 1960 beginnt der weitere Ausbau mit zwei Betonpfosten-Stacheldrahtzäunen, je nach Zuschnitt des Geländes im Abstand von 10 bis 30 Metern, dazwischen ein Minenfeld. Mit der ‚Verordnung zum Schutz der Grenzanlagen der DDR' vom 19. März 1964 macht Ostberlin die Grenze schließlich zu einem kaum noch zu überwindenden Hindernis. Die Holzkastenminen werden wegen ihrer schlechten Haltbarkeit durch Plastikminen ersetzt, und entlang der Grenze wird für Kontroll-Fahrten der DDR-Grenztruppe ein Kolonnenweg ausgebaut. 1970 schließlich die totale Perversion: Als neue Sperranlage wird ein drei Meter hoher Zaun errichtet, der aus Streckmetallplatten besteht, deren scharfkantige, rautenförmige Löcher einem Republikflüchtling keinen Halt bieten. Dieser Zaun ist an jedem vierten Betonpfeiler mit drei Splitterminen, die 30 Meter Streuweite haben, bestückt. Die Grenze ist damit undurchdringbar dicht. In bestimmten Streckenabschnitten gibt es Hundelaufanlagen, in umzäunten Abschnitten sogar freilaufende Hunde. Am 1. Mai 1982 legalisiert die DDR mit ihrer Dienstvorschrift 018/0/008 den Gebrauch der Schusswaffen gegen so genannte Grenzverletzer. Ergebnis: ein perfektes innerdeutsches Schussfeld! Erst nach einem von Franz Josef Strauß 1983 vermittelten Milliardenkredit der Bundesrepublik an die DDR kommt es zu einer gewissen Entspannung an der innerdeutschen Grenze.

Noch immer leben wir mitten im Kalten Krieg. Von dem Leutnant, der uns im Sommer 1983 am Eingang zu ‚Point Alpha' empfängt, weiß ich, dass er aus Ohio stammt. Wir sind uns wiederholt begegnet, hätten genug Gesprächsstoff, aber das darf uns jetzt nicht beschäftigen, denn meine Gäste, alles Agenten der Tourismus-Branche von der Ostküste und dem mittleren Westen Amerikas, wollen informiert werden. Das ist auch bitter nötig, denn wie ich auf der Fahrt von Fulda hierher festgestellt habe, wissen sie so gut wie nichts von Deutschland, schon gar nicht von den ernüchternden Realitäten des geteilten Landes. Eine militärisch kurze Begrüßung, einige Informationen über das Regiment, ein paar Worte des ebenfalls anwesenden Offiziers vom Bundesgrenzschutz und schon sind wir auf dem Weg zum interessantesten Punkt, dem Beobachtungsturm. Wie es sich für Militärs gehört, gibt der Leutnant zuerst einen Lagebericht. Der junge Offizier ist in seinem Element:

„Sie sehen die Grenzbefestigungsanlagen der DDR, Zaun, Selbstschussanlagen, Kolonnenweg, Sperrgraben für Fahrzeuge, halbrechts ein Beobachtungsturm der DDR-Grenztruppen. Da hinten liegt die Stadt ..."

Der Leutnant stockt, er merkt, dass die Touristik-Manager starr, wie versteinert dastehen, kein Ohr für ihn haben. Die Brutalität einer Wirklichkeit, von der sie nicht den Hauch einer Vorstellung hatten, nagt an ihren Gesichtern. Mit weit aufgerissenen Augen versuchen sie, ein Bild in sich aufzunehmen, das sie allein schon als Realität schockiert, das aber mit den Gefahren und Risiken, die daraus drohen könnten, ihre Phantasie völlig überfordert. Der Leutnant ist klug genug, ihnen Zeit zu lassen. Er wendet sich mir zu und fragt mit gedämpfter Stimme, ob ich etwas sagen möchte:

„Nein, noch nicht. Die müssen erst aus ihrer in unserer Welt angekommen sein; sie sind noch gar nicht richtig da."

Für mich, der ich schon unzählige Male hier oder an anderen Stellen der Grenze mit besonderen und hochrangigen Gästen aus dem In- und Ausland gestanden habe, um ihnen die deutsche Teilung da zu demonstrieren, wo sie physisch am härtesten trifft und seelisch am meisten schmerzt, ist es dennoch immer wieder eine beklemmende Erfahrung, erste Hilfe bei einer derart ungewöhnlichen ersten Hilflosigkeit bieten zu müssen. Was geht in Menschen vor, die unvorbereitet wahrnehmen, was ideologische Verblendung, menschenverachtende Politik, Schikane, Terror und rücksichtslos eingesetzte Militärgewalt anzurichten vermögen? Die einzige Frau der Reisegruppe fasst sich zuerst, ihre Augen sind feucht:

„Die Häuser da hinten, kennen sie den Ort? Leben da noch Menschen?"

„Ja, dort leben Menschen, Deutsche, wie ich, aber unfrei. Der Ort heißt Geisa. Ich kenne den Ort nur aus Beschreibungen, war noch nie dort, und wenn kein Wunder geschieht, werde ich wohl auch nie dorthin kommen. Geisa ist für mich weiter weg als New York!"

Meine Antwort löst eine neue Phase des Schweigens aus. Ich beobachte die überwiegend jungen Amerikaner, die jetzt ihre saloppe Lässigkeit und manchmal auch naive Einfältigkeit, die sie noch während der Fahrt nach hier im Kleinbus locker kokettierend zur Schau gestellt hatten, völlig verloren haben und gebannt warten, wie dieses Abenteuer ‚Point Alpha' für sie endet. Man spürt förmlich ihr Unwohlsein. Mein Eindruck: Sie schweigen, weil sie Angst haben, ein falsches Wort zu sagen. Ich gebe dem Leutnant einen Wink, mit seinen Erläuterungen fortzufahren. Er spricht jetzt anders, nicht mehr so zackig, bedächtiger als vorhin. Die Reaktionen der Gäste haben ihn ganz offensichtlich daran erinnert, dass das, was für ihn Routine ist, bei den anderen einer Katastrophe gleich kommt. Es ist immer wieder das Gleiche.

„Ich möchte Ihnen noch ein paar erläuternde Hinweise zu dieser alles andere als normalen Grenze und ihren Befestigungen geben. Wer aus Unkenntnis oder Leichtsinn den Grenzverlauf verletzt, ist in Lebensgefahr, denn die DDR-Posten haben Schießbefehl. Der Metallgitterzaun steht nicht direkt auf der Grenzlinie, sondern weiter zurück, so dass der Streifen vor dem Zaun auch noch zum Gebiet der DDR gehört. Den genauen Grenzverlauf kennzeichnen Grenzmarkierungs-Pfosten."

Der Leutnant wird unterbrochen.

„Wie weit reicht denn dieser Zaun nach beiden Seiten?",

will einer aus der Gruppe wissen. Die Frage verblüfft den Leutnant genau so wie mich. Ruhig und sachlich geht der Leutnant darauf ein:

„Wie meinen sie das? Sie sehen hier natürlich nur einen kleinen Abschnitt der deutsch-deutschen Grenze, aber die erstreckt sich von der Ostsee bis zur Tschechoslowakei, und sie sieht überall genau so aus wie hier. In Zahlen ausgedrückt sind das: 1.265 Km Metallgitterzaun mit Selbstschussanlagen, 578 Beobachtungstürme, 29,1 Km Betonsperrmauer, 71,5 Km Hundelaufanlagen und 1.300.000 verlegte Minen. Diese Grenze ist einmalig auf der ganzen Welt!"

Erneutes Schweigen. Einige aus der Gruppe machen von dem Angebot gebrauch, ein Fernglas zu benutzen, aber ich bin mir nicht sicher, ob sie wirklich noch genauer sehen oder ihre Augen nur besser verstecken wollen. Ich leide da jedes Mal mit. Wieder erlebe ich diese eigenartige Atmosphäre aus Angst und Betroffenheit, Ohnmacht, Hilflosigkeit und einer Pein, die sich, weil sie sowohl seelisch als auch physisch empfunden wird, so schwer ausdrücken lässt. Aus purer Verlegenheit sind alle bestrebt, den Ortstermin so schnell wie möglich zu beenden. Ich versuche, die gedrückte Stimmung aufzulockern:

„Ihre Betroffenheit und Ihr Erstaunen ist ganz normal; wäre es anders, wir könnten es nicht verstehen. Das geht allen so, auch denen, die nicht von so weit her kommen wie Sie. Gerade kürzlich habe ich es mit Besuchern aus Düsseldorf erlebt. Man weiß, dass es diese unmenschliche Grenze gibt, aber man muss an ihr stehen, um das Wissen mit dem umfassenden Wahrnehmen, um Rationalität und Emotionalität miteinander zu verbinden. Hier begreift man, dass nur der Frieden in Freiheit einen Wert darstellt, denn ihren Frieden haben wohl auch die Bürger von Geisa, aber es ist der Frieden eines Gefängnisses."

„In Amerika weiß man so gut wie nichts, auf jeden Fall viel zu wenig davon", wirft einer der Gäste ein, und fährt fort:

„Viele denken, die Deutschen könnten eigentlich ihren Kram alleine erledigen. Schließlich haben sie sich den ganzen Schlamassel ja auch selbst eingebrockt! Warum sollen wir dann noch do viele Jahre nach dem Zweiten Weltkrieg amerikanische Truppen in Deutschland stationieren?"

Nun bin ich gefordert; die militärische Lagebeschreibung muss durch eine politische Wertung ergänzt werden.

„Mag sein, dass viele Amerikaner so denken; um so mehr bin ich dafür dankbar, ja glücklich, dass die amerikanische Politik anders handelt. Doch mich interessiert, wie Sie selbst denken, nachdem Sie nun diese grausame Grenze gesehen haben. Was ist Ihre Meinung über die amerikanische Präsens in Europa, speziell in Deutschland?"

Von der Antwort auf meine Frage erhoffe ich mir Aufschluss darüber, ob wir eine Chance haben, in dieser Gruppe Botschafter für unsere Sache zu finden. Mein Gesprächspartner weicht aus:

„Wissen Sie, in Amerika kann der Zeitgeist nur bedingt ein Stück Vergangenheit vertragen. Wir suchen den Reiz des Neuen, unser Blick geht nach vorne. Und dann: Europa ist weit weg, Deutschland ist ein kleines Land. Aber ich muss sagen, dass ich von dem, was ich hier erlebe, doch beeindruckt bin. OK, man hat mal gehört, dass es da eine Grenze mitten in Deutschland gibt, doch was heißt das schon. So habe ich mir das jedenfalls nicht im Entferntesten vorgestellt. Ich bin betroffen und wahnsinnig interessiert!"

„Dann stellen Sie doch Ihre Fragen."

„Im Moment habe ich keine, ich bin einfach sprachlos."

Da ist noch nicht alles verloren, denke ich, und so versuche ich es mit einem neuen Anlauf:

„Ich kenne die amerikanische Mentalität recht gut und meine, die Amerikaner müssten sich von der Vorstellung lösen, sie könnten in einer immer komplexer und komplizierter werdenden Welt ihre Isolation wie auf einer Insel der Seligen pflegen. Ihr großes und mächtiges Land hat gerade ob seiner Größe und Macht weltweite Verantwortung. An ‚Point Alpha' begreift auch der einfachste Soldat, der wenig von der Geschichte weiß und mit Politik nichts im Sinn hat, warum er fern der Heimat diesen Dienst versieht. Das 11. US Panzeraufklärungsregiment verteidigt hier nicht nur unsere, sondern auch Ihre Freiheit! Die amerikanischen Soldaten bilden an ‚Point Alpha' die Speerspitze der freien Welt!"

„Ja, so ist es! Genau so empfinden das unsere Soldaten",

wirft der Leutnant ein, und er gebraucht in seinem weiteren Kommentar das schöne Wort von der Mission, die das Regiment am ‚Eisernen Vorhang' zu erfüllen hat. Aber der Touristik-Agent sieht das anders:

„Wenn sich Amerika bisher im Ausland engagierte – siehe Vietnam – führte das fast immer zu einem Debakel; wir sollten uns auf die kontinental-amerikanischen Interessen beschränken. Damit haben wir genug zu tun."

Ist er nur hartnäckig oder verbohrt? Aber dieser Mann gefällt mir, weil er eine Meinung hat und sie auch vertritt. Gleichzeitig reizt er mich, weil ich ihn ‚bekehren' möchte. Deshalb lasse ich nicht locker:

„Im Zeitalter interkontinentaler Raketen können sich die USA doch nicht auf rein kontinental-amerikanische Interessen zurückziehen! Wir sind im Guten wie im Bösen eine Welt! Kommen Sie öfter mal nach Deutschland und schicken Sie möglichst viele Ihrer Kolleginnen und Kollegen herüber. In Deutschland ist die Vergangenheit vielerorts immer auch ein Teil der Gegenwart. Das mag nicht jedem passen, aber es ist wichtig und muss daher auch so bleiben. Nur aus der Gebundenheit in dem was war und ist werden wir die Zukunft gewinnen. Doch vielleicht sollten wir jetzt erst einmal den Leutnant mit seinem Bericht zu Ende kommen lassen; ich würde dann gerne beim Essen mit Ihnen weiter diskutieren."

„OK, mal sehen, ich bin wirklich sehr interessiert",

sagt der Mann, der sich während unseres Gesprächs ständig irgendwelche Notizen gemacht hat. Die Gruppe drängt, den Beobachtungsturm zu verlassen, der Leutnant macht es kurz, und mir flüstert er ins Ohr:

„Das war gut, was Sie gesagt haben. So, wie dieser Tourismus Bos geredet hat, so reden hier gelegentlich auch Abgeordnete, die aus Washington kommen. Ich werde mir das merken; am besten lade ich Sie gleich ein, wenn sich wieder eine Politiker-Delegation bei uns meldet."

„Ich habe eine Frage."

Der Mann aus der Reisegruppe, der sich so zu Wort meldet, stand die ganze Zeit etwas abseits, aber wann immer mein Blick ihn streifte, hatte ich das Gefühl, dass er mich gerade beobachtet hat. Er ist einer der Jüngeren aus der Gruppe, wirkt etwas verschlossen, aber seine Frage verrät, dass er mehr weiß als die anderen.

„Fragen Sie! Jede Frage kann für uns alle hilfreich sein."
Er schaut mich nicht an, druckst noch ein wenig herum, doch dann rückt er mit der Sprache heraus:
„Wieso denken Sie eigentlich so schlecht über die DDR? Bisher hat dieser Staat niemand etwas getan, und ich habe sogar einmal gelesen, die DDR Behörden hätten gerade für die Menschen an der Grenze besondere Vorkehrungen für deren Schutz getroffen. Es gab doch z.B. die Aktion *Kornblume* eine sehr menschliche, weitsichtige Maßnahme, oder?"
Mir läuft es kalt den Buckel herunter. Ist das ein amerikanischer Kommunist oder nur ein gutgläubig-naiver Amerikaner? Die ‚Aktion Kornblume' ist nicht einmal bei uns allgemein bekannt; wieso, woher weiß er davon? Die Situation ist schwer einschätzbar. Jetzt ist der BGS-Offizier gefordert, und er schaltet sich auch sofort ein:
„Ich weiß nicht, ob Sie genau wissen, was es mit dieser Aktion von 1961 auf sich hat. „Kornblume", das war der verniedlichende Deckname für einen Gewaltakt. 1952 waren die SED-Funktionäre da noch ehrlicher, denn damals nannten sie eine vergleichbare Maßnahme ‚Aktion Ungeziefer', und Ungeziefer waren für sie alle, die sich nicht blind der Staatsräson unterwarfen. Verwaltungstechnisch formuliert geht es um die Zwangsumsiedlung von Menschen aus der DDR-Sicherheitszone, knallhart gesagt war es ein brutaler Akt der Demütigung, der Vergewaltigung und der Verletzung von Menschen, die ihre angestammte Heimat gegen ihren Willen, das heißt mit Staatsgewalt, über Nacht verlassen mussten, nur um dem Sicherheitsbedürfnis des Regimes zu entsprechen."
Der Mann vom BGS nestelt an seiner Tasche herum und zieht dann die Kopie eines Dokumentes heraus.
„Hier, das können Sie sich als Souvenir mitnehmen. Es ist der Befehl Nr. 35 vom 1. September 1961 des Ministers des Innern, zugleich Chef der Volkspolizei der DDR. Lesen Sie nur: ‚Personen, die wegen ihrer Stellung in und zur Gesellschaft eine Gefährdung der antifaschistisch demokratischen Ordnung darstellen ... sind auszuweisen.' Das war generalstabsmäßig geplant. 1961 waren 1700 Menschen allein aus dem uns hier gegenüber liegenden Thüringen davon betroffen. Würden Sie denen erklären, das sei zu ihrem Schutz geschehen, sie würden es als Häme und bitteren

Spott verstehen." Die Amerikaner schweigen, auch der Fragesteller. Ich komme nicht mehr dazu, herauszufinden, was hinter seiner Frage steckt.

Als wir später im Gasthaus sitzen, suche ich die Gelegenheit, um den Gesprächsfaden noch einmal aufzugreifen. Während der Großteil der Gruppe so, als gelte es mit einem Kontrastprogramm den Schock zu überspielen, mit Belanglosigkeiten herumalbert oder gar Witze erzählt, hat derjenige, der sich ständig Notizen machte, seinen Block neben dem Suppenteller liegen, schreibt und löffelt eifrig im Wechsel.

„Was notieren Sie da eigentlich, arbeiten Sie auch journalistisch?",

frage ich ihn. Er blickt kurz auf, lacht und erwidert:

„Nein, nein, ich bin kein Zeitungsmensch. Aber wenn ich nach Hause komme, dann muss ich doch in der Firma, bei meinen Freunden und guten Bekannten einen Vortrag über diese Reise halten, Thema: Ein Amerikaner in Deutschland; deshalb schreibe ich mir einiges auf, nur das Wichtigste. Da fällt mir ein, ich wollte Sie noch fragen, warum die DDR eigentlich diesen ganzen Aufwand mit einer derart teuren Grenzbefestigung treibt? Wir greifen die doch gar nicht an! Oder befürchten die, die USA würden insgeheim einen Krieg planen?"

Ich muss dreimal tief Luft holen; dann sage ich:

„Was die Sowjets und die DDR-Grenzsoldaten echt befürchten, weiß ich nicht, aber man wird ihnen die Aggressionsgefahr des Westens jeden Tag einreden, um sie unter Spannung zu halten. Doch seien Sie unbesorgt, Ihr Land wird hier keinen Krieg vom Zaun brechen, aber Amerikaner, Deutsche und NATO haben sich darauf eingestellt, dass ein Dritter Weltkrieg hier im ‚Fulda Gap' beginnen könnte. Aber nicht deshalb treibt die DDR diesen Aufwand. Den sozialistischen Schutzwall gegen den Imperialismus, wie das im DDR-Jargon heißt, haben sie nicht errichtet, um fremde Eindringlinge fernzuhalten, sondern damit ihnen die eigenen Bürger nicht davon laufen können. Im letzten Jahr vor dem Mauerbau waren es fast 200.000, die gegangen sind! Sicher wollen Sie jetzt für Ihren Vortrag auch wissen, warum denn die Menschen aus der DDR davon gelaufen sind. Deshalb gebe ich Ihnen die

Antwort auf diese Frage gleich mit: Die Ostdeutschen sind vor dem Mauerbau geflüchtet, weil sie endlich wie Menschen leben wollten, damit niemand mehr schikanös über sie und ohne sie entscheidet, damit sie endlich die Freiheit haben! Sollten Sie nicht doch lieber einen Vortrag über Tourismus in Deutschland halten."

„Nein, nein, diese politischen Sachen sind enorm wichtig! Das muss ich alles denen daheim erzählen, die haben ja keine Ahnung von dem, was hier los ist, keinen blassen Schimmer von dieser Grenze."

Immerhin, denke ich, ein jetzt nicht mehr ganz Ahnungsloser leistet daheim Aufklärungsarbeit, wenigstens etwas. Die Erfahrung, die ich leider nicht zum ersten Mal mache, stellt den deutschen Konsulaten, den Goetheinstituten in Amerika und den amerikanischen Fernsehanstalten kein gutes Zeugnis aus. Die Wissbegierde meines Gegenübers ist noch nicht gestillt.

„Ich muss noch mal auf das Thema ‚Krieg' zurückkommen. Was glauben Sie, wann besteht in Deutschland ernste Kriegsgefahr?"

In meiner mit Karten und Prospekten bestückten Handakte, die ich bei solchen Besuchen mit Fremden an der Grenze immer bei mir habe, befindet sich auch die Kopie eines Briefes, den der Student R.E. aus Halle am 10. Januar 1955 an den ‚werten Stadtrat von Fulda' geschrieben hat. Aus diesem Brief lese ich meinem Gesprächspartner eine Passage vor:

„Vor uns Deutschen steht eine drohende Gefahr, nämlich die endgültige Spaltung unseres Vaterlandes und die eines neuen Weltkrieges. Diese Gefahr wird durch die Bonner und Pariser Verträge heraufbeschworen. ...Diejenigen, die am vorigen Krieg verdienten, wollen das deutsche Volk erneut in einen Krieg hetzen, einen Krieg zwischen Deutschen und Deutschen. ... Daran sollten Sie gerade jetzt denken, wo die kommunistische Partei (KPD) gemeinsam mit der sozialdemokratischen Partei (SPD) eine Kampfwoche gegen die Bonner und Pariser Verträge durchführt. Das sollten Sie mit allen Ihnen zur Verfügung stehenden Kräften unterstützen."

Ich erläutere meinem Gegenüber den Zusammenhang.

„Dieser Brief liegt zwar schon Jahrzehnte zurück, aber grundsätzlich hat sich nichts geändert. Damals war der Brief Teil einer konzertierten Aktion, mit der die DDR Funktionäre versuchten, unsere Bevölkerung gegen die Bindung der Bundesrepublik in das westliche Verteidigungsbündnis aufzuwiegeln, obwohl sich die DDR selbst politisch schon auf dem Weg in den Warschauer Pakt befand. Die Zementierung der Teilung Deutschlands sollte aber als nationale Tragödie Bundeskanzler Adenauer und seiner Regierung angelastet werden. Mittel und Methoden haben sich im Laufe der Jahre geändert, aber die Stoßrichtung ist geblieben: Erst den Teufel an die Wand malen, dadurch Bruderzwist erzeugen, Kriegsgefahr heraufbeschwören und dann im geeigneten Augenblick zuschlagen. Dank der hier stationierten US-Streitkräfte und unseres demokratisch stabilen Rechtsstaates ist dieser Augenblick gottlob nie gekommen. So haben wir bis zur Stunde nur einen Krieg der Ideologien und der Systeme. Wenn wir Glück haben, wird nur dieser Krieg fortdauern und kein anderer beginnen, aber sicher sind wir uns nie. Ist Ihnen nun klar, was es mit der Kriegegefahr auf sich hat?"

„Boy, das ist ja Wahnsinn! Unglaublich spannend!"

„Es gab Situationen, da war es nicht nur spannend, sondern auch aufregend, bedrückend und belastend."

Nachdenklich notiert er seine Stichworte, noch nachdenklicher beobachte ich ihn dabei. Mein Gott, in welcher Welt leben diese Leute! Warum haben sie sich nicht in Amerika auf diese Reise vorbereitet? Da kommen sie mit all ihrer natürlichen Liebenswürdigkeit über den großen Teich, und hier staunen sie wie Kinder über Fakten, die weiß Gott weltweit hinlänglich bekannt sind.

Wir brechen auf, während er noch immer letzte Notizen macht. Ich muss zurück nach Fulda, das Auto ist bereits da. Der Abschied ist herzlich. Alle reden davon, dass es ‚just great' gewesen sei, einer nach dem anderen versichert mir, wie sehr sie Fulda und ‚Point Alpha' beeindruckt habe. Mehr als einmal wird die Floskel vom sehr bedeutenden Tag strapaziert. Bedeutender Tag, wie richtig; es geht um die Bedeutung dessen, was für uns grausame Normalität ist.

„Sie werden Ihren Vortrag doch sicher schriftlich ausarbeiten; würden Sie mir dann eine Kopie schicken?"

Ich äußere diesen Wunsch, weil ich einfach wissen möchte, was bei einem derart ungenügend vorbereiteten Kurzbesuch herauskommt.

„In Ordnung, sicher, das werde ich tun; ich möchte ja überhaupt gern mit Ihnen in Kontakt bleiben."
Wir schütteln uns die Hand.
Ich habe nie mehr etwas von ihm gehört. Vergessen, alles vorbei?
Vergangenes hat seine ganz eigene, eigentümliche Wirklichkeit; manchmal bräuchte die Vergangenheit mehr Zukunft.

Als Anfang 1980 die Sowjets in Afghanistan einmarschieren, wird immer öfter die Befürchtung ausgesprochen, sie könnten auch in Europa angreifen. Für den Fall, dass dies geschieht, halten die Amerikaner einen solchen Angriff am „Fulda Gap" für wahrscheinlich, und das hat seinen Grund. Mit den in Polen von den Sowjets aufgestellten ‚SS 20 Raketen', die mit kleinen Atomsprengköpfen ausgerüstet sind, ließe sich ein punktgenauer, begrenzter Atomkrieg führen, und der könnte mit Bodentruppen in der Senke zwischen den Tälern von Fulda und Kinzig vorangetrieben werden. Auf diese Bedrohung reagieren die Amerikaner damit, dass sie in der Bundesrepublik ferngesteuerte Marschflugkörper, nämlich ‚Pershings' und ‚cruise missiles', aufstellen und ihre Position in Fulda und bei ‚Point Alpha' verstärken. Amerika und die Nato verfolgen konsequent die Strategie einer Vorneweg-Verteidigung. In den ‚Downs Barracks', der Fuldaer US-Kaserne, beobachten wir die Maßnahmen, die ergriffen werden, um im Falle einen Falles bestens vorbereitet zu sein. Es wird nicht nur modernisiert und für weitere Truppen-Kontingente Platz geschaffen, sondern es werden offensichtlich auch ganz neue Waffensysteme eingeführt.

Wer das dringende Gespräch, zu dem man mich aus einer Besprechung in meinem Büro ins Vorzimmer ruft, mit mir führen möchte, flüstert mir eine meiner tüchtigen Sekretärinnen ins Ohr:
„Colonel Crow ist am Apparat; er meint, es sei wichtig."
Von Oberst John Sherman Crow, dem 49. Kommandeur des 11. US Panzer-Aufklärungsregimentes, sagen seine Soldaten, er sei ein Haudegen. Ich habe ihn als jemand kennen gelernt, der das Regiment streng führt, mindestens so gern reitet wie Panzer fährt und jederzeit zu einem Spaß aufgelegt ist. Die Sekretärin reicht

mir den Hörer, ich melde mich, und Crow kommt gleich zur Sache:

„Sir, haben Sie morgen im Laufe des Tages eine Stunde Zeit für mich? Ich hätte Sie gerne über Besucher informiert, die übermorgen kommen, und außerdem möchte ich Ihnen etwas zeigen; letzteres ist auch der Grund, weshalb ich Sie bitte, in die Kaserne zu kommen, sonst wäre ich schon bei Ihnen im Stadtschloss."

„Morgen eine Stunde",

wiederhole ich laut, damit es die Damen im Vorzimmer hören können, werfe dann einen fragenden Blick zu den Sekretärinnen, und wir sind uns einig. Frau Wilhelm zeigt mir mit zwei hoch gestreckten Fingern an, dass zwei Uhr passen würde.

„Geht es um zwei Uhr, Colonel? OK, ich bin um zwei Uhr da."

Am Kasernentor muss ich mich nicht mehr ausweisen. Vielen Soldaten bin ich bekannt, das Autokennzeichen ist gespeichert, und bei verabredeten Terminen, so wie heute, werde ich sogar abgeholt. Ein junger Leutnant begrüßt mich, steigt zu mir ins Auto und lässt mich wissen, dass er mich zum Ingenieurbereich und Stellplatz der Panzer, Fahrzeuge und Geräte bringen soll. Also zunächst irgendeine Vorführung, denke ich, und danach das Gespräch. Wir fahren die Hauptzufahrt hoch, biegen links ab, lassen das Kommandeursgebäude und den Paradeplatz links und die Sporthalle rechts liegen und erreichen den Stellplatz. Colonel Crow erwartet mich schon mit einigen Offizieren, Unteroffizieren und Soldaten. Die Begrüßung ist militärisch kurz und menschlich herzlich. Der Colonel gibt ein paar knappe Hinweise an die umstehenden Militärs, die sich verteilen, und dann beginnt er, mich zu informieren:

„Die Waffentechnik hat neue Raketen mit enormer Reichweite entwickelt. Das hat die Lage verändert, und darauf müssen sich auch die Bodentruppen einstellen. Afghanistan ist ein alarmierendes Zeichen mit erheblichen Konsequenzen für uns. Unsere leichten Aufklärungspanzer wurden jetzt durch den ‚Abrams' Panzer aus der M1 Serie mit 120mm Kaliber ersetzt, und für den alten M113, einen Schützenpanzer, haben wir nun den modernen ‚Bradley'. Es gibt mit dem ‚Humvee' sogar eine neue Variante des Jeep! Und draußen auf dem Sickelser Hubschrauberlandeplatz – wenn Sie Zeit haben, fahren wir noch hin – ist sogar die Hubschrauberflotte umgerüstet und erheblich verstärkt worden. Wir haben nun ‚Blackhawk'- und verbesserte ‚Scout-Helikopter'; demnächst soll noch der Kampfhubschrauber ‚Cobra' durch den ‚Apache' ersetzt werden. Zur erheblich verbesserten Ausrüstung gehören auch eine Pionierkompanie, eine Nachrichten-Einheit und ein Boden-Radarzug."

Der Colonel macht eine Pause und lädt mich zu einem Rundgang ein. Alles macht einen imposanten Eindruck, das sage ich auch laut und versuche, mehr zu erfahren.

„Wie viele Soldaten befehligen Sie jetzt insgesamt, Colonel?"

„Die Gesamtstärke beträgt 4.600 Mann, und wir haben 530 Panzer, 74 Helikopter und weitere 1.600 Fahrzeuge. Der Motorenlärm könnte jetzt zu einer größeren Belastungen in der Stadt führen."

„Wahrscheinlich"

werfe ich ein und bin gedanklich schon mit der Problemlösung befasst.

„Wissen Sie, es ist meine Aufgabe, die Bürgerschaft immer wieder davon zu überzeugen, dass dies unser Beitrag zur Sicherung von Frieden und Freiheit in Europa ist. Das wird mir aber nur dann gelingen, wenn ich die Öffentlichkeit auch wirklich über aktuelle Entwicklungen rechtzeitig informieren kann. Meistens hat das ja ganz gut geklappt."

Colonel Crow zieht die Augenbrauen hoch; er äußert Bedenken.

„Was wir sagen dürfen, sage ich Ihnen, aber nicht alles, was ich Ihnen sage, ist für die Öffentlichkeit bestimmt. Doch wir sprechen jeweils über die Möglichkeiten. Bei einem derart brisanten militärischen Auftrag unterliegt naturgemäß vieles der Geheimhaltung, zumal wir wissen, dass die DDR gerade hier im Grenzbereich erhebliche Anstrengungen macht, um uns auszuspionieren."

Wir laufen an der Reihe der Fahrzeuge entlang, überall werden ein paar kurze Erläuterungen gegeben – Routine. Meinen oberflächlichen Eindruck gebe ich höflich weiter.

„Als Laie fällt es mir schwer, das einzuschätzen, aber es ist hochinteressant. Diese Gerätschaften werden Sie jedoch kaum verbergen können. Oder gehen Sie sowieso davon aus, dass die Gegenseite das längst mitbekommen hat?"

„Richtig, die können das ruhig wissen und sollen dann darüber rätseln, was in unseren Panzern steckt. Demnächst gehen wir auch wieder in Manöver nach Grafenwöhr und Hohenfels. Wir tun alles, um gewappnet zu sein!"

An diesem Rundgang ist für mich am interessantesten und wichtigsten, wie ernst die Amerikaner die Gefahr der Bedrohung aus dem Osten nehmen. Wir fahren zur Kommandantur, und dort eröffnet mir der Colonel, worum es ihm bei diesem Treffen noch geht:

„Für morgen hat sich eine Gruppe von Abgeordneten verschiedener US-Staaten angesagt. Nach eigenem Bekunden wollen sie sich einen Eindruck verschaffen, was in Deutschland vom Kalten Krieg zu spüren ist, ob hier etwas passieren könnte. Dafür haben sie sich drei Stunden Zeit genommen; dann wollen sie weiter nach Berlin. Es werden wohl auch Landtagsabgeordnete aus Wiesbaden hinzukommen, und ich hätte gerne, dass Sie dabei sind. Sie könnten etwas zur Einschätzung der Bevölkerung und zu den Auswirkungen des Eisernen Vorhangs für diejenigen sagen, die in seinem Schatten leben müssen. Das ist mir wirklich sehr wichtig."

„Das ist auch mir ein Anliegen, ich werde da sein. Wann genau und wo wollen wir uns treffen?"

„Am besten gleich bei ‚Point Alpha'."

Am nächsten Tag ist „Point Alpha" weiträumiger als sonst abgesperrt, überall stehen Militärfahrzeuge am Straßenrand und auf Waldwegen. Im Innenbereich sind die neuen Panzer und Spezial-Fahrzeuge mit Fernmeldekabinen und anderen Sonderausstattungen aufgefahren, und es sind viel mehr Soldaten da als üblich. Ein imponierendes Bild! Colonel Crow zeigt, was er hat, und er will demonstrieren, was er kann. Die Delegation aus Washington mit dem Tross aus Wiesbaden trifft pünktlich ein und erhält zunächst in einem eigens dafür aufgestellten großen Zelt einen Lagebericht. Mir scheint, die Örtlichkeit macht Eindruck auf die Besucher. Wegen der begrenzten Kapazität des Beobachtungsturmes ist es erforderlich, dass zwei Gruppen gebildet werden; ich schließe mich gleich der ersten an, und oben ... verschlägt es mir die Sprache. Denn im Gelände jenseits der Grenze operieren sowjetische Panzer, die Grenzschutztruppen der DDR patrouillieren verstärkt am Zaun, und das Ganze macht den Eindruck, als könne sich die Lage jeden Moment zuspitzen. Eine solche Situation habe ich hier noch nie angetroffen. Mein Blick sucht den Colonel, der zu erläutern beginnt, was nicht mehr erklärt werden muss. Mir ist sofort klar, dass er über das Geschehen auf der anderen Seite, seit wann und woher auch immer, genauestens informiert war, den Überraschungseffekt sich aber nicht nehmen lassen wollte. Die amerikanischen Abgeordneten sind schier fassungslos, man spürt es förmlich, sie haben Angst, und sie sind völlig verunsichert, wie sie mit dieser Situation umgehen sollen. Auf so etwas waren sie nicht vorbereitet. Bevor einer dazu kommt, die heikle Frage zu stellen, sagt Colonel Crow:

„Seien Sie unbesorgt, die werden nicht schießen."

Woher weiß er das so genau? Einer nach dem anderen verlassen die Gäste eilig den Turm, sie drängen auf die Zeit, die ja tatsächlich knapp ist, und ihr Sprecher stellt mit dem Brustton tiefster Überzeugung fest:

„Colonel, Sie haben uns wirklich an den heißesten Punkt des Kalten Krieges geführt, es ist unglaublich! Wir bewundern Ihren und Ihrer Soldaten Einsatz, wir sind stolz auf dieses tapfere Regiment, und wir werden daheim dafür sorgen, dass alles getan wird, um Ihnen den Dienst an der Grenze der Freiheit zu erleichtern. Colonel, Ihnen und Ihren Männern gilt unser höchster Respekt!"

Um selbst noch eine Botschaft los zu werden, die der Colonel nicht geben kann, melde ich mich zu Wort:

„Auch ich möchte Ihnen für Ihren Besuch an dieser Todesgrenze, die unser Land und die freie Welt teilt, danken. Gleichermaßen danke ich Amerika dafür, dass es einen so starken Schutzschild über uns hält. Das Bild, das Sie gesehen haben, werden Sie nicht mehr vergessen. Doch vergessen Sie auch das nicht: Es ist meine feste Überzeugung, dass sich die Geschichte diesen Tort nicht für alle Zeit antun lässt. Eines Tages wird die Mauer brechen und der Stacheldraht wird zerschnitten werden, aber ich glaube nicht, dass ich das noch erleben werde. Die Geschichte hat einen langen Atem! Wir Deutsche stehen fest zur Freund- und Partnerschaft mit Ihnen. Gott segne Amerika, Deutschland, Europa und alle, die an diesem vordersten Posten der Freiheit ihren Dienst tun. Wir sind stolz auf das 11. US Panzeraufklärungs-Regiment und das 14., das vorher hier Dienst tat. Es sind und bleiben für immer unsere Regimenter! Allons, ACR Fulda!"

„Blackhorse forever!",

ruft der Colonel begeistert in die Runde und

„Blackhorse"

schallte es hundertfach zurück. Der Colonel drückt mir die Hand. Das tun nun auch die Abgeordneten, die diese Stunde auf ‚Point Alpha' so betroffen gemacht und wahrscheinlich nachhaltig erschüttert hat. Fragen werden keine mehr gestellt, die Delegation verlässt ‚Point Alpha' früher als geplant, fast fluchtartig, aber immer wieder versichern sie uns Freundschaft und Bündnistreue. Als der Bus schon anfährt, kurbelt einer der Gruppe ein Fenster herunter, lehnt sich heraus und ruft:

„Diese Station unserer Deutschland-Reise werden wir niemals vergessen; wir hatten den Dritten Weltkrieg im Blickfeld, unglaublich, unglaublich!"

Ab sofort

„Wir wurden geschlagen und schikaniert, man gab uns weder zu essen noch zu trinken, am schlimmsten war die Ungewissheit. Aber wir wollten raus, endlich raus aus dem Kerker DDR! Jetzt oder nie."
So oder ähnlich rufen es uns die überwiegend jungen Leute zu, deren Köpfe dicht gedrängt über- und nebeneinander die Waggonfenstern der Züge ausfüllen, die aus Prag kommend am 5. Oktober 1989 am Bahnhof Fulda kurz zur Versorgung der vielen Menschen anhalten. Der kleine Junge, dem ich gerade eine Banane gegeben habe, gibt sie mir fragend, staunend, hilflos und bittend zurück:
„Aufmachen",
sagt er, und ich brauche Zeit, um zu kapieren, dass dieses Kind noch nie eine Banane in der Hand gehabt hat. Die Bahnsteige werden zu Umschlagplätzen praktizierter Nächstenliebe, Helfer und Hilfesuchende sind eins, und die Medien-Leute hetzen von Interview zu Interview, um mit möglichst plakativen Aussagen die Stimmung dieses einmaligen Augenblicks einzufangen.

Noch ahnen wir nicht, dass diese überschwappende, alle politischen Strategien durchkreuzende Ausreisewelle binnen kürzester Frist die DDR hinwegspülen wird, aber wir wissen, dass das alles nur durch die Großtat möglich geworden ist, die das kleine, tapfere und europäisch denkende ungarische Volk am 10. September vollbracht hat. An diesem wahrlich historischen Tag hatte Ungarn nach einem paneuropäischen Treffen nicht nur seine Grenze nach Österreich geöffnet, sondern es auch zugelassen, dass nahezu 3000 Menschen aus der DDR, die als unauffällige Ungarn-Ferienreisende eingereist und zu dieser Begegnung gekommen waren, alles stehen und liegen ließen, um in die Freiheit zu flüchten. Gyula Horn, der Name ist in aller Munde. Dem Außenminister Ungarns war klar geworden, das die Zeit längst über das sozialistische System hinweggegangen ist, und er hatte den Mut aufgebracht, in dieser Schicksalsstunde dem Schicksal freien Lauf zu lassen. Für viele andere aus der DDR, die als Urlauber in der benachbarten Tschechoslowakei die Entwicklung in Ungarn gespannt und erregt beobachteten, war das der letzte Anstoß, es ihren in Ungarn so erfolgreichen Schwestern und Brüdern gleich zu tun. Sie stürmten die deutsche Botschaft in Prag und forderten die Ausreise in die Bundesrepublik Deutschland. Das führte dann dazu, dass viele, die noch daheim in der DDR waren, Hals über Kopf ihr Zuhause in Richtung CSSR verließen, um sich den Botschafts-Flüchtlingen mit Ziel West-Deutschland anzuschließen. Das Loch im ungarischen Grenzzaun hat den Ostblock in seinen Grundfesten erschüttert und die Mauer zum bröckeln gebracht; es markiert den Beginn vom dramatischen Ende des sozialistischen Herrschaftsbereiches.

In Leipzig und anderen DDR-Städten beginnen die Friedensgebete, zaghaft aber zusehends mutiger formieren sich die ersten Demonstrationszüge. Die Menschen lassen sich nicht länger für dumm verkaufen, sie schöpfen Hoffnung, und sie sind bereit, alles zu wagen. Längst haben die Metastasen der sozialistischen Krebsgeschwulst den Organismus DDR so stark funktionsgestört, dass auch schon die sprichwörtlichen Nischen privater Zurückgezogenheit befallen sind. Die Menschen in der DDR reagieren mit dem Mut der Verzweiflung. In Prag spitzt sich die Entwicklung zu, und als der deutsche Außenminister Hans-Dietrich Genscher auf den Balkon der Prager Botschaft tritt, kündigt sich an, dass für diejenigen, die das Drama der Inhaftierung eines halben Volkes inszeniert und in 40 Jahren eine Tragödie daraus gemacht haben, der letzte Vorhang – der eiserne – fallen wird.

„Freiheit, Freiheit!",

skandieren die Menschen im Chor. Es gibt kein Halten mehr. Wild entschlossen, ungestüm und fast gewaltsame stürmen sie die eingesetzten Sonderzüge, so, als sei zu befürchten, dass sich das Blatt in letzter Minute wieder wenden könnte. Um den Preis der Lächerlichkeit versucht die im Strudel der Geschichte versinkende DDR noch einmal, Macht zu demonstrieren, stellt Bedingungen für diese Sonderzüge: Der kommunistische Staatsapparat verlangt, dass seine Exbürger sofort in den Westen gebracht werden müssen, dass es kein zurück mehr geben darf, und dass die Züge ohne Halt über DDR-Gebiet fahren müssen. Das ist der Stoff für eine Satire, denn genau das, nichts anderes wollen die Flüchtlinge. Es ist grotesk: das SED-Regime, das verzweifelt um sein politisches Überleben ringt, organisiert höchstpersönlich einzigartige Demonstrationsfahrten seiner Gegner durch das eigene Territorium! Schade nur, dass diejenigen, die entlang der Strecke ein jubelndes Spalier bilden, nicht zusteigen dürfen. Etliche Tausend Menschen kehren auf diesem Wege der DDR den Rücken.

Zufällig habe ich in diesen Tagen drei amerikanische Studenten zu Gast, die sich für die deutsche kommunale Selbstverwaltung interessieren. Als ich am frühen Vormittag darüber informiert werde, dass wir die Versorgung der in etwa einer Stunde nacheinander eintreffenden Züge mit dem Notwendigsten zu organisieren haben, setze ich die amerikanischen Studenten gleich mit ein und nehme sie später dann auch mit zum Bahnhof. Reginald Todd aus Washington DC, Dave Arland aus Indianapolis und Miguel Gonzales aus Trenton sind tief beeindruckt, erschüttert und schier sprachlos. Es ist ihnen sofort klar, dass sie das große Glück haben, einen historischen Augenblick zu erleben, und sie tun alles, um wirklich dabei zu sein. Erregt und fasziniert agieren sie, gleichermaßen als Helfer wie Reporter. Denn während sie Lebensmittel, Zeitungen und Wasser verteilen, stellen sie den Menschen in den Zügen immer wieder ein und dieselbe Frage:

„Warum hast Du, warum habt Ihr die DDR verlassen?"

Irgendwie scheinen mir diese jungen Amerikaner von der in der Bundesrepublik im Gefolge der Entspannungspolitik plötzlich in Gang gekommenen Diskussion über Lebensverbesserungen in der DDR und bevorstehende Erleichterungen bei der Ausreise aus der DDR verunsichert. Womöglich glauben sie gar, so schlimm könne es mit dem real existierenden Sozialismus doch nicht sein. Von der Stimmung des Augenblicks getrieben sammeln sie Antworten auf ihre zentrale Frage nach dem ‚warum' der Flucht, und sie kritzeln sie mit flotter Hand in ihre Notizblöcke:

„Freiheit! Ich will Freiheit!"

„Habe genug von dieser Scheiß-DDR!"

„Endlich frei sein, selbst entscheiden, reisen dürfen wohin man will!"

„Dieses verlogene System hat uns schon viel zu viele Jahre geklaut!"

„Mercedes statt Trabbi!"
„Diese Verbrecher haben den Arbeiter- und Bauernstaat verraten!"
„Honecker soll allein in seinem Paradies krepieren!"
„Nie mehr DDR, nie mehr Sozialismus!"
„Es lebe Helmut Kohl, es lebe Genscher!"
„Einfach raus!"
Am Abend dieses denkwürdigen Tages stellen mir die drei jungen Amerikaner, die sichtlich mitgenommen und wohl auch etwas in Sorge sind, der Kalte Krieg könne eskalieren, viele Fragen, aber nicht mehr die nach dem ‚warum'. Diese Frage hat sich für sie durch das dramatische Erleben eines einzigen Tages für alle Zeit erledigt.

Ich bin genauso aufgewühlt wie meine drei amerikanischen Gäste. Auf dem Weg nach Hause überstürzen sich die erinnerten Bilder, meine Gedanken machen die tollsten Kapriolen, und schließlich verdichten sich Bilder und Ideen zu irren und wirren Szenarien. Mir kommen Augenblicke in den Sinn, da ich ohne jede Begleitung an die Grenze fuhr oder in Berlin alleine hinter dem Reichstag an einem der Todes-Kreuze stand, da, wo der Teltow-Kanal nur einen Steinwurf weit weg ist. An dieser Stelle hat mir im November 1984 eine Frau mit verweinten Augen jenen Zettel hingeschoben, dessen Botschaft ich nicht vergessen kann: „Bitte sprechen Sie mich hier, wo meine Schwester starb, nicht an. Meine Verzweiflung ist groß; ich habe keine Tränen mehr für diese Welt". Auf dem schlichten Kreuz steht der Name Marinetta Jirkowski; sie war 18 Jahre alt, als sie am 22. November 1980 bei einem Fluchtversuch das Leben verlor. Ich wüsste gerne, wie es passiert ist, wer diese junge Frau war, warum, für wen sie alles riskierte, aber ich respektiere den Wunsch der Schwester und schweige. Schweigen? Ja, es ist an diesem Denkmal zivilisatorischer Schande sehr angemessen. Aber noch viel hilfreicher, für einem selbst und die anderen, ist ein stilles Gebet. Wie könnte man es den Menschen bewusst machen, dass die Errichtung von Mauern der Unfreiheit und die Knebelung des Geistes mit Stacheldrahtverhauen gegen die freie Meinungsäußerung, dass jede Verletzung der Menschenwürde ein Rückfall hinter das ist, was nach der Schöpfungsidee Gottes das Leben der Menschen prägen soll? Wie soll man es je begreifen, dass Menschen eine Mauer errichten, die allem Menschsein buchstäblich im Wege steht?

Am 8. November 1989, wenige Stunden vor der Grenzöffnung, läuft im Deutschen Bundestag eine Debatte zur Lage der Nation, und es erweist sich die Unfähigkeit deutscher Politik, die Lage im geteilten Deutschland nüchtern und real einzuschätzen. „Nur ja keinen Glaubenskrieg führen", sagen die einen, und andere, verblendet und wirklichkeitsfremd, erklären zur Flucht der DDR-Bürger über Prag nach Westdeutschland, das sei „die Flucht aus Resignation, die Flucht aus Mangel an Vertrauen in die emanzipatorischen Kräfte der DDR." Man will nicht wahrhaben, dass der DDR-Sozialismus auf der ganzen Linie gescheitert ist und faselt von der Chance für eine bessere DDR. Die Stimmung des Volkes und die explosive Lage im Staatsgefängnis DDR werden völlig falsch eingeschätzt. Das Fehlurteil hätte größer nicht sein können!

Der 9. November, ein deutsches Datum. Als ich am 9. November 1989 von einer Sitzung spät nach Hause komme, empfängt mich meine Frau freudig aufgeregt und irritiert ungläubig mit einer sensationellen Neuigkeit:

„Das Brandenburger Tor ist offen! Die Menschen klettern über die Mauer, und die DDR-Grenzsoldaten schauen verwirrt und tatenlos zu. Es ist unglaublich! Komm' schnell, schaue Dir das selbst an. Wir erleben Geschichte!"

Ein politischer Hammer! Das Fernsehen kennt nur noch dieses eine Ereignis. Es ist von einer wichtigen Sitzung des Zentralkomitees die Rede, sehr weit reichende Beschlüssen sollen gefasst worden sein, und es heißt, dass unter dem Druck verschiedener SED-Organisationen, sowie oppositioneller Gruppen und der Bevölkerung die Volkskammer und eine Parteikonferenz einberufen worden seien. Dann die Sensation. Zum wiederholten Male – meine Frau hat es auf verschiedenen Kanälen schon mehrfach gesehen – werden life Ausschnitte aus einer Pressekonferenz des Sekretärs des Zentralkomitees, Günther Schabowski, übertragen. Drei ZK-Mitglieder sitzen mit am Tisch, darunter der Außenminister der DDR, Gerhard Beil und der Chefredakteur des SED-Theorieorgans ‚Einheit', Manfred Banaschak. Schabowski, der nervös in seinen Papieren blättert, einen kleinen Zettel von der einen in die andere Hand schiebt und nur gelegentlich einmal kurz aufblickt, erklärt schließlich auf die für solche Pressekonferenzen ungewöhnlich aggressive Frage des italienischen Journalisten Riccardo Ehrmann, ob der vor kurzem vorgestellte Entwurf eines neuen Reisegesetzes nicht ein großer Fehler sei:

„Nein, das glaube ich nicht, aber er ist ja auch noch nicht in Kraft."

Schabowski erscheint unsicher, blickt Hilfe suchend nach rechts und links, und erzählt dann etwas von einer Empfehlung des Politbüros, von einem aus dem Entwurf herauszunehmenden Passus und davon, dass die Regelung dann in Kraft treten solle. Privatreisen nach dem Ausland sollen ohne Voraussetzung beantragt werden können. ... Die Volkspolizeikreisämter seien angewiesen, Visa zur ständigen Ausreise unverzüglich zu erteilen. ... Ständige Ausreisen könnten über alle Grenzübergangsstellen der DDR zur BRD erfolgen.

Die Journalisten, an vieles gewohnt, sind perplex; sie starren nach vorne und stocken mit ihren Notizen. Nicht wenige mögen glauben, sie träumten. Ja, es sieht so aus, als staune Schabowski selbst über das, was er gerade gesagt hat. Alles ist so irreal, so total aus dem Rahmen dessen fallend, was sonst in den sterilnüchternen, im Frage- und Antwortspiel vorgefilterten Pressekonferenzen des Zentralkomitees an Erklärungen, die vom Apparat natürlich alle in der erbärmlichen Nomenklatur des Systems vorgestanzt sind, abgespult wird. Jetzt sind das Nachrichten aus einer anderen Welt, an die noch keiner so recht zu glauben wagt. Allein schon die offene Art und Weise, wie diese Pressekonferenz abläuft, ist eine Sensation. Schabowski wendet sein Zettelchen hin und her. Hat er alles gesagt? War da noch etwas? Sollte er das überhaupt sagen? Langsam löst sich die Erstarrung der Journalisten, die meisten eilen zum Telefon, es kommen Fragen, und schließlich stellt Riccardo Ehrmann von der italienischen Nachrichtenagentur ANSA die alles entscheidende Frage, die die Welt verändern sollte:

„Ab wann tritt das in Kraft?"

Ehrmann hat Schabowski mit dieser Frage sichtlich überrascht. Der SED-Funktionär blickt verdutzt in die Runde, kratzt sich hin-

term Ohr, fragt noch einmal zurück, so, als habe er schlecht verstanden, zögert, studiert erneut seinen Zettel, redet von ‚seiner Kenntnis' und sagt dann fast beiläufig:
„Ab sofort!"
Es hört sich so an, als habe er seiner Aussage noch das Wort ‚unverzüglich' nachgeschoben, doch im allgemeinen Stimmengewirr geht das unter. Die Journalisten wollen wissen, ob die neue Ausreiseregelung nur für die BRD, wie Schabowski es sagte, oder auch für Berlin-West gelte. Es entsteht eine kurze Pause, in der Schabowski wieder sichtlich aufgeregt in seinen Papieren blättert, um dann, quasi vorlesend zu erläutern:
„Die ständige Ausreise kann" ... er nuschelt ... „kann über alle" ... „ja, auch über die Grenzübergangsstellen der DDR zu Berlin-West erfolgen, soweit ich sehe, ab sofort."
Die Frage, was mit der Berliner Mauer geschehen werde, geht im Trubel der Stimmen und in der Hektik der abrupt beendeten Pressekonferenz unter. Das alles passierte zwischen 18.00 und 19.00 Uhr im internationalen Pressezentrum der DDR in der Berliner Mohrenstraße, erstmals um etwa 19.20 Uhr ging die Nachricht über die westdeutschen Bildschirme, und sie wird jetzt um 22.30 Uhr ständig wiederholt und mit Bildern vom aktuellen Geschehen am Brandenburger Tor unterlegt und kommentiert. Zu dieser Stunde weiß niemand, dass die DDR Oberen eigentlich eine Sperrfrist der Nachricht über die Ausreise-Regelung bis 10. November 4.00 Uhr verfügt hatten. Die Ahnung, dass bei der Pressekonferenz etwas schief gelaufen sein musste, weil die Aussage von Schabowski, „ab sofort" in keiner Weise in das Bild der gewohnten DDR-Politik und die Vorgehensweise des übermächtigen Politbüros passt, wird zur Gewissheit. Später wird Riccardo Ehrmann erzählen, er sei nach der Pressekonferenz am Bahnhof Friedrichstraße erkannt worden. Jemand habe gerufen:
„Das ist er! Der Mann hat Geschichte gemacht!",
und sie hätten ihn auf Schultern getragen. Auf die Frage, wieso er die Chance des Augenblicks erkannt und so konsequent genutzt habe, habe er geantwortet:
„Die Kommunisten beherrschen das ‚double speak' perfekt, und ich habe in zehn Jahren Ostberlin gelernt, auf zwei Ebenen zu denken."

Ohne zu ahnen, welche Bombe in dieser abendlichen Pressekonferenz des 9. November 1989 platzen würde, hatten die zwei Reporter des amerikanischen Fernsehsenders NBC, Tom Brokaw und Marc Kusnetz, vorher mit Schabowski ein Exklusiv-Interview für die Zeit gleich nach der Pressekonferenz vereinbart. Dass das Interview für diesen Tag überhaupt gewährt worden ist, war schon außergewöhnlich, dass es nach allem, wie die Pressekonferenz abgelaufen war, dann auch tatsächlich stattfand, ist sensationell. Sofort nach dem Interview eilten die beiden NBC-Reporter zum Brandenburger Tor, wo noch die Ruhe vor dem Sturm herrscht, aber schon alles für eine Live-Übertragung nach Amerika vorbereitet ist. Sie berichten ihren Landleuten in Amerika von Schabowskis inhaltlich sensationellen, jedoch unsicher vorgetragenen, improvisiert und surrealistisch wirkenden Antworten, und sie erklären das mit dem Hinweis, er sei wohl noch nicht damit fertig gewesen, die neue Politik zu begreifen. Wie wahr! Tom Brokaw wörtlich:

„Dies ist eine historische Nacht!"

In der Tat, eine historische Nacht. Ich kann es ist nicht fassen. Ist das wirklich wahr? Zwei Worte – ab sofort – verändern die Welt, und zwar: ab sofort! Ich komme nicht mehr los vom Bildschirm, unbeschreibliche Szenen spielen sich in Berlin ab, die friedliche Revolution im Ostteil der Stadt wird zur demonstrativen Invasion nach Westberlin. Massenandrang am Grenzübergang Berlin, am Brandenburger Tor und im Laufe der Nacht an allen Übergängen auf der gesamten Strecke der Grenze. Volksfeststimmung, grenzenloser Jubel, der Ruf nach Freiheit schwillt an zum Orkan. Nicht durch eine militärische Operation, sondern dank der Aktion freiheitsdurstiger Bürgerinnen und Bürger wird der Kalte Krieg mit einem Schlag beendet. Das heißt auch – und das darf vor allem von den Westdeutschen niemals vergessen werden! – : die Mauer wird von Ost nach West zum Einsturz gebracht!

Oh Gott, was passiert in unserem Land? Ein Wunder? Wirklich? Wieso? Es ist doch Immer so, dass die geheimnisvolle Dimension des Metaphysischen aus einem Übermaß schmerzlicher Daseinserfahrung geboren wird. Jetzt gilt es, denen ‚von drüben', wie es bei uns oft so lieblos hieß, hilfsbereit, offen und glaubwürdig zu begegnen, sich mit ihnen und für sie zu freuen. Denn sie hatten bei der Teilung Deutschlands ein verdammt schlechtes Los gezogen. Dies ist ein Augenblick nationaler Bewährung. Das heißt, dass wir uns sowohl als Christen erweisen, als auch als Bundesbürger beweisen müssen, und dass sich die Freie und Soziale Markwirtschaft als nicht nur vom Kapital bestimmt, sondern auch durch ihre soziale Ausformung, Eigeninitiative und Solidarität bewähren muss. Die Freude wird zunächst alles andere ersticken, aber danach – morgen, übermorgen, vielleicht erst nächste Woche oder in ein paar Monaten – werden wir gefordert sein. Wir dürfen keine Zeit mit Dingen verlieren, die den Menschen aus dem Herrschaftsbereich der DDR zwangsläufig ganz und gar fremd und unverständlich sind, sondern müssen ihnen vorleben, was ihnen einleuchtet. ‚Wer die Wahrheit tut, kommt zum Licht', heißt es in der Schrift. Glaubenslehre im praktischen Leben umzusetzen, das erfordert die Akzeptanz der kleinen Schritte. Am liebsten möchte ich die ganze Welt umarmen, dafür würde mir für diesen Augenblick die kleine DDR völlig reichen, und ich bedaure, nicht in Berlin zu sein. Diese und ähnliche Gedanken schießen mir durch den Kopf; alles ist so atemberaubend, so einmalig, so wunderbar, so begeisternd! Immer wieder zeigt das Fernsehen die auf der Mauer und vor dem Brandenburger Tor tanzenden Menschen. Überschwängliche Freude, Szenen größter Rührung und emotionaler Zusammenbrüche, Bilder für die Ewigkeit und den Alltag, der schnell kommen wird. Ich kann, nein, ich will nicht schlafen gehen. Das erlebt man nur einmal!

Wochenende 11./12. November. Die Stadt ist voll gestopft mit Trabbis, ständig kommen neue hinzu, und auch die Züge sind überfüllt. Wir organisieren, von den Gewerkschaften und oft auch den Betriebsräten allenfalls gebilligt, mit dem äußerst hilfs- und kooperationsbereiten Einzelhandel, Familienangehörigen, und vielen Freiwilligen einen ‚verkaufsoffenen Sonntag' sowie die Barauszahlung von je 100,- DM Begrüßungsgeld an die Besucher aus der DDR. Das sind in gut einer Woche etliche Millionen DM, die wir eigentlich gar nicht haben – ein neuer Grund, dankbar und stolz das zu feiern, was kommunale Selbstverwaltung aus dem Stand heraus zu leisten in der Lage ist. Jeder staatliche Apparat hätte da jämmerlich versagt. Die drei amerikanischen Studenten kommen aus dem Staunen nicht mehr heraus, und immer wieder reden sie von ihrem Glück, gerade jetzt hier zu sein. Für sie ist Fulda in diesen Tagen der aufregendste Platz auf der ganzen Welt. Mehrmals am Tag telefonieren sie mit daheim, und so werden sie zu einmaligen Berichterstattern von einer ganz neuen Friedens-Front.

Oh Gott, die Amerikaner! Was machen eigentlich unsere Freunde vom 11. ACR, was passiert bei ihnen in der Kaserne, an ‚Point Alpha'? Was geht jetzt in ihren Köpfen vor? Empfinden Sie den Fall der Mauer als ihren großen Sieg? Hatten sie das, wofür unsere Phantasie nicht reichte, in ihren Planspielen vorgesehen? Wie konnte ich es über all die Freude an diesem Geschehens vergessen, ihnen gleich im Augenblick der Öffnung der Mauer – ihnen vor allen anderen – zu diesem Sieg, ihrem Sieg der Freiheit zu gratulieren! Es ist Samstagnachmittag; ich muss sofort den Regiments-Kommandeur anrufen!

„Hallo, Colonel Abrams. Ich gratuliere Ihnen, Ihren Soldaten und Ihrem Land. Das ist ein großer Sieg für Amerika, für Ihre und unsere Ideale, für die ganze freie Welt! Es ist unglaublich, einfach wunderbar!"

„Danke. Ich freue mich für die Deutschen, weil auch sie in diesem Krieg und durch die ihm folgende Teilung des Landes Leid erfahren haben, aber wir können die Lage noch nicht sicher einschätzen. Es ist gewiss etwas Großartiges im Gange, doch wir bleiben in Alarmbereitschaft. Was ist Ihre Meinung, wie wird sich das politisch weiter entwickeln?"

Oberst John N. Abrams, ein exzellenter Offizier und typischer Amerikaner, ist skeptisch. Als Soldat muss er in den Kategorien von Freund und Feind, ständiger Einsatzbereitschaft und absoluter Disziplin denken. Wie sonst soll er seine Truppen motivieren? Aber als Amerikaner lebt er in der Vorstellung, dass es die große Mission seines Landes ist, aller Welt die Demokratie zu lehren, überall Freiheit und Menschenrechte zu sichern und dies alles notfalls auch mit der Waffe zu verteidigen. Wenn jedoch die Mission erfüllt ist, hat sich auch der militärische Auftrag erledigt. So wird sich bei ihm die Freude über die Löcher im Eisernen Vorhang mit der Sorge mischen, ihm könnte die Aufgabe zufallen, sein Regiment außer Dienst zu stellen. Soldaten leben immer in diesem Zwiespalt, müssen ihn aushalten. Das muss ich jetzt im Dialog mit den Amerikanern gut bedenken.

„Ich glaube, Colonel, das Rad lässt sich nicht mehr zurück drehen, die Mauer ist gefallen! Alles hängt nun davon ab, ob die Russen weiter Gewehr bei Fuß stehen oder wieder, wie schon einmal 1953, ihre Panzer auffahren lassen. Ich gehe aber davon aus, dass sich aus der augenblicklichen Lage eine neue, vielleicht die Normalität schlechthin entwickeln wird. Die DDR ist politisch und wirtschaftlich am Ende."

„Ich weiß nicht. Wir sollten uns auf jeden Fall regelmäßig darüber verständigen, was wir von unseren vorgesetzten Dienststellen erfahren. Für den Krisen-Fall sind wir vorbereitet. Sie können mich Tag und Nacht erreichen."

„Danke, Colonel, ich melde mich wieder."

Acht Tage geht das nun schon so. Der Prozess der Auflösung der DDR hat eine beängstigend faszinierende Eigendynamik entwickelt, die deutsche und die internationale Politik hecheln den Ereignissen hinterher, und die Menschen bestaunen, bewundern und feiern das politische Spektakel, bei dem sie mit von Tag zu Tag größer werdender Gewissheit annehmen, dass es nicht in einer Tragödie enden wird. Zwar glaubt noch längst nicht alle an den totalen Fall der Mauer – die vielerorts erhobene Forderung nach neuen, zusätzlichen Grenzübergängen beweist es – und von der Wiedervereinigung träumen nur die Kühnsten, aber dass es am Ende dieses Prozesses keine DDR wie bisher mehr geben wird, davon ist die Welt überzeugt. Dennoch: Die Schnelligkeit und eruptive Gewalt der Entwicklung überfordert die meisten.

Volkstrauertag, 19. November 1989. Am frühen Vormittag telefoniere ich wieder mit dem Colonel.

„Hallo, Sir! Das war die aufregendste Woche, die ich hier erlebt habe. Gibt es bei Ihnen Neuigkeiten? Wie ist heute die Stimmung bei den Soldaten?

„Hallo, wir sind nach wie vor auf Posten. Das Irrationale, das in dieser ganzen Entwicklung steckt, lässt uns auf der Hut sein. Aber die Nationale Volksarmee und wir sind uns in diesen Tagen auch menschlich ziemlich nahe gekommen. Viele meiner Männer haben Schwierigkeiten, damit umzugehen. Es kam alles so plötzlich, ohne jede Möglichkeit psychologischer Vorbereitung."

„Das kann ich nur zu gut verstehen. Was halten Sie davon: Ich würde Sie gerne einmal bei einem Kontrollflug entlang der Grenze begleiten."

„Kein Problem. 14.00 Uhr, ist das OK? Soll ich Sie abholen lassen?"

„Danke, ich fahre selbst. 14.00 Uhr Landeplatz; ich werde pünktlich da sein."

Der Pilot hat den Hubschrauber bereits gestartet, die Rotoren laufen sich warm, und Colonel Abrams, der mich mit seinem Adjutanten erwartet, kommt lachend auf mich zu und schüttelt mir die Hand:

„Ideales Flugwetter! Wir werden beste Sicht haben und wahrscheinlich wahre Wunderdinge sehen!"

„Das denke ich auch, ich bin äußerst gespannt. Der Kalte Krieg stirbt einen spektakulären Tod! Im Autoradio habe ich gerade gehört, dass sämtliche Grenzübergänge total verstopft sind; es ist unglaublich."

Ein paar kurze Kommandos, ein Telefonat mit der Flugsicherung, Starterlaubnis.

Der Hubschrauber zieht eine Schleife über Fulda, und Colonel Abrams schlägt mir vor, auf der direkten Flugroute nach Philippsthal, also Richtung Nord-Ost zu fliegen, um dort umzukehren und dann dem Grenzverlauf folgend in den Raum Fulda zurückzukehren. So geschieht es.

Die strengen Grenzabstandsreglungen völlig missachtend fliegen wir exakt über der Grenze, und was wir sehen, lässt den Atem stocken. Der bisher pedantisch streng geregelte und schikanös kontrollierte so genannte kleine Grenzverkehr ist zu einem allen bürokratischen Zwang, alle geistige Knebelung und alle Sperrzäune sprengenden Großereignis geworden. Menschenströme und lange Autokolonnen verstopfen die Straßen, das Chaos scheint beträchtlich, die Freude ist riesig und die politische Botschaft eindeutig: Einheit! Es dominiert Schwarz-Rot-Gold an den Übergängen, ein gewaltiges Fahnenmeer. Nur wenn man die Eiseskälte selbst erfahren hat, in der bei früheren Fahrten in die DDR die meist wort- und immer ausdruckslose, sture, dumpfe und oft so entwürdigende Routine der Grenzkontrolle stattgefunden hat, kann man jetzt ermessen, was sich vor allem bei den Menschen in der DDR aufgestaut hat, die von den SED-Politruks als verlängertem Arm der Sowjets Jahrzehnte lang eingekerkert worden sind. Quasi in letzter Minute wollten die Gefängniswärter am 9. November noch schnell ein Ventil öffnen, um etwas Freiheitsdampf abzulassen, doch es war zu spät, der ganze Kessel ist geplatzt. Nun gibt es kein Halten mehr. Der Drang nach Freiheit walzt die letzten Bastionen einer gescheiterten Ideologie nieder.

Wir haben in niedriger Höhe den Ort Rasdorf erreicht, der an der B 84, dem alten Handelsweg von Frankfurt nach Leipzig und etwa vier Kilometer westlich der Grenze liegt. Hier ist gerade eben erst der Zaun durchschnitten worden, und genau da, wo die Straße über den Scheitel einer kleinen Kuppe führt, hat man, nicht breiter als die Straße ist, den neuen Übergang eingerichtet. Rasdorf im Westen, Buttlar und Geisa im Osten, das waren einmal andere Welten, nun ist es wieder Deutschland! Der Colonel hat Funkkontakt mit ‚Point Alpha', und zu meiner völligen Überraschung gibt er dem Piloten den Befehl, zu landen.

„Wir gehen runter",

sagt er zu mir, und mit dem triumphierenden Ausdruck, der nur wirklich großen Siegern gut zu Gesicht steht, fügt er hinzu:

„Da muss man mitten rein, das wollen wir auskosten, das Spiel ist gewonnen!"

Der Pilot meldet sich mit dem Hinweis, ausreichend Landefläche sei nur direkt am Übergang, gleich neben der Straße. Angesichts der Menschenmenge, die sich genau dort befindet, entkräftet er gleich etwaige Bedenken und bemerkt lakonisch:

„Die gehen schon weg, wenn sie meine Landeabsicht erkennen."

„Hoffentlich! Ist das nicht doch zu gefährlich?",

werfe ich ein, aber ich habe hier nichts zu sagen.

Wir fliegen mit gedrosseltem Motor, und während sich der Hubschrauber mit immer kleiner werdenden Kreisen herunterschraubt, stieben die Menschen unten auseinander und formieren sich zurückweichend neu in einem immer größer werdenden Rund. Das Tollste aber ist: DDR-Grenzsoldaten und Männer vom Bundesgrenzschutz bilden gemeinsam einen Sicherheits-Kordon. Es funktioniert alles so perfekt, als sei das ein täglich exerziertes Manöver. Der Hubschrauber setzt auf, und es entstehen enorme Luftwirbel. Dennoch haben die Ordnungskräfte alle Mühe, die Menschen wenigstens so lange zurückzuhalten, bis die Rotoren ausgedreht haben, aber dann werden wir gestürmt! Es rührt mich tief, wie Frauen und Männer aus der DDR die Amerikaner umarmen, sich bedanken, Amerika hoch leben lassen, die deutsche Fahne schwenken und immer wieder in den Ruf einstimmen: Wir sind ein Volk, es lebe die Freiheit! Auf der Straße hat unsere Landung das totale Chaos bewirkt, und der Stau aus Richtung Buttlar wird immer länger. Ich halte mich ein wenig abseits, versuche, die Eindrücke auf mich wirken zu lassen und kämpfe mit den Tränen. Oh Gott, was für ein Tag, was für ein Augenblick mitten im nun nicht mehr geteilten Deutschland!

Dem DDR-Grenzsoldaten, der zögernd auf mich zukommt, hat man offensichtlich gesagt, wer wir sind. Mir ist klar, er will etwas von mir, aber er wirkt unsicher und gehemmt. Deshalb gehe ich ihm einen Schritt entgegen und spreche ihn an:

„Ich freue mich, dass wir uns so frei begegnen können. Sind Sie in Buttlar oder Geisa zu Hause?"

Der Tonfall seiner Antwort macht unüberhörbar klar, dass ich mir die Frage nach seinem Zuhause hätte ersparen können.

„Nein, ich komme aus Sachsen; hier ist so gut wie niemand aus dem grenznahen Gebiet im Einsatz. Aber ich hätte da mal ne Frage: Könnte ich mir das Fluggerät auch einmal von innen ansehen? Die Silhouette dieser Dinger kenne ich im Schlaf, und am Geräusch kann ich auch ziemlich gut den Typ identifizieren, aber dass ich hier jetzt unmittelbar davor stehe, nee, das hätte ich mir nicht träumen lassen."

„Ich will gerne den Colonel fragen; warten Sie einen Moment."

Colonel Abrams ist einverstanden, und so klettere ich mit einem Soldaten der Nationalen Volksarmee der DDR in einen amerikanischen Kampfhubschrauber. Nichts könnte die Dramatik des

Augenblicks besser dokumentieren. Die Leute, die den Hubschrauber dicht gedrängt umstehen, egal von welcher Seite der Grenze sie kommen, sagen ein ums andere Mal: Unfassbar, unglaublich! Der Pilot gibt dem außergewöhnlichen Gast einige Erklärungen, ich übersetze, und dann stelle ich diesem DDR-Grenzsoldaten eine Frage:

„Darf ich nun drüben auch einmal auf Ihren Wachturm steigen?"

Der Soldat schaut mich erstaunt an, lacht etwas verlegen und sagt dann nur:

„Komm!"

Wir passieren gemeinsam den Grenzübergang, niemand verlangt irgendeinen Ausweis, es ist ein einziges Geschiebe und Gedränge. An der einladend offen stehenden Tür des Wachturms sind zwei DDR-Offizier im Gespräch, mein Begleiter trägt kurz vor, welchen Wunsch ich geäußert habe, die Offiziere beäugen mich kritisch, wechseln einen mir nichts und doch auch wieder recht viel sagenden Blick, und dann sagt der eine:

„Es gibt da aber keine Treppe; man muss sich an einer Eisenleiter, die an der Innenwand angebracht ist, hoch hangeln. Ich denke, Sie werden das schaffen, aber bitte Vorsicht!"

Ich hatte nicht ernsthaft damit gerechnet, dass man mir erlauben würde, den Wachturm zu besteigen, doch dieser Tag ist voller Wunder: Ich bin am ‚Fulda Gap' auf der ‚falschen Seite' von einem Beobachteten zum Beobachter geworden. Die zwei Soldaten, die ich oben antreffe, nehmen kaum Notiz von mir. Womöglich glauben sie, ich sei einer von der Stasi, und vielleicht sind sie gerade deswegen übereifrig, die Westseite mit Ferngläsern zu beobachten. Mein Blick geht nach Osten über die Grenzanlagen hinweg. Vor mir liegen hügelige Wiesen, mit etwas Phantasie kann man sich nach Buttlar und Geisa hinein und zum Rennsteig hinüber träumen, am Horizont sind die Kuppen der Rhön zu sehen. Es ist fast schon wieder eine wunderbare Idylle. Auf DDR-Gebiet, rechts von der Straße Richtung Buttlar fällt mir ein Plakat auf, das mit seiner Botschaft über Nacht die Seiten gewechselt, seine Bedeutung jedoch behalten hat: „Mit uns in die Zukunft". Welch' eine Ironie des Schicksals!

Zurück in Fulda sage ich zu Colonel Abrams:

„Ist das nicht ein großartiger Sieg Amerikas? Wir feiern den Sieg der Freiheit!"

„Die Deutschen haben es verdient",

erwidert Abrams, und der sonst so strenge, im Jargon der Militärs nüchtern und knapp formulierende Kommandeur zeigt Emotionen. Wir umarmen uns und wie aus einem Mund sagen wir:

„Unfassbar, unglaublich, Gott sei Dank!"

Letzter Appell

Donnerstag, 7. Oktober 1993: Das 11. US Panzeraufklärungs-Regiment wird außer Dienst gestellt.

Auf dem Weg zum Airfield, dem Hubschrauberlandeplatz im Stadtteil Sickels, fallen mir die Namen vieler Offiziere und mancher Soldaten ein, mit denen ich im Laufe von 25 Jahren zu tun hatte, zu den Namen gesellen sich die Gesichter, und aus allem werden Geschichten, wunderbare Begegnungen, interessante und bereichernde Erlebnisse, schwierige Konferenzen, umstrittene Entscheidungen, Episoden, trauriges und tragisches Geschehen, große Paraden, schöne Feste. Die Feststellung, viele Amerikaner seinen während ihres Deutschland-Aufenthaltes in Wahrheit gar nicht hier, sondern eigentlich weiter in Amerika, ist nur auf den ersten Blick paradox. Auf viele der GI's trifft das tatsächlich zu. Das hat mit den in Amerika recht ungleichen Bildungsangeboten und dem dadurch sich ergebenden ziemlich unterschiedlichen Bildungsstand zu tun. Die Amerikaner haben eine Elite, die die der meisten anderen Länder deutlich überragt, aber auf die amerikanische Gesamtbevölkerung bezogen ist das eine relativ kleine Minderheit. Die meisten Amerikaner besuchen zwar eine Highschool, aber nur etwa 25% lassen dem die vierjährige College-Ausbildung folgen, die dann zu einem Hochschulstudium berechtigt. Deshalb haben die Soldaten der unteren Dienstgrade, die ihre eigene Geschichte kaum und die der europäischen Länder gar nicht kennen, die von Amerika oft nicht mehr als das gesehen haben, was der Staat, in dem sie leben, zu bieten hat, die nie etwas mit einer Fremdsprache im Sinn hatten, und die so gut wie kein Interesse haben, sich den Zugang zu einem ihnen völlig fremden Kulturkreis zu erschließen, in aller Regel einfach ihre amerikanische Heimat in ihre momentane deutsche Lebenswelt verpflanzt. Sie bleiben, was sie schon immer waren, und sie bleiben auch unter sich. Sie hören englische Nachrichten, lesen amerikanische Zeitungen, kaufen in den Armeeshops (PX-Läden) ein und schalten die Musikberieselung nie aus. Sie spielen gern Bingo, und sie sind unglücklich, dass kaum jemand in Deutschland Baseball kennt, geschweige denn sich dafür begeistern lässt. Ansonsten beschränkt sich ihr Interesse am Gastland auf die ‚Fraulein' und das *german beer*. Alle deutsch-amerikanischen Bemühungen, das grundlegend zu ändern, haben bestenfalls kurzzeitige Teilerfolge erzielt. Kein Wunder, dass ein Großteil dieser braven GI's die Vorgänge in Deutschland nur mehr oder weniger beiläufig zur Kenntnis nimmt, sie auch nur schwer einordnen kann.

Dagegen sind die Kommandeure und Offiziere ausnahmslos Absolventen der amerikanischen Elite-Schulen und Militärakademien, und oft trifft das auch auf die Unteroffiziere zu. Die Offiziere sind gebildet, hoch sensibilisiert und an allem, was in Deutschland passiert, interessiert. Für die Regiments-Kommandeure war das Kommando in Fulda immer die letzte Karriere-Sprosse vor dem Aufstieg zum General bis hin zu den höchsten Rängen in den Hauptquartieren in Heidelberg, bei der NATO in Brüssel oder sogar im Pentagon in Washington. Viele zähle ich zu meinen wirklich guten Freunden, und ich hoffe, einige der Ehemaligen heute wieder zu sehen.

„Bist Du traurig?"

Meine Frau kennt mich zu gut, als dass sie nicht wissen würde, was jetzt in mir vorgeht. Klar, eigentlich müsste ich froh, nein, aus tiefstem Herzen glücklich sein, dass Soldaten ihre Mission erfolgreich erledigt und somit ausgedient haben, dass Krieg und Kalter Krieg nun definitiv beendet sind, dass die atomare Bedrohung abgewendet ist, die Katastrophe eines Dritten Weltkriegs nicht stattgefunden hat und Europa eine stabile Friedensregion geworden ist. Aber heute verdrängt die Wehmut des Abschieds die Freude des Sieges, meine Gemütslage ist höchst ambivalent, mir ist nicht nach einem Gespräch.

„Ich weiß nicht, ob ich das traurig nennen soll. Im Augenblick konzentriere ich mich auf die Rede, die ich gleich zu halten habe, aber so richtig gut fühle ich mich nicht",

erwidere ich meiner Frau, die mir helfen, mich entspannen, mich in eine andere Stimmung versetzen möchte. Sie lässt nicht locker.

„Bedenke doch, was dahinter steht. Auch mir tut es leid, dass die Amerikaner gehen, aber sie verlassen doch unser Land, weil sie hier mit großartigem Erfolg ihre Pflicht getan haben. Du hast alles versucht, bist sogar bis ins Pentagon vorgedrungen. Es hat so seine Fügung."

Pentagon! Zumindest im Nachhinein kommt es mir schon etwas aberwitzig vor, dass ich im Sommer, als bekannt gegeben wurde, dass der hiesige US-Standort aufgegeben werden soll, glaubte, der militärischen Führung in Washington europastrategische Empfehlungen geben zu müssen. Boy, was hast du dir da eingebildet? Oder hatte das doch alles einen Sinn? Wie war das, als ich mich im Juli spontan entschloss, ins Pentagon vorzudringen? Klaus Sorg, der Vorsitzende des Deutsch-Amerikanischen Beratungsschusses, war von der Idee begeistert und erklärte spontan:

„Eine tolle Idee, ich komme mit!"

Nach der Abfertigung auf dem Dulles-Airport und der Übernahme eines roten Ford Mietwagens ist es 18.15 Uhr Ortszeit, Donnerstag, der 1. Juli 1993. Vor uns liegen noch etwa 25 Meilen bis zu unserem Hotel in der City von Washington. Dort erwartet uns seit 18.00 Uhr einer der letzten Regiments-Kommandeure, Colonel A.J. Bacevich, der jetzt Dozent an der ‚Johns Hopkins Universität' in Baltimore ist, einstmals Amerikas erste Forschungsuniversität. Etwas gebremst durch das 65 Meilen Tempolimit fahren wir in die Stadt, am Steuer Klaus Sorg, ich daneben, den Stadtplan auf dem Schoß. Wir sind trotz allem guten Mutes; immerhin hatte man unserem Wunsch, im Pentagon zum Thema ‚US-Standorte in Deutschland' vortragen zu dürfen, entsprochen. Unser Freund Bacevich hat trotz der Verspätung auf uns gewartet, er begrüßt uns herzlich, und er hat Neuigkeiten:

„Der Präsident wird morgen eine Erklärung zum Truppenabbau abgegeben, und wahrscheinlich ist die Liste, die er bekannt geben wird, noch nicht das Ende der Fahnenstange. Präsident Clinton hat versprochen, die Staatsfinanzen in Ordnung zu bringen, und dazu braucht er einen drastischen Truppenabbau in Europa. Daher sind die Aussichten für Eurer Mission schlecht."

„Wahrscheinlich hat er in dieser Sache auch die Bevölkerung hinter sich, oder?" Meine Frage verblüfft Bacevich.

„Dieser Präsident hat immer die Hand am Puls des Geschehens. Er würde nichts tun, was bei den Amerikanern auf breite Ablehnung stößt, und viele Menschen hier verstehen nicht, warum denn überhaupt noch amerikanische Truppen in Europa bleiben müssen, wenn sie nicht einmal in Bosnien eingreifen dürfen."

„Aber solche Entscheidungen kann man doch nicht nur unter dem Gesichtspunkt des Finanziellen sehen; es geht um die Frage einer US-Präsenz in Europa",

werfe ich ein, und Klaus Sorg ergänzt,

„auch ganz allgemein um die Interessenwahrung Amerikas in Europa, nicht nur militärisch, sondern auch wirtschaftlich!"

Bacevich lacht.

„Das solltet Ihr morgen Euren Gesprächspartner im Pentagon sagen; schließlich seid Ihr ja deswegen hier."

Für diesen Freitag ist das typische Washingtoner Wetter angesagt: schwül und warm, im Zweifel regnerisch. Normalerweise gerät man da in einen Konflikt. Lässt man die Jacke gleich im Hotel oder nimmt man den Regenschirm auf jeden Fall mit? Aber heute brauchen wir natürlich unsere Jacketts. Der Blick aus meinem Zimmer 749 im ‚Key Bridge Hotel' und die Tatsache, dass wir nicht wissen, wie weit vom Gebäudeeingang des Pentagons entfernt wir parken müssen, lassen es geraten erscheinen, uns an der Hotel-Rezeption einen Regenschirm geben zu lasen. Gleichzeitig werden uns zwei Presse-Veröffentlichungen von daheim per Fax ausgehändigt. Der eine Artikel befasst sich mit einem Brief von Ministerpräsident Hans Eichel an mich, in dem er mir auf meine Fragen zur Politik des Landes Hessen in Sachen US-Standorte antwortet, und der andere enthält die wichtigsten Aussagen einer Presseerklärung des US-Hauptquartiers in Heidelberg zum Truppenabbau, unter anderem die Bestätigung der Außerdienststellung des 11. ACR. Unsere Aussichten werden noch trüber als das Wetter. Ein letztes Mal stimmen wir die Strategie für das Gespräch ab; dann machen wir uns auf den Weg. Es regnet kräftig.

Wir ignorieren die großen Parkplätze im Außenbereich des Pentagons, fahren direkt bei dem ersten Kontrollposten mit Doppelschranke vor, und werden von einem behäbigen, bulligen und wenig interessiert dreinschauenden Schwarzen mit der amerikanischen Floskel begrüßt:

„How are you this morning?"

Von strengem militärischem Protokoll ist da noch nichts zu spüren. Wir nennen unsere Namen, zeigen die Pässe, der Mann studiert die Papiere, prüft seinen Computer, und er wird ernst.

„Gentlemen, Sie müssen einen Augenblick warten."

Blind greift er hinter sich zum Telefonhörer, wählt und nennt mit ulkiger Betonung mehrfach unsere Namen. Wir bekommen kaum etwas von dem Gespräch mit, aber so viel ist klar: Wir sind in seinem Computer nicht als Besucher für heute gespeichert, und wen er nicht im Computer hat, der kommt bei ihm auch nicht durch. Dummerweise haben wir nichts schwarz auf weiß in der Hand. Wir wissen nur, dass wir uns bei einem Colonel Richmond melden sollen. Das sagen wir ihm, und er telefoniert erneut. Nach geraumer Weile lässt er uns mit einer geradezu großzügig einladenden Geste passieren und erklärt wie zur eigenen Entlastung:

„Die Kollegen an der nächsten Kontrolle werden alles Weitere veranlassen."

Er lässt sogar die zunächst erhobene Forderung, im Bereich vor der Schranke zu parken und zu Fuß weiter zu gehen, angesichts unseres besorgten Hinweises auf das Sudelwetter fallen. Bis zum nächsten Kontrollpunkt ist es ein ziemliches Stück, aber dort ist unser Besuch inzwischen zum Fall geworden, gottlob einem geklärten. Zu unserem Erstaunen müssen wir auch an dieser Kontrolle das Auto nicht stehen lassen, und so fahren wir direkt am Haupteingang ‚Riverside' vor, wo wir den Ford mangels anderer Möglichkeiten ungeniert auf einem der wenigen reservierten Parkplätze abstellen. Problemlos betreten wir das Pentagon, doch dann werden wir von Sicherheitsbeamten gestoppt, die uns erst befragen und danach auf eine Batterie Telefone verweisen: wir sollen uns selbst anmelden. Um später keine Probleme zu kriegen, gestehen wir, dass wir falsch geparkt haben. Das Lächeln dieser Zerberusse soll wohl heißen: Na ja, da wollen wir mal nicht so streng sein mit diesen etwas naiven Botschaftern aus dem fernen Europa.

„Lassen Sie uns die Autoschlüssel hier; bevor Ihr Wagen abgeschleppt wird, kümmern wir uns um ihn. Nun melden Sie selbst dort drüben am Telefon an, wohin Sie hier wollen."

Derweil telefonieren sie schon selbst, ob wegen uns, wissen wir nicht. Noch bevor wir die Telefone erreichen, taucht ein Colonel auf, wie sich herausstellen sollte, Colonel Richmond, und der vermutet sofort, dass er auf die zwei Fuldaer gestoßen ist. Leicht ebnet er uns alle Wege durch die strenge Personen- und Gepäckkontrolle. Erst jetzt sind wir wirklich im Pentagon. Vorbei am Büro des Vietnam-Veterans und Generalstabschefs, General Colin Powell, durchwandern wir einen der enorm langen Flure, deren Wandflächen ideal zur Dokumentation kriegsgeschichtlicher Ereignisse genutzt werden. Es herrscht reger Betrieb. Als wir einem Drei-Sterne-General über den Weg laufen, stoppt Colonel Richmond, stellt uns vor und lässt uns wissen, dass wir den Chef des Organisationsstabes vor uns haben, General John H. Tilelli. Ohne Umschweife steigt der in unser Thema ein, und wir sind völlig überrascht, wie gut er informiert ist. Mit seinem letzten Satz gibt er uns ein wenig Hoffnung:

„General Ellerson, der gleich einer Ihrer Gesprächspartner sein wird, hat den Auftrag, General Sullivan, dem Stabschef des Heeres, genauestens über das Gespräch zu berichten; ich hoffe, wir sehen uns wieder."

Wir sind noch keine zehn Schritte weiter, da löst sich aus einer Gruppe General Sullivan, dem ich in Deutschland wiederholt begegnet bin, kommt auf uns zu, begrüßt mich herzlich und sagt:

„Schön, Sie wieder zu sehen! Ihr Besuch ist bemerkenswert, auch wenn er einen für uns alle nicht so guten Anlass hat. Ich habe sämtliche Informationen, die Sie uns vorab gegeben haben, genauestens studiert, und ich bin auch über das Gespräch informiert, das Sie in Heidelberg mit General Maddox geführt haben. Es muss darüber gesprochen werden, nicht nur heute."

Dann schlängeln wir uns weiter durch das Gewimmel eiliger Botengänger, kleiner Gesprächsgruppen und all der dienstbeflissenen Soldaten, die da unterwegs sind. Klaus Sorg flüstert mir ins Ohr:

„Das ist ja unglaublich. Ich hätte nie gedacht, dass die unseren Besuch so ernst nehmen. Angesichts der hier geltenden Denkkategorien, generalstabsmäßiger Großplanungen und weltweiter Zuständigkeit ist das sensationell. Fulda ist doch eigentlich für die amerikanischen Militärstrategen hier nur ein winziger Punkt auf der Landkarte!"

General Ellerson nimmt sich Zeit für uns. Da ich das offizielle Amt bekleide und Klaus Sorg das bessere Englisch spricht, haben wir verabredet, dass ich zuerst unseren Standpunkt vortrage, und dass Klaus Sorg, je nach Notwendigkeit und Verlauf des Gesprächs redegewandt nachlegt; es funktioniert bestens. Unsere Position ist kurz und bündig, und wir versuchen sie sowohl rational als auch emotional zu begründen:

„In Fulda weiß man, dass wir Frieden, Freiheit und Wohlstand in hohem Maße den USA und der Präsenz amerikanischer Truppen an der deutsch-deutschen Grenze zu verdanken haben. Deshalb ist das Verhältnis zwischen Bevölkerung und Amerikanern von großer Dankbarkeit, Freundschaft und Vertrauen geprägt. Die vorhandene Infrastruktur ist ideal und in einem vergleichsweise sehr guten Zustand. Unser Land hat sich zu einer stabilen und absolut verlässlichen Demokratie entwickelt, und nach der Wiedervereinigung liegen wir nun wieder mitten in Deutschland und Europa. Das ist die Ausgangslage. Was immer in nächster Zeit geschieht, auf dem Balkan, im Nahen Osten oder im asiatischen Teil der ehemaligen Sowjetunion, Amerika wird gut daran tun, auch in Zukunft sichere und zentrale Stützpunkte in Europa zu haben, und die müssen sich durch eine neue Qualität auszeichnen – militärisch, wirtschaftlich und kulturell. Kann man da die Frage, wo diese künftigen Standorte sein sollen, allein unter finanzpolitischen Gesichtspunkten entscheiden? Wir sind sehr enttäuscht, dass es überhaupt keine Gespräche gegeben hat; selbst die deutsche Bundesregierung ist lediglich informiert worden."

Mein Statement zum Einstieg in das Gespräch wird interessiert zur Kenntnis genommen. Wechselweise ergänzen Klaus Sorg und ich das noch durch Einschätzungen zur Lage und künftigen Entwicklung in Gesamtdeutschland und Europa. Wir vermeiden jeden Vorwurf, stellen aber kritische Fragen. Es scheint, als müsse General Ellerson erst einmal tief Luft holen. Dann sagt er:

„Ihre Ausführungen haben mich nicht nur deshalb ziemlich betroffen gemacht, weil es höchst ungewöhnlich ist, dass hier ein Bürgermeister vorspricht, sondern auch deshalb, weil mir klar geworden ist, dass wir etwas, was wir sehr gut machen wollten, schlecht gemacht haben. Wahrscheinlich haben wir tatsächlich zu sehr in militärischen Kategorien gedacht. Ich habe einiges für die

Zukunft gelernt. Aber Sie müssen wissen, auch in Amerika haben diese Standort-Entscheidungen schwerwiegende Folgen."

„Das sind aber doch keine strategischen, allenfalls wirtschaftliche Folgen",

wirft Klaus Sorg ein, und bekommt postwendend die Bestätigung.

„Richtig, aber die Mehrzahl der Amerikaner denkt nicht weltpolitisch, sondern eben nur amerikanisch. Deshalb können Entscheidungen, die am Arbeitsmarkt und für die Prosperität einzelner Staaten Auswirkungen haben, den Präsidenten ganz erheblich in politische Bedrängnis bringen. Das ist bei Ihnen daheim kaum anders. Als man Präsident Clinton die Liste mit den zu schließenden Standorten vorlegte, hat er sie ohne Umschweife abgezeichnet und mit dem Kommentar weiter gegeben: Die Einsparungen sind zwingend. Im Detail können wir das, was die Experten vorgeschlagen haben, ohnehin nicht nachvollziehen. Daher ist es nur richtig und konsequent, den Vorschlag insgesamt und unverändert zu akzeptieren.

„Darf ich noch einmal sagen, dass es uns nicht nur, nicht einmal primär um Fulda und Deutschland, sondern vor allem auch um Amerika, um die gemeinsamen Interessen in Europa geht",

werfe ich ein, und General Ellerson steht auf, führt uns an einen Kartentisch und sagt, mit einem Pointer verdeutlichend:

„Sehen Sie sich das an. Dies sind die Krisengebiete, in denen wir befürchten, dass es in den nächsten Jahren zu Konflikten kommen wird. Natürlich wären da Basen in Deutschland von großem Vorteil, aber wir müssen heute entscheiden."

Erst ein paar Jahre später werden wir wissen, dass genau in den Gebieten, die General Ellerson markiert hat, wieder begrenzte Kriege ausgebrochen sind. Doch die Pläne der Amerikaner scheinen unumstößlich festzustehen.

Nach zwei Stunden verlassen wir die militärische Schaltzentrale der Weltmacht Amerika. Damit man unsere Botschaft besser im Sinn behält, sich vielleicht auch einmal geistige Orientierungshilfe bei einer ganz anderen Autorität holt, gebe ich General Ellerson beim Abschied eine Bonifatius-Medaille. Doch das ernste Gespräch wird schnell vom Tagesgeschäft und vom Alltäglichen verdrängt. Viele Amerikaner haben in diesen Tagen ganz andere Sorgen. Die ‚All Star Week', das Baseball-Ereignis des Jahres, steht bevor, der Nationalfeiertag übrigens auch.

„Hat es etwas genutzt?"

Die skeptische Frage von Klaus Sorg schließt die negative Antwort schon mit ein; dennoch sage ich:

„Es war so zu befürchten, aber ich hätte kein gutes Gewissen, wenn wir es nicht wenigstens versucht hätten. Warum wollen die Amerikaner immer alles so gut machen, um dann am Ende doch feststellen zu müssen, dass es ihnen gar nicht gut gelungen ist?"

Klaus Sorg weiß auch keine Antwort auf meine Frage.

Meine Frau und ich haben das Eingangstor zum airfield Sickels erreicht. Am Horizont des strahlend blauen Himmels, an dem die Kumuluswolken die wenigsten daran erinnern werden, wie oft hier auch politisch dunkle Wolken aufgezogen sind, ist geschnitten scharf die Hügelkette der Rhön zu erkennen. Dort stand bis vor kurzem noch der Eiserne Vorhang. Dieser schöne Herbsttag – die Ernte war reich, die Natur zeigt sich in ihren schönsten Farben, das Jahr setzt zum Endspurt an, und man ahnt, dass Vorboten des Winters schon bald die kalte Zeit ankündigen werden – passt so ganz zur Abschieds-Stimmung der vielen, die von Nah und Fern gekommen sind, um dabei zu sein, wenn das ruhmreiche 11. ACR, eines der Traditions-Regimenter der US Armee, außer Dienst gestellt wird. Dass dies zugleich den Abzug der Amerikaner von ihrem Posten an jener Grenze bedeutet, die einst die Welt teilte, markiert einerseits das historische Ereignis und dramatisiert andererseits das Geschehen des Augenblicks. Die Situation ist für alle ungemein schwierig und doch auch so einmalig schön: Wiedersehensfreude, Dankbarkeit für eine erfolgreich abgeschlossene Mission, Stolz auf den Sieg der Freiheit, ein Hauch von Skepsis vor der ungewissen Zukunft, Abschiedsschmerz und die Gewissheit, dass ein Kapitel deutscher Zeitgeschichte zu Ende gegangen ist, in dem ehemalige Gegner zu Freunden wurden und sich zu einer einmaligen Friedensallianz verbündeten. Dies alles, und viele persönliche Erinnerungen prägen die Atmosphäre einer wahrlich bewegenden Stunde. Viele ehemalige Regimentskommandeure sind gekommen. Mit dem Kommandeur des V. US-Korps, Generalleutnant Jerry R. Rutherford, und Colonel William S. Wallace, der zu diesem finalen Akt das Kommando führt, begrüße ich die Generäle Don Starry, Ehrenkommandeur des Regiments, John Crow, Robert Sunnell und Thomas E. White. Allen anderen, die nicht dabei sein können, widmen wir ein herzliches Gedenken.

Die Einmaligkeit des Ereignisses ist überwältigend. Alle offiziellen Redner haben sichtlich Schwierigkeiten, ihre Fassung zu wahren. Dann folgen die Kommandos zum letzten Appell.

Ehrenformationen angetreten! Die Army-Band stellt noch einmal ihr ganzes Können unter Beweis, die Schwadronen präsentieren ihr Standarten, und General Starry fährt mit Colonel Wallace in einem historischen Kettenfahrzeug die Front der Einheiten von US-Armee, Bundeswehr, Bundesgrenzschutz und Polizei ab. Dann der Flaggenappell. Ein übergroßes Sternenbanner streckt sich im Wind, es signalisiert mit seinen 50 Sternen die Vielfalt Amerikas. Wenige Jahre bevor 1901 das 11. ACR aufgestellt wurde, hatte das Sternenbanner erst 45 Sterne. Der 44. Staat war Wyoming 1890, der 45. Utah 1896. Zwischen diesen Jahren liegt die Gründung des 7. US Infanterie Regiments, das zur 3. US-Armee gehörte und im Zweiten Weltkrieg an den Kämpfen in Deutschland und in unserer Region teilnahm. Sein Regiments-Sternenbanner ist heute eines der eindruckvollsten Exponate im Grenzmuseum ‚Point Alpha'. Die Kommandos zur Abschiedsparade holen mich aus meiner Gedankenwelt zurück. Es ist fast alles so, wie wir es schon oft erlebt haben, und es ist doch ganz anders; ein ums andere Mal sage ich mir: das wirst du hier nie mehr erleben. Die Einheiten marschieren bei flotter Militärmusik an den Generälen und Ehrengästen vorbei, und als der Schritt der letzten Soldaten verklungen ist, folgt ein symbolischer Akt, den keiner, der dabei war, jemals vergessen wird. Angekündigt durch ein Trompeten-Signal paradiert ein Kavallerist in historischer Uniform auf seinem Rappen vor dem Sternenbanner. Er führt ein reiterloses zweites Pferd am Zügel, steigt ab und geht zu Fuß mit dem einen Pferd weiter. Es ist später Nachmittag. So, als hätte ein genialer Künstler Regie geführt, geht der Soldat mit seinem Pferd direkt hinein in den Sonnenuntergang. Das wellig abfallende Gelände erlangt die Wirkung modernster Bühnentechnik, was dazu führt dazu, dass der Reiter mit zunehmender Entfernung immer mehr in die Erde eintaucht. Als er gerade noch zu sehen ist, sattelt er ab, wirft sich den Sattel über die Schulter, und langsam versinken Reiter und Pferd am Horizont. Ein reiterlose Pferd, Symbol dafür, dass das Regiment keinen Commander mehr hat, weil es keinen mehr braucht: Der Auftrag ist erfüllt.

In diesem Augenblick schämt sich niemand seiner Tränen.

„Welldone!"

sagt Generalleutnant Rutherford zu Colonel Wallace, und das denken alle. Zuvor hatte er noch die mit allen militärischen Ehren eingeholte Fahne des 11. ACR entgegen und in Obhut genommen. Glorreiche Trostlosigkeit.

Beim abendlichen Abschiedsgottesdienst im Dom sagt David Penland, Kaplan in der US Armee:

„Jeder Soldat, der hier an einem Grenzposten Wache stand, tat das nicht nur, um dafür bezahlt zu werden, sondern auch, weil wir glauben, dass es sich lohnt, unser Leben edelmütigen und tugendhaften Idealen zu unterwerfen. ... Solange die Deutschen und die Amerikaner danach streben, das Gute mit Gottes Segen, den er uns gegeben hat, zu tun, wird er die Bande zwischen uns festigen. Wir alle wollen gemeinsam dafür eintreten, damit wir in den schwierigen Tagen und Jahren, die vor uns liegen, das Richtige tun."

Ein Prophet?

Erlebte Geschichte: US-Boys besiegen den Nationalsozialismus, Europa atmet auf, Westdeutschland verbündet und befreundet sich mit Amerika und wird zur starken Demokratie, die freie Welt gewinnt den Kalten Krieg, die Mauer fällt, Wiedervereinigung, Zerfall des Ostblocks – eine wahre Erfolgsgeschichte! Haben wir nun die bessere Welt? Was haben wir erreicht? Worauf müssen wir uns jetzt einstellen? Was ist als nächstes zu tun? Welche Befürchtungen wollte Kaplan Penland am Schluss seiner Predigt anklingen lassen? Warum bin ich nicht uneingeschränkt froh, warum sage ich nicht einfach: Großartig, das ist der Frieden für unsere Zeit?! Nein, das kann ich nicht, das hatten wir doch schon einmal. Damals, im Herbst 1938, als Neville Chamberlain das

‚Münchener Abkommen' mit Hitler zur Lösung der tschechoslowakischen Frage pries und glaubte, den Frieden gerettet zu haben, und dann ging die halbe Welt in Flammen auf. Ist es das, was mich unsicher macht? Es kann nicht richtig sein, dass sich Amerika weitgehend aus Europa zurückzieht, ohne dass das einen Verlust an politischer Bedeutung, menschlicher Qualität des Miteinanders und vor allem an ständiger Einsatzbereitschaft bringt. Aber sie glauben, regionale Aspekte seien längst durch eine globale Strategie ersetzt! Nein, ich traue dieser Allzweckwaffe Globalisierung nicht. Zu viel ist schon aufgegeben, wenn erst einmal dieser Begriff ins Spiel gebracht wird, noch mehr droht verlustig zu gehen, wenn er, wie so oft, ohne ein Konzept nachhaltiger Verantwortlichkeit und als Verführung zur Gedankenlosigkeit in den Tag geplärrt und alles künftige Heil in diesem einen Zauberwort gesehen wird? Oh ja, dies ist wahrlich ein großer Tag, aber mir fällt es unendlich schwer, ihn groß zu feiern.

Bald darauf verlässt Generalleutnant Jerry R. Rutherford Deutschland und scheidet gleichzeitig auch aus der Armee aus. Zum Abschied sagt er seinen Soldaten und uns:
„It is time now to click our heels. Thank you Troops, thank you Germany and remember allways: There is no second place in our profession – only victory! It will be done ... ,,
Ja, möge es immer so gut gelingen wie in Deutschland.
Blackhorse forever!
Freunde für allezeit?

9.02 Ortszeit

Jahrelang führte die Petersberger Straße geradewegs vor den Eisernen Vorhang, genau dort hin, wo für die Menschen im Westen die Bedrohung durch den Osten begann und für die in der DDR die Sehnsucht nach der Freiheit endete. Nur 30 Kilometer – für beide Seiten das absolute Ende.

Leben im Zonenrandgebiet, das war der immer wieder wahrgenommene und regelmäßig verdrängte lange Schlagschatten einer widerlichen Grenze, Ergebnis eines fatalen Abkommens und menschenverachtender Ideologie, Bauwerk aus Stacheldraht und Selbstschussanlagen. Welche Bedrohung lag hinter diesem Bollwerk? Es war schwierig, sich vor der Gefahr einer ziemlich realen und doch schwer einschätzbaren Bedrohung zu schützen, seelisch wie physisch. Wie sollte man sich vorbereiten, worauf sich einstellen? Genügt es da, mit Gottvertrauen eigenes Selbstvertrauen zu entwickeln? Oder sollte man sich gar blind auf den Wahnwitz der atomaren Balance des Kalten Krieges und den Schutzschild der Amerikaner verlassen? An der Nahtstelle der deutschen Teilung herrschten eigene Gesetze, aber die Ausnahmesituation war längst zu jener verarbeiteten Normalität geworden, nach der unsere naturgegebene Befindlichkeit verlangt, die uns ganz unbewusst schützt, und die uns hilft zu leben. Lebten wir im Schatten des Eisernen Vorhanges dank einer lebensspendenden Realitätsverleugnung?

Früher kamen mir regelmäßig solche Gedanken, wenn ich in die Petersberger Straße einbog, um an den östlichen Stadtrand nach Hause zu fahren. Seit der Wende 1989 besteht dafür kein Anlass mehr, aber diese Gedanken sind wie treue Gesellen, sie kommen immer wieder; ich glaube, sie haben sich deshalb bei mir fest eingenistet, damit ich das Danken nie vergesse. Damals und heute, das sind andere Welten.

Es ist der 11. September 2001, etwa 15.30 Uhr. Die Esso-Station liegt günstig an meinem Weg, und Manfred Ziegler, den Tankstellenbesitzer, ein freundlicher und hilfsbereiter Mann, kenne ich gut. Morgen muss ich eine weite Strecke fahren. Also auftanken. Nichts ist außergewöhnlich an diesem ruhigen, spätsommerlichen Nachmittag. Alltagsroutine. Aber Ungeheuerliches passiert nie mit Vorwarnung, und so ist es auch heute. Wie ein Blitz aus heiterem Himmel, dessen nachfolgender Donner alles jäh aufschreckt, verändert sich die Banalität des Augenblicks schlagartig und dramatisch.

„Das ist Krieg, Krieg! Der helle Wahnsinn! Schnell, kommen Sie herein, sehen Sie sich das an! Krieg, Terror, Terror-Krieg!"

Noch nie habe ich Manfred Ziegler so erlebt. Aufgeregt, mit lauter Stimme, wild gestikulierend und schier fassungslos stürzt der sonst so besonnene Mann aus der Tankstelle. Er zieht mich von der Zapfsäule weg – ich kann den Füllstutzen gerade noch zurück hängen – , eilt mir voraus in den Verkaufsraum und deutet auf ein Fernsehgerät, das ich bisher noch nie in der Tankstelle wahrgenommen habe. Der Apparat hängt, von der Kasse seitlich etwas abgesetzt, oben an der Decke. Außer uns beiden ist noch ein älterer Mann im Raum. Lässig auf den Kassentresen gelehnt, wirft der Fremde mir einen flüchtigen Blick zu, starrt wie verzückt auf den Bildschirm, schnippt die Asche seiner zwischen die Finger geklemmten Zigarette achtlos vor seine und meine Füße und brummt so etwas wie „imperiales Amerika, verdientes Schicksal" vor sich hin. Ich habe den Eindruck, dass der Mann mich kennt. War da nicht ein kurzes Flackern in seinen Augen, als er mich gewahrte, zog er nicht leicht die Augenbrauen in die Höhe? Ich weiß nicht; bewusst bin ich ihm jedenfalls noch nie begegnet.

Die erregte Stimme von Manfred Ziegler verhallt in der ansonsten eigenartig beklemmenden Stille. Wie in Trance höre ich ihn:

„Hat die Welt so etwas schon erlebt? Ein Flugzeug als Waffe, ein mit Kerosin gefüllte Lufttorpedo!"

Seine Worte müssten jeden wie Peitschenhiebe treffen, doch ich höre sie nur als Textfetzen einer Tragödie und wie aus weiter Ferne. Aber ganz nah, so als wäre ich dabei, sind die Bilder. New York, das World Trade Center. Nur ein einziges Mal bin ich bei meinen Besuchen in New York auch im WTC gewesen. Was ist da passiert, was hat der Tankstellenbesitzer gesagt? Wie ein Echo hallen seine Worte nach:

„Flugzeug als Waffe, ein mit Kerosin gefüllter Lufttorpedo!".
Er hat recht, alles ist wirklich, ist schreckliche Wahrheit, das Fernsehen zeigt keine Science Fiction Bilder, keinen alltäglichen Unfall. Jetzt gibt der Sprecher die Bestätigung. Was man sieht, was eigentlich alles Begreifen übersteigt und was wir dennoch entsetzlich real miterleben, ist ein Terroranschlag. Wie viele unschuldige Passagiere mögen an Bord, wie viele ahnungslose New Yorker im Turm des WTC gewesen sein?

„Was sind das für Menschen, die sich solche Verbrechen erst generalstabsmäßig ausdenken, um sie dann kaltblütig auszuführen?"

Manfred Ziegler ist noch immer dabei, zu kommentieren was er sieht. Er ist außer sich vor Wut und Entsetzen. Seine Verzweiflung teile ich, aber nur langsam, mühsam und quälend beginne ich, das ganze Ausmaß des Geschehens zu begreifen: Ein Linienflugzeug, von Terroristen gekidnappt, wurde in einen Turm des WTC gesteuert. Flugzeug, Kerosin und Passagiere – was für ein technisch-perfektes, emotional-satanisches und hochexplosives Geschoß! Wirklich, einem Torpedo gleich schießt das Flugzeug in den Turm, in dem für Tausende gerade der Arbeitstag begonnen hat. Alles in mir sträubt sich gegen diese Erkenntnis. Aber die apokalyptischen Bilder sind reale Dokumente des Augenblicks, und diese Wirklichkeit wird allen, die die Bilder sehen, grausam ins Hirn einhämmert, abgelichtet, und für immer gespeichert. Das wiederholt sich ein ums andere Mal, so als wären diese Bilder nicht schon beim ersten Mal von geradezu erbarmungsloser, brutaler und unauslöschlicher Eindringlichkeit.

Das Fernsehen zeigt den Moment – 9.02 Uhr amerikanischer Ostküsten Zeit – in dem sich die von Terroristen gekaperte Boeing 767 der United Airlines, Flug 175, zwischen dem 78. und 84. Stockwerk in den Südturm des World Trade Centers bohrt. Ich sehe das Flugzeug in einer scharfen, leicht absinkenden Kurve auf den Turm zurasen. Der seitliche Aufprall ist hinter einem Feuerball, der wie ein ekelhaftes, rotgelb-anthrazitfarbenes dickes Geschwür aus dem Südturm quillt, nur zu erahnen. Über dem Nordturm – was ist dort eigentlich passiert? – steht eine tiefschwarze Rauchsäule. Wie ein riesiger Drohfinger steigt sie in den strahlend blauen Morgenhimmel auf, und wie bei einem Feuerwerk von einmaliger Intensität und makabrer Schönheit regnet es Tausende glühender Teile und Teilchen in die Häuserschluchten von Manhattan. Mir ist zum Aufschreien, und gleichzeitig bin ich wie gelähmt, bringe kein Wort heraus. Wann war Sprachlosigkeit jemals angemessener? Armes, reiches Amerika, du Land, das ich in seiner liebenswerten Widersprüchlichkeit, ob des Pioniergeistes, seiner Menschen und deren patriotischer Gesinnung, wegen seiner Autorität, Größe und seiner immensen Stärken, aber auch wegen seiner oft so verblüffenden Schwächen liebe! Armes, stolzes Amerika, was verheißt dieser 11. September, wie wirst du mit diesem Ereignis fertig werden?

Was denken die anderen? Manfred Ziegler schüttelt nur immer wieder den Kopf; ihm will nicht in den Kopf, was er sieht und hört. In den Nordturm soll, so sagt er mir, schon vorher auch ein Flugzeug gerast sein. Das Konzept einer professionell konzertierten Terror-Aktion scheint perfekt funktioniert zu haben. An der Tankstelle herrscht eine eigenartig gespannte Stimmung, eine Mischung aus ungläubigem Staunen, Angst, Verzweiflung und Wut. Nur der Fremde grinst auffällig. Mich drängt es, weg zu kommen, ich will allein sein mit meinen Gedanken. Längst habe ich vergessen, dass ich eigentlich tanken wollte. Mehr zu mir selbst als zu jemand anderem sage ich:

„Das ist eine Tragödie; die Twin Towers, Symbol der weltweiten US-Wirtschafts-Macht und überragendes Wahrzeichen von New York, werden zur Todesfalle für Tausende".

Meine Befürchtungen gehen noch viel weiter, aber ich will jetzt und hier nicht laut darüber nachdenken. Wirre Gedanken jagen immer neue irre Phantasien.

Allen ist klar: Diese Katastrophe, die so völlig unvorbereitet über Amerika hereingebrochen ist, trifft das amerikanische Selbstbewusstseins schwer. Wird dieser Anschlag vielleicht sogar zum Grab für den bisher so unerschütterlichen Glauben an Amerikas absolute Sicherheit? Nach dem heißen und dem kalten Krieg, nun der lauwarme Krieg, der nur von Fall zu Fall und wie aus heiterem Himmel entbrennt, endet und immer wieder erneut entfacht werden kann – ohne Kriegserklärung ohne festen Kriegsschauplatz und ohne eindeutige Kriegsgegner – der Krieg eines selbstmörderischen Fanatismus? Wie werden weltweit die Konsequenzen sein? Um die Zukunft zu meistern, wird Amerika jetzt viel Kraft und noch mehr mutige Entschlossenheit, aber auch Besonnenheit, Moral, und Weitsicht brauchen.

Ich möchte Solidarität bekunden und weiß nicht wie?

Zu Manfred Ziegler gewandt sage ich im Gehen:
„Ich komme morgen früh vorbei".

In diesem Moment räkelt sich der mir fremde Mann vom Tresen hoch, dreht sich um, geht wort- und grußlos am Tankstellenbesitzer vorbei und folgt mir zum Ausgang. Zufall? Will er etwas von mir? Ich spüre seine Schritte dicht hinter mir, empfinde seine Nähe unangenehm, beschleunige und öffne per Klick auf die Fernbedienung das Auto. Mit einem weiten Satz überspringe ich den Betonsockel, auf dem die Tanksäulen stehen, bin am Auto und öffne die Tür. „Warum so eilig?"

Der Mann steht auf gleicher Höhe neben mir, mustert mich von oben bis unten und sagt dann provozierend und offensichtlich wohlüberlegt:

„Das geschieht denen doch recht. So was musste ja mal kommen. Die haben doch auch unsere Städte in Schutt und Asche gebombt. Und dann Vietnam! Das ist jetzt der Anfang vom Ende der arrogant angemaßten Führungsrolle dieser Kaugummi-Demokraten."

Unverhohlen zeigt er seine Schadenfreude, hämisch grinsend sieht er mich an. Er weiß oder ahnt es zumindest, dass ich ganz anders denke, und nun, er muss es mir ansehen, ist er sich sicher: seine Äußerung hat mich verletzt. Nichts anderes wollte er. Ein unangenehmer Kerl.

„Sie versündigen sich angesichts so vieler unschuldiger Opfer", ist alles, was ich heraus bringe.

Bloß jetzt keine Diskussion mit diesem Mann. Ich sitze schon am Steuer, da drängt sich der Fremde in den Spalt zwischen halb offener Tür und Karosserie, und er verstärkt seinen Vorwurf noch einmal drastisch:

„Arschkriecher! Alle seid Ihr Ami-Arschkriecher gewesen! Wann endlich ändert Ihr Euer verlogenes Weltbild? Alles, was von Amerika kommt, ist Scheiße. Keine Kultur, keine Moral, nur Profitgier. „

Nach außen noch einigermaßen beherrscht, aber doch ziemlich erregt und wütend erwidere ich:

„Ihre absurde Weltansicht interessiert mich nicht; verschwinden Sie endlich!"

Er tritt einen Schritt zurück, stößt mit grober Kraft die Autotür zu und ruft mir mit einer Drohgebärde noch etwas nach, was ich nicht verstehe. Im Rückspiegel sehe ich, wie er rechts neben der Tankstelle die Böschung hinauf steigt, um die Zufahrt zu einem Verbrauchermarkt zu erreichen. Dann kann ich seinen Weg nicht weiter verfolgen. Was begründet den Hass dieses Mannes auf Amerika?

Wie viele sind es, die so denken?

Ich fahre nach Hause – fassungslos, niedergeschlagen, voller Zorn, am Boden zerstört, und ich weiß nicht, was mich mehr aufgewühlt hat, die Anschläge in New York oder dieser unangenehme Mensch an der Tankstelle? Doppelte Schockwirkung! Sorgen um die Freunde in Amerika kommen auf; ich nehme mir vor, von zu Hause aus einige anzurufen oder eine Mail zu schicken. Aber mir geht auch dieser fremde Mann mit seinem bösen Vorwurf nicht aus dem Kopf. Durch mein Gehirn vagabundieren Gedanken, die sich zu keiner klaren Erkenntnis formen wollen. Alles dreht sich wie auf einem Karussell aktueller Eindrücke und alter Erinnerungen. Aus dem Unterbewussten tauchen völlig zusammenhanglos fast ganz verschiedene Bilder auf: Das Brandywine Valley von Wilmington im für Amerikas Geschichte so bedeutsamen Staat Delaware, die Stadt des Blues, New Orleans, Old River Road, Oak Alley und Mississippi, das romantische Williamsburg, wo ich in der ‚Kings Arms Tavern' McConnell getroffen habe, der mir freudestrahlend erzählte, dass er mit der Familie in Fulda lebte, als sein Vater im 11. ACR gedient habe, und Fort Monroe, eine der besonderen Bastionen an der Atlantikküste sowohl im Blick auf die historischen Anfänge der USA, als auch wegen befürchteter Gefahren im Zweiten Weltkrieg. Gegenüber dem Fort liegt auf der Spitze der Landzunge Norfolk, Amerikas größter Marinestützpunkt. Das Feuerwerk am Vorabend es Nationalfeiertages auf Fort Monroe hatten Klaus Sorg und ich 1993 zusammen mit einem guten Freund erlebt, dem Vier-Sterne-General Frederick M. Franks jr.. Er war der 50. Kommandeur des 11. ACR. Heute ist er für die Ausbildungsstätten der US-Armee zuständig. Und dann die ganz frühen Bilder: Das Kriegsende, Ernest und Jonathan, Bob und Myrtle McKenzie. Es ist, als wollten mich solche Erinnerungsbilder, die urplötzlich auftauchen und sich zu einem Film aneinander reihen, gerade jetzt an ganz bestimmte Menschen in Amerika erinnern. New York ist getroffen und alle sind betroffen!

Amerika, ein Land, in dem die Wirklichkeit fast immer alle mitgeschleppten Klischees erschlägt, man aber höllisch aufpassen muss, dass sich nicht neue sofort wieder aus dem Geschehen des Augenblicks entwickeln, Amerika, das weder Grenzen noch Gefahren kennt, das sich an seinen Innenansichten leicht berauscht und sich kaum einmal von außen sieht, dieses Land ist mir wie zur zweiten Heimat geworden. Dabei habe ich durchaus Probleme, der amerikanischen Werteskala uneingeschränkt zu folgen, aber es beeindruckt mich, dass die Amerikaner selbst so felsenfest von ihr überzeugt sind und so konsequent danach leben. Ähnlich geht es mir beim viel gerühmten ‚american way of life‘, der im wahrsten wie im übertragenen Sinne des Wortes oft ein Leben von der Hand in den Mund ist, ziemlich direkt, meist heiter, und immer reichlich bunt. Das ist eine andere, eine ungewohnte Art zu leben; ich finde sie interessant, auch amüsant, nicht in jedem Punkt nachahmenswert, aber ich liebe nun einmal dieses Land. Wie vielen Amerikanern bin ich seit 1945 begegnet, wie viele dieser Begegnungen haben mich für mein ganzes Leben bereichert, wie viele Freundschaften sind daraus entstanden? Es ist so: Amerika und die Amerikaner, das ist ein wichtiger Aspekt meines Lebens!

Zu Hause finde ich eine Nachricht vor. Auf dem Zettel steht: „Bin in die Stadt gefahren, um einiges zu erledigen. Schalte gleich mal den Fernsehapparat ein; in Amerika ist etwas Furchtbares passiert. Gegen 18.00 Uhr bin ich zurück."
Es ist kurz nach 16.00 Uhr. Ich werfe meine Jacke über einen Stuhl in der Diele, eile ins Fernsehzimmer im Obergeschoß und

schalte den Apparat ein. Die Bilder, die ich an der Tankstelle schon gesehen habe, bestimmen noch immer die Berichterstattung. Auf allen Kanälen dieselben Bilder und fast gleich lautende Stellungnahmen der Reporter, deren totale Hilflosigkeit nur Ausdruck des völlig Unfassbaren ist. Dennoch, die Betroffenheits-Rhetorik, das Pathos, der nationale Eifer und vor allem die schnellen Erklärungsversuche vieler Kommentatoren stören mich. Angesichts solchen Geschehens, das so sehr alles Denken und jede Vorstellungskraft überfordert, muss man erst einmal innehalten und schweigen. Warum lassen sie nicht einfach die Bilder sprechen? Sagen die nicht genug? Jeder muss selbst urteilen, muss über Ursache und Wirkung nachdenken, vielleicht auch einmal Gewissenserforschung betreiben. Womöglich bin ich ungerecht, zumindest in diesem Augenblick, denn schließlich ist es der Job dieser Leute, auch mit wenig Wissen viel zu reden. Einige von ihnen werden diese Katastrophe später wahrscheinlich einmal als d a s Ereignis ihrer journalistischen Karriere betrachten, und andere werden sich schon morgen oder übermorgen mit dem Fortgang ihrer Dauerreportagen selbstgefällig in die Rolle von Staats- und Politiktherapeuten hineinreden. Beeindruckt von der Einmaligkeit des Augenblicks und geprägt vom Habitus persönlicher Wichtigkeit sind ihre Worte von Bedeutungsschwere geprägt, ganz nach der Devise:

„Wir müssen dieses Geschehen unseren Landsleuten nicht nur zeigen, sondern es ihnen auch plausibel machen! Es ist unsere Aufgabe, ja unsere nationale Pflicht sofort Stellung zu nehmen, wir sind die Chronisten dieses Geschehens. Amerika ist angegriffen worden! Das, was bis heute früh absolut unvorstellbar war, ist eingetreten, und wir zeigen jetzt wo und wie!"

Schicksalsstunden für Amerika, Sternstunden für Journalisten, eine Trauerstunde für mich, aber alle werden für das Begreifen viel Zeit brauchen. Es ist zu früh für wirkliche Erklärungen.

Ich schalte den Ton ab, will mir selbst ein Bild machen, statt es mir einreden zu lassen. Mir ist bewusst, dass an diesem Tag ein Weltbild zerbrochen ist. Bis gestern glaubten die Amerikaner, durch ihr Raketen-Abwehrsystem und die Politik der Abschreckung auf ihrem Kontinent absolut geschützt zu sein, und wir dachten das auch.

‚Uns kann niemand etwas anhaben', das war die vorherrschende Meinung von Volk und Regierung. Seit heute Vormittag 8.45 Uhr, als eine Boeing von *American Airlines* in den Nordturm des WTC raste und 17 Minuten später eine Maschine von *United Airlines* in den Südturm schoss, ist diese Selbstsicherheit definitiv dahin. Es wird vermutet, dass es sich bei den Terroristen um Islamisten handelt. Namen fallen: Osama Bin Laden, Al Qaida. Wenn es nicht bisher schon gewusst wurde, jetzt muss aller Welt klar sein: Gegen fundamentalistisch verblendete, fanatische Gotteskrieger, gegen gedrillte und kaltblütig handelnde Selbstmordattentäter, die im Wahnwitz einer Idee auf ihren Tod geradezu versessen sind, reichen die besten Sicherungssysteme und keine Abschreckung mit der Androhung von Vergeltung aus. Vor einem solchen Gegner ist niemand sicher, auch nicht in dem von Atlantik und Pazifik umspülten, vermeintlich so sicheren Amerika. Das ist die erste, womöglich die wichtigste Erkenntnis des schrecklichen 11. September 2001. Diese schmerzlich-radikale Wahrheit, trifft die amerikanische Befindlichkeit in Herz, Verstand und tiefster Seele. Amerika, was hast du falsch gemacht? Müsste dieser Tag nicht alle diejenigen aufrütteln, die bisher oft anmaßend und selbstsicher glaubten, wenn sie nur ihren Beitrag zur Entwicklungshilfe der armen Länder leisteten, brauchten sie sich um den Rest der Welt nicht weiter zu kümmern? Ein fataler Trugschluss!

Mich beschäftigt die Frage, was das für Menschen sind, die solche Anschläge planen und ausführen. Sind es wirklich nur Fundamentalisten, die sich, religiös verirrt oder verführt und von unergründlichem Hass getrieben als skrupellose Killer mit dem Ruf: ‚Allahu akbar! Gott ist groß!' begeistert in den Tod stürzen, um möglichst viele andere mitzureißen? Was für eine abartige, ja teuflisch irrsinnige Vorstellung von Gott bestimmt solches Denken und Handeln? Sie stürzen sich in die Abgründe der Hölle und reden vom Tor zum Paradies! Wie viele andere gibt es noch, die es morgen diesen Terroristen gleich tun könnten? Was hätte im Vorfeld geschehen müssen, damit sie erst gar nicht auf den Weg zu einer so erbarmungslosen, unmenschlichen Tat geraten wären? Welches ist der Nährboden, auf dem die Hybris von Überzeugungstäter dieses Schlages gedeiht, welche Einflüsse, welche Mechanismen lassen Menschen zu derart grausamen Massenmördern werden? Ist womöglich die Tragödie der Terroristen tragischer als die der Terroropfer? Sind wir alle in dieser Welt nicht irgendwie beides, Täter und Opfer zugleich? Ich wüsste gerne, wo und wie diese Terroristen als Kinder und Jugendliche gelebt haben, welche Chancen ihnen geboten wurden, wie sie sich ihre Zukunft ausgemalt haben, wo der Schlüssel für ihr Handeln liegt. Hat es vielleicht an der Liebe gefehlt, die allein immun macht gegen alle Lieblosigkeit?

Mein Gott, was für Fragen! Ich habe keine Ahnung von islamistischen Zellen und Zirkeln, die es aber offensichtlich auch in Amerika gibt, und wenn ich etwas über sie wüsste, bliebe es mir noch immer ein Rätsel, wie man den Zugang in diese Kreise, in solch ein Reich der Todesschatten finden könnte, um den Dialog zumindest zu versuchen.

Das Fernsehbild zeigt jetzt andere Szenen. Washington, Luftbildaufnahmen der Stadt, das Weiße Haus und das Pentagon. Auch dort bin ich wiederholt gewesen. Ich greife zur Fernbedienung, hole den Ton zurück und erfahre, dass es auch in der Hauptstadt einen Anschlag gegeben hat. Ein weiteres gekapertes Flugzeug ist als Bombe ins Pentagon gestürzt. Sogar noch eine vierte Maschine, die von Gewalttätern auf der Route nach San Francisco im Luftraum von Cleveland gekidnappt worden sein soll, ist in die Terroraktion verwickelt. Es heißt, Passagiere dieser Maschine hätten sich über ihre Funktelefone gemeldet, und dieses vierte Flugzeug sei auf freiem Feld abgestürzt, nachdem es an Bord wohl einen heftigen Kampf zwischen Passagieren und Kidnappern gegeben habe. Später wird diese fast sensationell anmutende Meldung bestätigt. Dieser letzte Akt eines schrecklichen Dramas erschüttert mich. Aber je länger ich darüber nachdenke, umso mehr empfinde ich stolze Genugtuung. Wer gab das Kommando: „Let's roll"? Was für starke Persönlichkeiten müssen das gewesen sein, wie viel Mut brachten sie auf, um sich angesichts des sicheren Todes nicht einfach dem Schicksal zu ergeben, sondern zu handeln, ein Handeln, um durch individuelle Opfer womöglich eine nationale Katastrophe zu verhindern, ein Handeln, um dem Terror nicht das letzte Wort zu lassen! Das sind die Augenblicke, in denen Helden geboren werden.

New York, Washington und das Waldgebiet Stony Creek in Pennsylvania, so viel ist sicher, sind drei Teile einer eiskalt geplanten und konsequent ausgeführten Terror-Inszenierung, ein gezielter Anschlag auf die großen Zentren und Symbole Amerikas, auf Manhattan, die Schlagader des Kapitals, das Pentagon, den Schalthebel militärischer Macht und – gottlob vereitelt – das Weiße Haus, Kopf der politischen Führung.

Hektisch springen die Bilder zwischen den Ereignisorten hin und her. In New York werden immer wieder zwei Feuerwehrmänner gezeigt, die sich, zufällig begleitet von einem Kameramann, an einem Kanaldeckel zu schaffen machen. Plötzlich werden sie von ohrenbetäubendem Lärm aufgeschreckt. Über ihre Köpfe, kaum 300 Meter hoch, donnert ein Passagierflugzeug. Ungläubig schauen die drei Männer in die Höhe, aber da ist die Maschine auch schon wieder hinter den Steilwänden der Wolkenkratzer verschwunden. Unmittelbar darauf kracht sie in den Nordturm des WTC. Der erste Anschlag! Die Kamera hält das blanke Entsetzen der Feuerwehrmänner fest, und mir geht es so, als stünde ich direkt neben ihnen. Schlag auf Schlag flimmern immer neue schreckliche Szenen über den Bildschirm, es gibt keine Atempause. Die Berichterstattung folgt den Gesetzen der Aktualität, Katastrophenszenario in New York und Washington, höchste Alarmstufe für die Ostküste, Ausnahmezustand für ganz Amerika.

Das Ausrücken von Feuerwehr, Ambulanzen und Polizei, die Erstmaßnahmen da wie dort, alles vermittelt zunächst den Eindruck, als laufe ein perfekt eingeübter und bestens funktionierender Einsatzplan ab. Kann das sein? Wohl kaum. Die Übungsroutine, die im Zeitpunkt des auslösenden Alarms noch gegeben ist, wandelt sich schlagartig zu hektischer Betriebsamkeit, je mehr die Hilfskräfte das Ausmaß der Katastrophe erkennen. Aus einem alltäglichen Alarm wird ein gigantischer, von keiner Planspiel-Strategie erfasster Katastropheneinsatz. Man spürt es, diese Dimension des Terrors, übersteigt alle Phantasie, sie konnte im Vorhinein von keinem noch so realistischen Szenario erfasst gewesen sein. Aber gerade in einer solchen Situation erweist sich menschliche Größe, erst in dieser Realität zeigt sich, wozu der Einzelne fähig ist, wie gut eine Einsatzgruppe zusammenhält, und wie es den Führungskräften gelingt, ihren Apparat zu einem nahezu perfekten Funktionieren zu bringen. Der Einsatz der Hilfskräfte, die von ständig hinzu kommenden Passanten verstärkt werden, ist phänomenal. Es sieht so aus, als organisiere sich vieles von selbst, allein jenen Bürgertugenden folgend, die den Amerikanern so selbstverständlich sind. Die Männer vom New Yorker Fire Department bauen unter extrem schwierigen Bedingungen und in einer Gefahrenlage, die sie wohl erkennen, kaum jedoch richtig einschätzen, Schlauchleitungen auf und stürzen sich mit schwerem Atemschutzgerät todesmutig in das Inferno der WTC Türme. Es ist bewundernswert, tapfer, schrecklich wahr, wirkt fast irreal und endet fatal! Unglaublich – aus den obersten Stockwerken des Nordturms stürzen sich Menschen in die Tiefe. Verzweifelter letzter Wille: Zum Sterben verurteilt, aber nicht zum Warten auf den Flammentod! Diese taumelnden, sich überschlagenden Körper, ich kann es nicht mehr ertragen, will es nicht mehr sehen und bleibe doch wie gefesselt dabei. In New York stürzt mit gewaltiger Detonation der Südturm in sich zusammen, und es folgt eine riesige Lawine aus Beton, Staub und Rauch, die alles gespenstig umhüllt. Der Nordturm hält noch 20 Minuten länger stand, um dann, grausame Schicksalsgemeinschaft, seinem Zwillingsbruder zu folgen. Kein Regisseur hätte sich diese Szene ausdenken können. Es ist, als würde die große CNN Televisionsantenne auf dem Dach des Nordturms, einem Teleskop gleich und wie von Geisterhand gesteuert, feierlich zum großen Finale eingezogen. Erst als ihre Spitze das Niveau des 110. Stockwerkes erreicht und in einer ungeheueren, nach unten sich wälzenden Staub-, Rauch und Trümmerorgie verschwindet, begreift man, dass das der Beginn vom Einsturz des Nordturms ist. Am Boden, im Plaza Bereich und auf der Church Street, spielen sich unbeschreibliche Szenen ab. Manhattan versinkt am hellichten Tag in eine Nacht finsteren Grauens. Die Menschen rennen um ihr Leben, die Männer der Feuerwehr um Leben zu retten. Angst, Atemnot, schiere Verzweiflung! Nur noch schemenhaft sind die Menschen in der sich wie eine Walze ausbreitenden Staubwolke zu erkennen. Ein Feuersturm wütet, Panik erfasst alle. Die Masse der Trümmer, die sich zu bizarren Monumenten brutaler Zerstörung stapeln, scheint alles unter sich zu begraben, und die Staublawinen verunstalten die Menschen zu aschfarbenen Gespenstern eines Horrorfilms.

Unversehrt, ein trauriges Relikt aus besseren Zeiten, hält die Bronzefigur *Mann mit Aktentasche* auf ihrer Bank den angestammten Platz, umflattert von Papierfetzen, eingestaubt und dennoch wie ein Symbol des Überlebens. Krieg, das ist wirklich wie im Krieg! In welchem Krieg?

Physisch und seelisch erschöpft, erschüttert und erschlagen schalte ich das Fernsehgerät ab. Die Bilder werden für immer bleiben, was werden die Folgen sein? Wie wird jetzt die freie und so uneinige Welt reagieren? Werden sich nun hierzulande die notorischen Amerikakritiker und über dem großen Teich die intellektuellen Alles- oder Besserwisser wieder auf den Plan gerufen fühlen? Werden sie wieder Oberwasser bekommen, weil diese Leute die grundlegende Idee aller Moralität, nämlich die individuelle Verantwortung für eigene Taten, ignorieren? Es ist doch so einfach, alles Unheil dieser Welt der amerikanischen Politik in die Schuhe zu schieben! Amerika, das ist immer eine Herausforderung, für viele oft eine Überforderung.

Dennoch sollten selbstkritische Fragen gestellt werden. Lag diese Tragödie wirklich jenseits allem Vorstellbaren? Wäre es nicht hilfreich, so uramerikanische Werte wie Freiheit, Pioniergeist, Geld, Kapital und Individualität einmal in ihrer oft unbändigen Absolutheit zu hinterfragen, weil sie allzu leicht Arroganz, Egoismus und Konsumgier Tür und Tor öffnen? Begreift die zivilisierte Welt jetzt vielleicht besser, dass der Kampf gegen Armut, Benachteiligung und verletzten Stolz derer, die auf der Schattenseite des Lebens ihr Dasein fristen, der beste Schutz gegen alle Extreme ist? Könnte es nicht sein, dass da jemand den offenen Kampf der Kulturen sucht, weil uns der Wille oder die Fähigkeit fehlen, im redlichen Dialog kulturelle Verständigung und gerechten Ausgleich zu suchen? Wird dieser 11. September 2001 uns alle, Amerikaner wie Europäer, bescheidener machen und uns vielleicht sogar zu einer neuen Gesinnung inspirieren? Wird die wahnwitzige Tat der Kamikazepiloten die Anti-Terror-Front stärken oder wird sie womöglich wahnsinnige Nachahmer ermutigen? Den Amerikanern ist die Fackel eines neuen Krieges hingeschleudert worden, aber sie kann morgen auch an jedem beliebigen anderen Ort der freien Welt zünden.

Krieg, wiederholt eine innere Stimme, das ist Krieg! Es ist genau so wie damals 1944 in der Brandnacht von Darmstadt – das war 1944 auch ein 11. September – und, ein paar Monate später, beim Feuersturm von Mainz. Erinnerst du dich nicht? Hast du etwa vergessen, als in Mainz nach dem Zerstörungswerk der Luftminen Tausende von Thermit- und Phosphorbrandbomben Teer und Asphalt schmelzen ließen, als eine ätzende Brandmasse zähflüssig überall hin kroch, allen Sauerstoff aufsog und die Menschenopfer für ihren erbarmungslos sicheren Verbrennungstod buchstäblich auf der Straße festklebte? Hast du vergessen, wie du von Todesangst gejagt um dein Leben gerannt bist, nur weg, raus, raus aus dem Feuer? Du hast es damals so erlebt, wie du es jetzt in New York siehst! Oh ja, der ehrwürdige Mainzer Dom wirkt bescheiden gegenüber der gigantischen WTC-Kathedrale, aber über beide spannt sich der gleiche Himmel. Sieh nur hin, erkennst du dich nicht wieder? Dort unten läufst du im Chaos der Church Street zwischen Vesey- und Liberty-Street! Verstört und verdreckt bist du auf der Flucht. Was ist los mit dir? He du, begreife doch endlich? Du bist einer dieser in Panik geratenen New Yorker, denen es jetzt so ergeht wie damals dir, damals, als am Spätnachmittag jenes 27. Februar 1945 Mainz im Bombenhagel versank. Mach dir nichts vor! Dieses Schreckensdatum hast du tief vergraben, unauslöschlich ist es eingebrannt in deiner Seele. Es markiert das traumatische Erlebnis deines fast sicheren Todes und deiner wundersamen Wiedergeburt. Gerettet haben dich ein paar Soldaten, die die Bomberpiloten verfluchten. Rache und Vergeltung schworen diese kriegserfahrenen Männer, von Luftgangstern sprachen sie, und du hast nicht widersprochen, obwohl du doch zu Hause immer gehört hast, dass auch die Bombardierung der deutschen Städte dem Hitler zu verdanken ist! Die Soldaten verdammten damals den Scheißkrieg. Jetzt ist wieder Krieg. Ja, es war damals in Mainz genau so wie jetzt in New York. Verstört, von panischer Angst getrieben, hilf- und orientierungslos bist du im Bomben-Hagel, im Sog des Flächenbrandes und im Tross der Soldaten von Hauseingang zu Kellerloch durch die Mainzer Altstadt geirrt, von den Trümmern einstürzender Dächer und Häuserfassaden nicht erschlagen, schutzsuchend, wo es keinen Schutz mehr gab, immer wieder von einem der Soldaten hochgerissen, mitgeschleppt und schließlich in einem Kellergewölbe gerettet, dem Inferno entkommen, traumatisiert für dein Leben. Du warst 14 Jahre jung. In einer guten halben Stunde wurdest du erwachsen, aber begriffen hast du das erst sehr viel später. Wach auf! He, du, es brennt! Hilfe! Feuer, Feuer!

Es gibt Augenblicke, da braucht man sich seiner Tränen nicht zu schämen. Die aktuellen Fernsehbilder aus Amerika haben mich in eine andere, eine weit zurückliegende, eine erst verdrängte, dann fast vergessene und nun doch plötzlich wieder so wirkliche Zeit versetzt. Erschüttert von dem, was gerade in Amerika passiert, haben mich Erlebnisse eingeholt, von denen ich glaubte, sie bewältigt und hinter mir gelassen zu haben, und es schieben sich alte Bilder über jene neuen Aufnahmen, die eine ferne Kamera gerade aufnimmt. Vor meinen Augen läuft ein Film ab, in dem ich Hauptdarsteller, Opfer und Zuschauer, dies alles zugleich bin. Es ist eigenartig: Augenblicke, die nur für einen selbst von existentieller Bedeutung sind, positiv wie negativ, zählen oft zu den großen Geschenken des Lebens, aber es braucht viel Zeit, bis einem das bewusst wird. Mit meinen Gedanken bin ich sowohl in eine sehr alte Geschichte eingetaucht, als auch eingefangen von einem brandaktuellen Drama. Fast sechs Jahrzehnte liegen dazwischen, aber erst jetzt in der Verknüpfung des Damals mit dem Heute vollenden sich diese beiden Geschichten zu einem Ganzen, erst jetzt gehen sie zu Ende – Geschichten aus anderen Welten.

„Was hast Du, was ist los mit Dir?"
In der Tür steht meine Frau. Ich habe ihre Rückkehr nicht bemerkt, aber sie erfasst die Situation schnell. Natürlich hat sie in der Stadt die Nachrichten aus den USA mitbekommen, sie kennt meine große Liebe zu Amerika, und sie weiß auch, dass ich 1945 den Feuersturm von Mainz erlebt habe. Nur für einen kurzen Au-

genblick ist sie sich unsicher, ob sie mich allein lassen soll oder aus einem bösen Alptraum aufwecken muss. Dann sagt sie, instinktiv ahnend, was in mir vorgeht:

„Du musst etwas tun. Rufe wenigstens einen Deiner Freunde in Amerika an, und dann..."

sie macht eine Pause, die ihr und mir Zeit für ein kurzes Reflektieren und die richtigen Gedanken geben soll,

„... dann schreibe auf, was Du empfindest. Schreib' Deine Amerika-Geschichte auf, ganz von vorne, von allem Anfang an."

Noch immer bin ich nicht aus meiner Welt der Erinnerungen zurückgekehrt. „Feuer, Feuer!"

Wer ruft das?

Ich schlage die Hände vors Gesicht und vergesse Raum und Zeit. Sie setzt sich neben mich, legt leicht den Arm um meine Schultern, schweigt und wartet. Der Fernseher läuft tonlos weiter, nur verschwommen sehe ich die Bilder. Nach einer kurzen Pause wiederholt sie leise, was sie gerade gesagt hat, und ich begreife endlich, was zu tun ist.

„Ja, ich werde sofort anrufen",

erwidere ich, und nach einer Weile, die nicht nur meine Unsicherheit ausdrückt, sondern mir auch die Zeit lässt für ein erstes Ahnen, dass solches Tun wirklich heilsam sein könnte, sage ich mehr zu mir als zu ihr:

„Morgen fange ich an, ich werde mir das alles von der Seele schreiben, alles, die ganze Geschichte, ganz von vorne."

Wann und wo beginnt, wie endet meine Geschichte?

Ich will in die Vergangenheit eintauchen, aber die Gegenwart lässt mich nicht los, und die Zukunft baut sich wie eine dunkeldräuende Wetterwand vor mir auf. Es ist, als würden in meinem Kopf die Terroranschläge vom 11. September 2001 in Amerika mit dem Bombenangriff auf Mainz vom 27. Februar 1945 in einer surrealistisch-gespenstigen und doch geheimnisvoll-realen Konkurrenz erbittert darum streiten, welches der größere Terror war. Es ist eigenartig. Obwohl ich doch in Mainz selbst in tödlicher Gefahr war, rückt in meinem Empfinden mehr und mehr der 11. September 2001 als d e r Terroranschlag schlechthin in den Vordergrund. Woher kommt diese Einschätzung? Damals wie heute hat das Geschehen die Welt verändert, doch es gibt fundamentale Unterschiede. 1945 wussten die Deutschen, dass Hitler der Kriegsverbrecher war, auch wenn es nicht alle zugaben, und es erfolgte der Wandel zum Guten. 2001 gibt es in Amerika nicht einmal den Hauch eines Schuldgefühls, aber die Welt wird einmal mehr gewahr, dass sie mit dem Bösen zu leben hat. Ein ganz anderer Unterschied beschäftigt mich fast noch mehr: Die Pulks der alliierten Bomberflotten des Zweiten Weltkriegs wurden nur in den Konturen einer kollektiven Streitmacht wahrgenommen, sie hatten kein Gesicht. Völlig anders ist das am 11. September 2001. Die Terrorpiloten haben ein menschliches Antlitz, sie haben sogar denjenigen ihrer Opfer, die mit in den Flugzeugen waren, in die Augen geschaut. Seit Tagen gehen die Bilder der Täter Mohammed Atta, Marwan Al-Shehli, Ziad Jarrah und all der anderen um die Welt, und sie fügen sich mit den unzähligen Bildern der Opfer zu einer makabren Totenbild Collage aus Klage und Anklage. Zu viele ballen die Fäuste, verzweifeln an Gott und den Menschen, zu wenige falten die Hände, um Segen zu erbitten. Der Ruf nach harter Vergeltung wird lauter, schon bald wird man das Ziel der Rache personifizieren, aber der Zusammenprall der Zivilisationen wird so nicht mehr zu stoppen sein. Die meisten Menschen wissen wenig oder gar nichts vom Islam, doch die ganze Welt nimmt ihn als Barbarei wahr. Das kann nicht gut gehen. Wo falsch verstandene Toleranz die Basis für Terror bietet, muss eine klare Abgrenzung gefordert werden. Aber keinen Augenblick dürfen wir vergessen, dass der muslimische Glaube dem christlichen Glauben nicht völlig fremd sein kann, wie auch alles Christliche den Moslems nicht total unverständlich sein sollte. Gerade weil die Indifferenten jeglichem Glaubensbekenntnis den Boden zu entziehen trachten, deshalb ist ein Bündnis der Glaubenden das Gebot der Stunde. Ich habe den Traum, dass Christen, Moslems und Juden sich in einem organisch-gläubigen Denken verbünden, allen mechanistischen Denkmustern eine Absage erteilen und als eine versöhnte Gemeinschaft der Glaubenden die Welt verändern. Angesichts des erschreckenden Zustandes der Welt können wir uns den argwöhnischen Streit derer, die einen Glauben haben, nicht länger leisten. Der Friedensschluss im Namen Gottes ist das Gebot der Stunde. Eine große Koalition aller Gläubigen, seien es Christen, Juden oder Muslime, gegen Indifferenz und Zeitgeist würde die Welt zwar noch nicht zum heilen Paradies machen, sie aber im Geiste des göttlichen Heilsplanes radikal verändern! Im Absolutheitsanspruch der Religionen steckt der Keim der Ausgrenzung, diese Haltung führt gerade dort zu Auseinandersetzungen, wo Solidarität und Toleranz in ganz besonderer Weise gefordert sind, und von da ist es dann nur noch ein kleiner Schritt zum Verlust der Glaubwürdigkeit aller Gläubigen und zum Glaubenskrieg. Die Perspektive ist schrecklich: Der globalen Welt droht die totale Religions-Isolation! Wird es Krieg geben?

Umkehr

Es gab Krieg, er ging schnell zu Ende, Frieden ist in noch weiter Ferne.

Weihnachten 2004. Meine Gedanken wandern einen langen Weg zurück, sie überspringen Zeit und Raum und verweilen noch einmal bei der ersten Friedens-Weihnacht nach dem Zweiten Weltkrieg 1945. Unsere Lage war kritisch, die Gefühle waren zwiespältig, die Zukunft lag im Ungewissen. Damals bereiteten mir Ernest und Jonathan, jene wunderbaren amerikanischen Soldaten, die in unserem von der US-Armee besetzten Haus eine zeitlang wohnten, eine Bescherung, die ich bis heute als kostbares Geschenk in meiner Erinnerung bewahrt habe. Was sie mir an diesem Weihnachtstag schenkten, linderte die materielle Not der Familie, aber viel wesentlicher war, dass uns die Menschlichkeit dieser beiden Amerikaner aufrichtete, uns Mut machte. Ernest und Jonathan waren die Amerikaner, die mich in dem Glauben bestärkten, dass die deutsche Jugend wieder ihre Chance bekommen wird, und sie waren es auch, die mir eine erste Vorstellung von Amerika vermittelt haben. Die Hoffnung auf bessere Zeiten und das Träumen von einem Land wie Amerika – nichts war im kalten Hunger-Winter 1945/46 wichtiger als das. Ernest und Jonathan konnten auf dem aufbauen, was mir die Eltern von Amerika erzählt hatten, sie ließen mich etwas vom amerikanischen Lebensstil erahnen, und sie haben so dafür gesorgt, dass sich bei mir ein besonderes Interesse an Amerika, vielleicht sogar eine kleine Liebe zu diesem Land entwickeln konnte. Aber das Leben hat mich später auch dies gelehrt: Wen man liebt, mit dem leidet man auch. Ich habe es damals geahnt, schließlich gewusst, und ich spüre es erst recht heute.

Vor mir liegt das Buch "World Trade Center - The Giants That Defied The Sky".

Die Autoren, Mike Wallace und Peter Skinner, zeigen die Zwillingstürme auf dem Titelblatt, und sie haben ein Buch-Format gewählt, das den Türmen gleichsam Gestalt gibt. Beim Blättern tauche ich in die Geschichte des WTC ein und wecke zugleich meine Amerika-Erinnerungen. New York – Ground Zero. Das Gefühl der Fremde wird an diesem Platz eigenartig überlagert von dem Empfinden, hier selbst ein wenig zu Hause zu sein. Darf man einen winzigkleinen Anteil an diesem nun so erinnerungsträchtigen Grundbesitz aller Amerikaner für sich reklamieren? Ja! Im Wissen um den hohen symbolischen Wert muss man darauf bestehen, dass dies ein Platz ist, der jetzt der ganzen freien Welt, allen Menschen, also nicht nur den Opfern und ihren Angehörigen, nicht nur den Amerikanern, sondern zum Beispiel auch mir gehört. Wirklich allen Menschen? Auch den Tätern? Oh Gott, wer vermag das Drama der Menschheitsgeschichte jemals ganz und gar und somit auch in allen seinen tragischen, seinen individuellen Facetten zu erfassen? Wer spielt welche Rolle? Von den Tätern ist nichts übrig geblieben. Ihre Körper verglühten bei den Explosionen der Kerosintanks, ihre Namen werden nun durch Totschweigen ausgelöscht, und dann werden sie zu Unpersonen erklärt, von den meisten Menschen ihrer Existenz von Anfang an und ein für alle mal beraubt. Aber auch sie waren Menschen, von Gott gewollt, von ihren Eltern geliebt, begabt, mit Plänen und voller Lebenshoffnung. Und nun? Staub und Asche – nichts, wirklich nichts?

Als ich im Spätjahr 2003 zuletzt in Amerika war, führte mich mein erster Weg am frühen Morgen zu Ground Zero. Ich wollte zur selben Stunde genau da sein, wo es am besten gelingen müsste, den 11. September 2001 nachzuempfinden. Mein wohlbedachter Plan wurde zum erschütternden Experiment, denn an Ort und Stelle erfasste mich das blanke Entsetzen. Es kam mir so vor, als würde sich alles noch einmal grausam wiederholen. Leben, das ist wahrnehmen heute, erinnern für die Zukunft aus dem Wissen des Vergangenen.

War es hier? Vielleicht dort drüben? Ich suchte den Kanaldeckel, an dem sich damals die zwei Feuerwehrleute und der Kameramann zu schaffen machten, mein Blick ging steil nach oben, so, wie es die Feuerwehrmänner auch getan hatten, und plötzlich war alles wieder wie an diesem schrecklichen Septembertag 2001. Meine Phantasie ließ mich nicht im Stich, und die gespeicherten

Bilder schoben sich über den Tatort, ließen mich erneut erschauern. Noch einmal erlebte ich, wie die erste gekidnappte Maschine, ganz niedrig fliegend und fast die Wolkenkratzer streifend, über Manhattan donnerte und ins WTC krachte. Ich stellte mir vor, wie im Cockpit Mohammed Atta sitzt, wie er den Steuerknüppel fest umklammert, um nur ja nicht mehr von seinem tödlichen Kurs abzukommen, und ich verzweifelte an ihm und seiner Tat. Wann hört in einer solchen Phase extremster Anspannung das bewusste Denken auf, wann wird aus Wollen und Glauben blanker Wahn, auswegloser Wahnwitz? Hat er es auch in der letzten Sekunde seines Lebens noch so gewollt wie geplant? Kein Versuch, das Steuer doch noch herumzureißen? Wie wird man einem Menschen gerecht, der sich als Werkzeug Gottes fühlt? Dieses Nachempfinden war furchtbar. Gewogen und zu leicht befunden? Meine Gedanken überschlugen sich; gottlob drängten sie mich aus der Erinnerung in die Gegenwart. Noch immer hefteten Angehörige der Opfer, national gesinnte Amerikaner und jene, die der neu sich entwickelnde Betroffenheits-Tourismus an diesen Platz bringt, Zettel mit irgendwelchen Botschaften an die Zäune und Absperrungen, die den riesigen Krater sichern:

„Mayra, dear sister, I'll never forget you"
„Gott, wie konntest Du das zulassen?"
„Rache den Terroristen!"
„Heroes – they died for America"
„Gott schütze Amerika!"
„United we stand!"
„Kein Paradies, die Hölle ist Euch sicher!"
„Exodus: flare up – depart? Outbreak!"
„Warum, wofür? Es gibt keinen Gott!"

Gebetswand und Klagemauer, Trostversuch und bittere Anklage, alles in einem. Urschrei verzweifelter Hilflosigkeit. Exodus! Wieso Exodus? Erlösung aus der Knechtschaft durch das rettende Eingreifen Gottes? Oh würden wir doch die Fingerzeige Gottes besser verstehen! Das ferne Geschehen von 2001 rückt hier in eine emotionale Nähe von großer Eindringlichkeit. Erschütternd wurde mir einmal mehr bewusst, dass es stets die Einzelschicksale sind, die Unfassbares fassbar machen. Ich erlag der Versuchung, auch etwas von dem auszudrücken, was mich schmerzlich bewegte, schrieb in meinen Ringbuchblock, riss das Blatt heraus und heftete es an den Zaun:

„Ein Deutscher, der dieses Land liebt, mit ihm trauert und sich dankbar jener Amerikaner erinnert, die ihm 1945 den Glauben an eine bessere Welt gegeben haben."

Und immer wieder die Frage: Warum? Müssen deshalb und zu allen Zeiten Dinge im Dunkeln bleiben, weil uns Gott auch die Freiheit des Irrweges gelassen hat? Noch ein paar Augenblicke wollte ich verweilen, als ich plötzlich das Bild von Jonathan vor Augen hatte, mich an das erinnerte, was er mir vor so langer Zeit an der Ruine der Bensheimer Synagoge gesagt hatte und mich fragte, welche Botschaft er hier hinterlassen hätte, was er seinen Landsleuten sagen würde. Da geschah etwas Ungewöhnliches mit mir, denn plötzlich wurde ich, wie von einer geheimnisvollen Regie geführt, zu seinem Sprachrohr und fing an zu reden – nur für ihn, vielleicht auch für mich:

„Ihr Bürger Amerikas, hört! Reißt euch die Vorstellung aus den Köpfen, ihr könntet per Order des Weißen Hauses die heile Welt schaffen. Das Böse weltweit zu beseitigen, das überfordert euch, aber ihr müsst überall auf der Welt die Anführer des Guten sein! Besinnt euch auf den Geist, die Kraft und die Visionen eurer Gründerväter! Die Unabhängigkeitserklärung vom 4. Juli 1776 betont die naturgegebenen Rechte des Menschen auf Freiheit, Gleichheit und Widerstand, die United States Constitution von 1787 bildet die Grundlage für die erste Demokratie der Neuzeit, die auf Gewaltenteilung beruht, und die Bill of Rights von 1791 legt die unverletzlichen und unveräußerlichen Rechte des Einzelnen gegenüber dem Staat fest. Diese Dokumente, das Großartigste, was menschlicher Geist und politische Gestaltungskraft je hervorgebracht haben, sind das solide Fundament, das Amerika bisher in allen Stürmen festen Halt gegeben hat. Darauf sollt ihr vertrauen, und aus der Geschichte müsst ihr lernen! Die Lehre aus dem Sieg über Hitler und den Kommunismus lautet: Totalitäre

Regime haben ein zähes Leben, aber die verändernde Kraft der Freiheit und der Wunsch nach Frieden sind am Ende stärker."

Ich staunte über mich selbst. Wäre Jonathan mit mir zufrieden gewesen? Hatte ich den ‚spirit of america' zutreffen beschworen? Umkehr, zurück zu dem, was Amerika einst groß gemacht hat, oder forsch bekämpfen, was sich ihm heute in den Weg stellt? Diese Alternative droht Amerika zu zerreißen. Eigentlich hätte ich weiter reden und sagen müssen, dass das Land gute Freunde braucht, die ihm ehrlich, weise und ohne Eigennutz helfen. Auch müsste man die Amerikaner daran erinnern, dass es die schier unglaubliche Integrationskraft war, die einst aus einem Schmelztiegel der Rassen, Religionen und Nationen das große Land Amerika gemacht hat. Das Ansehen, das Amerika weltweit genießt, ist gesunken, und die Sicht Amerikas auf die anderen Kontinente ist getrübt. Aber auch viele derjenigen, die sich jetzt als die großen Wortführer aufspielen, die lauthals Demokratie und Patriotismus einfordern, sind in Gefahr, im Übereifer in die Irre zu gehen. In einer Zeit, in der die christliche und die jüdische Welt immer indifferenter werden, die muslimischen Staaten sich aber zusehends orthodoxer präsentieren, in einer solchen Zeit braucht Amerika wie ehedem die Fähigkeit zur Universalität, sowohl den Mut zur Herrschaft der Mehrheit als auch die Moral zum Schutz von Minderheiten, und nicht zuletzt das Bekenntnis, an Gott und an sich selbst zu glauben! Vielleicht hätte ich im Geiste Jonathans auch noch Amerikas freiheitlich gesinnte und zur Verantwortung fähige Bürgergesellschaft ansprechen und hinzufügen sollen, dass das Volk das Credo der neuen Zeit buchstabieren muss, damit Amerikas Position die höchste Legitimation erhält und von aller Welt verstanden werden kann.

Es war gut so: Das Gedränge der Leute um mich herum und die schrille Geräuschkulisse von Manhattan holten mich an diesem Herbsttag des Jahres 2003 in die New Yorker Wirklichkeit zurück. Aber ein ums andere Mal fragte ich mich, was wäre, wenn Jonathan, der wahrscheinlich längst tot ist, hier leibhaftig an meiner Seite stünde, wenn diese absolut irrationale Begegnung zwischen den so grundverschiedenen Welten unserer Existenz Realität wäre? Der Gedanke erschütterte mich. Wäre Jonathan leibhaftig da, vor seiner Frage, wie oft ich an der Bensheimer Synagoge gewesen sei, bräuchte ich keine Angst zu haben. Doch was würde ich ihm sagen, wenn er von mir wissen wollte, was ich heute für Amerika tue, ob ich bereit sei, etwas von dem zurückzuzahlen, was einst die Amerikaner mir, allen Deutschen und über so viele Jahre hinweg auch ganz Europa gegeben haben? Was hätte ich ihm zu sagen, wenn er mir enttäuscht vorhielte, Deutschland habe die über Jahrzehnte bewährte Partnerschaft mit Amerika bis an den harten Rand der Entzweiung verkommen lassen? Wie würde ich reagieren, wenn er die Umkehr vom ‚deutschen Weg' fordern würde? Womöglich hätte er mich auch noch gefragt, wozu ich überhaupt gekommen sei? Ob es mir nur darum ginge, die Ansichten einer neuen europäischen Aufklärung zu vermitteln? Oder ob ich etwa, wie schon so viele vor mir, in tiefem Mitgefühl dort einen Kranz niederlegen wolle, wo es überhaupt kein Grab gibt, um dann mit dem Lippenbekenntnis der Solidarität mit Amerika befriedigt die Heimreise antreten zu können? Bei der Vorstellung von Jonathans Fragen – und ich glaubte wirklich, Jonathans schöne, weiche und für mich unsterbliche Stimme zu hören – überlief mich ein Schaudern, und ich fürchtete, jeden Moment könnte er wieder den harten Ton vom Augenblick unserer ersten Begegnung im Herbst 1945 anschlagen, etwa so:

Woran glaubst Du? Alles Wissen der Welt bringt Dir nichts, wenn Du nicht weißt, was Dich trägt. Am Ende muss immer unser Gewissen das letzte Wort haben, es ist wichtiger als alle Strategien, Ideologien und Religionen. Bist Du mit Dir im Reinen? Auf welcher Seite stehst Du? Wer mutlos handelt, hat schon verspielt. Es ist richtig, von Amerika ist jetzt der Mut gefordert, allen Versuchungen zum Trotz an jenen Wertvorstellungen festzuhalten, die dieses Land geprägt haben, aber Ihr Deutschen müsstet den Mut aufbringen, uns dabei als echte, solidarisch handelnde Freunde so tatkräftig zur Seite zu stehen, dass es als klare Botschaft in Europa und an die Welt verstanden wird. Deutschlands Freundschaftsdienst für Amerika müsste es sein, in einem vereinten Europa die bewährte atlantische Partnerschaft für alle Zukunft zu sichern. Alleingänge Amerikas sind auch die Folge eklatanter Schwächen Europas. Noch einmal: Woran glaubst Du?

Wie tief vergraben, aber auch wie unverlierbar meine Erinnerung an Jonathan ist, wurde mir in diesem Augenblick wieder bewusst, und so war ich mir auch keine Sekunde unschlüssig, welche Antwort ich ihm geben würde:

„Jonathan, ich glaube an Gott, an das Gute im Menschen, an mich selbst und an den ‚spirit of america'. Ein politisch vereintes, einiges Europa, das war einmal die große Vision meiner Generation, und es gibt auch heute dazu keine Alternative. Aber ich bin enttäuscht, weil die Europa-Idee noch immer von vielen nationalen Egoismen gebändigt wird, weil Europa dabei ist, seine Wurzeln abendländischer Geschichte und Kultur zu kappen, und weil die Gefahr der Rückentwicklung besteht: Weniger politische Union und mehr wirtschaftlicher Interessenverbund. Die gescheiterten Verfechter falscher Ideologien erheben sich über die Christen, die global player predigen einen neuen kapitalistischen Heilsplan für Europa, und beide vergessen, dass es die christliche Lehre war, die Europas Weg, manchmal schmerzlich, doch im Ganzen segensreich für ein Jahrtausend bestimmte. Uns fehlt der zupackende, von Pioniergeist, Mut und abendländischer Kultur geprägte ‚spirit of europe'! Hoffentlich werden wir satten Europäer überhaupt jemals fähig, unsere Aufgabe zu erfüllen. Ihr Amerikaner seid zutiefst von Amerika überzeugt, viele Deutsche sind es kaum von Deutschland, wie sollen sie dann an Europa glauben!".

Es war Zeit für mich, zu gehen. Als ich Ground Zero hinter mir gelassen und etwas Abstand gewonnen hatte, wusste ich plötzlich nicht mehr, wohin ich meine Schritte lenken sollte. Aber ich wurde mir klar, dass der wichtigste Programmteil dieser Amerikareise bereits hinter mir lag, während ich mit der Reflexion meiner neuen Eindrücke erst am Anfang stand. Unterwegs, noch ganz und gar im Bann eines Platzes, dessen beispiellose Stigmatisierung realer nicht sein könnte, stellte ich mir die Frage, was die Welt am Beginn des dritten Jahrtausend vor allem anderen braucht? Vor mir lief hinkend ein alter Neger mit ausgelatschten Schuhen und ausgefranster Hose, ein schäbiges Bündel unterm Arm, und links und rechts wurde ich raschen Schrittes von gut aussehenden und gut gekleideten jungen Leuten überholt, die mit ihren eleganten

Handtaschen und Aktenkoffern problemlos typisch in die Manhattan Society passten. Dieser Eindruck war die Antwort auf meine Frage, was die Welt jetzt braucht: Die Grenzen der Macht und die Möglichkeiten sozialer Lebensbedingungen müssen im Interesse von Frieden, Freiheit und mehr Gerechtigkeit in der Welt neu definiert werden. Amerika ist prädestiniert, die Führung bei einer Strategie globaler Verantwortung für das Schicksal der Menschen zu übernehmen, aber die Moral, dieser Strategie dann auch zu folgen, müssen die Industrienationen gemeinsam aufbringen. Die Welt braucht diese neue Qualität moralischen Denkens und Handelns. Das alte Europa würde spätestens beim ersten schwerwiegenden Konfliktfall alt aussehen, wenn es sich selbstsicher in seiner Interessenlage einigelte, die neue Welt würde ihre Zukunftszugewandtheit verspielen, wenn sie sich nicht mehr an dem messen ließe, was Amerika groß gemacht hat, und alle zusammen würden schuldig am Fortbestand des Elends in weiten Teilen der Welt.

Ich hielt inne. Zu gerne hätte ich jetzt jemand gehabt, mit dem ich über das alles hätte sprechen können, am liebsten Jonathan. Ich fühlte mich alleingelassen, hilflos und einsam. Es war als habe sich Jonathan mir eben noch zugewandt, um sich gleich wieder umzudrehen, als sei er stillschweigend einfach auf und davon gegangen – downtown New York, oder auch Richtung Brooklyn Bridge. Kein Gruß, kein Zeichen des Abschieds, genau so wie damals vor bald 60 Jahren.

Am Spätnachmittag dieses mich aufwühlenden Tages kam ich noch einmal in die Gegend. Die Brooklyn Bridge, diese schöne und vitale Lebensader zwischen den Stadtteilen Brooklyn und Manhattan, dieser in Amerika verwirklichte Traum eines genialen deutschen Ingenieurs, dieser grandiose Spannungsbogen über den Hudson, lag nun im fahlen Abendlicht. Erst jetzt wurde mir bewusst, dass die mir vertrauten Bilder verschwunden waren. Nichts war mehr so, dass ich daran meine Erinnerungen hätte festmachen können. Im dunklen Wasser des Flusses spiegelten sich keine WTC Türme mehr; Mondschein-Nocturne in Schwarz und Gold, das war einmal. Es erging mir, wie schon so oft in New York: Das eine Mal bin ich hier meinen Träumen ganz nahe, und ein anderes

Mal plagt mich der Albtraum, ich könnte in dieser Stadt allen Boden unter den Füßen verlieren.
Aber ich weiß: Träume leben und sterben täglich.
New York: Beflügeltes Leben, bedrohte Existenz, großartige Stadt.

Wie lange muss man einen Traum haben, wie fest an ihn glauben, damit er Wirklichkeit wird? Als Student habe ich zum ersten Mal einen kleinen Teil von Amerika entdeckt und geglaubt, wenn man in New York gewesen sei, habe man die Neue Welt gesehen. Irgendwie ist es ja auch so. Viele Amerika-Besuche folgten, und noch viel öfter bin ich in Gedanken zurückgekehrt. Es ist ganz eigenartig, aber es muss etwas geben, was mich magisch anzieht. Ich glaube, es sind vor allem die menschlichen Erfahrungen aus den Schicksalsjahren von 1944/45, die mich in einer Art geistiger Existenz in Amerika fest verankert halten. Auch beim nächsten Mal werde ich wieder zu Ground Zero gehen. Dann werde ich mich vielleicht erst daran gewöhnen müssen, wie sich in den glatten Wasserbecken der Gedenkstätte Reflecting Absence die rauhe Wirklichkeit des New Yorker Alltags spiegelt. Das nüchterne Maß dieser Wasserbassins, die zugleich technischer Grundriss und bleibender Fußabdruck der Türme sind, wird mich erneut das ganze Ausmaß der Katastrophe nachempfinden lassen. Die stehen gebliebenen, dunklen Wände der Gruben und den Kraterrand von Ground Zero werde ich als trauriges Symbol für die Allgegenwart des Todes und als Mahnung zur Umkehr begreifen. Und wenn mir beim Lesen des ersten Namens der dreitausend Toten die Zerrissenheit dieser Welt bewusst wird, werde ich wissen, dass ich die klaffende Wunde gespürt und die Symbolik des Wassers als Quelle des neuen Lebens verstanden habe. Vielleicht kann ich sogar schon den Freedom Tower bewundern, und dann werde ich meinen Blick die lange Strecke dieser symbolischen Freiheitshöhe von 1776 Fuß hinauf schweifen lassen, ich werde die asymmetrische Turmspitze, Abglanz des stolz in den New Yorker Himmel gereckten Fackelarmes der Freiheitsstatue bestaunen, und ich werde mir gewiss sein: Dieses Land ist unverwüstlich stark, imponierend selbstbewusst, einmalig in seinem Streben, allen ein guter Freund zu sein und gerade deshalb anfällig für viele Attacken. Wunderbares, verwundbares Amerika!

Epilog

Amerika. Dieses Land hat mich ein Leben lang fasziniert, und dennoch kann ich nicht sagen, dass ich es wirklich kenne. Aber ich glaube, Amerika ist in fast allem so, wie das Leben überall zu finden ist: farbenprächtig und grau, schrill und leise, chaotisch und diszipliniert, arm und reich, sozial und asozial, gut und böse, heiter und traurig, brutal, zart, schön und hässlich, in allem ein Riese mit Schwächen. Allein die Menschen machen den Unterschied. Amerikas breite Mittelschicht, das sind mehr als die Hälfte aller Amerikaner, hat für sich den amerikanischen Traum verwirklicht oder sieht ihn zumindest in Reichweite. Man lebt solide bürgerlich, nicht im Übermaß, aber allzeit strebend bemüht. Geldverdienen ist die wichtigste Beschäftigung, das Einkommen entscheidet über den sozialen Status, und darauf sind sie stolz. Es wird zwar kaum darüber gesprochen, jedoch auf die feinen Unterschiede geachtete, die als Statussymbole gelten: Wo und wie wohnt man? Wer sind die Freunde? Welches Auto-Fabrikat steht in der Garage? Auf welchem College sind die Kinder? Die Amerikaner denken grundsätzlich positiv, jammern ist ihnen fremd. Sie wollen sich und andere stets in guter Stimmung sehen. Ihre Party-Freudigkeit ist so riesengroß wie ihr Phantasiereichtum, immer neue Partyanlässe zu erfinden, und sie machen überall mit. Aber sie können sich mit dieser Neigung auch selbst auf die Schippe nehmen. Dann sagen sie, frei nach Oscar Wilde: „Die Party wird schrecklich langweilig, aber es ist viel schlimmer, nicht dort eingeladen zu sein."

Neben ihrer ganz privaten religiösen Überzeugung haben die Amerikaner noch eine nationale Religion. Diese Religion ist ihr Land. Es hat mich immer wieder sehr beeindruckt, wie stolz Amerikaner auf Amerika sind, wie selbstbewusst, wie in der Sache überzeugt, aber auch wie gelegentlich naiv sie gemeinsam die Last tragen, der ganzen Welt beweisen zu müssen, dass ihr Freiheitsideal alle anderen Ideen überstrahlt. Die Amerikaner schaffen es weit besser als viele andere Völker, Verantwortung für ihr Land und individuelle Freiheit in Einklang zu bringen, denn sie lieben ihr Land, glauben an ihr Land und sind davon überzeugt, daß Gott mit ihnen ist. Die Zahl derer, die alles andere als oberflächlich religiös sind, wächst von Jahr zu Jahr. Das zeigt sich im christlichen Glaubenseifer, der gelegentlich auch fundamentalistisch sein kann, und es wird sichtbar bei einer besonderen Art freikirchlicher Frömmigkeit. Ein moralisches Koordinatensystem, in dem sich Gut und Böse klar unterscheiden lassen, wird von den meisten Amerikanern anerkannt. Wie immer sie ihren Gott nennen, die Amerikaner wissen sich einer höheren Instanz unterworfen, und das schließt die Erkenntnis individueller Unvollkommenheit mit ein. Sie halten Nähe aus und leben Gemeinschaft. Sich ehrenamtlich zu engagieren, ist für Amerikaner normal, allerdings auch von Vorteil, denn ein Ehrenamt verhilft nicht nur zu einem gehobenen Status, sondern verschafft auch Pluspunkte für den Beruf. Ihr Engagement ist von einer sympathisch-natürlichen Selbstverständlichkeit und oft genug mitreißender Begeisterung geprägt.

Fazit: Bewunderung für Amerika, Sorge um Europa. Die Neue Welt ist drauf und dran, mit ihrem Wertekonsens, ihrer positiven Grundstimmung, ihrem Pioniergeist und ihrer Zukunftsorientierung – trotz mancher Fehlentwicklungen der jüngsten Zeit – dem alten Europa den Rang abzulaufen. Dafür gibt es Gründe: In maßgeblichen Ländern Europas kommen die großen staatsmännischen Gesten im schäbigen Gewand eines plumpen Populismus daher, die europäische Union ist drauf und dran, das Wertegefüge der abendländischen Kultur aufs Spiel zu setzen, die UNO leidet mehr denn je an der Rolle des zahnlosen Tigers, die Neuorientierung der Staatengemeinschaft nach Gesichtspunkten nationaler Nützlichkeit garantiert die alten Übel im neuen Gewand, und außer Amerika ist nirgendwo eine weithin anerkannte, machtvolle und global handlungsfähige Autorität zu sehen. Gewiss, auch die Geschichte Amerikas hat dunkle Flecken, angefangen vom Völkermord an den Indianern und der Rassendiskriminierung, bis hin zur Verherrlichung des schnöden Mammon und zu manchen Supermacht-Allüren unserer Zeit. Aber Amerika verdanken wir auch die fundamentalen Dokumente des demokratischen Verfassungsstaates, das Land hat zu allen Zeiten Millionen gefährdeter Menschen Zuflucht und der Freiheit, der Humanität und der Zivilgesellschaft einen Namen gegeben, und es hat unzählige Male weltweit seine Fähigkeit bewiesen, Helfer und Retter in höchster Not zu sein. Wenn es Amerika jetzt noch gelänge, bei allem Glauben an seine Einzigartigkeit das Einzigartige anderer Völker nicht zu übersehen und einzusehen, dass Leistung, Wertvorstellung und die besondere Mischung von Modernität und Konservativismus amerikanischer Prägung, so positiv das auch sein mag, nicht zwingend das Strickmuster für die halbe Welt sein müssen, dann behielte Alexis de Tocqueville auch für das 21. Jahrhundert Recht mit seiner Erkenntnis, dass in Amerika die Religion mit den nationalen Gewohnheiten und fast allen patriotischen Gefühlen Kraft spendend so verschmilzt, dass seine Ausnahmestellung unbestritten ist. Die Welt braucht einen glaubwürdigen, moralisch, kulturell, ökonomisch und militärisch starken Anführer für die größte Herausforderung der Zukunft, das zivilisierte Zusammenleben der ganzen Menschheit. Wer sonst, wenn nicht Amerika, könnte das sein? Mir ist ein mit Mängeln behaftetes Amerika lieber als eine Welt ohne Amerika!

Meine Vorstellungen von Amerika waren in den Jahren des Zweiten Weltkrieges anders als nach der Befreiung durch die Amerikaner, und sie haben sich in den Jahrzehnten seitdem konkretisiert und weiter entwickelt. Mein Verständnis für Amerika hat im Laufe der Zeit Phasen des Akzeptierens, der Anteilnahme und gelegentlich auch des irritierten befremdet seins durchgemacht, und es war zuletzt einem Wechselbad der Gefühle ausgesetzt. Aber nach allem, was ich an Freund- und Partnerschaft, menschlicher Zuwendung und nicht zu überbietender Hilfsbereitschaft erlebt und wahrgenommen habe, ist meine Liebe zu Amerika und den Amerikanern über Zeit und Raum hinweg unverändert geblieben. Daran wird sich auch nichts mehr ändern.
God bless America!

Dank...

... gilt meinen Eltern, die mein Leben entscheidend prägten; meinem Bruder, der mich bis auf den heutigen Tag wohlwollend auf meinem Lebensweg begleitet; meinen amerikanischen Freunden, die mir über eine so lange Zeitspanne die Freundschaft hielten und mir immer wieder neu den Blick für ihre Welt geöffnet haben; meinem Freund Wilhelm Wannemacher, der mir seine Geschichte erzählt und zur gestalterisch freien Einbeziehung überlassen hat; dem kritisch-konstruktiven Lektorat aller Mitglieder meiner Familie, ganz besonders meiner Tochter Jutta; den Stadtarchiven von Bensheim und Fulda, sowie dem Point Alpha Archiv für die Bereitstellung von Fotos; Herrn Verlagsleiter Rainer Klitsch, der das Projekt wohlwollend förderte; nicht zuletzt dem Herrgott, der mir die Fülle und den Reichtum dieser Jahre geschenkt hat.

Wolfgang Hamberger
Fulda, im Dezember 2004